本書受全國高校古籍整理研究工作委員會資助指導

古籍研究

《古籍研究》編輯委員會 編

總第69卷

2019年上卷

鳳凰出版社

圖書在版編目（CIP）數據

古籍研究. 總第69卷 / 古籍研究編輯委員會編. -- 南京：鳳凰出版社，2019.10
 ISBN 978-7-5506-3032-1

Ⅰ. ①古… Ⅱ. ①古… Ⅲ. ①古籍-研究-中國 Ⅳ. ①G256

中國版本圖書館CIP數據核字(2019)第228798號

書　　　名	古籍研究（總第69卷）
編　　　者	《古籍研究》編輯委員會
責 任 編 輯	陳曉清
裝 幀 設 計	徐　慧
出 版 發 行	鳳凰出版社（原江蘇古籍出版社）
	發行部電話 025-83223462
出版社地址	南京市中央路165號，郵編：210009
出版社網址	http://www.fhcbs.com
照　　　排	南京凱建圖文製作有限公司
印　　　刷	南通超力彩色印刷有限公司
	南通市興泰路19號，郵編：226005
開　　　本	787×1092毫米　1/16
印　　　張	20.5
字　　　數	449千字
版　　　次	2019年10月第1版　2019年10月第1次印刷
標 準 書 號	ISBN 978-7-5506-3032-1
定　　　價	90.00圓

（本書凡印裝錯誤可向承印廠調換，電話：0513-85060318）

《古籍研究》編輯委員會
（按姓氏筆劃排序）

顧　　　問	安平秋　袁行霈　黃德寬　詹福瑞 嚴雲綬
主　　　編	吳懷東
副　主　編	牛繼清　方錫球　陳道貴　彭君華 儲泰松
特邀編委	朱則傑　朱萬曙　杜澤遜　李運富 吳承學　莫礪鋒　郭英德　陳大康 陳尚君　陳慶元　張涌泉　黃天樹 葛兆光　程章燦　傅　剛　蔣冀騁
編　　　委	丁　放　牛繼清　方盛良　方錫球 吳懷東　汪祚民　胡傳志　紀健生 徐在國　郭全芝　陳道貴　陶新民 彭君華　曾　良　楊　軍　趙應鐸 鮑　恒　儲泰松
編輯部主任	方盛良
編　　　輯	王　勇　王　莉　王　曦　李　睿 束　莉　王唐宸　郝　敬　張洪海 程　燕　劉　一　盧　坡　龔元華

《古籍研究》主辦單位

安徽大學文學院

安徽大學古籍整理研究所

安徽省古籍整理出版辦公室

淮北師範大學古籍整理研究所

安慶師範大學文學院

安徽師範大學中國詩學研究中心

目　　錄

文史專論

郗超《奉法要》與早期居士佛教 …………………… 夏德美（ 1 ）
陶淵明接受史上的儒道博弈 …………………………… 劉　強（ 7 ）
顧況《山中作》流傳問題之檢討 …………………… 李小榮（ 20 ）
論獨木橋體詞 ………………………………………… 李　睿（ 27 ）
論宋人尺牘中的"友道"觀 …………………………… 付　梅（ 39 ）
從用典看南宋詞風之變 ……………………………… 陳麗麗（ 49 ）
《海上花列傳》"一笠園"敘事功能探析 ……………… 王曉均（ 59 ）

目錄與版本

五臣音注的形態與傳播 ……………………………… 李華斌（ 66 ）
影印寶永丁亥刻本《弘決外典鈔》考述 ……… 馮利華　陳嬋婧（ 76 ）
韓國嶺南大學圖書館藏貴重圖書舉要
　　——以朝鮮時代東亞交流文獻爲例 ……………… 姚詩聰（ 88 ）
《四庫全書總目·雜史類》零拾 ……………………… 時鵬飛（ 99 ）
四庫提要總集類辨正五則 …………………………… 楊新勛（104）
《疇隱居士自訂年譜》版本考略 ……………………… 黃麗娜（112）

校勘與注釋

日本永青文庫藏敦煌本《文選注》正訛 ……………… 程亞恒（121）
敦煌文書《張淮深碑》卷背詩校注獻疑 ……………… 李瑩娜（127）
敦煌願文文獻校勘 …………………………………… 王洋河（133）
中華書局點校本《太平寰宇記》校勘札叢 …………… 鄭立勇（141）
車王府藏曲本詞語例釋 ……………………………… 龔元華（146）

文獻輯考

《方城遺獻》《彭姥詩蒐》中的宋佚詩輯考 …………… 趙　昱（150）
沈德潛集外序文輯考 ………………………………… 藍　青（161）
江藩佚文《談階平遺書敘錄》輯考 …………………… 高明峰（166）
王闓運《湘綺樓詩文集》集外文二篇及相關考證
　　………………………………………… 顏建華　黃遠發（170）

古文字研究

格仲簠銘文補考 …… 馮 聰（175）
楊伯峻《春秋左傳注》引金文勘誤 …… 劉 光（178）
清華簡六《鄭武夫人規孺子》選釋三則 …… 高鵬飛（184）
戰國私璽考釋一則 …… 陳俊安（189）

年譜與傳記

清初詩人王摅年表 …… 吴雅楠（193）
鄒漢勛年譜 …… 張秀玉（212）
介以律己 和以待人
　　——儒官施愚山側記 …… 彭君華（222）

皖籍文獻專題

方苞經學著作提要十種 …… 方盛良（231）
劉大櫆詩文佚作輯補 …… 汪孔豐（240）
陳用光藏姚鼐手札考釋 …… 盧 坡（246）

學術叢札

漢賦篇目辨正與補遺 …… 程 維（266）
杜詩歧解辨證二則 …… 陳道貴（275）
郭翼《雪履齋筆記》辨僞 …… 王 媛（279）
"治小學不撫商周彝器"辯
　　——論俞樾函札中所見的金石文字觀 …… 王 博（282）

文獻學評論

一部展現桐城地方特色的詩歌總集
　　——《桐舊集》編後瑣談 …… 姜 萍 姜趙治（289）
富有創新精神的《六書音均表》書譜
　　——魯國堯先生《新知：語言學思想家段玉裁及〈六書音均表〉書譜》讀後
　　…… 李 斐（299）
周勛初先生研治"龍學"的方法論啓示
　　——《文心雕龍解析》閱讀感言 …… 魏伯河（303）
功不唐捐，九轉書成
　　——《〈說文解字六書疏證〉研究》讀後 …… 林 嫣（312）

古籍書訊

施愚山集/杜詩本義　杜詩評律/李宗棠文集·考察日本學校記/桐城方氏七代遺書/
金聲集/方以智全書 ………… （75/120/140/160/169/265）

郗超《奉法要》與早期居士佛教

夏德美[*]

摘　要：郗超是東晉權臣桓温的重要謀士，在東晉後期政局中發揮過重要作用，郗超又是著名的奉佛名士，在居士佛教史上具有一定地位。文章通過梳理郗超與佛教多方面的關係，分析郗超代表作《奉法要》的内容，比較《奉法要》與其他早期居士佛教作品的異同，總結《奉法要》的特色、價值和影響，展現早期居士佛教在整體佛教中的地位。

關鍵詞：郗超；《奉法要》；居士佛教

東晉十六國時期，是佛教在社會上全面展開的上升時期。在南方，名僧與名士交遊唱和，佛學與玄學交映成輝。在北方，少數民族政權基本不受漢文化束縛，多位國王主動迎請高僧，建立道場，翻譯佛經，幾乎將佛教奉爲國教。這一時期，佛教發展主要由一些有堅定信仰、有遠大抱負、有豐富學識、有多方面組織交往才能的高僧大德來推動，如道安、慧遠、鳩摩羅什等。在他們的努力下，僧伽佛教的發展呈現出蒸蒸日上的局面：越來越多的經典被翻譯、整理，越來越多的外國僧人來到中國，越來越多的本土人士出家，越來越多的僧團創立。佛教在社會經濟、政治、文化諸多方面發揮的作用越來越重要。但佛教要想真正在文化已經相當發達的中國社會站穩腳跟，必須處理好與世俗政權之間的關係，必須争取更多帝王權貴、士大夫的信仰和支持。因此，居士佛教的發展至關重要。可以説大量信佛居士是佛教興盛的社會基礎。尤其作爲傳統社會中流砥柱的士人，其對佛教的態度，他們如何理解佛教，如何信奉佛教，如何將所受的文化傳統與佛教觀念融會貫通，實現佛教的中國化，是佛教能否真正在社會上發揮重大作用的關鍵。本文選取郗超（約336—377）這一重要奉佛士人，對其代表作《奉法要》的内容、特色及歷史價值進行綜合分析，以展現東晉居士佛教發展的一些基本狀況。對於郗超《奉法要》的研究，學術界已經積累了不少成果，任繼愈主編《中國佛教史》第二卷與魏道儒主編《世界佛教通史》第三卷，都較爲詳細地介紹了郗超生平和《奉法要》的主要内容。本文將在前輩學者研究基礎上，將《奉法要》放在東晉佛教的整體格局中，解析《奉法要》各項内容之間的邏輯關係，判斷《奉法要》在佛教史上的位置，並對其集中論述的一些問題作出新的解讀。

---

[*] **作者簡介**：夏德美，女，中國社會科學院世界宗教研究所（北京 100005），副研究員，史學博士，主要從事魏晉南北朝佛教研究。

一、郗超與佛教

郗超,字景興,一字嘉賓,祖籍高平金鄉(今屬山東)。郗超是東晉早期重臣郗鑒的孫子,權臣桓温的重要幕僚,在東晉政治史上產生過重要影響。郗超也與佛教這一蒸蒸日上的新思潮發生了諸多關聯,在思想史上具有不可取代的位置。

陳寅恪在《天師道與濱海地域的關係》一文中指出:"魏晉以來,一些世家大族如琅邪王氏,高平郗氏,吳郡杜氏……等信奉天師道。"①《晉書·郗超傳》明言:"愔事天師道,而超奉佛。"郗超出身於天師道世家,爲何對佛教情有獨鍾,史無明文。東晉佛教伴隨玄學清談逐漸興盛,門閥子弟越來越被這一博大精深的思想所吸引,是一種趨勢。郗超奉佛,順應了時代思想的潮流,其奉佛的各項活動,也展現了門閥士族與佛教關係的各個層面。郗超崇佛的事迹主要有交接高僧、談論佛理、參與法事活動以及撰寫佛學著作等。

郗超與高僧交往甚多。北方佛教領袖道安(312—385)居襄陽(365年道安至襄陽)時,郗超派人送米千斛,並修書累紙,表示欽敬。郗超精通當時佛教界流行的般若義理,曾與竺法汰(320—387)討論般若"本無義"。郗超交往最多的可能是活躍於建康、會稽一帶的支遁。《高僧傳·支遁》:

> 支遁字道林。……王洽、劉恢、殷浩、許詢、郗超、孫綽、桓彦表、王敬仁、何次道、王文度、謝長遐、袁彦伯等,並一代名流,皆著塵外之狎。……郗超後與親友書云:林法師深理所通,玄拔獨悟,實數百年來,紹明大法,令真理不絶,一人而已。……(支遁卒後)郗超爲之序傳。②

郗超對支遁極爲讚賞,認爲他在佛教發展史上具有不可取代的地位。支遁對郗超也極爲重視。《晉書·郗超傳》:

> 又沙門支遁以清談著名於時,風流勝貴,莫不崇敬,以爲造微之功,足參諸正始。遁常重超,以爲一時之俊,甚相知賞。③

郗超在對佛教義理的理解方面深受支遁影響。支遁"即色義"在般若學"六家七宗"中佔有非常重要的位置,《肇論》專門批判的三家之中,就有"即色宗"。郗超對"即色義"推崇備至,並親自宣講,《高僧傳·于法開傳》云:"(于法開)每與支道林争即色空義,廬江何默申明開難,高平郗超宣述林解,並傳於世。"④

郗超不僅把佛教義理作爲玄談依據,也積極參與法事活動,對因果報應學說非常信服。《法苑珠林》卷十六記載戴逵(326—396)制作無量壽挾侍菩薩像,郗超親往禮拜:

---

① 陳寅恪:《金明館叢稿初編》,北京:生活·讀書·新知三聯書店,2001年,第4頁。
② (梁)慧皎:《高僧傳》,北京:中華書局,1992年,第163頁。
③ (唐)房玄齡等:《晉書》,北京:中華書局,1974年,第1804頁。
④ (梁)慧皎:《高僧傳》,第168頁。

高平郗超聞而禮覲，遂撮香而誓曰：若使有常，復覩聖顏。如其無常，願會彌勒。既而手中之香勃焉自然，芳煙直上，其氣聯雲，餘熏葳蕤，溢於衢路。凡預聞見，皆心喜遍身。①

又據《佛祖歷代通載》卷六：

（郗超）又與汰法師厚善，嘗約先歿者，凡幽冥報應當以相報。俄而汰卒，一夕見夢曰：向與君約報應之事，今皆不虛。願君無忘脩德，以昇濟神明。超由是循道彌篤云。②

這段充滿神異的記載，説明郗超對於輪回報應説是確信不疑的。

郗超奉佛之事，被此後的文獻多次提及。劉宋時期，文帝召集朝臣談論佛教，崇奉佛法的何尚之列舉前代奉佛士人："中朝已遠，難復盡知。渡江已來，則王導、周顗、庾亮、王濛、謝尚、郗超、王坦……或宰輔之冠蓋，或人倫之羽儀，或置情天人之際，或抗迹煙霞之表，並稟志歸依，厝心崇信。"③陳隋時期釋真觀作《夢賦》："至如道安、道立、慧遠、慧持……並皆揚名後代，擅步當時。或與秦王而共輦，乍將晉帝而同幰；遂使桓玄再拜而弗暇，郗超千斛而無辭。"④唐釋慧净作《析疑論》："且王導、周顗宰輔之冠蓋，王濛、謝尚人倫之羽儀。次則郗超、王謐、劉璆、謝客等，並江左英彦七十餘人，皆學綜九流，才映千古，咸言性靈真要可以持身濟俗，莫過於釋氏之教。"⑤

郗超辭職後，閉門專心研究佛教，撰寫了不少佛教著作，據《出三藏記集》卷一二所引陸澄《法論目録》，郗超著有《本無難問》《郗與法濬書》《郗與開法師書》《郗與支法師書》《奉法要》《七衆法通神咒》《明感論》《論三行上》《叙通三行》《郗與謝慶緒書》《論三行下》《郗與傅叔玉書》《全生論》以及《五陰三達釋》等。上述著作分別列於"法性集""教門集""業報集""色心集"之中。現存的僅有《奉法要》，其他都已經散佚，但通過上述記載，我們可以看出郗超的著作涉及般若性空之學、輪回報應之説，涉及僧徒與居士所應遵循的儀軌戒律等等方面，内容非常廣泛。

二、《奉法要》的内容、特色和價值

郗超生活的年代，鳩摩羅什（344—413，401年入長安，開始譯經）還没有開始他的譯經事業，佛經翻譯處於舊譯時期，很多梵語或者胡語的佛經還不能順暢翻譯出來。慧學方面，早期阿含類經典已經部分譯出，大乘經典已經涵蓋了般若、法華、華嚴、寶積等諸多部類，但好多經典之間的相互關係以及每部佛經在整體佛教中的地位含混不清。禪定方面的經典缺少明確的傳承，在實踐中經常遇到困難。戒律方面的經典還没有系統傳入，只有簡單的戒本，廣律還没有被翻譯。建康的名僧們正憑藉玄

---

① （唐）道世：《法苑珠林》，《大正藏》第53册，第406頁上。
② （元）念常：《佛祖歷代通載》，《大正藏》第49册，第523頁中。
③ （唐）道宣：《廣弘明集》卷一，《大正藏》第52册，第100頁上。
④ （唐）道宣：《廣弘明集》卷二九，第341頁中。
⑤ （唐）道宣：《廣弘明集》卷一八，第231頁上。

談,使佛教逐漸被上層社會所接受,在佛教義理上也多少有所建樹,般若學出現了所謂"六家七宗"的不同理解。北方的道安正在爲佛教的長期發展進行全方位的努力,他積極整理佛經,確立僧尼規範,提倡彌勒净土信仰。佛教的發展呈現出上升勢頭,但在整個社會中的地位還遠遠不够。僧伽佛教的發展面臨著諸多挑戰。在這樣的情况下,不出家的居士應該怎樣奉佛? 對於居士而言,龐大的佛教經典中哪些内容是最重要的? 哪些是可以付諸行動的? 郗超敏鋭地注意到這些問題,並行諸文字,這就是我們今天見到的《奉法要》。

《奉法要》内容清晰而嚴整,依次介紹了三自歸、五戒、歲三月六齋、十善、五陰、五蓋、六情、心的重要性、報應説、對善惡的態度、觀法、四等、八苦、四非常、六度、空等佛教的基本要求和概念。其中,三自歸是佛教信仰的開始;五戒是在家佛教徒應該遵守的基本戒律;歲三月六齋是在家信徒體驗出家的戒法;十善本來是一般的社會規範,但在大乘佛教中通常將其作爲菩薩戒法的基本内容。以上四項可以看做佛教戒學的内容,《奉法要》概括了大小乘經典中在家戒法的重要内容,全面而準確。五陰以下,觀法屬於定學,内容相對較少,提到不净觀和對治慳貪、嗔恚的觀法,而不净觀是早期定學的最重要内容之一;觀法之外,都是佛教最基本的概念,屬於慧學内容。可以説《奉法要》通過引用當時已經翻譯出來的多部經典,概括、歸納和整理出在家信徒應該奉持的佛教内容,包括了佛教"戒定慧"三學的核心,是在家信徒學習、信仰、奉行佛法的綱要。

《奉法要》對一些重要問題的論述,不僅來自於佛教經典,也結合了中國文化傳統和作者的理解、實踐。比如對善惡,對報應,對空有,郗超都提出了自己的看法。

對於善惡,郗超提到了兩個方面:對自己,要隱善揚惡;對別人,要隱惡揚善。第二個方面比較常見,郗超論述得非常簡略。對於第一個方面,郗超用了大量的篇幅:

> 異出《十二門經》云:人有善,恒當掩之;有惡,宜令彰露。夫君子之心,無適無莫,過而無悔,當不自得。宜其任行藏於所遇,豈有心於隱顯? 然則教之所施,其在常近乎? 原夫天理之於罪福,外泄則愈輕,内結則彌重。既迹著於人事,必有損於冥應。且伐善施勞,有生之大情;匿非文過,品物之所同。善著則迹彰,迹彰則譽集。苟情係沮勸,而譽集於外,藏怛之心,必盈乎内。且人之君子,猶天之小人,况乎仁德未至而名浮於實,獲戾幽冥,固必然矣。
>
> 夫苟非備德,必有不周;坦而公之,則與事而散。若乃負理之心,銘之懷抱,而外修情貌以免人尤;收集俗譽,大誣天理,自然之釁得不愈重乎? 是以莊生云:爲不善於幽昧之中,鬼神得而誅之。且人之情也,不愧於理,而愧乎物。愆著則毀至,毀至而耻生。情存近復,則弊不至積;恃其不彰,則終莫悛革。加以天覽内充,而懼其外顯,則幽慮萬端,巧防彌密,窮年所存,唯此之務,天殃物累,終必頓集,蓋由不防萌謀始而匿非揚善故也。①

郗超首先引用異出《十二門經》,然後指出從根本上說君子無心於隱顯,不用刻意去做,但爲了教化,需要有隱有顯。然後論述爲何要隱善揚惡,主要邏輯是:天理和人的

---

① (梁)僧祐:《弘明集》卷一三,《大正藏》第52册,第87頁。

行爲之間有一種冥應,人的行爲如果宣揚出去,就會减少冥應,减損原來應有的效果。這種思想顯然與中國傳統的天人感應學説有一定關係。

業報輪回是佛教的基本觀念。佛教傳入之前,中國社會也有報應學説,主要有兩個方面。一、中國傳統報應説强調報應在子孫後代身上,如《周易·坤·文言》:"積善之家,必有餘慶。積不善之家,必有餘殃。"這是中國家族觀念强大的一種反映,但在實踐中往往不容易驗證。二、中國傳統文獻中也有"善有善報,惡有惡報"的論述,如《道德經》:"天道無親,常與善人。"《墨子·法儀》:"愛人利人者,天必福之;惡人賊人者,天必禍之。"這樣的説法,有勸善止惡的作用,但由於這種報應學説基本建立在人生一世的基礎上,在一個人的一生中往往很難得到驗證。《奉法要》對報應問題進行了詳細論述:

> 古人云:兵家之興,不過三世。陳平亦云:我多陰謀,子孫不昌。引以爲教,誠足以有弘。然齊、楚享遺嗣於累葉,顔、冉靡顯報於後昆。既已著之於事驗,不俟推理而後明也。且鯀殛禹興,盼鮒異形,四罪不及,百代通典。哲王禦世,猶無淫濫,況乎自然玄應不以情者,而令罪福錯受,善惡無章,其誣理也,固亦深矣。且秦制牧孥之刑,猶以犯者爲主。主嬰其罰,然後責及其餘。若釁不當身,而殃延親屬,以兹制法,豈唯聖典之所不容,固亦申、韓之所必去矣。是以《泥洹經》云:父作不善,子不代受;子作不善,父亦不受。善自獲福,惡自受殃。至矣哉斯言! 允心應理。然原夫世教之興,豈不以情受所存,不止乎己。所及彌廣,則誡懼愈深。是以韜理實於韞櫝,每申近以斂觖,進無虧於懲勸,而有適於物宜。有懷之流,宜略其事而喻,深領幽旨。若乃守文而不通其變,殉教而不達教情,以之處心循理,不亦外乎?
>
> 夫罪福之於逆順,固必應而無差者也。苟昧斯道,則邪正無位,寄心無準矣。至於考之當年,信漫而少徵,理無怨違,而事不恒者,豈得不歸諸宿緣,推之來世耶? 是以有心於理者,審影響之難誣,廢事證而冥寄,達天網之宏疏。故期之於靡漏,悟運往之無間,混萬劫於一朝,括三世而玄同,要終歸於必至。豈以顯昧改心,淹速革慮哉? 此最始信之根至,而業心所深期也。①

郗超對中國傳統的兩種報應説分別進行了批判,指出善惡報應在子孫身上的觀點既不符合事實,也有違於天理,更不符合佛教"自作自受"的觀念。在一生之内考察善惡報應,也是不正確的,必須"歸諸宿緣,推之來世",也就是將善惡報應放在過去、現在、未來的時間鏈條中去考察。輪回報應説是佛教傳入中國社會後,對中國文化的重要補充,對此問題最全面論述體現在慧遠(334—416)《明報應論》《三報論》等著作中。慧遠創建東林僧團,在東晉佛教史上具有重要地位,他的一系列重要著作都是在381年到達廬山後撰寫的。郗超作爲信佛居士,在慧遠之前對報應問題的理解已經相當深入和全面。

東晉般若學盛行,出現了所謂"六家七宗"的説法,對空的理解考驗著高僧名士們

---

① (梁)僧祐:《弘明集》卷一三,第87頁。

的理論水準,僧傳記郗超曾述支遁"即色義",湯用彤先生認爲郗超"於空義則頗與支道林合"①,任繼愈主編《中國佛教史》認爲"(郗超)與支遁的'即色空義'並不一致"②。筆者認爲郗超對空的理解是綜合當時流行的各種説法:

> 夫空者,忘懷之稱,非府宅之謂也。無誠無矣,存無則滯封;有誠有矣,兩忘則玄解。然則有無由乎方寸,而無繫於外物。器象雖陳於事用,感絶則理冥,豈滅有而後無,階損以至盡哉?由此言之,有固非滯,滯有則背宗;反流歸根,任本則自暢。是以開士深行,統以一貫,達萬像之常冥,乘所寓而玄領。知來理之先空,恒得之於同致;悟四色之無映,順本際而偕廢。審衆觀之自然,故雖行而靡迹。方等深經,每泯一三世,而未常謂見在爲有,則空中行空,旨斯見矣。③

"夫空者,忘懷之稱""有無由乎方寸,而無繫於外物"似"心無宗"的觀點。"豈滅有而後無,階損以至盡哉""悟四色之無映,順本際而偕廢"則與"即色宗"有關。"反流歸根,任本則自暢""知來理之先空,恒得之於同致"似乎又與"本無宗"有關,《肇論》提到的"心無、即色、本無"三家説法,似乎郗超都涉及了。"是以開士深行,統以一貫"也説明郗超在理論上試圖融會各家説法,不作固定的理解,而將重點放到修行實踐上去。

另外,《奉法要》是現存最早出於士人之手正面闡述佛教義理的文字。《弘明集》中收録的幾篇早於或與《奉法要》差不多同時的有關居士佛教的文字,有《牟子理惑論》《正誣論》《喻道論》等,這些文字都是爲了向不信佛(或者污衊佛教)的人説明佛法的正確可靠,説明佛教與中國固有的儒道文化不相違背,或者高於儒道文化,所以都帶有論辯性質,在論證過程中多使用儒家、道家的經典、典故,而對於佛教自身的義理較少説明,主要涉及因果報應。《奉法要》卻完全站在佛教徒的角度,去總結、概括佛教之中最爲重要的内容,爲信奉者提供修行的依據,所以主要引用佛教的經典,主要説明佛教的義理,與儒道比較的内容非常少見。

總之,郗超作爲一個有政治影響力和文化影響力的奉佛居士,其對佛法的實踐和著述,爲我們展現了東晉居士佛教面臨的基本問題,以及奉佛居士對這些問題理解的高度,也展現了東晉居士佛教發展的一些基本狀況。

---

① 湯用彤:《漢魏兩晉南北朝佛教史》,北京:北京大學出版社,1998年,第131頁。
② 任繼愈主編:《中國佛教史》,北京:中國社會科學出版社,1985年,第568頁。
③ (梁)僧祐:《弘明集》卷一三,第89頁。

陶淵明接受史上的儒道博弈[*]

劉 强

摘 要: 在中國古代文學史上,作爲"詩人哲學家"的陶淵明有著超越其時代的永恒魅力。縱觀千年陶學史,對陶淵明思想淵源的論説,一直貫穿著顯而易見的儒道博弈。大抵年代越早,越贊同其爲道家,而年代越晚,指其爲儒家的聲音便越多。當我們撥開歷史的重重迷霧,深入到陶淵明的詩文旨歸與人格根底中時,則不難發現,陳寅恪所謂"外儒内道"與"新自然説",實在很難成立,梁啓超、朱光潜、李慎之諸家將陶淵明歸於儒家的觀點更具歷史和邏輯的合理性。陶淵明的隱居生涯与安貧樂道,有著深刻的儒學支撑,而君子志節和聖賢追求,更是陶淵明一以貫之的精神信仰,惟其如此,陶淵明才能躍出晉宋這一時代的思想局限,成就一種高古飄逸、灑落自由的聖賢氣象和完美人格。後人謂其"儒隱""詩聖",良有以也。

關鍵詞: 陶淵明;接受史;儒道;聖賢志節;陶詩格調

一、問題的提出

陶淵明到底是儒家還是道家?這問題若問一般讀者,恐怕絕大多數人會毫不猶豫地回答:當然是道家。原因無他,蓋今日讀者接觸陶淵明詩文,不過《歸園田居》《飲酒》諸詩,以及《桃花源記》《歸去來兮辭》《五柳先生傳》諸文,僅此而已。這樣的"選本認知",自然很難做到"知人論世"。誠如魯迅所説,對於一切文學作品的研究,"最好是顧及全篇,並且顧及作者的全人,以及他所處的社會狀態,這才較爲確鑿"。(《題未定草(七)》)因爲"選本所顯示的,往往並非作者的特色,倒是選者的眼光。……抹殺了作者真相的居多,這才是一個'文人浩劫'"。説到陶淵明,魯迅還指出:"在後人的心目中,實在飄逸得太久了,但在全集裏,他卻有時很摩登,……就是詩,除論客所佩服的'悠然見南山'之外,也還有'精衛銜微木,將以填滄海,刑天舞干戚,猛志固常在'之類的'金剛怒目'式。在證明著他並非整天整夜的飄飄然。"(《題未定草(六)》)[①]

不過話又説回來,即便讀過陶淵明全集的魯迅,要回答上面的問題,答案恐怕也只能是道家,絕不可能是儒家。因爲新文化運動諸賢,對於傳統文化,尤其是處於主

---

* **作者簡介:** 劉强,男,同濟大學中文系(上海,200092),教授,文學博士,博士生導師,主要從事先秦諸子經典、古典詩學、魏晉南北朝文學、文言小説的研究和教學。

① 參《魯迅全集》第六卷《且介亭雜文二集》,北京:人民文學出版社,2005年,第444、436頁。

流地位的儒家,向來並無好感,否則也就不會有"打倒孔家店"的口號了。職是之故,一向"靜穆"而"飄飄然"的陶淵明,即使有"摩登"和"金剛怒目"的一面,也只能證明其"全人"的豐富與複雜,卻無論如何也不可證明他竟然是一位儒家!

然而,假如時光倒流,我們會發現,在長達一千六百年的陶學史上——包括傳播史、接受史和研究史——認定陶淵明是儒家的聲音,要遠比稱其爲道家的聲音,更爲廣遠而巨大。

衆所周知,陶淵明是"文如其人"的典範,其詩文一向都與其思想及人格水乳交融,難分彼我。如鍾嶸《詩品》就説:"每觀其文,想其人德。"宋人許顗《彦周詩話》也説:"陶彭澤詩,顔、謝、潘、陸皆不及者,以其平昔所行事,賦之於詩,無一點愧詞,所以能爾。"梁啓超論作家的"個性作品",標舉"不共"(即"作品完全脱離模仿的套調,不是能和别人共有")和"真"兩大條件,認爲"唐以前的詩人真能把他的個性整個端出來和我們相接觸的只有阮步兵和陶彭澤兩個人,而陶尤爲甘脆鮮明"①。這些論説,皆以陶淵明人格與文格貼合無間,足可窺文以知人。此其一。

其二,陶淵明不僅是詩人,更是哲人,其詩文頗具有思想史的研究價值。這樣具有思想史研究價值的詩人文學家,在整個中國文學史上,恐怕找不出幾個。換言之,像陶淵明這樣僅僅通過有限的詩文,卻能體現出豐富的思想風景和時代精神的"詩人哲學家",實在是鳳毛麟角。尤其在玄風大張的東晉,名士們服膺佛老,"以玄對山水",逍遥無爲,表現在文學上,便是"理過其辭,淡乎寡味"(鍾嶸《詩品序》)的玄言詩大行其道,詩人們自以爲"滌除玄覽""澄懷忘象",卻在玄理的闡發中迷失了自我的性情。不少人以爲,陶淵明的詩文是受到了玄言詩的影響②,而在我看來,陶淵明是壓根兒看不起玄學家們的玄言詩的。如果硬要把陶淵明和玄言詩扯上關係,不妨説,陶淵明一生的努力,就是要完成"玄言詩的救贖",並且實實在在地完成了。"陶詩與玄言詩迥然有别,它不像後者,詩中充滿枯燥的説理,而是融進了詩人活生生的情韻志趣,反映出詩人獨特的個性。……談理而没有'理障',理與情、理與趣渾然一體,堪稱説理詩的典範"③。可以説,陶淵明仿佛完全"出離於"他所容身的"晉、宋易代之際"。他的絶世獨立、素履孤往、縱浪大化、不喜不懼的人格品位和精神境界,恍如天外飛石,空谷幽蘭,充滿了相對於那個時代的"異質性""超越性"和"另類"色彩。南宋大儒朱熹謂其"高於晉、宋人物"④,洵非虚語。

於是,人們在評賞陶淵明詩文的同時,不約而同地聯繫到他的思想淵源和人格理想,並暗自達成了某種共識:陶淵明彪炳史册的詩文成就以及自洽圓滿的人格境界,離不開强大的思想支撑和文化擔荷。就陶淵明所處的時代思潮而言,無外乎儒、釋、

---

① 梁啓超:《陶淵明之文藝及其品格》,《陶淵明資料彙編》,上册,北京:中華書局,1962年,第267頁。
② 楊合林認爲:"陶淵明的詩帶有明顯的玄言色彩。他對田園自然風光的發現與欣賞,當亦有得於時代風氣的助力。陶淵明一生關注之問題,如言意、形神、生死、出處,皆爲魏晉玄學家討論得最多的話頭,他獨特的'自然觀',更是在舊有自然觀基礎上發揮並加以超越的結果。"參氏著:《陶淵明三論》,岳麓書社,2002年,第89頁。
③ 龔斌:《陶淵明集校箋》修訂本,上海古籍出版社,2011年,第10頁。
④ (宋)朱熹撰,(宋)黎靖德編,王景賢點校:《朱子語録》,中華書局,1986年,第三册,第874頁。

道三家。而三家之中,佛家距離甚遠,以至古今學者大多都認爲"陶詩裏實在也看不出佛教影響"①。至於葛立方以"第一達磨"(《韻語陽秋》卷一二)該淵明,可謂無識之甚②,不説也罷。

平情而論,陶淵明的思想裏既有儒家,也有道家,所謂"儒道兼修"。但僅僅一句"儒道兼修",等於徹底抹煞了他! 所以,本文要討論的是,陶淵明的思想及人格,在程度上和比重上,受儒、道二家之影響,孰多孰少、孰輕孰重? 甚至更重要的是,陶淵明的思想和人格趨向,究竟是儒家還是道家? 這個問題一旦解決,我們再看陶淵明的思想和人格,會有不一樣的發現,也就更容易確定其在中國思想史和心靈史上的座標及價值。

二、千年陶學史上的儒道博弈

縱觀千年陶學史,對陶淵明思想淵源的論説,一直貫穿著顯而易見的儒道博弈。大抵年代越早,越贊同其爲道家,而年代越晚,指其爲儒家的聲音便越多。正如朱自清所説:"歷代論陶,大約六朝到北宋,多以爲'隱逸詩人之宗',南宋以後,他的'忠憤'的人格才擴大了。"③言下之意,南宋以前,似乎道家説占上風,之後便是儒家説擅場了。

然此亦大概言之。具體到每一位評價者,其實也並非單一的調子。如陶淵明生前好友顏延之在《陶徵士誄》中,説明爲何諡其爲"靖節徵士"時説:"若其寬樂令終之美,好廉克己之操……詢諸友好,宜諡曰靖節徵士。"要知道,"寬樂令終""好廉克己",原本是儒者嚮往的境界,而"靖節徵士"的諡號,其意也不過是表彰淵明之"士節"罷了。誄文中又説他是"仁焉而終,智焉而斃"。"士節"也好,"仁智"也罷,皆儒家標舉之人格操守及價值追求。鍾嶸《詩品》謂陶淵明爲"古今隱逸詩人之宗",然亦肯定其"人德",讚美其"質直",而"質直而好義",正是《論語·顏淵》篇中孔子對"達"的解釋。蕭統更可謂淵明知音,其《陶淵明集序》云:"有疑陶淵明詩篇篇有酒,吾觀其意不在酒,亦寄酒爲迹者也。其文章不群,辭彩精拔,跌宕昭彰,獨超衆類,抑揚爽朗,莫之與京。橫素波而傍流,干青雲而直上。語時事則指而可想,論懷抱則曠而且真。加以貞志不休,安道苦節,不以躬耕爲恥,不以無財爲病,自非大賢篤志,與道汙隆,孰能如此乎? ……嘗謂有能讀淵明之文者,馳競之情遣,鄙吝之意袪,貪夫可以廉,懦夫可以立,豈知仁義可蹈,爵禄可辭! 不勞復傍遊太華,遠求柱史,此亦有助於風教耳。"如"大賢篤志","仁義可蹈","有助於風教",不正是看到淵明詩文中所藴藏的教化作用嗎? 而"太華"者,遊仙之謂也;"柱史"者,老子之謂也;"傍遊太華,遠求柱史"一語,也一語道破淵明之思想,近儒而遠道,此論陶者不可不知也。

南朝對陶淵明的接受,大抵還比較折衷而涵融,並無儒家道家的明顯張力。降及

---

① 朱自清:《陶詩的深度——評古直〈陶靖節詩笺定本〉》,參《陶淵明資料彙編》,上册,第289頁。
② (清)何文焕《歷代詩話考索》云:"淵明達識,葛長之引其《自祭文》及《自挽詞》云云,以爲第一達摩,援儒入釋,甚無理也。"參《陶淵明資料彙編》,上册,第203頁。
③ 朱自清:《陶詩的深度——評古直〈陶靖節詩笺定本〉》,參《陶淵明資料彙編》,上册,第288頁。

隋唐，則比較傾向於視淵明爲道家。如隋朝的王通《中説》載："或問陶元亮，子曰：'放人也。《歸去來》又避地之心焉；《五柳先生傳》則幾於閉關也。"其弟王績作《五門先生傳》云："先生絶思慮，寡言語，不知天下之有仁義厚薄也。"此二人對淵明的誤讀，不言自明。難怪清人陳澧説："王通浮躁，宜其不能讀淵明之文耳。"①

唐人對陶淵明的接受亦偏於道家一面。杜甫《遣興五首》其三云："陶潛避俗翁，未必能達道。觀其著詩集，頗亦恨枯槁。達生豈是足，默識蓋不早。有子賢與愚，何其挂懷抱。"白居易《與元九書》説："晉宋以還，得者蓋寡。以康樂之奧博，多溺於山水；以淵明之高古，偏放於田園。……於時六義浸微矣，陵夷矣。"但其《訪陶公舊宅》詩，亦感嘆："嗚呼陶靖節，生彼晉宋間。心實有所守，口終不能言。"白居易敏鋭地看到，陶淵明"心實有所守"，但所守爲何，則未得正解。至於李白，對淵明則時褒時貶，完全視其心情好壞，故不足爲據。正如錢鍾書所説，"淵明文名，至宋而極"，"六代三唐，正以知希爲貴"②。言下之意，唐以前，陶淵明並無真正的知音。

北宋儒學昌明，陶淵明的儒者人格漸被體認。如徐鉉説："陶彭澤古之逸民也。猶曰：'聊欲弦歌以爲三徑之資。'是知清真之才，高尚其事，唯安民利物可以易其志，仁之業也。"林逋《省心録》説："陶淵明無功德及人，而名節與功臣、義士等，何耶？蓋顔子以退爲進，甯武子愚不可及之徒歟？"③郭祥正《讀淵明傳》二首之二云："陶潛直達道，何止避俗翁。蕭然守環堵，褐穿瓢屢空。……使遇宣尼聖，故應顔子同。"④這詩是針對前引杜甫詩而言的，"達道"云云，顯指儒家之道。蘇軾最喜淵明，其《書淵明飲酒詩後》云："《飲酒》詩云：'客養千金軀，臨化消其寶。'寶不過軀，軀化則寶亡矣。人言靖節不知道，吾不信也。"⑤這裏"知道"所指何"道"？東坡語焉不詳。而黄山谷則説："至於淵明，則所謂不煩繩削而自合者。雖然，巧於斧斤者多疑其拙，窘於檢括者輒病其放。孔子曰：'甯武子其智可及也，其愚不可及也。'淵明之拙與放，豈可爲不知道者哉！"⑥山谷引孔子之説以爲據，意思已很清楚。不過當時仍有人以老莊之道解之。如晁説之《和陶引辨》稱："竊嘗譬之曹、劉、鮑、謝、李、杜之詩，五經也，天下之大中正也。彭澤之詩，老氏也，雖可以抗五經而未免爲一家之言也。"⑦不僅以爲陶詩出於老子，甚且謂其"抗五經"，這仍是王通、王績的口吻。甚至連朱熹也説："淵明所説者莊、老，然辭卻簡古。"⑧唯陸九淵《象山語録》説："李白、杜甫、陶淵明，皆有志於吾道。"⑨象山所謂"吾道"，蓋"心學"亦即儒學之謂也。

朱子門人真德秀"當仁不讓於師"，其《跋黄瀛甫擬陶詩》云：

> 余聞近世之評詩者曰："淵明之辭甚高，而其指則出於莊、老。康節之辭若

---

① （清）陳澧：《東塾雜俎》。參《陶淵明資料彙編》，上册，第249頁。
② 錢鍾書：《陶淵明詩顯晦》，見《談藝録》，上册，第111、114頁。
③ 《陶淵明資料彙編》，上册，第23頁。
④ 《全宋詩》卷七六三，北京大學出版社，1993年，第8865頁。
⑤ 《陶淵明資料彙編》，上册，第32頁。
⑥ 《陶淵明資料彙編》，上册，第39頁。
⑦ （宋）晁説之：《景迂生集》卷一四，（臺北）"商務印書館"，1986年影印文淵閣四庫全書本。
⑧ 《朱子語録》，[宋]朱熹撰，黎靖德編，王景賢點校，中華書局，1986年，第3243頁。
⑨ 《陶淵明資料彙編》，上册，第100頁。

卑,而其指則原於六經。"以余觀之,淵明之學,正自經術中來,故形之於詩,有不可掩。榮木之憂,逝川之嘆也;貧士之咏,簞瓢之樂也。《飲酒》末章有曰:"羲農去我久,舉世少復真。汲汲魯中叟,彌縫使其淳。"淵明之智及此,是豈玄虛之士可望耶?

真德秀以爲淵明之學,皆從經書中來,可謂別具隻眼。他還説:"淵明之作,宜自爲一編,以附於《三百篇》《楚辭》之後,爲詩之根本原則。"①這幾乎是把陶詩當作最高範本了。

有明一代,學者基本上以陶淵明遠道而近儒。如許學夷《詩源辯體》稱:"晉人貴玄虛,尚黄、老,故其言皆放誕無實。陶靖節見趣雖亦有類老子,而其詩無玄虛放誕之語,中如……等句,皆達人超世,見理安分之言,非玄虛放誕者比也。"歸有光《陶庵記》説:"已而觀陶子之集,則其平淡沖和,瀟灑脱落,悠然勢分之外,非獨不困於窮,而直以窮爲娱。……推陶子之道,可以進於孔氏之門,而世之論者,徒以元熙易代之間,謂爲大節,而不究其安命樂天之實。"②又,安磐説:"陶淵明詩沖澹深粹,出於自然,人皆知之,至其有至聖賢之學,人或不能知也。……予謂漢魏以來,知尊孔子而有志聖賢之學者,淵明也,故表而出之。"黄文焕亦云:"若夫理學標宗,聖賢自任,重華、孔子,耿耿不忘,六籍無親,悠悠生嘆,漢魏諸詩,誰及此解?斯則靖節之品位,竟當俎豆於孔廡之間,彌朽而彌高者也。"③其例甚多,兹不贅舉。蓋明代崇尚心學,淵明詩文多出胸臆,又饒理趣,宜乎爲明人所喜愛。

至清代,理學復振,以儒家論陶者尤多。如沈德潛《古詩源》曰:"晉人詩曠達者徵引老、莊,繁縟者徵引班、揚,而陶公專用《論語》。漢人以下,宋儒以前,可推聖門弟子者,淵明也。"④直接將淵明當作"聖門弟子"。劉熙載《藝概》卷二《詩概》云:"曹子建、王仲宣之詩出於《騷》,阮步兵出於《莊》,陶淵明大要出於《論語》。"又説:"陶詩有'賢哉回也''吾與點也'之意,宜可嗣洙泗遺音。其貴尚節義,如咏荆卿、美田子泰等作,則亦孔子賢夷、齊之志也。"⑤二人皆看出陶詩"專用"或"大要出於《論語》",淵明的"節義",實乃"洙泗遺音"。李光地《榕村語録》卷三十稱:"靖節詩推周孔處甚多,其逃於酒者,避劉宋耳。"《語録續編》卷八:"觀《飲酒》詩六首,惓惓六籍,希聖不在韓公下也。"姜湛園《西溟文鈔》卷二稱:"陶公爲學道者,憤世俗之好黄老。故曰:'洙泗輟微響,漂流逮狂秦。詩書複何罪?一朝成灰塵。如何絶世下,六籍無一親。'"⑥明確指出陶淵明所學,非黄老之道,實儒家之道。又,陳偉勳《酌雅詩話》云:"先生不爲五門折腰,足令聞風者頑廉懦立,有功名教,百世下同不朽已。"清人鍾秀《陶靖節記事詩品》二十二則,最能發明陶淵明思想之真諦。他説:

謂陶公爲仕宦中人固非,謂陶公爲山林中人尤非。

---

① (宋)真德秀:《真文忠公文集》卷三六。《陶淵明資料彙編》,上册,第104頁。
② 《陶淵明資料彙編》,上册,第141—142頁。
③ 參《陶淵明資料彙編》,上册,第152頁。
④ 沈德潛:《古詩源》,沈陽:遼寧教育出版社,1997年,第144—145頁。
⑤ 劉熙載:《藝概》,上海古籍出版社,1978年,第54頁。
⑥ 參《陶淵明資料彙編》,上册,第304頁。

"臨水愧遊魚"五字,可括《莊子》"遊濠梁"一段,較"子非我安知我不知魚之樂"一句,意更靠實些。蓋莊子道家,陶公乃儒者耳。

陶公具聖賢經濟學問,豈放達飲酒人所能窺測。

陶徵士詣趣高曠,而胸有主宰,平生志在吾道,念切先師,其性定已久,故有時慨想羲皇,而非狃於羲皇;寄托仙釋,而非惑於仙釋。

鍾秀更提出"儒隱"一說,稱:"後人云晉人一味狂放,陶公有憂勤處,有安分處,有自任處。秀謂陶公所以異於晉人者,全在有人我一體之量,其不流於楚狂處,全在有及時自勉之心。……三代而後,可稱儒隱者,舍陶公其誰與歸?"①這些評說,適可見清人學問樸實、讀書審細之一斑。

晚清方宗誠撰有《陶詩真詮》,其一云:"陶公志在聖賢,非詩人也。……或謂陶公志在田園,亦非也,其《勸農》詩曰:'孔耽道德,樊須是鄙。董樂琴書,田園弗履。若能超然,投迹高軌。敢不斂衽,敬贊德美。'是豈隱逸人邪?其《命子》詩有曰:'溫恭朝夕,念茲在茲,尚想孔伋,庶其企而。'是又以希聖希賢命其子也。"又說:"陶公學問與老、莊不同,老莊廢禮,廢仁義,廢讀書;陶公言禮服,言'朝與仁義生',言'遊好在六經','上賴古人書','詩書敦夙好',確是聖賢之學。""陶公高於老、莊,在不廢人事人理,不離人情,只是志趣高遠,能超然於境遇形骸之上耳。"②事實上,明人郎瑛早就提出"淵明非詩人""高出詩人"之說③,比詩人更高者為何?正前引蕭統所謂"篤志"之"大賢"也!

不過,清人中也有以淵明為道家的,如方東樹。其所撰《昭昧詹言》云:"阮公似屈兼似經,淵明似莊兼似道,皆不得僅以時人目之。""陶公所以不得與於傳道之統者,墮於莊、老也。其失在縱浪大化,有放肆意,非聖人獨立不懼,君子不憂不惑不懼之道。聖人只是盡性至命,此是放肆也。"④實則"縱浪大化"何嘗限於莊老?又焉知陶公的"不喜不懼",不是來自孔子所謂"仁者不憂,知者不惑,勇者不懼"的君子之道呢?

三、"外儒內道"還是"外道內儒"?

近現代西學東漸,儒學備受衝擊,學者對個體價值和自由意志多有肯認,故在解讀陶淵明時有偏於道家或自然主義的一面。容肇祖說:"陶潛在清談風氣盛極而衰之後,當時佛教亦頗盛行,感自然的真趣,悟幻化的人生,律己甚嚴,而無苟且卑鄙放蕩的舉動。或者他本是儒家出身,又從時代上認清清談家的弊病,故此特別成就了他的高尚的人格和感情。"⑤這還是比較平情的論述,而朱自清則乾脆認為陶淵明將"孔子的學說道家化","所以陶詩裏主要思想實在還是道家"⑥。陳寅恪卻提出一種"外儒

---

① 均參《陶淵明資料彙編》,上冊,第239—245頁。
② 參《陶淵明資料彙編》,上冊,第253、254頁。
③ 參《陶淵明資料彙編》,上冊,第137頁。
④ 參《陶淵明資料彙編》,上冊,第223、225頁。
⑤ 容肇祖:《陶潛的思想》。參氏著:《魏晉的自然主義》,東方出版社,1996年,第93頁。
⑥ 朱自清:《陶詩的深度——評古直〈陶靖節詩箋定本〉》,參《陶淵明資料彙編》,上冊,第289頁。

内道"説,認爲:"淵明之爲人實外儒而内道,捨釋迦而宗天師者也。"並進一步指出:"凡兩種不同之教徒往往不能相容,其有捐棄舊日之信仰,而皈依他教者,必爲對於其夙宗之教義無創辟勝解之人也。"①言下之意,陶淵明所以與釋慧遠所創蓮社諸人無緣,原因無他,正爲其在天師道之信奉中,形成了自己的"創辟勝解",即所謂"新自然説"。

不過,陳寅恪的"外儒内道"説很快就受到朱光潛的批評。在《陶淵明》一文中,朱光潛指出,陳寅恪"不僅曲解了淵明的思想,也曲解了他的性格";"在這整個心靈中我們可以發現儒家的成分,也可以發現道家的成分,不見得有所謂内外之分,尤其不見得淵明有意要做儒家或道家。假如説他有意要做某一家,我相信他的儒家底傾向性比較大"②。這個論斷相對平允,更易於接受。梁啓超也指出,陶淵明是一位"極熱烈極有豪氣的人","纏綿悱惻最多情的人","極嚴正——道德責任心極重的人","若把他看成是冷面厭世一派,那便大錯了"。又説:"他雖生長在玄學佛學氛圍中,他一生得力處和用力處,都在儒學。""他一生品格立腳點,大略近於孟子'有所不爲''不屑不潔'的狷者,到後來操養純熟,便從這裏頭髮現出人生真趣味來,若把他當作何晏、王衍那一派放達名士看待,又大錯了。""孔子説的'志士不忘在溝壑',他一生做人的立腳,全在這一點"③。竊以爲,這是十分中肯的觀點。陶淵明之爲陶淵明,正在於其超出了他所處的時代,所以,用晉宋之際流行的佛老思想解讀陶淵明,恐怕只能南轅北轍。

湯用彤在論及魏晉思想之大勢時,曾説:"魏晉時代思想界頗爲複雜,表面上好像没有什麽確切的'路數',但是,我們大體上仍然可以看出其中有兩個方向,或兩種趨勢,即一方面是守舊的,另一方面是趨新的。前者以漢代主要學説的中心思想爲依據,後者便是魏晉新學。我們以下不妨簡稱'舊學'和'新學'的兩派。'新學'就是通常所謂玄學。當時'舊學'的人們自稱'儒道'……,其實思想皆是本於陰陽五行的'間架',宇宙論多半是承襲漢人的舊説;'新學'則用老莊'虛無之論'作基礎,關於宇宙人生各方面另有根本上新的見解。"④

那麽,陶淵明所信奉的到底是作爲"新學"的玄學呢？還是作爲"舊學"的儒學呢？對這一問題,陳寅恪如此回答:

> 淵明之思想爲承襲魏晉清談演變之結果及依據其家世信仰道教之自然説而創改之新自然説。惟其爲主自然説者,故非名教説,並以自然與名教不相同。但其非名教之意僅限於不與當時政治勢力合作,而不似阮籍、劉伶輩之佯狂任誕。蓋主新自然説者不須如主舊自然説之積極抵觸名教也。又新自然説不似舊自然説之養此有形之生命,或別學神仙,惟求融合精神於運化之中,即與大自然爲一體。因其如此,既無舊自然説形骸物質之滯累,自不致與周孔入世之名教説有所觸礙。故淵明之爲人實外儒而内道,捨釋迦而宗天師者也。推其造詣所極,殆與

---

① 陳寅恪:《金明館叢稿初編》,北京:生活・讀書・新知三聯書店,2001年,第219頁。
② 參《陶淵明資料彙編》,上册,第364頁。
③ 梁啓超:《陶淵明之文藝及其品格》,參《飲冰室合集》第十二册,中華書局,1994年,第10頁。
④ 湯用彤:《魏晉思想的發展》,參氏著《魏晉玄學論稿》,人民出版社,1957年,第121頁。

千年後之道教採取禪宗學說以改進其教義者,頗有近似之處。然則就其舊義革新,"孤明先發"而論,實爲吾國中古時代之大思想家,豈僅文學作品節居古今之第一流,爲世所共知者而已哉!①

陳氏顯然注意到了陶淵明與主張"新學"的魏晉玄學名士大不相同,但他不願意將淵明歸於"舊學"或曰"名教"的一派,只好生造了一個"新自然説"的概念去概括陶淵明的思想——"新自然説之要旨在委運任化。夫運化亦自然也,既隨順自然,與自然混同,則認己身亦自然之一部,而不須更別求騰化之術,如主舊自然説者之所爲也。但此委運任化,混同自然之旨自不可謂其非自然説,斯所以別稱之爲新自然説也"。這是從陶淵明的生死觀角度得出的結論,然難免顧此失彼,以偏概全。前引朱光潛《陶淵明》一文説:

> 因爲淵明近於人情,而且富於熱情,我相信他的得力所在,儒多於道。陳寅恪先生把魏晉人物分名教與自然兩派,以爲淵明"既不盡同嵇康之自然,更有異何曾之名教,且不主名教自然相同之説如山(濤)、王(戎)輩之所爲"。蓋其己身之創解乃一種"新自然説","新自然説之要旨委運任化",並且引"立善常所欣,誰當爲汝譽"兩句詩證明淵明"非名教"。他的要旨在淵明是道非儒。我覺得這番話不但過於系統化,而且把淵明的人格看得太單純,不免歪曲事實。淵明尚自然,宗老、莊,這是事實;但是也並不非名教,薄周、孔,他一再引"先師遺訓"(他的"先師"是孔子,不是老、莊,更不是張道陵),自稱"遊好在六經",自勉"養真衡門下,庶以善自名",遺囑要兒子孝友,深致慨於"如何絶世下,六籍無一親"。——這些都是鐵一般的事實,卻不是證明淵明"非名教"的事實。②

其實,若以陶淵明的人格與氣節而論,也不妨將其思想歸納爲"新名教説"的(西晉樂廣所謂"名教中自有樂地"已開其先聲)。甚至連"新名教"也談不上,他不過就是嚴格遵循孔子"隱居以求其志,行義以達其道"、"無可無不可"、"從心所欲不逾矩"、"天下有道則見,無道則隱"的教誨,"知行合一"地度過了一生罷了!

二十世紀五十年代,著名傳記文學家李長之完成《陶淵明傳論》,從晉、宋易代之際思想史發展的趨勢看待陶淵明,認爲陶淵明是一位由道家到儒家轉換過程中的"象徵人物","開了宋代理學的先河"。他説:"陶淵明是紀元後四世紀後半到五世紀之初的人物。在思想上,那風靡於二世紀的老莊思潮(爲何晏、向秀、郭象所宣導着的),曾深深地浸潤着他的心靈。不錯,他已漸漸有了儒家的傾向,這恰是他代表了時代之處。因爲,儒家思想之抬頭,不能不推八世紀的韓愈,他是一個象徵人物,他後來開了宋代理學的先河;但你想,由道家到儒家,中間能没有一個轉換時期的人物——間有二者的色彩的麽?這就是陶淵明。宋代的歐陽修、蘇軾、朱熹之所以推許陶淵明,在我們這裏也可以得到一個解答。"③比之陳寅恪專從魏晉清談論陶淵明之思想,李長

---

① 陳寅恪:《金明館叢稿初編》,北京:生活・讀書・新知三聯書店,2001年,第219頁。
② 參《陶淵明資料彙編》,上册,第374頁。
③ 李長之:《陶淵明真能超出於時代麽?》,原載《大公報》文史週刊第37期,1947年9月5日。參氏著:《陶淵明傳論》,天津人民出版社,2015年,第161頁。

之的視野無疑更爲開闊,他是將陶淵明置於整個中國思想史尤其是儒學發展史上來論列了。

在作爲該書附錄的《陶淵明論》一文中,李長之反復闡明陶淵明的儒家思想底蘊,說:"正是由於他的儒家思想,才排拒了當時蓮社一般人的佛教思想。""儒家思想堅强地支持了他的安貧樂道,……。他曾説,'貧富常交戰,道勝無戚顏',這幫助他取得了勝利的'道'正是儒家思想。儒家思想使他的堅强的人格更多了一分色澤,也更多了一番光彩。""正是由於他是一個具有濃厚的儒家思想的詩人,能够寫出儒家所稱讚的封建社會道德和封建社會情感,所以他博得了宋代理學家像朱熹、真德秀等人的喝彩。陶淵明在中國詩人中的地位,自宋以後愈來愈高,正是和那些理學家的讚揚宣傳分不開的"。一方面,他承認:"陶淵明究竟是一個生長在長期'習尚老莊'而風氣在向崇尚儒術轉變著的時代的人物,所以也就不可能在他的思想中没有道家的成分。"① 但另一方面,在評陶淵明的《形影神》詩時,他又不容置疑地指出:"然而無論如何,比起要在形影神的論據中肯定神不滅並肯定報應的慧遠來,陶淵明是鮮明地拿起一面新興的儒家旗幟去反對道釋二家了。這是陶淵明思想成熟期的面目,這是他高出於當時蓮社諸人處。陶淵明在中國思想史上有卓絶的地位者也就以此。"② 在前引文章的末尾,李長之總結道:"儒家思想讓他有一種操守,給他的躬耕生活以一種安貧樂道的堅强支持,同時限制了他和農民距離的真正縮短,於是有時表現爲一種没落的地主官僚式的情感。……他推崇儒家,不排斥道家,後來又結合爲一,這就形成了他自己的獨特的思想面目。至於佛家的思想,神仙家的思想,放誕的思想,在他卻是無緣的。"③

儘管李長之的《陶淵明傳論》單行本出版較遲而長期被學術界所忽略,但以李氏之學力才情,此書在陶學史上誠爲不可多得之傑作,尤其是對於陶淵明思想結構的論析,鞭辟入裏,頗可信從。

這以後,隨著二十世紀後半葉歷次政治運動的輪番上場,特別是受反孔反儒主流思潮的影響,學者的論述不免陷入政治挂帥和階級鬥爭的泥淖。如逯欽立寫於1972年的《評陶淵明》,認爲淵明"青年時期服膺經學,'遊好在六經',到了壯年以後,就已經從經學信仰轉到信仰玄學。經學也好,道家玄學也好,都是當時封建統治階級的統治思想,作爲門閥地主文人的陶淵明,他的這種轉變也没有超越其階級思想的羈絆"。這倒也罷了,逯氏還給陶淵明扣上諸如"反動哲學""維持封建主義道德""個人主義""悲觀主義""有毒的東西"等帽子④,讓人對那個學絶道喪的時代心有餘悸,唏噓不已。

二十世紀八十年代以來,對陶淵明的思想研究更爲自覺和深入。尤其是龔斌《陶淵明集校箋》(上海古籍出版社1996年)和袁行霈《陶淵明集箋注》(中華書局2003年)二著的問世,客觀上推動了陶淵明研究走向新的局面。這期間,調和陶淵明思想

---

① 李長之:《陶淵明傳論》,天津人民出版社,2015年,第142、143、144、147頁。
② 李長之:《陶淵明傳論》,天津人民出版社,2015年,第94頁。
③ 李長之:《陶淵明傳論》,天津人民出版社,2015年,第154頁。
④ 逯欽立:《評陶淵明——〈陶淵明集〉校注代前言》,《蘇州教育學院學報》2016年第4期。

中儒道之張力的觀點相對比較流行。如龔斌就說:"淵明獨特人格的形成,與魏晉玄學的崇尚自然密切相關,也與儒家'君子固窮'精神及他的躬耕經歷有關。淵明任真自得、穎脱不群,顯然深受魏晉名士任情自放、脱略形骸的人格之美的影響;而他耿介狷潔的品格,與阮籍、嵇康爲代表的竹林名士作風相通。另一方面,淵明的人格也得力於儒家精神的汲取。自西晉向秀、郭象調和名教與自然的矛盾之後,儒玄雙修成爲普遍的學風。淵明歸田之後,生活日趨貧困,但固窮守道之志卻老而彌堅,這固然主要取決於他的委運自然的人生觀,但也同汲取儒家的君子固窮氣節大有關係。"[1]李劍鋒在討論"儒家文化與陶淵明"時,以"人際依戀"和"終極關懷"二義概括陶淵明的儒家情懷,同時又探討"老莊玄學與陶淵明",認爲"陶淵明的思想和詩文也明顯受到了老莊玄學的影響"[2]。這也是比較折衷的觀點。而袁行霈從陶詩的"自然""天道"和"真"等語辭,指出其思想與道家的關係,似乎更偏於道家的一面。在衆多的研究中,徐聲揚發表於《九江師專學報》的多篇論陶文章尤爲值得注意[3]。他以令人動容的筆墨和情懷堅持認爲,陶淵明是一位儒家。在與袁行霈的商榷文章中,他指出,陶淵明詩文中出現的"自然""天道"和"真"三詞,貌似屬於道家,實則用的都是"常用義"而非"老莊哲學的專用義",真正涉及老莊的少之又少。"陶集中'固窮'説了十一次,'好學'説了九次,'明道'説了六次,'行善'説了五次。他没有直接涉及老莊,怎麼引向老莊呢? 孔孟没有使用的語言,爲什麼不能用來闡述儒家思想呢?"[4]駁極有理。

儘管在陶淵明歸儒還是歸道這一問題上,誰都無法定於一尊,但平情而論,古今學者對陶淵明的儒家指認,顯然更具説服力。

四、結語:聖賢志節與陶詩格調

既然陶淵明的人格與文格如此難分彼我,那麼,從程量與語彙上分析其受儒家還是道家哪一家的影響更大,就幾乎是一個無解的問題。爭論到最後,恐怕只能説:陶淵明就是陶淵明,不屬於任何一家。然而,這就又把陶淵明的人格志趣,也即顔延之《陶徵士誄》所謂"孤生介立之節",給一筆抹煞了!

其實,細讀陶淵明的詩文,就可知其人格和思想的底座只能是儒家,而非道家,更非佛家。他的隱居不仕,乍一看像是靠近老莊,仔細推敲,無不是奉行先師孔子的教誨——"天下有道則見,無道則隱"、"邦有道則仕,邦無道則可卷而懷之"、"用之則行,舍之則藏"、"賢者辟世,其次辟地,其次辟色,其次辟言"、"隱居以求其志,行義以達其道"等等——清人鍾秀的"儒隱"説,可謂切中肯綮! 朱熹在《向薌林文集後序》中説:

> 陶元亮自以晉世宰輔,子孫耻復屈身,後代自劉裕篡奪勢成,遂不肯仕。雖其功名事業不少概見,而其高情逸韻播於聲詩者,後世能言之士皆自以爲莫能及

---

[1] 龔斌:《陶淵明集校箋前言》,參《陶淵明集校箋》修訂本,上海古籍出版社,2011年,第8頁。
[2] 李劍鋒:《陶淵明及其詩文淵源》第三章與第四章,山東大學出版社,2005年,第87—197頁。
[3] 徐聲揚:《陶淵明若干問題新考》《也談陶淵明的哲學思考》《論"桃花源"的構建基礎》,分别刊於《九江師專學報》1997年第1期、1999年第2期、2000年第2期。
[4] 徐聲揚:《也談陶淵明的哲學思考——兼與袁行霈先生商榷》,《九江師專學報》1999年第2期。

也。蓋古之君子其於天命民彝、君臣父子大倫大法之所在,惓惓如此。是以大者既立,而後節概之高,語言之妙,乃有可得而言者。①

進而言之,陶淵明的隱居,並非所謂"不爲五斗米折腰"那麽簡單,而是隱含著儒家君臣之義中非常隱微、高遠甚至具有信仰性的價值判斷,不仕二朝,不臣二姓也只是表象,其深層義理是"從道不從君","危邦不入,亂邦不居"!而且,陶淵明的隱,並非遠離塵囂,"人間蒸發",而是"結廬在人境",即非長沮、桀溺之輩所謂"避世之士",而是像伯夷、叔齊以及孔子那樣的"避人之士"②。孔子説:"鳥獸不可與同群,吾非斯人之徒與而誰與?"陶淵明也樂得與農夫爲鄰,"相見無雜言,但道桑麻長","晨興理荒穢,帶月荷鋤歸"。這樣的隱居,絶不是厭世和棄世,而是對人間世的温情脉脉和不離不棄!

陶淵明的安貧樂道,也有著深刻的儒學支撑。他説:"先師有遺訓,憂道不憂貧。"孔子的話就是他的支撑!他 11 次提到"固窮",也是孔子的"遺訓":"君子固窮,小人窮,斯濫矣。"(《論語·衛靈公》)竊以爲,陶淵明並非樂得做一個隱士,他心心念念只想做一個孔子標舉的"君子"!《感士不遇賦》云:"原百行之攸貴,莫爲善之可娱。奉上天之成命,師聖人之遺書。發忠孝於君親,生信義於鄉閭。推誠心而獲顯,不矯然而祈譽。""夷投老以長饑,回早夭而又貧;傷請車以備椁,悲茹薇而殞身;雖好學與行義,何死生之苦辛!疑報德之若兹,懼斯言之虚陳。何曠世之無才,罕無路之不澀。伊古人之慷慨,病奇名之不立。……寧固窮以濟意,不委曲而累己。既軒冕之非榮,豈緼袍之爲恥?誠謬會以取拙,且欣然而歸止。擁孤襟以畢歲,謝良價於朝市。"此賦不僅大量引用《論語》之典,再次表達"君子固窮"之志,而且幾乎可以視爲與孔子的"隔代對話"。

又,陶淵明《榮木》詩序説:"總角聞道,白首無成。"所聞何道呢?由其家世儒學推知,當然是"儒道"。所以他才説:"奉上天之成命,師聖人之遺書;發忠孝於君親,生信義於鄉閭;推誠心而獲顯,不矯然而祈譽。"(《感士不遇賦》)"先師遺訓,餘豈雲墜?四十無聞,斯不足畏。"(《榮木·其四》)淵明自稱"好讀書",所好何書?蓋儒書也。且看其反復自陳:"少年罕人事,遊好在六經。""得知千載上,政賴古人書。"(《贈羊長史》詩)"詩書敦夙好"(《赴假還江陵夜行途中》)。"詩書塞座外"(《詠貧士》)。"奉上天之成命,師聖人之遺書"(《感士不遇賦》)。"詩書復何罪?一朝成灰塵"(《飲酒》)。凡此種種,不一而足。

陶淵明對老莊玄學是什麽態度呢?且看《感士不遇賦》:"自真風告逝,大僞斯興,閭閻懈廉退之節,市朝驅易進之心。"這裏"真風"和"大僞"所指爲何?再看其《飲酒》詩云:"羲農去我久,舉世少無真。汲汲魯中叟,彌縫使其淳。……區區諸老翁,爲事誠殷勤。如何絶世下,六籍無一親。終日馳驅走,不見所問津。"由此可見,陶淵明所謂"真風",正是以孔子和六經爲代表的儒家聖賢之學。錢鍾書論及陶淵明對老莊的

---

① 參《陶淵明資料彙編》,上册,第 77 頁。
② 關於"隱居以求其志"的深層意藴,可參劉强:《〈論語·微子篇〉"不仕無義"新詮——兼論儒學"君臣之義"的人學意涵與現代價值》,《中山大學學報(社會科學版)》2018 年第 3 期。

態度時説:"蓋矯然自異於當時風會。《世説·政事》注引《晉陽秋》記陶侃斥老莊浮華,淵明殆承其家教也。"①而所謂"大僞",大概正是指晉、宋之交,那些一方面篤信佛老,一方面馳驅奔走於仕途經濟的所謂"風流名士"吧!

因爲"節概之高",才成就了陶淵明的人格與文格之高。歷代學者對陶淵明頂禮膜拜,以爲其文品與人品不僅"高於晉宋人物",而且爲"三代以下之詩聖"②,良有以也!

前些年學者多討論"陶淵明何以不入《世説新語》",或以爲是因爲淵明門第不高,不合《世説》選人之"流品意識",待其聲名大噪時,又已超出本書所包的時代了。或以爲淵明不是清談之士,且家世衰微破落、文風平淡,在當時没有産生廣泛的影響和足夠的聲譽所致。③這些觀點雖不無道理,但卻未能抓住問題的實質,即陶淵明何以能"高出晉宋"?明人江盈科《雪濤詩評》説:"陶淵明超然塵外,獨闢一家,蓋人非六朝之人,故詩亦非六朝之詩。"④李調元《雨村詩話》説:"陶淵明生於晉末,人品最高,詩亦獨有千古,則又晉之集大成也。"⑤沈德潛乾脆説:"不懼饑寒,達天安命,不在季次、原憲下,而概以晉人視之,何耶?"⑥的確,從精神器宇及人格追求來看,陶淵明與六朝名士風氣格格不入,仿佛是孔門的隔代傳人,允稱"大賢";從其詩文成就與境界來看,又遠超衆流,彪炳詩壇,不啻"詩聖"!

從精神境界上,明代大儒王陽明頗與陶淵明相通。與作爲"哲學家詩人"的王陽明不同,陶淵明是"詩人哲學家",他的思想及哲學盡在詩文中,不在言論經解中。所以,要理解陶淵明的思想精髓或曰言外之意,王陽明的思想或可以爲奧援。且看《傳習録》中有這麽一段:

> 先生嘗言:"佛氏不着相,其實着了相。吾儒着相,其實不着相。"請問。曰:"佛怕父子累,卻逃了父子;怕君臣累,卻逃了君臣;怕夫婦累,卻逃了夫婦:都是爲個君臣、父子、夫婦着了相,便須逃避。如吾儒有個父子,還他以仁;有個君臣,還他以義;有個夫婦,還他以别:何曾着父子、君臣、夫婦的相?"⑦

這裏王陽明闡明儒學大義,用了佛家"着相"一詞,以其人之道還治其人之身,借此可以窺知,陶淵明所以遠超時流,不爲佛老所囿,正爲其"不着相",故能"平淡出於

---

① 錢鍾書:《談藝録》,上册,合肥:安徽文藝出版社,1999年,第305頁。
② 潘德輿《作詩本經綱領》云:"三代以下之詩聖,子建、元亮、太白、子美而已。子建、元亮渾然天成,不在太白子美下,其詩體不如太白、子美之相容並包,不可以元亮爲勝子建,亦不可以元亮爲勝太白、子美也。蔡氏比元亮於伯夷,是亦以詩聖品之。"參《陶淵明資料彙編》,上册,中華書局,1962年,第236頁。
③ 詳參李棲《〈世説新語〉中爲何不見陶淵明》(《東方雜誌》復刊十五卷第十二期,1982年6月)、寧稼雨《〈世説新語〉何以不收陶淵明》(《天中學刊》2000年第3期)、王建國《〈世説新語〉何以不收陶淵明——兼與寧稼雨先生商榷》(《康定民族師範高等專科學校學報》2005年第1期)、蒲日材《也談〈世説新語〉何以不收陶淵明》(《天中學刊》2007年第3期)等論文。
④ 參《陶淵明資料彙編》,上册,第165頁。
⑤ 參《陶淵明資料彙編》,上册,第213頁。
⑥ 沈德潛:《古詩源》,第147頁。
⑦ 陳榮捷:《王陽明〈傳習録〉詳注集評》,重慶出版社,2017年,第251頁。

自然"①也！在論及三教合一之義時，王陽明主張以儒家"聖學"以該佛、老"二氏"："二氏之用，皆我之用。即吾盡性至命中完養此身謂之仙；即吾盡性至命中不染世累謂之佛。但後儒不見聖學之全，故與二氏成二見耳。譬之廳堂三間共爲一廳，儒者不知皆吾所用，見佛氏，則割左邊一間與之；見老氏，則割右邊一間與之；而己則自處中間，皆舉一而廢百也。聖人與天地民物同體，儒、佛、老、莊皆吾之用，是之謂大道。"②

從這一境界看陶淵明，其所追求的正是"聖人與天地民物同體"的"聖學""大道"，故其能躍出晉宋這一時代的思想局限，成就一種高古飄逸、灑落自由的聖賢氣象和完美人格。前引清人鍾秀又有言曰："可見人只要心有主宰，若假托之辭，何必莊老，何必不莊老？何必仙釋，何必不仙釋？放浪形骸之外，謹守規矩之中，古今來元亮一人而已。""有晉一代，知尊孔子者，元亮一人而已，此豈孤僻一流人所能望其項背者哉！"③

涵泳前儒如此論説，不覺心悦誠服。而今而後，陶淵明歸儒抑或歸道的争訟，庶幾可以休矣！

---

① 《朱子語類》卷一四〇："淵明詩平淡，出於自然，後人學他平淡，便相去遠矣。"
② 《王陽明年譜》"嘉靖二年十一月"條下。
③ 參《陶淵明資料彙編》，上冊，第 241、244 頁。

顧況《山中作》流傳問題之檢討

李小榮

摘　要：《山中作》是中唐詩人顧況的一首著名絕句。其在後世流傳過程中，不但題名不一，且作者歸屬有異：或謂靈一，或謂朱放。其文本類型，則有"野人型""幽人型"之別。本文對這些問題都有梳理和辨析，並對禪師化用《山中作》的情況作了説明。

關鍵詞：顧況；《山中作》；流傳問題

顧況（727—816），字逋翁，號華陽真逸（隱），是唐代少見的高壽詩人之一。雖説他在中國古典詩歌史上的地位不能和王維、李白、杜甫、韓愈、白居易、杜牧、李商隱等人相提並論，但無論在當世或後世，也絶不是毫無影響者。如與他同時代的詩僧皎然《送顧處士歌》就説過"吴門顧子予早聞，風貌真古誰似君"（《全唐詩》卷八二一）的贊譽之語；皇甫湜《唐故著作左郎顧況集序》又謂之"偏於逸歌長句，駿發踔厲……最爲快也。李白杜甫已死，非君將誰與哉"（《全唐文》卷六八六），言下之意是，顧況歌行之風格，竟然和李、杜有相似之處；晚唐五代詩僧貫休《讀顧況歌行》則進一步説"忽睹逋翁一軸歌，始覺詩魔辜負我……庾翼未伏王右軍，李白不知誰擬殺"（《全唐詩》卷八二七），對其歌行同樣有好感。不過，筆者在此並不想討論其歌行的接受史，而是要就"其句雖拙，亦不失爲倔奇也"[①]而著稱之絶句《山中作》的流傳問題略加梳理，因爲它的作者歸屬及題目都有多種異説，很有探究的必要。

一

據現存文獻，《山中作》題目之異説，最早似見於李昉等人於太平興國七年（982）至雍熙三年（986）編纂的文學總集《文苑英華》[②]。是書卷一六〇"山中"大題之下輯有3首詩，小題皆稱《山中作》，第三首便是顧況之作，曰"野人愛向山中宿，況在葛洪丹井西。庭前有個長松樹，半夜子規來上啼"；同書卷三二九"子規"大題下第二首所録又是顧況之作，雖然題目换成了《山中聽子規》，但二者文字僅有一處不同，即《山中

＊　作者簡介：李小榮，男，福建師範大學文學院（福建福州350117），教授，博士生導師。主要從事佛教文獻、宗教文學和敦煌學研究。
國家社科基金重點項目《禪宗語録文學特色之綜合研究》（16AZW007）。

[①]　（宋）胡仔纂集、廖德明校點：《苕溪漁隱叢話》，北京：人民文學出版社，1962年，第57頁。

[②]　按，該書版本演變較爲複雜，筆者使用的是明隆慶元年胡維新刻本。而有關《文苑英華》版本流傳情况，可參凌朝棟《〈文苑英華〉研究》，上海：上海古籍出版社，2005年，第54—73頁。

作》末句的"半夜"被改爲"夜半"(因二者首句悉以"野人"開頭,故後文皆簡稱爲"野人型",而"夜半""半夜"之別,完全可以忽略不論)。程章燦先生經過仔細考察,歸納此類現象是總集編纂者的"因類改題",並推測《山中作》似較合題①。神宗熙寧五年(1072),孔延之編定《會稽掇英總集》20卷,在卷六"雲門寺·律詩"條下又輯有顧況《宿雲門寺》②,它與《文苑英華》本《山中作》相比,文字的變化依然不大,僅在第三句把"庭前"變成了"門前"。

最早對《山中作》作者歸屬提出異議者,似是睦庵善卿禪師積20年之功撰出於大觀二年(1108)的《祖庭事苑》(是書再刊於紹興二十四年,即1154年)。該書卷四"子規深夜啼"條曰:

> 沙門靈一《宿越州雲門》詩云:幽人自愛山中宿,況近葛洪丹井西。門前有個長松樹,半夜子規來上啼。③

按,"來上啼"之"啼"字,原書脱去,此據上下文補。善卿編纂《祖庭事苑》的初衷,主要是就文偃(864—949)、重顯(980—1052)等雲門禪師語録的典故來源作出説明。"子規深夜啼"一語,即出自重顯七絶《送僧》之三四句"越山日暮少林客,應聽子規深夜啼"④。細繹善卿之意,他是説重顯用典源自中唐詩僧靈一的《宿越州雲門》。其所引詩題、詩句,與《文苑英華》本《山中作》《山中聽子規》相比,區別都相當明顯,特別是第一句(後文簡稱"幽人型")。

嗣後不久,兩宋之際的計有功撰出《唐詩紀事》81卷。計氏在卷二六"朱放"(放,又作倣)條下録有《山中聽子規》曰"幽人自愛山中宿,又近葛洪丹井西。窗中有個長松樹,半夜子規來上啼",其第一句和靈一《宿越州雲門》完全相同,但二、三兩句差別較大,尤其是"窗中",其視角和"門前"迥異(既然它以"幽人"開篇,故後文統一歸入"幽人型")。但同書卷二八"顧況"條下又輯有《山中作》,計氏並未做出任何説明,似是兩説並存之意吧。

南宋以後,引用、輯録顧況(朱放)是詩者甚多,現擇要列"表一"如下:

表一

作者	書名及卷次	引詩之題名	類型	作者歸屬	備註
胡仔 (1110—1170)	《苕溪漁隱叢話前集》卷九	闕題	野人型	唐人,但未説具體人名	第一句開頭作"野人自愛",第二句開頭作"況近"
尤袤 (1127—1194)	《全唐詩話》卷二	《山中作》	野人型	顧況	同《文苑英華》

---

① 程章燦:《總集與文學史權力——以〈文苑英華〉所採詩題爲中心》,《南京大學學報》(哲學·人文科學·社會科學版)2011年第1期,第120頁。
② 鄒志方點校:《〈會稽掇英總集〉點校》,北京:人民出版社,2006年,第84頁。
③ 《大藏新纂卍續藏經》第64冊,石家莊:河北省佛教協會,2006年,第364頁中欄。
④ (宋)惟蓋竺等編:《明覺禪師語録》卷六,《大正新修大藏經》第47冊,臺北:新文豐出版股份有限公司,1983年,第706頁中欄。

續表

作者	書名及卷次	引詩之題名	類型	作者歸屬	備註
施宿 (1164—1222)	《嘉泰會稽志》卷一一	闕題	野人型	顧況	介紹雲門淳化寺葛仙丹井時而引之,第三句開頭作"門前"
周弼 (1194—?)	《三體唐詩》卷一	《山中》	野人型	顧況	元釋圓至注。第一句開頭作"野人自愛",第二句開頭作"況是"
吴訥 (1372—1457)	《文章辨體·外集》卷四	《山中》	野人型	顧逋翁	第一句開頭作"野人自愛",第二句開頭作"況是"
陸時雍 (?—1640?)	《唐詩鏡》卷三三	《山中聽子規》	幽人型	顧況	詩句同《唐詩紀事》卷二六
胡震亨 (1569—1645)	《唐音統籤》卷二一七	《山中》	野人型	顧況	題下注"一作朱放",詩句同《文苑英華》
	《唐音統籤》卷三〇〇	《山中聽子規》	幽人型	朱放	題下注"一作顧況詩",詩句同《唐詩紀事》卷二六
曹學佺 (1574—1646)	《石倉歷代詩選》卷五四	《山中》	野人型	顧況	同《文苑英華》
沈季友 (?—1692?)	《檇李詩繫》卷一	《山中》	野人型	顧況	同《文苑英華》
徐倬 (1624—1713)	《全唐詩録》卷四三	《山中》	野人型	顧況	同《文苑英華》
	《全唐詩録》卷四四	《山中聽子規》	幽人型	朱放	同《唐詩紀事》卷二六
汪霦 (生卒年不詳)	《佩文齋咏物詩選》卷四九	《山中》	野人型	顧況	置於"山總類",文字同《文苑英華》

從上列簡表可知,對"野人型"《山中(作)》作者歸屬的主流説法,兩宋以降都傾向於顧況,"幽人型"情況相對複雜,分別被置於靈一、朱放和顧況名下。諸詩文字方面的最大區别,除開頭"野人""幽人"之異外,還有第三句"庭前""門前"和"窗中"[①]的不同,因爲三者的視角,畢竟很不一樣。

二

雖説《文苑英華》卷一六〇之《山中作》在卷三二九被更名爲《山中聽子規》,但作者都是顧況。自《祖庭事苑》《唐詩紀事》之後,顧況就不再獨享作品的署名權,原因何

---

① 窗中:《文苑英華》(北京:中華書局,1966)卷三二九所録顧況《山中聽子規》作"窗邊",校記則指出:"前篇"作"庭前"。"前篇",是指同書卷一六〇顧況的《山中作》。

在？筆者以爲主要有二：

一者與詩中所説葛洪丹井的分布有關。宋濂在明洪武八年（1375）所作《遊荆塗二山記》就深有感慨地説："大抵山川遺迹，非本諸經史者多不可信，如葛洪丹井與郭景純之墓，在在有之，縱以高世之智，將何自辨其真僞耶？"①今人張澤洪先生則列舉了魏晉以後廣泛流傳於江南、中原、嶺南、西南等的葛洪煉丹井（又稱葛洪煉丹龍井、葛仙翁井、葛洪丹井、葛仙丹井、葛洪井等）遺迹及其仙話②。單就中唐至兩宋時期的詩文作品説來，言及葛洪丹井者也較常見，現擇要列"表二"如下：

表二

作者	作品名稱及内容	文獻出處	備注
韓愈 （768—824）	《題張十一旅舍三詠》（其二）《井》：賈誼宅中今始見，葛洪山下昔曾窺。	錢仲聯《韓昌黎詩繫年集釋》卷四	元和元年（806）作於江陵
許渾 （788—860）	《天竺寺題葛洪井》：羽客煉丹井，井留人已無。	羅時進《丁卯集箋證》卷三	
張祜 （約792—854）	《題餘姚縣龍泉寺》：徒漱葛仙井，此生其奈何。	尹占華《張祜詩集校注》卷三	《全唐詩》卷五一〇作《題餘杭縣龍泉觀》
陳陶 （約803—879）	《宿天竺寺》：一宵何期此靈境，五粒松香金地冷。西僧示我高隱心，月在中峰葛洪井。	《全唐詩》卷七四六	《嘉泰會稽志》卷一一謂"唐詩人又有句曰：月在山中葛洪井"，其所引當爲陳陶之作，但文字有異。
趙嘏 （約806—852）	《題橫水驛雙峰院松》：更憶葛洪丹井畔，數株臨水欲成龍。	《全唐詩》卷五四九	題目又作《橫水館雙松》
薛逢 （生卒年不詳）	《送劌客》：若到天台洞陽觀，葛洪丹井在雲涯。	《全唐詩》卷五四八	一作"趙嘏詩"
任翻 （生卒年不詳）	《葛仙井》：古井碧沉沉，分明見百尋……自從仙去後，汲引到如今。	《全唐詩》卷七二七	
贊寧 （919—1001）	至期，（圓觀）到天竺山寺，其夜桂魄皎然，忽聞葛洪井畔有牧童歌《竹枝》者。	《宋高僧傳》卷二〇《唐洛京慧林寺圓觀傳》	此所叙即著名的"三生石"故事
劉玄英 （生卒年不詳）	《題潭州壽寧觀》：自言秦世事，家住葛洪井。	元趙道一撰《歷世真仙體道通鑒》卷四九	
楊傑 （生卒年不詳）	《寶林院五松》：葛洪井上兩三株，不與孤秦作大夫。	《無爲集》卷七	

---

① （明）程敏政輯：《明文衡》卷二九，《四部叢刊》景明本。
② 張澤洪：《中國道教史上的葛洪》，《西南民族大學學報》（人文社科版）2009年第6期，第130—131頁。

續表

作者	作品名稱及内容	文獻出處	備注
孫覿 (1081—1169)	《別雲闍黎》:他年葛洪井,更欲問三生。	《鴻慶居士集》卷四	
彭大辯 (生卒年不詳)	《大滌洞天留題》(其二):平明遊子出門去,家住葛洪丹井西。	《詩淵》第 3 册,第 2115 頁	
智愚 (1185—1269)	《端書記赴雲城辟命》:要識根莖來處遠,葛仙丹井冷雲邊。①	《虚堂和尚語録》卷七	
釋行海 (1224—?)	《東掖懷天竺》:葛洪井畔三生石,處士梅邊十里荷。	《全宋詩》第 66 册,第 41351 頁	

結合"表二"與前文第一小節所述,可知唐宋時期關於葛洪丹井所在地就有杭州天竺寺、越州雲門寺、餘姚龍泉寺、天台洞陽觀、大滌洞天等多種不同的説法,或在寺院,或在道觀,林林總總,讓人有點眼花繚亂了。尤其《嘉泰會稽志》卷一一,施宿爲了更好地證明葛洪井屬於雲門淳化寺,除了完整引用顧況詩以外,還摘引了陳淘的詩句。陳詩題作《宿天竺寺》,卻被施宿巧妙地隱去作者及題名,意在體現陳淘所寫不是杭州而是越州之寺井,並且鄭重其事地説"晁文元公愛賞之"②,引名人名句及其逸事,似乎更有説服力。

其他宋人方志如王象之撰《輿地紀勝》也多處提及葛洪井,像卷七説"在丹徒",卷一九説"在南陵縣西寶勝院側……世傳此井爲洪煉丹取汲之處"。正因爲異説紛紜,所以,古今注釋唐詩"葛洪井"之典故時,注者或按自己的理解來交待其歸屬,如元釋圓至注《三體唐詩》卷一顧況《山中》第二句"況是葛洪丹井西"時指出:"葛洪井所在有之,此詩乃題越州雲門六寺。"或按詩題所示,如陳貽焮先生主編《增訂注釋全唐詩》卷七二一任翻《葛仙井》中有注説:"一在今安徽涇縣西寶勝寺側,一在今江蘇金壇縣西茅山抱樸峰東……此未詳孰是。"③王啓興、張虹則定顧況《山中》"在杭州作",依據是《西湖遊覽志·北山勝迹》所説北山一帶有葛洪井多處④。但顧況其人,大歷八年(773)至貞元三年(787)曾多次往來於温州、越州、台州等地⑤,故孔延之、釋圓至等人謂其作於越州,也不是毫無根據。

而睦庵善卿把《宿越州雲門》的著作權置於靈一名下,其題名當是繼承孔延之《會稽掇英總集》卷六的總題"宿雲門寺"而來(同題下輯有羅鄴、錢起、薛能、項斯、劉得仁、顧非熊、顧況、宋之問8位唐代詩人之作),並且明確雲門寺在越州,這也是歷史地理的常識,如孔氏本人謂其建寺緣由是"晉義熙三年,王子昭嘗居是山,有五色雲晝見庭户,表奏安帝,乃建寺曰雲門。至會昌,寺廢。大中,復興。今朝改額曰雍熙、顯聖、

---

① 《大正新修大藏經》第 47 册,第 1039 頁中欄。
② 晁文元,即晁迥。其所撰《法藏碎金》卷二引"古人"詩曰"禪師示我真隱心,月在中峰葛洪井"。同樣,晁氏也未點明作者與詩題。
③ 陳貽焮主編:《增訂注釋全唐詩》第四册,北京:文化藝術出版社,2001年,第 1499 頁。
④ 王啓興、張虹注:《顧況詩注》,上海:上海古籍出版社,1994年,第 222 頁。
⑤ 胡正武:《顧況浙東行蹤考略》,《台州學院學報》2005 年第 1 期,第 20—25 頁。

淳化三寺"①。元人楊士弘所編《唐音》卷四收錄孫逖《宿雲門寺閣》,題下有注曰:"雲門寺在今紹興府會稽縣南三十一里,今名雍熙,爲州之偉觀。王子敬居此,有五色祥雲,因建寺,謂之雲門。"而説作者是靈一,因是孤證,故可能性極小。而且,靈一之享年,傳世文獻有兩種説法:一是獨孤及撰《揚州慶雲寺律師一公塔銘》(《文苑英華》卷八六四)"春秋三十有六"説,二是宋初贊寧撰《宋高僧傳》卷一五《唐餘杭宜豐寺靈一傳》的"春秋三十五"之説。但二者所記卒時,皆爲"寶應元年冬十月十六日",即其圓寂於762年,而其生年或爲727,或爲728。卒地,皆在杭州龍興寺。假如《宿越州雲門》果真是靈一所作,時間也不能晚於762年吧。

二者顧況、靈一皆與朱放有交往。如顧況《華陽集》卷中《贈朱放》即説"野客歸時無四鄰,黔婁別久案常貧。漁樵舊路不堪入,何處空山猶有人",可見二人都有安貧樂道的歸隱之志。獨孤及《唐故揚州慶雲寺律師一公塔銘並序》載靈一"與襄陽朱放等爲塵外友"(《全唐文》卷三九○),靈一《送朱放》詩云"苦見人間世,思歸洞裏天。縱令山鳥語,不廢野人眠"(《全唐詩》卷八○九),則知靈一、朱放也有共同的愛好。特別是朱放其人,也寫過"長憶雲門寺,門前千萬峰"(《全唐詩》卷三一五《送著公歸越》②)的名句,故計有功才把《山中作》也置於其名下。

三

顧況《山中作》一詩,還在叢林有所傳播,其表現方式主要有三種:
一是引原詩三、四句來上堂説法,如:
(1)《天聖廣燈録》卷三○"真州定山惟素山主"條:

  問:達磨心印師已曉,試舉家風對衆看。師曰:門前有個長松樹,夜半子規來上啼。③

(2)《絶岸可湘禪師語録》卷一載可湘(1206—1290)結夏小參曰:

  放下即爲圓覺,馳求便不安居。覿面一機,急須薦取。門前有個長松樹,夜半子規來上啼。④

此兩例所引詩句,尤其是第三句,都和孔延之引顧況詩或睦庵善卿所引靈一詩相同,觀察寺松的視點皆作"門前"。

二是只引第三句或第四句者,前者如《嘉泰普燈録》卷三載北宋建康府蔣山佛慧法泉禪師上堂:

---

① 《〈會稽掇英總集〉點校》,第82頁。
② 《全唐詩》卷二一○則作皇甫曾詩,此據姚合編《極玄集》卷下"朱放"條。另,《會稽掇英總集》卷二○所輯晚唐孫郃《送無作上人遊雲門法華序》中也引朱放二詩句,郃並自叙"嘗居越中,每吟此詩,未遊二寺,常以爲過"(第296頁)。
③ 《大藏新纂卍續藏經》第78册,第571頁上欄。
④ 《大藏新纂卍續藏經》第70册,第290頁上欄。

>　　智人欲識南禪路,門前有個長松樹。腳下分明不較多,無奈行人恁麼去。莫恁去,急回顧,樓臺煙鎖鐘鳴處。①

後者如南宋臨濟宗居簡禪師(1164—1246)《丘運使後堂上梁文》中説"抛梁西,門開深窈止輪蹄。古藤細柳成行列,時有子規來上啼"②。

三是套用原作三、四句的句式而稍加變化,如清初泓瀚(1630—1706)《博山粟如瀚禪師語録》元旦上堂則載:

>　　問:爆竹一聲催臘,桃符萬户迎春,未審衲僧家作個甚麼? 師云:門前喜有長松柏,時聽子規來上啼。③

此處説法,因爲慶祝新春,故改用"喜"字來營造節日氛圍,"松柏"與"松樹",若從兩者堅貞品格的象徵義而言,則没有太大的差别。

---

① 《大藏新纂卍續藏經》第 79 册,第 308 頁下欄。
② (宋)釋居簡撰,紀雪娟點校:《北磵文集》,重慶:西南師範大學出版社,2016 年,第 356 頁。
③ 《嘉興大藏經》第 40 册,臺北:新文豐出版股份有限公司,1987 年,第 454 頁下欄—455 頁上欄。

論獨木橋體詞

李 睿

摘 要:獨木橋體詞是一種獨特的詞體創作形態,産生於宋代,元明時期較少,清代得到進一步發展。按照獨木橋體詞的押韻方式可將其分爲四種常見類型。獨木橋體詞題材多樣,寓莊於諧,獨具風味,蔣捷的《聲聲慢秋聲》引發歷代詞人的仿傚,影響深遠。獨木橋體詞在文體史上具有一定地位。

關鍵字:獨木橋體詞;詞體;創作形態;押韻

詞中的獨木橋體,也叫"福唐獨木橋體",又簡稱"福唐體",是一種獨特的創作形式。清代沈雄云:"山谷《阮郎歸》全用山字爲韻,稼軒《柳梢青》全用難字爲韻。注云:福唐體,即獨木橋體也。"①現存最早的獨木橋體詞的作者是黄庭堅,他的《阮郎歸·效福唐獨木橋體作茶詞》:"烹茶留客駐金鞍,月斜窗外山。别郎容易見郎難,有人思遠山。 歸去後,憶前歡。畫屏金博山。一杯春露莫留殘,與郎扶玉山。"這首詞隔句押同一個"山"字韻。關於獨木橋體詞的涵義與起源,學界已經作過考證。福唐之名,宋時大多指代福州。北宋前期的福唐或福州之地之所以産生"獨木橋體"是因爲該地區經濟發達、文化繁榮;而福唐地區多山多橋,詞人受地貌特徵的啓發而創製了此體。獨木橋體特有的形式與福唐地區的地貌特徵相關聯。福唐多溪山之險,黄庭堅此詞每兩句用一個"山"字爲韻,共用了四個"山"字,兩山之間的一句,恰如一座獨木橋横在其間。如同人走在山間的獨木橋上,其險無比,非有技巧者不能通過。如此看來,以獨木橋命名這種詞體形式,十分形象貼切②。獨木橋體這種體式雖然在福唐地區存在,卻不一定産生於福唐,可能有更久遠的文學傳承。在古代的詩文創作中,已經出現福唐獨木橋這種體式。清代詞學家謝章鋌《賭棋山莊詞話》認爲《湯盤銘》用三新字,《董逃歌》用十三逃字,即此體之濫觴。當代學者認爲上古歌謡以及《楚辭》中的長尾韻是獨木橋體詞的淵源③。不過,這種淵源於詩歌的創作形態在後來的詩史演進中萎縮下去,而在詞中得到發展。

唐圭璋先生《全宋詞》收録獨木橋體詞19首,北宋黄庭堅首先在詞中明確標明用獨木橋體。此外,大詞人辛棄疾、宋末詞人蔣捷也創作過獨木橋體詞。黄庭堅詞是隔

---

* **作者簡介:**李睿,女,安徽大學文學院(安徽合肥 230039),副教授,文學博士,主要從事詞學研究。
本文爲國家社科基金(16BZW077)階段性成果。
① 沈雄:《古今詞話》,唐圭璋《詞話叢編》,北京:中華書局,1986年,第845頁。
② 錢建狀、劉尊明:《一種奇特的詞體——"福唐獨木橋體"考辨》,《古典文學知識》,2002年第3期。
③ 沈文凡、李博昊:《宋詞中的獨特體式——福唐獨木橋體》,《社會科學輯刊》2006年第1期。

句押韻,此後又演變爲句句押韻。目前學界對獨木橋體詞的研究局限於宋代,且理論提煉不足。其實宋代以後亦不乏獨木橋體詞的創作。金元全真道人用此體勸善論道,如劉處玄的《山亭柳》便是對退道者進行勸阻的勸道詞:

  退道愚生,意亂心生。喪命盡貪生。不畏神明察日,千愆萬過迷生。死墮鄷都苦苦,苦盡傍生。 進道清真忘世夢,閑看聖教似書生。達理悟修生。氣結神靈異,自然有、霞彩光生。寶鑒碧霄光耀,真個先生。

明代詞壇獨木橋體詞較少,據筆者所見,僅有三首。清代的獨木橋體詞進一步發展,數量上超過了宋金,藝術上也有較高成就。筆者根據清代文獻資料,發掘出 100 餘首獨木橋體詞,在此基礎上,本文試對詞史上的獨木橋體詞進行全面探討。

一、獨木橋體詞的類型

獨木橋體詞按照押韻方式可以分爲四種類型:1. 隔句用同字押韻;2. 全詞用同一個虛字押韻;3. 長尾韻,韻式由"句中韻"和句末的"獨木橋韻"兩種韻結合起來構成。4. 全詞用同一個實字押韻①。這幾種形式出現於宋代,後來得到繼承與發展。還有一種上下片各押一字的變型。

第一類隔句用同字押韻的,如上述黃庭堅的《阮郎歸·效福唐獨木橋體作茶詞》。再如元好問《阮郎歸·獨木橋體》:"別郎容易見郎難,千山復萬山。楊花簾幕晚風間,愁眉澹澹山。 光禄塞,雁門關。望夫元有山。當時只合鎖雕鞍,山頭不放山。"

第二類如黃庭堅檃括歐陽修《醉翁亭記》而作的《瑞鶴仙》,通篇用"也"字韻,再現了《醉翁亭記》的神韻。

第三類是長尾韻的獨木橋體詞,即以"些"(suò)等虛詞結尾、句式高度散文化,是從楚辭體演化而來的。《楚辭·招魂》是沿用楚國民間流行的招魂詞的形式而寫成,句尾皆有"些"字。後因以"楚些"指招魂歌,亦泛指楚地的樂調或《楚辭》。辛棄疾的《水龍吟·用些語再題瓢泉,歌以飲客,聲韻甚諧,客爲之釂》,用"些"作爲后綴的尾字,又另用平聲"蕭、肴、豪"韻部的字作實際的韻腳,有兩個韻腳在起作用,聲韻諧美。蔣捷也有一首《水龍吟·效稼軒詞招落梅之魂》。節奏悠揚舒緩,在搖曳多姿的風神中展現了深廣的現實意義。

第四類如辛棄疾的《柳梢青》:"莫煉丹難。黃河可塞,金可成難。休辟穀難。吸風飲露。長忍饑難。 勸君莫遠遊難。何處有、西王母難。休采藥難。人沈下土,我上天難。"是用同一個實字押韻的獨木橋體詞。

宋代以後,這幾類獨木橋體詞都得到繼承與發展。在第二類用同一個虛字押韻的作品中,清人創造了書信體的獨木橋體詞。如李樹縠的《沁園春·上元方藕塘出遊,余不能同,既而雨下,爲此訊之》:

---

① 沈文凡、李博昊:《宋詞中的獨特體式——福唐獨木橋體》,《社會科學輯刊》2006 年第 1 期。

> 敬候先生，獨往尋春，果得春乎。念清湘勝地，上元佳日，嬌鶯姹燕，亮可觀乎。翠黛青青，有無山色，尚許依微遠觀乎。藕塘短視，故云。能如是，倘以君餘比，果勝仙乎。　　楚天雲雨神乎。竟妒極堪疑至此乎。正有情易惱，消魂好處，時猶未暮，遂已行乎。似欲憐余，不能同樂，乃俾良辰盡誤乎。余再拜，問歸來道上，無濕衣乎。

這是一首問候友人的書信體詞，表達不能與友人同遊的遺憾。全詞押"乎"字韻，以問句傳達對友人的關切與挂念，是一首高度散文化的詞。

第三類長尾韻在清代也得到發展。清代詞人中，何采有《水龍吟·中元前一日先母生忌設奠，列四亡婦於旁，效稼軒體作楚聲以寫哀》，陳沆有《水龍吟·擬海神廟神絃歌，用稼軒韻》，馮煦有一首《水龍吟·秋暮悼退庵，時没且三月矣，用稼軒體以代大招》：

> 秋兮燈暈虛堂些，愁兮絮寒螿些。誰招楚魄，香凋酒殢，碧山荒些。説劍談玄，疏髯如雪，憶南岡些。奈乘風歸也，鶴裝煙駕，蕭蕭振，哀楊些。　　春盡兮空江些。相逢共、御離觴些。白沙黄竹，重尋斷夢，冷殘陽些。退筆埋雲，哀弦咽雨，劇凄凉些。朗吟兮夜壑，百年過翼，齊彭殤些。

這首詞表達對詞人周之琦（號退庵）的悼念之情，將回憶與現實交並寫來，當時説劍談玄的豪邁，更襯托眼前白沙黄竹、一片殘陽的凄冷。"退筆埋雲，哀弦咽雨"，進一步抒發悲哀，退字一語雙關，既關合詞人的號，又寓退場之意。最後以莊子之語强作寬慰。詞以些字結尾，另押陽韻，造成一唱三嘆、凄婉迷離的藝術效果。

顧陳埩有《水龍吟·静觀樓招海棠魂》三首，都以"些"字結尾，其一：

> 玉環消息沉沉，畫樓寂寞三年些。煙埋幽骨，空墳宿草，緑芊綿些。翠袖朱顔，恍來月下，立風前些。問何時重見，酒醒睡起，依舊占春妍些。　　遮莫歸兮故國，休窮碧落黄泉些。杜鵑詈汝，迢迢蜀道，似青天些。送汝蓬萊，琪花隊裏，伴神仙些。倘回生記取，香奩檢點，帶沉檀些。

詞以"些"字結尾，另有"年、綿、前、妍、泉、天、仙、檀"作爲韻腳，吊海棠之萎，招海棠之魂，造成迷離惝恍、凄冷悒鬱的意境。清人創作了書信體的獨木橋體詞、發展了楚辭體的獨木橋體詞，進一步以文爲詞，增强了詞體的表現力，體現了卓越的創新精神。些字韻的獨木橋體詞都用了《水龍吟》詞調，這體現出對稼軒開創的傳統的繼承。

另外，金代全真道士還創造了一種上下片各押一字的詞。如譚處端的《長思仙》："金要多，銀要多。奴馬田園苦要多。臨行孽更多。　　貧如何，富如何。萬事無心只恁何，將來奈我何。"這是獨木橋詞的一種變型。

二、獨木橋體詞的題材與體制特點

獨木橋體詞的題材豐富，不一而足，可用於抒寫愛情、祝壽、寫景狀物、咏史、抒懷、闡發哲理等。

黃庭堅的《阮郎歸·效福唐獨木橋體作茶詞》借咏茶描寫愛情："烹茶留客駐金鞍，月斜窗外山。別郎容易見郎難，有人思遠山。　歸去後，憶前歡。畫屏金博山。一杯春露莫留殘，與郎扶玉山。"詞打破了時間順序，先寫女子的回憶，再拉回現實，又迅速轉入回憶。回憶與現實交織在一起，錯綜往復，表現女子迷離惝恍的心境。韻腳"山"字反復出現，每次所指不同，見耿耿不忘之情意。窗外山是郎來處，遠山是郎去處，博山是物，玉山指人。字面雖同但含意用法並不雷同，手法十分高明。

宋末蔣捷《瑞鶴仙·壽東軒立冬前一日》是一首祝壽詞：

> 玉霜生穗也。渺洲雲翠痕，雁繩低也。層簾四垂也。錦堂寒早近，開爐時也。香風遞也。是東籬、花深處也。料此花、伴我仙翁，未肯放秋歸也。　嬉也。繒波穩舫，鏡月危樓，釂瓊酏也。籠鸚睡也。紅妝旋、舞衣也。待紗燈客散，紗窗日上，便是嚴凝序也。換青氈、小帳圍春，又還醉也。

壽詞容易流於俗套，這首詞卻別具一格，大量運用意象，不斷進行場景的切換，烘托出熱烈喜慶的氛圍。在形式上借鑒了歐陽修《醉翁亭記》的"也"字句法，這樣的表達效果即是在行文上顯得語勢紆徐，有一唱三嘆之妙，與不斷轉換的場景相呼應，凸顯優遊從容的情感基調，在體氣上達到了類似《醉翁亭記》的效果。

清代樓杏春以獨木橋體詞記錄自己的行蹤——《聲聲慢·過景州追記郵程效蔣竹山秋聲詞體》：

> 雲黃天澹，雪虐風饕，遲遲辭別稠州。聽雨嚴陵，一帆風送杭州。塘棲暫停征棹，趁晴天，繞過湖州。故鄉遠，悵雙橋夢杳，守歲蘇州。　燈節常州過也，更瓜州星火，簫鼓揚州。卸了雲帆，驅車重問徐州。今宵酒醒何處，聽琵琶，回首沂州。春將半，夢婆娑，涼月景州。

全詞押"州"字韻，以變化的行程貫穿全篇，如同一篇遊記，歷歷寫來，紋絲不亂，發揮了獨木橋體詞的優勢。

清代康熙年間詞人傅世垚擅長獨木橋體詞，他的《聲聲慢·江上獨木橋體》云：

> 長江一曲，岸柳千條，嫋嫋幾縷輕風。帆挂晴霞，荷香十里薰風。科頭小飲船側，正悠然、酒醒微風。青山遠，乍絲絲細雨，片片斜風。　偶見敗蘆斷港，被一聲、新雁叫起西風。坐聽菱歌唱月，菰白吹風。道人漫染圖畫，寫半幅漁家風。還待向，碧雲中、長嘯御風。

這首詞寫江上風光，以"風"作爲景物的主體，將所見所想一一道來，顯得有條不紊，次序謹然。而本來無影無形的風，也因此顯得親切可感，獲得了無限生機。

再如其咏物詞《春從天上來·咏蘆花獨木橋體》：

江上蘆花。愛體質輕盈,不數楊花。雨裏風繞,淚臉啼花。門掩一樹梨花。問細香侵夢,可比並、嶺外梅花。耐西風,伴一灣流水,兩岸蘋花。 濃淡自然有致,總不似無情,浪蕊浮花。釣客相宜,漁蓑無恙,約略洞口桃花。乍東西不定,恍飄下、萬頃瓊花。對菱花。點傲霜短鬢,似染霜花。

詞人抓住蘆花輕盈、潔白、秋後江上盛開、濃淡有致等一系列特點,和其他的花如楊花、梨花、梅花、蘋花、桃花、瓊花進行類比,烘托出蘆花的品格;還抓住其淒涼蕭瑟的特點,將其比作淚花、霜花,點染出悲秋之情。詞人化拙爲巧,巧妙地利用"花"字的重複拓展思維,展開聯想,不僅以自然界的花朵作爲類比,還涉及虛擬的花朵——淚花、菱花(鏡)、(鬢邊的)霜花,顯得構思精巧,意蘊豐富。"花"字的重複,字同而意不同,別開生面,在變化與不變之間體現出藝術的張力。

清代詞人葉坤厚的《行香子·郊原即事》是一首別具一格的寫景紀遊詞:

飛者煙耶?浮者雲耶?與煙雲、至者風耶?乘風來者,爲雨聲耶?一片煙雲,風雨裏,是春耶? 青者山耶?綠者溪耶?滿山溪、開者花耶?白者似雪,紅者霞耶?嶺口橋頭,飄搖處,酒旗耶?

郊原上的景物通過獨特的方式呈現於讀者眼前,即先以"……者"的句式突出其狀態與特點,再以"……耶"的問句將意象本身引出。飛、浮、至、青、綠、開、飄搖,詞人將動詞或形容詞至於句首,增強了動態感,清新靈動,引人入勝;煙、雲、風、雨、春、青山、綠溪、紅白花兒、酒旗,逐層展現,紛至遝來。唐代皇甫冉有一首《問李二司直所居雲山》也是一首以問句結撰全篇的寫景之作:"門外水流何處?天邊樹繞誰家?山色東西多少?朝朝幾度雲遮?"但此詞運用獨木橋體的獨特形態、加上"……者……耶"的散文化句式,顯得更爲靈動奇特。

獨木橋體詞抒發的情感十分豐富,它可以用來表現大題材,清代傅世垕的《瑞鶴仙·過韓侯嶺,獨木橋體》是一首咏史詞:

韓侯堪痛也。漫憑吊情深,淚沾膺也。漢家創基也。論收秦走楚,直侯功也。何其繼也。早血濺、未央殿也。縱當時、躡足留言,未可便輕聽也。 籲也。狗烹兔死,鳥盡弓藏,語誠是也。漢高忍也。後之計,且行也。看至今嶺上,愁雲密雨,猶有千秋恨也。算從來,最忌功高,不獨信也。

這首詞感嘆韓信的命運,全詞以"也"字作爲結尾,行文高度散文化。咏史之中透露出作者的強烈情感,筆力勁健,慷慨淋漓。

辛棄疾用獨木橋體敘寫家國之感,他的《水龍吟》(用些語再題瓢泉,歌以飲客,聲韻甚諧,客爲之釂),以寄言泉水的形式,抒發在現實中的不平感受,婉轉動人,蕩氣迴腸:"聽兮清佩瓊瑤些。明兮鏡秋毫些。君無去此,流昏漲膩,生蓬蒿些。虎豹甘人,渴而飲汝,寧猿猱些。大而流江海,覆舟如芥,君無助、狂濤些。 路險兮、山高些。愧余獨處無聊些。冬槽春盎,歸來爲我,制松醪些。其外芳芬,團龍片鳳,煮雲膏些。古人兮既往,嗟余之樂,樂簞瓢些。"這是稼軒在1194年被解除知福州兼福建路安撫使之後寫的,他在福州任上很有可能瞭解到當時此地流行的福唐獨木橋體詞,對此產生了興趣並嘗試創作。上片從視覺、聽覺出發,對泉水表達欣賞讚美之情。接著設想泉水的命運,希望其不要出山變濁,不要爲虎豹所飲,不要去推波助瀾。下片寫自己的樂趣,希望與瓢泉相伴,享受飲酒之樂,品茶之樂,安貧之樂。這首詞並無稼軒詞一貫的淋漓慷慨之氣,而是用"些"字韻承繼楚騷精神,在反復迴旋的聲韻中,體現出優柔不迫的婉轉情思。

金代全真道士獨木橋體詞多數用於勸道,詞旨枯淡。不過,除了純粹的勸道之詞以外,也偶有人生哲理的傳達。這對後世有一定啓發。比如譚處端《長相思》:"道人心,處無心。自在逍遥清净心,閑閑雲水心。　利名心,縱貪心。日夜煎熬勞役心,何時休歇心。"

清代以還,獨木橋體詞的抒情言志色彩進一步加強。在那些以虛詞或動詞結尾的詞中,詞人通過反復的強調,將落拓不遇的愁思與世態炎涼的感慨和盤托出,形成了耐人咀嚼的獨特風味。王鴻《瑞鶴仙·初度日病中書懷用蔣竹山韻》:

燭花雙穗也,助芙蓉氣豪,鬥牛低也。而吾淚垂也。好雄懷、負了太平時也。年華遞也,絲竹聲,滄桑處也。可若何,病起維摩,春又二分歸也。　嬉也,花天月地,笛裂琴焦,且酬酢也。魚龍睡也,江湖一釣衣也。惹梅花笑我,梨雲夢我,閑煞芳春序也。洗胸春,釀海成醪,與天醉也。

在太平盛世,詞人卻窮愁潦倒,壯志未酬。不過,在苦悶中詞人尚能排遣,結尾拓開新境,"洗胸春,釀海成醪,與天醉也",想像奇特,境界宏大。全詞一氣流轉又跌宕起伏,正是發揮了獨木橋體詞的優勢。

順康間詞人仲恒有一首《壽樓春》(檃栝韓昌黎〈送孟東野序〉,因自慨作詞十六卷,作詩過之,亦猶石屏云:夫詩者,皆吾儕平日愁嘆之聲之意云爾):

心難平而鳴。溯皋夔稷禹,胡事皆鳴。五子伊周相繼,那宜俱鳴。周以後,誰當鳴。楚屈原、離騷悲鳴。香澤畔行吟,懷才被謗,應有不平鳴。　東西漢,何人鳴。有相如馬賈,經世之鳴。最後唐人詩士,孟郊哀鳴。愁所至,聊爲鳴。命與天,烏能無鳴。到今日吾生,憂愁莫解,雪亭詞寓鳴。

這首詞檃栝韓愈《送孟東野序》,將原文內容以詞的形式複述,闡發不平則鳴的觀點,圍繞"鳴"字反復強調,詞人的懷才不遇之悲以及借詩詞寄托不平心聲的願望躍然紙上。

順康間詞人落拓潦倒的余光耿有一首感慨身世的《賀新郎·偶讀堆絮詞,戲效其體》:

檢點浮生誤。憶兒時、探花撲蝶,嬉游成誤。小墅晴窗貪看鳥,授讀耳頻聽誤。又漬墨、驚蒼蠅誤。苦愛敲詩才思澀,怕題糕、屢被遺經誤。雞唱早,記更誤。　樽前對客呼名誤。擁香裯、低聞婦諫,指杯鎗誤。老大家山拋入夢,夢裏歸途仍誤。責宿諾、悔班荆誤。舞袖留教宫錦制,扛秋風、歲歲飛騰誤。今已矣,莫增誤。

詞人回首平生,列舉了許多遺憾事,都以誤字來統領。有自誤,有他誤,有命運之誤。作者打破了以意象結撰的傳統寫法，將貽誤之事一一道來，直抒胸臆，令人震撼。而反復押"誤"字韻，鏗鏘有力，迴旋頓挫，將一腔失意牢騷和盤托出，有種淋漓悲慨的氣勢。

清代詞人善於利用獨木橋體的聲韻特點，由一點拓開去，展現廣闊的藝術空間，多維度地反映複雜的心理流程，這在那些以名詞結尾的獨木橋體詞中尤爲突出。樓儼的《一剪梅·獨木橋體》抒發思鄉之情，十分動人："記得松江是水鄉。也喚蓴鄉，也喚鱸鄉，流連年少白雲鄉。拋撇家鄉，留戀他鄉。　垂老心情別帝鄉。知是何鄉，説是蠻鄉。鷓鴣聲裏盡江鄉。甚日歸鄉，空自懷鄉。"詞人利用《一剪梅》詞調上下片對稱、寓參差於整齊中的特點，加上同一韻腳的重複，增添了回環往復之美。從家鄉到他鄉的地點變化，從少年到老年的心理變化，年少的輕別與垂老的思鄉形成鮮明對比。韻腳都爲"鄉"，但"鄉"的所指卻不斷變化，從家鄉到帝鄉，再到蠻鄉，可謂寓變化於不變之中，既跳脱，又渾厚。

順康間女詞人顧貞立的《天仙子·十影》三首組詞，層層推進，首尾貫連，具有獨特的聲情效果與動人心弦的藝術力量。

曉鏡當窗花照影，燕子飛來醉簾影。憑高一望渺長空，孤鴻影，疏林影，天外輕帆樓外影。　自掬清泉憐瘦影，遠黛遥山爭翠影。平分一半與池塘，梧桐影，芭蕉影，倒挂垂楊新月影。

梅花界斷闌干影，斜陽移過殘機影。牽羅補屋幛輕寒，珠箔影，琅玕影，驚飛不定棲鴉影。　推不出月穿窗影，遮不住風搖燈影。薄遊人世耐凄涼，貧無影，愁無影。繁華夢去難留影。

孤村流水丹楓影，沙汀淺水歸鴻影。百城南面等身書，牙籤影，縹緗影，揮毫點染湖山影。　拂不去霜飛鬢影，剪不斷香絲篆影。一簾春雨燕來時，雙飛影，爭泥影，棲香静鎖梨花影。

這組詞抒發今昔盛衰、人生無常之感。大自然的各種影：簾影、鴻影、山影、花影、鳥影、樹影、月影、燈影等次第出現，與生活場景中的影、詞人自身的影像相交錯，疊合成一幅幅生動流轉的畫面，四季的更替、風物的變化、人生的悲歡離合盡在其中。這無數的"影"，包含著人生的種種況味，最後都化作虛幻。尤其是"薄遊人世耐凄涼，貧無影，愁無影。繁華夢去難留影"，"拂不去霜飛鬢影，剪不斷香絲篆影"，將凄涼的人生況味藉"影"之"有無"與"難留"和盤托出。虛與實相結合，細緻入微的描寫與直抒胸臆的感嘆相結合，重複單一的韻腳與變化錯落的句式相結合，不斷展開的畫面構成多維度的藝術空間，充滿藝術的張力，耐人尋味，堪稱詞史上的奇作。

獨木橋體在產生時便具有一定的遊戲意味，這一點爲詞人所利用，并挖掘其中的戲謔意味，寓莊於諧，在序或題中標明"戲爲或戲效獨木橋體"，在遊戲中寓諷刺，效果上類似於宋代以還的俳諧詞，獨具風味。秦濟《醉太平·戲筆，效宋人獨木橋體》云：

田間築場，市中利場。埋頭莫入名場，看從來戲場。　恨人博場，消愁酒場。狂歌且混詩場，嘆而今官場。

再如趙維藩的《如夢令·寫照用獨韻體》：

> 譽我虛名不似,毀我虛聲不似。毀譽總非真,海寓茫茫誰似。誰似,誰似,惟有個中還似。

這兩首獨木橋體詞都是在調侃中表現詞人對世風日下的感嘆與超然淡泊的人生態度。

清代著名詞人陳維崧有一首《醉太平·題孫無言半瓢居》:

> 顏淵一瓢,先生半瓢。傍人笑問團瓢,是吟瓢酒瓢?　巢由飲瓢,先生住瓢。行窩何處非瓢?任肩挑壞瓢。

孫無言即清初文人孫默,他喜結交隱逸之士,也以"瀟灑絕俗"爲名士所重。陳維崧以顏淵和巢由比擬孫默,襯托其名士風度,又用吟瓢、酒瓢、住於瓢中、肩挑壞瓢,詼諧地勾勒出孫默的形象,寥寥數筆挖掘出了孫默以"半瓢"命名的深意,給人以深刻的印象。

詞人在獨木橋體詞的創作中,善於抓住一點進行生發,展開想像,思接千載,視通萬里,以同一個韻脚寫不同的事物,將差別很大的事物同時進行刻畫,比如清代詞人董元愷押"錢"字韻兩首《醉太平·錢歌》:

> 榆錢綠錢,苔錢碧錢。圓如錦石青錢,弄芙蕖小錢。　流錢雨錢,連錢影錢。小齋夜落金錢,值東風幾錢。

> 鄭錢沈錢,緡錢側錢。詩書怎似囊錢,看空囊一錢。　床頭百錢,杖頭百錢。張公萬選青錢,選劉公大錢。

第一首以錢作爲比喻,描寫大自然形狀像錢的植物。榆錢、苔錢、荷錢、金錢樹飄落的果實,最後以"小齋夜落金錢,值東風幾錢"結尾,頗有諧趣地暗示詞人之窮苦潦倒。這一首作爲鋪墊,引起第二首。第二首寫實際的錢。首先將鄭鳳熾、沈萬三這樣的富豪與窮愁潦倒的文人作對比。感嘆才人不遇,囊中羞澀。床頭錢與杖頭錢都指買酒錢,前者出自鮑照詩《擬行路難》"且願得知數相就,床頭恒有沽酒錢",後者出自《晉書·阮脩傳》,阮脩以百錢挂杖頭買酒,是與錢有關的放浪不羈的人物。接著列舉唐代"青錢萬選"屢試屢中的張薦、漢代廉潔爲官的"一錢太守"劉寵,是與錢有關的英才廉吏。全詞羅列歷史上與錢有關的人物,叙寫的是不同的人生,發人深省。

陳維崧《醉太平·戲咏錢,效宋人獨木橋體四首》一組,應是與董元愷詞的唱和之詞:

> 紅閨簽錢,綠窗意錢。姬人小字錢錢,佩男錢女錢。　花驄鐵錢,蘭橑綺錢。癖同和嶠惟錢,問直他幾錢。

> 青苔印錢,朱荷貼錢。空囊誰笑無錢,更漫空莢錢。　文臣愛錢,倡家數錢。世間萬事由錢,向天公貰錢。

> 吹簫乞錢,販脂罵錢。西風江岸攤錢,負茶商進錢。　西鄰釀錢,東城打錢。明朝去索碑錢,付黃公酒錢。

> 錢兮古錢,鏐兮後錢。筐中剩五銖錢,是秦錢漢錢。　可兒使錢,阿奴惜錢。逢花休訴無錢,看風吹紙錢。

名爲咏錢,實際上是寫不同的人對待錢的態度。"世間萬事由錢",嚴厲地抨擊了澆薄世風。最後一首聯繫歷史,寄托了興亡之感。一枚小小的錢幣,反映出朝代的興替,從中可窺見海立山飛的時代變化。置身於歷史的洪流中,無論揮金如土、還吝惜錢財,終將歸於一抔黃土。世人生前看重錢財,死後不過是任憑風吹紙錢。這組獨木橋體詞在戲謔中流露出對世道人心的諷刺、對歷史以及人生價值的嚴肅思考,可見詞人善於小中見大、納須彌於芥子的本領。

順康間詞人董儒龍的《賀新郎·贈夢庵禪師效獨木橋體》是一首禪理詞:

> 人世真如夢,羨吾師、萬緣勘破,呼庵爲夢。手植梅花梅子熟,不與梨花同夢。又豈解、巫山入夢。只有詞場愛遊戲,謝池邊、不少西堂夢。鐘午吼,兀殘夢。　　予生曾誤南柯夢。看隍中、覆蕉於鹿,癡人說夢。今遇維摩參妙諦,終愧同床各夢。何日醒、邯鄲客夢。剩有一言還借證,至誠心、卻道從無夢。師所取,是何夢。

這首詞從夢庵禪師的名字出發,圍繞"夢"字進行生發,寫到人生的各種境遇,人生最難醒的夢,是追求功名利禄的富貴之夢,無論南柯一夢還是邯鄲一夢,都誤人不淺。作者又聯想到《莊子》說的"至人無夢",那麼,禪師號"夢庵"的深意又何在呢?這首詞以"夢"字爲韻,傳達出詞人人生如夢的感慨以及對禪悟的希冀。

三、蔣捷《聲聲慢·秋聲》在後世的迴響

宋代的獨木橋體詞數量不多但具有典範意義。後人在創作獨木橋體詞時,多對黃庭堅、辛棄疾、蔣捷的詞進行仿效,尤其是蔣捷的《聲聲慢·秋聲》影響深遠,詞人多對其進行仿效,由此產生了系列的獨木橋體詞。

蔣捷《聲聲慢·秋聲》借秋天各種聲音抒發亡國之悲,形象鮮明,具有很強的感染力:

> 黃花深巷,紅葉低窗,凄涼一片秋聲。豆雨聲來,中間夾帶風聲。疏疏二十五點,麗譙門、不鎖更聲。故人遠,問誰搖玉佩,簷底鈴聲?　　彩角聲吹月墮,漸連營馬動,四起笳聲。閃爍鄰燈,燈前尚有砧聲。知他訴愁到曉,碎噥噥、多少蛩聲!訴未了,把一半、分與雁聲。

全詞先總寫秋聲之凄涼,然後依次描寫雨聲、風聲、更聲、簷底鈴聲、軍隊中的號角聲、悲笳聲、擣衣的砧聲、蛩聲、雁聲。有大自然中的聲音,也有人世間的聲音,特別是號角聲與悲笳聲,增添了秋的悲涼況味,渲染出令人局促不安的氛圍。作者將各種聲音有機地綰合到一起,形成渾然不可分割的整體,將悲秋之情、家國之感表現得雋永綿長,極富藝術魅力。

蔣捷詞精湛的藝術成就引起後人仿效。順康間林企忠有《聲聲慢·秋夜效竹山體》:

> 香消篆影,衣沁涼飈,閑階露下無聲。鶴唳聲清,更傳天外鴻聲。聲依簷宇凄惻,是寒蛩、做盡秋聲。簾垂下,聽重門次第,鉤控成聲。　　風透小窗聲近,

亂吟聲愁苦,破紙鳴聲。夜靜更嚴,鼓聲半雜鐘聲。離懷已難分剖,向牆陰、又起蕉聲。聲轉急,還添著、數點雨聲。

詞將秋天聽到的各種聲音娓娓道來,細緻入微,如同急管繁弦一樣促迫,渲染了秋聲的繁複與氣勢。雖在感人的程度、藝術手法的高超上遜於蔣捷詞,但也能做到情景交融,在秋聲的描摹中融入悲秋之情、離別之愁。

晚清易順鼎也有一首《聲聲慢·秋聲用蔣竹山體》:

雁外關河,蠻邊院宇,十年領略秋聲。殘照霜蕪,疏林尚剩蟬聲。流年暗中偷換,漫催成,一片砧聲。龍城遠,想西風鐵馬,鼓角邊聲。　回首故園三徑,記松陰暝翠,夜涌濤聲。老屋燈幽,等閑拋卻書聲。天涯獨欹倦枕,把閑愁,分付江聲。愁未了,上吳船,又聽雨聲。

詞從塞外寫到故園,再寫到眼前之景,塞外秋聲蒼涼,故園秋聲寧靜,天涯秋聲蕭瑟愁人。與蔣捷詞相比,這首詞更注重空間的轉換,並藉不同場景中的秋聲抒發不同的心境。同時,不斷變換的場景,與不變的"聲"字韻構成比襯關係,富於藝術的張力。

詞學家萬樹有一首《聲聲慢·秋色》,詞序云:"竹山賦秋聲用此調、平韻,今效其體,以仄叶之。"表明他仿效蔣詞又有意另鑄新詞,詞云:

紅香欲歇,綠意都衰,傷心最是秋色。冷逗西風,開到小籬花色。當時浦口送別,正一江、鴨頭波色。自去也,上高樓望遍,暮雲帆色。　草色。荒涼山色。能幾樹丹楓,染他霜色。抱葉哀蟬,變盡柳條青色。霞邊乍聞雁語,漸簾櫳、黯黯暝色。急閉戶,怕的是、催恨月色。

這首詞以秋色作為表現對象,押仄聲的"色"字韻,描繪出沉靜而又不乏絢爛的秋色,與蔣捷之描摹秋聲可謂異曲同工。這首詞好似一篇《秋色賦》,極鋪陳描繪之能事。圍繞"傷心"之"秋色"鋪衍開來,在暗淡荒涼的秋的底色上,又別具隻眼地點染出一兩筆絢麗之色,耐人尋味。

除了寫秋聲、秋色之外,詞史上還出現了寫春聲的獨木橋體詞。明代女詞人沈宜修有一首《聲聲慢·仿舊人作韻用入聲字》:

春光難問,煙草忘情,憑將彩管新聲。宮額初消,雕梁紫燕聲聲。湘簾半卷影碧,畫闌干、幾樹鵑聲。杏花下,把瓊簫低按,試學秦聲。　綺陌香車競豔,聽清歌緩緩,是處春聲。小院人閑,飛花悄悄無聲。松風忽來繡戶,韻生涼、吹作濤聲。更有那、楊柳外,鶯語數聲。

歷來描寫春天多從視覺出發,這首詞則從聽覺上描摹春日的各種聲音,可謂匠心獨具。詞中不僅寫到大自然的燕聲、鵑聲、松濤聲、鶯聲,還寫到人世間的簫管清歌,在這一片繁聲中,春的盎然生機躍然紙上。

清後期著名詞人項鴻祚也有一首《聲聲慢·春聲擬竹山》:

賣餳小巷,擷鼓深閨,合成一片春聲。暗逗芳心,長堤隱隱車聲。二十四番風訊,滿西湖、吹散歌聲。遊倦也、正畫樓夜雨,滴碎簷聲。　又是紗窗曉霽,問驚回香夢,誰簸錢聲。燕語鶯啼,中間卻帶鵑聲。莫使訴愁不住,怕落花、飛盡無聲。花自落,減秋千、牆裏笑聲。

詞中寫到了賣餳聲、搨鼓聲、車聲、風聲、歌聲、雨聲、簸錢聲、鵑聲、笑聲等,這些聲音共同構成了生機勃勃的春天。上片突出春聲的豐富,下片逗入傷春情緒,杜鵑的啼聲預示著春歸,"怕落花、飛盡無聲",寫聲音偏從無聲處著筆,與沈宜修"飛花悄悄無聲"同一機杼。這首詞在章法上仿效蔣捷詞的總分結構,在意象上與沈宜修的詞相類,而精煉傳神的動詞和副詞、靈活多變的句式,令詞氣流動自如,空靈婉轉。

還有其他一些押"聲"字韻的詞,有的未用《聲聲慢》詞調,有的不是詠秋聲,但都對蔣捷詞有仿擬之意。蔣捷的《聲聲慢·秋聲》引發諸多詞人的創作熱情、不斷進行仿效,反映出歷代詞人對經典的多元化接受,獨木橋體詞也因此得到增殖。

總之,獨木橋體詞在詞史上有一定地位。獨特的押韻方式,使得獨木橋體詞具有獨特的韻味。內容的鋪敘與反復出現的韻腳相結合,回環往復,不斷加深,如同"水精如意玉連環",產生了不同尋常的藝術效果。由於獨木橋體詞獨特的聲情之美,它在宋代時可用於歌唱。辛棄疾《水龍吟》的小序云:"用些語再題瓢泉,歌以飲客,聲韻甚諧,客為之釂",可知獨木橋體詞在歌唱時聲韻諧美,在宴飲的場合用以娛賓遣興。南宋方嶽的獨木橋體詞《瑞鶴仙·壽丘提刑》的小序云:"……輒以時文體,按譜而腔之,以致其意。""時文體"指出了獨木橋體詞在當時是流行的體式,流行的原因應與其聲韻之美有關。宋代之後,獨木橋體詞不再用於演唱,但其回環往復、敲金戛玉的聲韻效果仍然引起詞人們的關注和喜愛,成為一種獨特的創作形態。除了個人獨立創作之外,也有的為嚶鳴之作。比如陳維崧與董元愷以《醉太平》詠錢的獨木橋體詞相唱和。李應機的《青玉案》(閏三月小盡日,集存園餞警齋,限每句以路字為韻):"春風引客平川路。又驀送、春歸路。芳草王孫迷去路。燕聲蔿蔿,鶯聲嚦嚦,目斷斜陽路。　　澹黃嫩綠池塘路。遊子征帆何處路。南北東西天際路。贈歌亹亹,離歌慘慘,把袂牽行路。"這是聚會時要求每句押"路"字韻,創作獨木橋體詞。

獨木橋體詞在文體史上也有一定地位。在一種文體發展到成熟階段以後,文體的開拓與翻新,既為創作拓寬道路,也體現出文學觀念的多元化。獨木橋體淵源於上古詩歌,有的學者認為,在遠古歌謠中,就有用長尾韻的詩篇,即韻式由"句中韻"和句末的"獨木橋韻"兩種韻結合起來構成,如《卿雲歌》:"卿雲爛兮,糺縵縵兮。日月光華,旦復旦兮……"重複"兮"字韻,爛、縵、旦為句中韻。《楚辭》的創作基本上採用的都是長尾韻,如《招魂》:"魂兮歸來,東方不可以托些。長人千仞,唯魂是索些。彼皆習之,魂往必釋些。歸來歸來,不可以托些。"重複"些"字韻,托、索、釋、托為句中韻。唐代也有"獨韻詩"或"一字韻詩"。《全唐詩》記載有一女尋貓詩:"若是兒貓兒,即是兒貓兒。若不是兒貓兒,即不是兒貓兒。"重複使用"兒"字作為韻腳[1]。但在此後的詩史上獨木橋並未發展起來。這可能與詩歌寫作的習慣有關。長期在詩壇佔據主流的格律詩講求古雅,在用字上力避重複,用韻的重複亦在規避之列。而詞原為配合燕樂歌唱的歌詞,注重聽覺效果,行文不避重複,押韻也是如此,有的還是詞調規定的重

---

[1] 沈文凡、李博昊:《宋詞中的獨特體式——福唐獨木橋體》,《社會科學輯刊》2006年第1期。

複,比如《長相思》《如夢令》《憶秦娥》等,可見獨木橋體詞的流行與詞的體制特點有關,也體現出詞人對詞體形態的關注與重視。詞中獨木橋體還滲透到其他領域,元曲中也出現了獨木橋體。張養浩的《塞鴻秋·綽然亭》最爲有名:"春來時綽然亭香雪梨花會,夏來時綽然亭雲錦荷花會,秋來時綽然亭霜露黄花會,冬來時綽然亭風月梅花會。春夏與秋冬,四季皆佳會。主人此意誰能會?"

  詞學史上對獨木橋體詞的評價褒貶不一,批評者如沈雄《古今詞話》認爲獨木橋體"味同嚼蠟"[1],張德瀛認爲獨木橋體"乃偶然托興者,必踵其轍,則爲惡境矣"[2]。劉體仁認爲:"至元美道場山,則句句皆用山字,謂之戲作可也。"[3]陳匪石云:"吾以爲此種體裁,無論果出於古與否,吾人皆不必效法,以其太嫌纖巧,非大方家數也。"[4]都把這種體式視爲一種文字遊戲。不過也有對獨木橋體進行褒揚者,如李調元評石孝友的《惜奴嬌》"不著一字,盡得風流","宋人多以曲調爲詞調,如用十個你字之類是也。石孝友《惜奴嬌》,通首不用韻,只用十個你字成韻,元人書皆本此"[5]。認爲其"開曲兒一門",通俗的風格爲元曲開了先河。詞論家針對某一首詞的看法也不同,比如蔣捷的《水龍吟·效稼軒體招落梅之魂》,沈雄評爲"未見當行"[6],胡薇元評其"終非正格"[7],但楊慎評其"幽秀古豔,迥出纖冶穠華之外,可愛也",稱其爲"小詞中《離騷》"[8],注意到詞與楚辭的聯繫,給予其較高的評價。不過,對獨木橋體詞的矛盾態度,也體現出這種創作形態是在爭議中演進,從一個側面反映出其生命力。

---

  [1] 沈雄:《古今詞話》,唐圭璋《詞話叢編》,第845頁。
  [2] 張德瀛:《詞徵》,唐圭璋《詞話叢編》,第4083頁。
  [3] 劉體仁:《七頌堂詩詞繹》,唐圭璋《詞話叢編》,第623頁。
  [4] 陳匪石:《舊時月色齋詞譚》,屈興國《詞話叢編二編》,杭州:浙江古籍出版社,2013年,第2589頁。
  [5] 李調元:《雨村詞話》,唐圭璋《詞話叢編》,第1408頁。
  [6] 沈雄:《古今詞話》,唐圭璋《詞話叢編》,第845頁。
  [7] 胡薇元:《歲寒居詞話》,唐圭璋《詞話叢編》,第4035頁。
  [8] 楊慎:《詞品》,唐圭璋《詞話叢編》,第464頁。

論宋人尺牘中的"友道"觀

付　梅

摘　要: 友道是人倫大道之一。宋代"舉世重交遊",交友之風大盛,友道觀也隨之有了新的時代特色,以歐陽修爲代表的宋世名賢全面發展了友道"慎交友""相保有""報知己"諸方面的内涵,更將友道的踐履提升到"不朽之計"的高度。他們集群體之力將友人之間生則互振掖、相保有、共進退;死則調護其家,爲之經營墓誌、整理文集、謀不朽之名的活動推舉到儒家傳統"友道"的高度,爲宋代士人群體意識的高揚、士風的更新、世風的振起做出了貢獻。"朋友之間當互起",同甘共苦、患難不棄的精神追求,是值得今人汲取的正能量。

關鍵字: 宋代;友道;交遊

一、"友道"的實質與歷史發展

交友是人類基本情感需要,馬斯洛《動機與人格》指出,人作爲社會的一員"需要友誼和群體的歸宿感"[1],是以"人之生,不能無群"(《荀子·富國篇》)。同時"有朋自遠方來,不亦樂乎"(《論語·學而》),朋友給人帶來快樂;"獨學而無友,則孤陋而寡聞"(《禮記·學記》),朋友亦是對個人的補充與完善;"觀其友,知其人",朋友還可以作爲個人品行志節的參照。友道自古即是文學的一項重要議題。《毛詩·伐木序》云"自天子以至庶人,未有不須友道以成者也"[2],交友的實質是歸屬與認同的情感需要與現實意義上互惠的"合作"關係的追求,是以約定俗成的社會規則、方式乃至心理模式來完善與擴展個人品行與力量。

友道對人生意義重大,古人積極從歷史積澱與人生經驗中提煉金玉良言以警世傳後,早在先秦兩漢時期已不乏其説,《論語·學而》:"與朋友交言而有信""無友不如己者。"[3]《白虎通》:"朋友之道四焉:'近則正之,遠則稱之,樂則思之,患則死之。'"[4]

---

* **作者簡介:** 付梅,女,河南農業大學文法學院(河南鄭州 451000),講師,文學博士。主持國家社科青年項目《宋代尺牘研究》,主要從事唐宋文學研究。

　國家社會科學基金青年項目《宋代尺牘研究》(16CZW024)

① 馬斯洛《動機與人格》,許金聲等譯,北京:中國人民大學出版社,2007年,第57—59頁。
② 《毛詩正義》,北京:北京大學出版社,1999年,第576頁。
③ 《論語譯注》,楊伯峻譯注,北京:中華書局,1980年,第5—6頁。
④ (漢)班固《白虎通義》卷上,文淵閣四庫全書本。

《文中子》:"君子先擇而後交,故寡尤;小人先交而後擇,故多怨",又曰:"以勢交者勢傾則絶,以利交者利窮則散。"①皆爲古人提煉的"友道"箴言。曹丕《交友論》曰:

> 夫陰陽交,萬物成;君臣交,邦國治;士庶交,德行光;同憂樂,共富貴,而友道備矣。易曰:"上下交而其志同",由此觀之,交乃人倫之本務、王道之大義,非特士友之志也。②

君臣相交則國治民安,士大夫相交則光大道行。因而友道是人倫本務、王道大義,不可輕忽的重大課題。友道的意義即在於彼此同甘共苦、有福同享,共守"朋友之義"。

二、宋人的"友道"觀及其踐行

如上文所論先秦已有了成熟的"友道"觀,宋人對此亦有總結與宣揚。《容齋隨筆》云:

> 朋友之義甚重。天下之達道五:君臣、父子、兄弟、夫婦而至朋友之交,故天子至於庶人,未有不須友以成者。天下俗薄而朋友道絶,見於《詩》,不信乎?朋友弗獲乎上,見於《中庸》《孟子》。朋友信之,孔子之志也;車馬衣裘與朋友共,子路之志也;與朋友交而信,曾子之志也。《周禮·六行》五曰:"任,謂信於友也。"漢唐以來猶有范張、陳雷、元白、劉柳之徒,始終相與,不以死生貴賤易其心。本朝百年間此風尚存,嗚呼,今亡矣!③

以儒學復興爲思想背景的宋人認爲"友道"是天下達道,友道中絶是天下薄俗的表徵,這是從前人歷史經驗中繼承而來的。宋人"友道"有着與前古儒家人倫觀、王道論、君子之道結合的傳統,他們對"友道"的闡揚不僅爲現世所用,也有"爲往聖繼絶學"之心。

宋人將此觀念直接運用於生活如教子中,江端友《誡子書》所謂:"與人交遊,宜擇端雅之士,若雜交終必有悔,且久而與之俱化,終身欲爲善士,不可得矣!"④是對古人"近朱者赤、近墨者黑"的歷史經驗的直接吸收與運用。晏殊《答中丞兄家書》云:

> 門前望,不要令小後生輕薄不著實者來往,或尋得一有年甲嚴謹門客教訓諸子甚好……近日京朝官班行中公事甚多,細觀多是人家子弟輕事,親狎非類者,足知小男女尤宜親近有德、遠輕薄之徒也。⑤

殷殷叮囑子侄親賢遠不肖,養德修行,自亦是前人"親賢臣、遠小人"一路而來。對此宋人大爲稱讚,曹彦約《跋晏元獻公手帖》稱其"汲汲乎以遠輕薄爲戒,君子於此

---

① (明)彭大翼:《山堂肆考》卷一五〇,文淵閣四庫全書本。
② (魏)曹丕:魏宏燦校注《曹丕集校注》,合肥:安徽大學出版社,2009年,第332頁。
③ (宋)洪邁:《容齋隨筆》,孔凡禮點校,北京:中華書局,2005年,第120頁。
④ (宋)劉清之:《戒子通錄》卷五,文淵閣四庫全書本。
⑤ (宋)晏殊:《元獻遺文》,文淵閣四庫全書本。

可以論世矣",是"萬世不刊家法"①,宋人對前人"友道"之説的闡揚可見一斑。

然而,相比宋前門閥壁壘森嚴,交際受限的社會現實,宋代平民化社會中士人交往活動出現了歷史性變革。友道之説及其踐行自然也發生了變異,擁有了新的時代特色:

其一,"友,有也,相保有也"觀念下的"舉世重交遊"。

相互支援、保全是"友道"題中應有之義,宋人更有迫切團結的願望。田錫《貽青城小著書》曰:

> 親乎仁人,以結至交。至交立,則君子之道勝,勝則可以倡道和德,同心爲謀,上翼聖君,下振逸民,使天下穆穆然,復歸於古道。其若德樹而未有鄰,學博而不求知,則君子之道孤弱,孤弱則未能斥小人而行古道,安得聖君而翼之,安得逸民而振之,安得天下而理之。②

君子推誠相交,可壯大彼此的政治勢力,輔助個人治平理想的實現。因此宋人公開宣揚"君子有黨",支持君子在政治、文學諸方面的結盟,認爲這是友道的合理踐行方式。在實踐中也毫不回避結盟的政治功能,知己同好、師友同年、姻親世交都是形成政治上朋黨關係的基礎。蔡襄與歐陽修深厚的情誼是當慶曆新政受挫歐遭貶,蔡無畏地以"四賢一不肖"詩聲援的重要因素。

爲了最大限度地實現"相保有"的理想、推揚踐行友道,宋人極重交遊。他們創造并發展了豐富多樣的交遊方式,造就"舉世重交遊"③的盛況,保障了文人間有效的聯接與溝通:

首先,唱和、集會活動頻繁活躍。《宋代士紳結社研究》總結出了宋代詩社有99家之多④。宋人僅以"訪"、"過"、"謁"等爲題的詩歌即有五百餘篇,堪稱一代之學的宋詞更基本產生於交遊唱和中,足見宋世結交活動之盛;其次,走訪、邀約、傳詩遞簡無虛日。作爲交友工具、與宋人日常生活聯繫最爲緊密的尺牘直接見證時代士人交往情實。宋人往來尺牘數量創歷史新高,僅北宋七千多首尺牘中述邀約、來訪、互贈、開解慰勞之類話題占總量近三分之一。如"風止江平,可來夜話,德孺同此懇"(《与米元章十九首》之十九)⑤ "龍安想不甚涼,田子平家博古堂清風永日,可速駕來此,主人虛心相待也。"(黃庭堅《與人簡》)⑥之類邀約宴請的記載比比皆是;再次,豐富多彩的娛樂交際生活。琴棋書畫、金石譜錄、詩酒花茶等文藝活動也是宋人交際娛樂生活的重要組成部分。宋代君臣、同僚、朋輩、鄉人、師門、士子之間有著各種賦詩酬唱的活動,還相應產生了各種不同類別的酬唱文集如"西崑酬唱集""同文館唱和詩""禮部唱

---

① (宋)曹彥約:《昌穀集》卷一七,文淵閣四庫全書本。
② (宋)田錫:《咸平集》,成都:巴蜀書社,2008年,第47頁。
③ (宋)邵伯溫:《邵氏聞見錄》卷七,中華書局,1983年,第63頁。
④ 周揚波:《宋代士紳結社研究》,杭州:浙江大學2005年博士論文,第101頁。
⑤ (宋)蘇軾:《蘇軾文集》,北京:中華書局,1986年,第1781頁。
⑥ 曾棗莊、劉琳主編:《全宋文》,上海:上海辭書出版社、安徽教育出版社,2006年,第103册,第723頁。

和詩""貢院酬唱集""坡門酬唱集"等等。歐陽修《與劉侍讀書》二六道:"兼復惠以古器銘文,發書,驚喜失聲。群兒曹走問乃翁夜獲何物,其喜若斯? 信吾二人好惡之異如此,安得不爲世俗所憎邪! ……自公之西,《集古》屢獲異文,並來書集入録中,以爲子孫之藏也。幸甚幸甚!"①同好相與品賞切磋給彼此極大精神享受,亦催化了深厚情誼。

交遊、娛樂之風大盛,集會、唱和頻繁,不僅直接刺激了宋代各類文體諸如詩、詞、序、跋等等的繁榮,更非常實際地提升了宋人的生命質量,保障了宋人的生活品質。以蘇軾爲例,與張先等前輩忘年交的唱和,發展了他的詞學理論與創作,最終形成了他的"自是一家詞論"並自成豪放一派;與李公麟、米芾、文同等書畫友的交遊,發展了他的書畫理論與實踐;對後學的提攜印可則壯大了蜀學、蜀黨,對其文學、學術思想的傳播發展都大有影響;與"敵對"勢力的交遊,則讓他在"烏臺詩案"中死裏逃生。交遊的重要意義可以想見。

同時,在宋代入仕之前"干謁""行卷"有益科舉,蘇軾《奏馬澈不當屏出學狀》有"至於投獻書啓文字,求知公卿,此正舉人常事"。樓鑰《書張武子詩集後》載"後二十年試南宫,魏公得其三策,心知爲武子之文。袖以見知舉張公真定,曰'適得一卷,舍人如欲取時文,則不敢進,果欲得士人否'? 張公曰'嘗言寧取有瑕玉,不欲取無瑕石'。讀之以爲佳,魏公曰:'此某故人張某之文也。'舍人異而記之,比揭牓,驚謂魏公曰'果張某也'",可知故友的竭力推薦和"心知"對張武子(張良臣)的科第大有幫助;入仕之後"投卷""結交"更有益升遷,宋代的薦舉有"選人改官""辟舉""薦舉差遣""舉人自代""奏蔭""常程薦舉"等不同形式,而"薦舉未有不求而得,則無以禦人之求舉爾。所知不待其求而予之"(宋劉炎《邇言》卷八"治道")②。未有不求而得、所知不待其求,要得到薦舉,拉關係"求",成爲"所知"是非常關鍵的。

此外,同黨相互提攜、互爲臂助,能形成聲勢、抵擋政治風雨。交遊的實用價值是相當之大的。宋代激烈的黨爭下,朋黨之間在朝則聲氣相通、同心協力;貶謫後則相互扶持、彼此慰藉。這正是宋人"友道"的踐履之實況及其成效。

其二,"後世視之,爲如何人也"的傳世理想與"以不朽報知己"的踐行。

"大懼没世而名不稱"(王禹偁《小畜集自序》)是千古文人共有的焦慮,突破生命的局限,留下不朽令名,也是士人千百年來不斷探索追求的理想。宋人的"友道"觀也是在這種土壤中茁壯成長起來的,其表現不僅在於現世友人之間相推舉、保有、慰藉,更在對亡故友人身後事的操持與懷念。這一點在宋人各種作品中都有所體現:

> 自古賢者無不死,惟令名不朽,則爲永存矣。凡朋友爲子野痛惜者,惟可以此一事自寬而已。(歐陽修《與王郎中》)

> 近爲子美編成文集十五卷,凡述作中人可及者,已削去之,留其警絶者,尚得

---

① (宋)歐陽修:《歐陽修文集》,北京:中華書局,2001年,第2419頁。
② 胡紳:《宋代薦舉制度研究》,河北大學博士學位論文,2009年。

數百篇。後世視之，爲如何人也！朋友之間可以爲慰爾。（歐陽修《與梅聖俞》）①

遺文墜稿，爲子收拾。以葺以編，我知不朽。千載之後，子名長存。（蘇洵《祭史彥修文》）

所謂"子墓予銘，其傳不朽。庶幾以此，慰其父母"（歐陽修《蔡君山墓誌銘》），宋人認爲紀念故友最好的方式是爲其整理遺物，傳其精神、固其不朽。生則相互扶持尊重、切磋進益，死則爲之存亡撫孤乃至謀"不朽之計"，使其精神文字得以永存，即爲"友道"。

《宋史·歐陽修傳》載歐陽修對友人"生則振掖之，死則調護其家"，可謂篤於"友道"。杜衍、石介、梅堯臣、蘇舜欽等人故後他念念難忘，孜孜於他們文集的整理、碑誌的刊刻，還明言意在以傳不朽報知己（見《跋杜祁公書》、《書杜祁公石本後》、《與梅聖俞》二五等）。對在世之人他亦極盡揄揚推崇。蔡襄"天下第一"的書名離不開他的標舉宣揚，蘇軾、王安石等人的聲震天下也仰仗他的奔走號呼。南宋人回望北宋輝煌的文壇，不禁發出"四海歐陽永叔也"②的慨嘆，這與歐陽修對"友道"的踐履密不可分。作爲朝廷重臣、一代文宗，歐陽修一言一行皆得"二十年間，士大夫翕然效之"③，以如此影響力宣揚持守友道，對宋人友道的踐行示範作用可想而知。北宋百年間士風積極昂揚，士大夫"始終相與，不以死生貴賤易其心"（洪邁《容齋隨筆》卷第九"朋友之義"）正是歐陽修所倡"友道"及其成效。

在其影響示範下，宋人積極爲友人謀"不朽之計"，撰墓誌、收文集、刊刻編錄文字，揄揚盛名。范仲淹編尹洙文集（范仲淹《河南先生文集序》）、祖無擇爲友人穆修編文集（祖無擇《河南穆公集序》）、呂南公爲友人王向編文集（呂南公《王夢錫集序》）、朱熹爲張栻編次文集（朱熹《張南軒文集序》）、陸游爲范成大刻《西征小集》（陸游《范待制詩集序》）皆是其例。面對亡友子嗣的請求，他們也是有求必應：

緡叔名夏卿……平生所負經濟之緼，未得悉施於時，獨有文字載之册書，播傳人口，不朽之事，其在茲乎？嗣子拯善守世學，悉哀舊稿，以類詮次，合爲總集。求予文以冠於篇。（蘇頌《呂舍人文集序》）④

幾聖諱至，姓强氏，錢塘人，幾聖字也。爲三司户部判官、尚書祠部郎中。既没，其子浚明集其遺文爲二十卷，屬予序。（曾鞏《强幾聖文集序》）⑤

令舉之卒若干年，而其婿周君開祖乃類聚其文爲三十卷，屬余爲序。（蔣之奇《都官集序》）⑥

可見爲友人編集並作序，或者爲亡者寫墓誌銘、行狀、文集序，美言稱譽，利用自己的影響力，幫助友人作品傳世，已經成爲一種傳統。這種傳統在士人之間代代相

---

① （宋）歐陽修：《歐陽修文集》，北京：中華書局，2001年，第2406、2456頁。
② （宋）周必大：《文忠集》卷一八二，文淵閣四庫全書本。
③ （宋）朱弁：《曲洧舊聞》，北京：中華書局，2002年，第215頁。
④ 曾棗莊、劉琳主編：《全宋文》，上海：上海辭書出版社，2006年，第61册，第350頁。
⑤ （宋）曾鞏：《曾鞏集》卷一二，北京：中華書局，1984年，第202頁。
⑥ 曾棗莊、劉琳主編：《全宋文》，上海：上海辭書出版社，2006年，第78册，第228頁。

承，這是宋人爲不朽計，也是他們對"友道"的持守。

其三，"行爲世範"的儒家立場下君子之交的教化之心。

宣導友道，可以使士大夫團結起來，共同面對社會問題、齊心開創盛世，也能增强對抗來自敵對力量的排擠打擊的力量，更大地發揮士大夫群體巨大的文化能量，實現其經世之志，進而成就不朽之功名。因而也是儒家的君子有所擔當，入世經濟理想的一部分。

作爲開風氣的一代文宗，歐陽修認爲士大夫群體當以身作則，自覺負起振起時風的責任："《禮》曰'君子動而爲世法'，然則舉措其可不慎哉？"①明賢君子爲天下仰望，言行必須"有補於世"，振起世風、引導時代發展。在實踐中他也始終注重自己的影響力，一方面他極爲熱情汲引後輩，另一方面他十分注重言行，將文學宗主對時俗士風的引導示範職責發揮到了極致：

> 歐公下士近世無比，作河北轉運使，過滑州，訪劉羲叟於陋巷中。羲叟時爲布衣，未有知者。公任翰林學士，嘗有空頭門狀數十紙隨身，或見賢士大夫稱道人物，必問其所居，書填門狀，先往見之。果如所言，則便以延譽，未嘗以位貌驕人也。②

> 歐陽文忠公每爲文既成，必屢自竄易，至有不留本初一字者。其爲大文章則書而傳之屋壁，出入觀省之；至於尺牘單簡，亦必立稿。其精審如此。每一篇出，士大夫皆傳寫諷誦，惟睹其天成，莫究斧鑿之迹也。③

禮賢下士如恐不及、片言隻字審慎無比的歐陽修，在意的是對後世的教化示範意義。一言一行可傳遠，可不慎哉，這一觀念强烈地透露出宋人自我身份與價值的自覺與認同。

楊時《跋温公與劉侍郎帖》云："夫天下善士斯友天下之善士，二公終始一節，不約而同，其取友可知矣。"④熱情歌頌了兩人始終如一的交情。周必大《跋蘇石帖》"歐陽文忠好賢樂善充其天性，得交友間寸稿尺書，必軸而藏之……唯公道德文章師表百世，而干旄緇衣之好之死靡倦，彼争名相傾、屬文者相輕，聞公之風，其少愧哉"⑤，更以前人高風針砭時風，呼籲友道以敦士風。

> 讀軾書不覺汗出，快哉！快哉！老夫當避路放他出一頭地也，可喜，可喜！……見軾所言樂，乃某所得深者爾，不意後生達斯理也。(《與梅聖俞》)⑥

> 韋驤字子駿，錢塘人，生而警敏。年十有七，以文謁王安石。見其《借箸賦》，大奇之，曰：'吾行江南，入吳越，見文士唯子與董顧行耳。'由是籍甚，每一賦成，

---

① (宋)歐陽修：《歐陽修文集》，北京：中華書局，2001年，第2561頁。
② (宋)朱弁：《曲洧舊聞》，北京：中華書局，2002年，第119頁。
③ (宋)呂希哲：《呂氏雜記》卷上，文淵閣四庫全書本。
④ (宋)楊時：《楊龜山先生集》卷二六，臺北：臺灣學生書局，1974年。
⑤ (宋)周必大：《文忠集》卷一五，文淵閣四庫全書本。
⑥ (宋)歐陽修：《歐陽修文集》，北京：中華書局，2001年，第2459頁。

學者傳誦。(《宋史翼·韋驤傳》)①

　　東坡云:"'屬玉雙飛水滿塘,菰蒲深處浴鴛鴦。白蘋滿棹歸來晚,秋着蘆花一岸霜。扁舟繫岸依林樾,蕭蕭兩鬢吹華髮。萬事不理醉復醒,長占煙波弄明月'。此篇若置李太白集中,誰疑其非者? 乃吾家養直所作《清江曲》也。"(《苕溪漁隱叢話》前集卷五三"蘇養直條")②

《宋史·歐陽修傳》說歐陽修"賞識之下,率爲聞人",唐宋八大家宋代其餘五家的成名都得益於他的獎掖推舉。他對蘇軾"達斯理"的"印可",使蘇軾幾乎一夜成名。蘇軾也不負所望成爲新的一代文宗,並繼承了他的友道觀念,結交友人,獎掖士子,形成了以"四學士""六君子"爲核心的龐大蘇門文人群,讓宋代文化發展到繁榮的巔峰。明人李贄明確指出黃、秦、晁、張四學士:"雖其品格文章足以成立,不待長公而後著,然亦未必灼然光顯以至於斯也。"③其中黃庭堅得到蘇軾的稱讚"禮部蘇公在錢塘始稱魯直文章,士之慕蘇公者,皆喜道足下"(張耒《與魯直書》)④,又進一步開創了"江西詩派",籠罩了兩宋文壇上百年。可知歐陽修此舉得到了宋人的積極回應。正如王兆鵬《宋代作家成名的捷徑:名流印可》所說:

　　宋代文士之所以熱心結成"宗盟",文壇宗師代代相傳,從歐陽修到蘇軾,從蘇軾到黃庭堅,從黃庭堅到江西詩派的其他成員。盟主當仁不讓,時時以領袖宗師自居,而成員則心甘情願地拜倒在盟主宗師的門下,都是因爲各有各的考量和需求。成員需要宗師的印可獎掖以提高自己的知名度和社會認同度,宗師則需要更多的門下士來壯大本門本派的實力,在最大程度上去推行實現自己的文學主張乃至政治主張,推動文學向著預期的目標和方向發展。群體的效應和影響力遠遠大於孤立的個體。蘇門四學士集結在蘇軾門下後,其影響力就遠非昔日"孤軍作戰"時可比。⑤

在歐陽修等一代名流的帶動下,宋人積極交遊、採用各種形式"結盟",力圖形成團體,壯大力量,彼此互惠共贏。《宋代士紳結社研究》統計兩宋詩社 99 家之多⑥,其他如怡老會、真率會、曝書會、茶會、花會、中秋等節日聚會等多不勝數。此外,他們不僅在朝時積極獎掖後進、延引人才,即是在地方卑職上亦不惜勞力建造園林以"與士之賢者講論歌詩於其中,蓋將有志於美乎風俗也"(朱之純《縣齋》序)⑦,連書商陳起都廣交文人、呼朋引伴,網羅晚宋衆多文人,形成"江湖詩派",給宋末文學帶來生機。群賢畢集、朋輩相得,有著教化民衆、淳樸風俗之用,也有互爲臂助、相互扶持成就之功,這亦是友道的世用。

---

① 《宋史翼》卷二十六列傳第二十六,文淵閣四庫全書本。
② (宋)胡仔:《苕溪漁隱叢話》前集卷五三,北京:人民文學出版社,1984年,第365頁。
③ (明)李贄:《書蘇文忠公外紀後》,《續焚書》卷二,北京:中華書局,1974年。
④ (宋)張耒:《張耒集》卷五五,北京:中華書局,1990年,第827頁。
⑤ 王兆鵬:《宋代作家成名的捷徑:名流印可》,中州學刊,2005年,第2期。
⑥ 周揚波:《宋代士紳結社研究》附錄《宋代詩社一覽表》,浙江大學2005年博士學位論文。
⑦ 北京大學古文獻研究所:《全宋詩》卷一〇三〇,北京:北京大學出版社,1995年。

三、宋人"友道"觀的突破及其歷史背景

(一) 宋人"友道"觀的新發展

由上述論述可知,宋人友道觀雖然不乏對歷史的繼承,但較之前代還是有了新的特色:

首先,宋人的友道觀更有實用性或曰功利性。雖然交際的本質即是對自我的完善,有著利己的功利目的。但在以往世族社會,宗親關係保障下士人生存基本自足,無需過度仰仗交際。倡友道往往是爲了彰顯君子操守、名流風度。宋人宣導友道,卻有著明顯的世用。無論是以友道相保有,在政治、文學中共進退,共爲不朽之計,還是以其示範敦世俗、正士風。友道的目的皆非純爲交往:或爲挽救士族解體,文人士大夫失去了世族庇護而變動不居生存狀況;或改變科舉社會中"天子門生"各自爲政、相互攻訐,正人君子勢單力孤的政治情勢;或提升士人集團、"君子黨"的號召力乃至戰鬥力;及團結士大夫群體力量,移風易俗,共創太平盛世、傳不朽之名等等。

其次,宋人的友道觀更具規模或曰群體意識。細檢宋人相關史料,不難發現,宋人友道觀是針對大衆的,有著相當的普及性與規模性。宋人記載交遊故事中,多是群體性的結交、一群人的始終相與。熊海英《北宋文人集會與詩歌》指出:"北宋是士大夫群體再次自覺的時代""士大夫群體的自覺包括'群體意識'的自覺。"這種群體意識給宋人以自信心與歸屬感,其對交遊的影響是形成"文人之間交遊密切和政治文學的結盟風氣"①。士大夫密切交遊,文學上結社聯盟,政治上共成黨派都是其具體表現。歐陽修與慶曆諸賢、蘇軾與蘇門文人、黃庭堅與江西詩派諸人的文學政治結盟及其同進同退、患難不棄的集體精神,正是宋人友道的時代特色所在。

再次,宋人友道觀更具平等、包容特色。宋代科舉大興,"取士不問家世",是"純粹的平民社會"②。消融了階級隔閡的宋世友道觀念打破階級壁壘,更有寬容、開放的氣質。葉夢得《避暑錄話》云:"子瞻在黄州及嶺表,每旦起,不招客相與語,則必出而訪客。所與遊者亦不盡擇,各隨其人高下,詼諧放蕩,不復爲畛畦。"③不唯蘇軾,宋人交往活動往往"叙齒不尚官"(《澠水燕談録》卷四),足見其平等意識。宋人友道觀念中也有著明顯的包容性。政敵、文學意見不同者之間亦有友誼。蘇軾與王安石的"從公已覺十年遲",與章惇的"某與丞相定交四十餘年,雖中間出處稍異,交情固無所增損也"(《與章致平》)④皆是其例。

再次,宋人的友道觀更具歷史文化價值。以往古人歌頌友道感人之處往往在堅守信義、貧富不移、患難與共,以相保有、不離棄爲友道的終極目標。宋人在此基礎上擴展出了死後的世界,和更長遠的歷史文化價值。以始終相與、信義堅貞來爲"示

---

① 熊海英:《北宋文人集會與詩歌》,北京:中華書局,2008年,第166頁。
② 錢穆:《理學與藝術》,中國學術思想史論叢册六,第213頁。
③ (宋)葉夢得:《避暑錄話》卷一,《全宋筆記》第二編第十册,鄭州:大象出版社,第227頁。
④ (宋)蘇軾:《蘇軾文集》,北京:中華書局,1986年,第1643頁。

範",引導士流,移風易俗,踐履爲萬世開太平的理想;憑整理文字、揄揚盛名來"以不朽報知己",傳其千古之名,共圖傳世不朽的願景。《古籍版本題記索引》中有宋刻宋人別集一千多種,現存仍有一百多種,就存世文獻統計,這一千多種宋刻宋人文集以官刻(郡刻、州刻、學刻等)、家刻爲主。官刻一般由文人主持,家刻主持者爲了文集起到更好的傳播效果,也遍示名流故友求序冠其篇,仍有文人參與。存世宋代詩、詞交遊性質之作占著極大的比重,文中諸如書、啓、序、跋無不帶有交際的性質。墓誌銘、哀辭、行狀等作品雖於交際無涉,究其緣由,不是爲故友而出,即是應友人所求爲其親友作,仍有人情成分。一定程度上可以説,宋世洋洋大觀的文獻及其有效的傳播存世即是宋代"舉世重交遊"的結晶。

宋人將爲友人謀"不朽之計"納入友道,將友道觀升華到了"不朽之資"的高度,極大豐富了宋世文獻,也提升了交遊互動的歷史地位與文化價值。

(二) 宋人新"友道觀"產生的時代背景

其一,重振世俗士風的時代需要。五代亂世、風俗澆薄,君臣之綱亂、朋友之道絶。宋承五代之衰,爲了振起世風、鞏固統治,必然宣導新的道德風尚,呼籲人倫秩序的重建。而朋友之道中相互信任、輔助、不以生死貴賤變心的操守,正是收拾人心行之有效的策略。同時,宋代的右文政策的實施、科舉制度的完善、士大夫階層的壯大與整體素質的提升,都使得宋代士大夫的時代責任感與憂患意識空前活躍。他們積極主動擔當社會革舊鼎新的職責,與文化上移風易俗、開創新風的義務。選擇儒學爲指導思想,以經世濟民爲己任,宣導儒家價值觀來改造社會。孔子所宣導之"友道"亦被作爲團結同道、共創太平的理論依據而廣爲宋人所肯定遵從。

其二,世族解體,士大夫平民化困境的必然對策。宋前豪門世族社會中士大夫與皇權保持著一定的距離,有其獨立生存的資本。宋代世族解體,科舉大興,平民階層崛起形成新型地主階層並成爲士大夫群體的主體。這一新型士大夫群體對中央集權有著極大的依賴性,富貴不常是其普遍憂慮。爲了鞏固現有利益,他們勢必要團結起來,凝結成足以對抗政局變動的力量以求穩定長久共存。同時,複雜的政治環境,黨爭危險需團結,仕途風波險惡、遊宦寂寞需要結伴;中央集權,世族解體,士大夫生活失去保障,需要形成力量相保有。此外,由於社會環境的寬容、文人生活的優越及階級隔閡的泯滅,也爲這種求共存的努力提供了施展的空間。在"舉世重交遊"的社會背景下社會交際活動空前頻繁且規模空前,對"友道"的關注與宣導在所必然。

其三,士大夫傳世不朽思想的發展。不朽實難,司馬遷《史記》仍需名山之類物質實體傳播的力量,宋人金石學的興起不無對此敏銳察覺。歐陽修《與蔡君謨求書集古錄目録序》云:"既則自視前所集録,雖浮屠、老子詭妄之説,常見貶絶於吾儒者,往往取之而不忍遽廢者,何哉?豈非特以其字畫之工邪?然則字書之法雖爲學者之餘事,亦有助於金石之傳也。若浮屠、老子之説當棄而獲存者,乃直以字畫而傳,是其幸而得所托爾,豈特有助而已哉?僕之文陋矣,顧不能以自傳,其或幸而得所托,則未必不傳也。由是言之,爲僕不朽之托者,在君謨一揮毫之頃爾。"[1]作爲歷史學家,他深知"惟文字可傳遠",而文字的傳遠需要朋輩的汲引、推崇,以彼此的影響力共傳"不朽"之名。他積極整理故人遺墨,以明賢措筆、大家手書、善工刻石的方式,借重名流影響力乃至傳世機緣以確保其"永存"。他對"友道"的推揚,爲友留"不朽之令名"的踐行即是深悟傳世之理後的踐行,有著洞徹不朽實質的大智慧在其中。

可知"友道"於宋人而言,是文化傳統的自然傳承,亦是時代特殊條件下的必然選擇。

小結:宋人"友道"的社會價值與意義

對"友道"的重視自古而然,史料中保存著大量相關論述,充滿了古人的智慧與經驗。宋世亦是如此。宋人的"友道"觀及其踐行對宋代社會文明的發展大有貢獻:

首先,"友道"的宣導促成了有宋"舉世重結交"世風的形成。宋人宣導友道,提倡平等、包容的交遊精神,這對宋代士大夫群體有效、大規模展開交遊活動有指導意義。於是唱和、集會之風大盛,產生大批優秀的作品,對文學、文化、學術的發展都大有意義。

其次,宋人對友道的適應時代產生的政治屬性的闡述與引導,對"朋黨"的良性發展與黨爭下士大夫生存環境的改善都有意義。慶曆新政中范仲淹、歐陽修諸人的相互聲援與提携;元祐黨爭酷烈中蘇門文人相互保全與慰藉,都是"友道"對於社會風俗的積極作用。

再次,作爲"不朽之計"的"友道"對文明發展亦大有貢獻。歐陽修之後文人對友人"不朽之資"的經營愈加精益求精,這不僅促成了宋世墓誌、哀辭等的發達、編輯出版的隆興,金石、書法、碑刻諸學亦隨之昌盛,客觀上推動了當時科技的發展,對文獻的保存與傳播有重大價值。這雖非"友道"初衷,但"友道"大興對宋世文明輝煌大有功勞是不爭的事實。

宋人對友道的呼籲,也即對儒家理想中和諧穩定社會環境、健康積極的士風、真誠篤厚的君子之交的追求。這種價值觀今日看來,仍是值得宣揚的"正能量",宋人友道觀及其踐行活動的社會意義正在於此。

---

[1] (宋)歐陽修:《歐陽修文集》,北京:中華書局,2001年,第1022頁。

從用典看南宋詞風之變

陳麗麗

摘　要：用典是中國傳統文學常見的修辭手法，在宋詞中亦多有體現。然而在當行本色爲主的北宋時期，詞人用典多取自詩文，相對通俗、淺易，格調偏於多情、柔婉。南渡後至稼軒謝世是南宋詞風的確立階段，隨著詞體功能擴大，詞人用典的數量及内容明顯增加，除傳統詩文外，經、史、子、集無所不包，其中不乏生僻之典。在詞壇各種典故中，人物之典最爲突出，陶潛、李白、蘇軾常出現在詞人筆下，不僅體現了南宋文人的理想追求與審美風尚，也折射出詞體發展的文人化、雅化傾向。

主題詞：宋詞；用典；風尚；轉變

　　用典即"據事以類義，援古以證今"①，其益處在於用極簡的言詞來闡明複雜深遠的寓意，因而成爲詩歌創作最常用的一種修辭手法，尤其被視爲宋詩典型特色。關於詞中用典，宋人已有關注，張炎《詞源》稱："詞用事最難，要體認著題，融化不澀。如東坡《永遇樂》云：'燕子樓空，佳人何在，空鎖樓中燕。'用張建封事。白石《疏影》云：'猶記深宫舊事，那人正睡裏，飛近蛾緑。'用壽陽事。又云：'昭君不慣胡沙遠，但暗憶江南江北。想佩環月下歸來，化作此花幽獨。'用少陵詩。此皆用事，不爲事所使。"②張炎所謂的"用事"即用典，並强調詞中用典"最難"。

　　綜觀詞體發展，從中唐初創到五代時期本色確立，用典在詞作中並不突出。入宋以來，尤其北宋中葉，隨著詞壇興盛，詞人用典明顯增多，蘇軾詞中用典數量和來源十分豐富。徽宗時期，"清真詞多用唐人詩語，檃括入律，渾然天成"③，把詞中用典推向了一個新高度。整體上看，北宋詞人用典已呈現類型化傾向，比如詠梅詞中常出現壽陽公主及"梅妝"；提起男性情人，慣用劉晨（劉郎）、潘安（潘郎、檀郎）指代。整體來看，北宋詞延承五代風習，多用於樽前娛樂，以抒發男女之情、感時傷懷爲主要内容，因此所用典故相對通俗常見，與多情柔婉的意境融爲一體，自然貼切，不著痕迹。南渡後，隨著世風與詞風突變，詞的内容、格局發生很大變化，用典也呈現擴大化與多樣化的趨勢，各種題材、各種形式的典故皆可入詞，甚至同一首詞中連續用典，大量運用生僻典故的現象也經常出現。自南渡至辛棄疾謝世，可以説是南宋詞風形成並確立

---

*　作者簡介：陳麗麗，女，河南大學文學院（河南開封 475001），副教授，文學博士，主要從事唐宋文學研究。河南省哲學社會科學規劃項目：宋代中原文學繁地編年研究（2016BWX005）。
①　（南朝梁）劉勰著，周振甫譯：《文心雕龍今譯》，北京：中華書局，1986年，第335頁。
②　（宋）張炎：《詞源》，唐圭璋《詞話叢編》，北京：中華書局，1986年，第261頁。
③　（宋）陳振孫：《直齋書録解題》，上海：上海古籍出版社，1987年，第618頁。

的重要階段,通過詞人筆下使事用典的變化,可以看出南宋詞壇創作的新風尚。

一、南渡後詞壇用典的擴展與深化

詞作爲隋唐時期産生的一種音樂娛樂文學,在宋代達到高峰,並沿文體自身規律不斷發展。詞至蘇軾手中,出現以詩爲詞的傾向。南渡之後,社會政治的突變帶來了文人心態及創作的改變。高宗樂禁,使得詞體娛樂功能受到抑制,加快了雅化、案頭化進程。儘管紹興中葉後詞壇重新復蘇並在乾、淳時期再度繁榮,但創作風尚已與北宋明顯不同,以詩爲詞愈加明顯。即便豔情這種最具通俗性和娛樂性的傳統主題,在詞人筆下也時常與各類典故相結合,呈現幾分典雅色彩,例如張孝祥《浣溪沙》:

> 絶代佳人淑且真。雪爲肌骨月爲神。燭前花底不勝春。　倚竹袖長寒卷翠,凌波襪小暗生塵。十分京洛舊家人。

起句"絶代佳人",出自《漢書·外戚傳》《李延年歌》中"絶代有佳人,遺世而獨立";"雪爲肌骨",出自《莊子·逍遥遊》中"肌膚若冰雪"的藐姑射神人。下闋"倚竹袖長寒卷翠"由杜甫《佳人》詩"天寒翠袖薄,日暮倚修竹"換化而來;"凌波襪小暗生塵"出自曹植《洛神賦》"凌波微步,羅襪生塵"。一首看似平常的豔情小令,連引四則與美人相關的典故,不僅出自詩、賦,且有子、史之典。

整體來看,南宋詞明顯具有詩歌化傾向,所用典故無論在數量上還是內容類型上都遠超北宋。張炎指出"辛稼軒、劉改之作豪氣詞,非雅詞也。於文章餘暇,戲弄筆墨,爲長短句之詩耳。"①清代田同之亦提出:"南唐、北宋後,辛、陸、姜、劉漸脱香奩,仍存詩意。"②清人謝章鋌曾評價姜夔:"讀其説詩諸則,有與長短句相通者。"③除辛、姜外,曹冠、李處全、京鏜、王炎、陳三聘、趙師俠、陳亮、張鎡、汪莘等衆多南宋文人,自覺不自覺地把詩歌的意趣、筆法引入詞中,使"以詩爲詞"得到了充分實施,其中用典是最爲顯著的表現。

就南宋詞人用典而言,辛棄疾最爲突出,其詞現存 629 首,據統計,"稼軒詞中用典 668 處,能確定出處的有 579 處,出自 110 種作品或書籍。"④更有一種廣義統計,認爲稼軒詞共用典 2184 處,出自經、史、子、集各部,分別爲 145、500、308、1231 處。⑤清人吳衡照曾明確指出其典源的豐富性:"辛稼軒别開天地,横絶古今,《論》《孟》、《詩小序》、《左氏春秋》、《南華》、《離騷》、《史》、《漢》、《世説》、選學、李杜詩拉雜運用,彌見其筆力之峭。"⑥關於稼軒詞中大量用典的現象,宋代劉辰翁還以蘇軾爲參照,他在《辛稼軒詞序》指出:"詞至東坡,傾蕩磊落,如詩如文,如天地奇觀,豈與群兒雌聲學語較工拙;然猶未至用經用史,牽雅頌入鄭衛也。自辛稼軒前,用一語如此者,必且掩

---

① (宋)張炎:《詞源》,《詞話叢編》,第 267 頁。
② (清)田同之:《西圃詞説》,《詞話叢編》,第 1452 頁。
③ (清)謝章鋌:《賭棋山莊詞話》,《詞話叢編》,第 3478 頁。
④ 陳學祖:《典故内涵之重新審視與稼軒用典之量化分析》,《柳州師專學報》,2000 年第 9 期,第 18 頁。
⑤ 張宇:《稼軒詞用典研究》,吉林大學碩士論文,2012 年,第 6 頁。
⑥ (清)吳衡照:《蓮子居詞話》,《詞話叢編》,第 2408 頁。

口。及稼軒橫豎爛熳,及如禪宗棒喝,頭頭皆是;又如悲笳萬鼓,平生不平事並厄酒,但覺賓主酣暢,談不暇顧。詞至此亦足矣。"①蘇辛時常被並舉,蘇軾詞中用典亦十分突出,經史子集兼而有之。但劉氏認爲蘇軾詞別具一格,具有詩文特徵,但在稼軒之前,還沒有人在填詞時達到各種典籍隨意運用的地步,即便使用,也會遭人嘲笑。的確,蘇軾作爲北宋存詞最多,用典最豐者,但其以詩爲詞的革新在當時並沒有得到高度認可,李清照批評其詞爲"句讀不葺之詩"②。

綜觀南宋詞壇,不僅辛棄疾大量用典,其他詞人筆下典故數量也很可觀,來源亦很豐富。如張孝祥《浣溪沙·坐上十八客》(同是瀛洲册府仙)一闋,從題序可見有十八位客人,詞中"只今聊結社中蓮"、"喚起封姨清晚景",分別用晉代廬山東林寺高僧慧遠與十八賢人結社,及唐代穀神子(鄭還古)《博異志·崔元微》中風神"封十八姨"的典故,緊緊圍繞座中人數,饒有意趣。再如毛開《樵隱詩餘》一卷,現存詞 42 首,其中不少典故出自史籍。其《念奴嬌·次韻寄陸務觀、韓無咎》,起句"少年奇志,笑功名畫虎,文章刻鵠",句中"畫虎"、"刻鵠"指效仿前賢,皆出自《後漢書·馬援傳》。《滿江紅·送施德初》"誰不羡、伏蒲忠鯁,演綸詞筆"中,"伏蒲"指犯顔直諫,出自《漢書·史丹傳》;"忠鯁"指忠直不撓,見於《晉書·劉頌傳論》。

南宋,尤其是孝宗中興時期,詞中所用史料典故十分突出,究其原因,當與該時期文人對家國、政治的高度關注密不可分。王質《笛家弄·水際閑行》中寫到:"凌亂敗荷,既似沙莞,又如淝水。顛倒旌旗都靡。餘花歆謝,又似烏江,雖兮不逝。虞兮奈爾。凋柳蕭騷,又如軹道,故老何顔對。因緣斷。時節轉。自然如彼。自然如此。"水邊閑行,映入眼簾的敗荷、餘花、凋柳,由此聯想到了淝水、烏江、軹道:淝水之戰是東晉著名以少勝多、抗擊北方的戰役;烏江則是西楚霸王項羽戰敗後自刎之地;軹道,本爲長安亭名,庾信《哀江南賦》有"是知併吞六合,不免軹道之災",借指亡國投降。詞人從水邊蕭颯的自然景物聯想到歷代戰爭及家國命運,由三則典故引發出因緣了斷、時節轉換的深沉感嘆。

姚述堯《蕭臺公餘詞》一卷,存詞 68 首,其中 11 首作品自注典源,涉及杜甫詩、張商英詩、友人石敦夫句、以及《夢溪筆談》、《類説》、黃庭堅《南昌集》等。其《臨江仙·呈湘川使君丁郎中仲京》一闋,連注 5 則典故出處:"佳節喜逢長久日"一句,詞人注爲"魏文帝《與鍾繇書》曰:九月九爲陽數,而日月並應。俗嘉其名,以爲宜於長久,故以享宴高會。是月律中無射,言群木庶草無有射地而生,惟菊紛然獨榮。非夫含乾坤之淳和,體芬芳之淑氣,孰能如此。故屈平悲冉冉之將老,思食秋菊之落英。輔體延年,莫斯之貴。謹奉一束,以助彭祖之術。""霜清天宇絶纖埃"一句,詞人注"老杜《九日》詩云:'天宇清霜净,公堂宿霧披。'""遥憐巴嶺月",注"嚴武有《九日巴嶺答杜二見憶》詩云:'卧向巴山落月時,兩鄉千里夢相思。'""擬上曲江臺",注"老杜有《九日曲江》詩云:'重陽獨酌杯中酒,抱病起登江上臺。'""懷縣從容留客宴",詞人注"見老杜《九日楊奉先會白水崔明府》詩"。如此精心自作箋注,標明典源,足見詞人賦詞目的並不是

---

① 金啓華、張惠民等:《唐宋詞集序跋彙編》,南京:江蘇教育出版社,1990 年,第 173—174 頁。
② (宋)李清照著,徐培均箋注:《李清照集箋注》,上海:上海古籍出版社,2002 年,第 267 頁。

爲了娛樂演唱,而是帶有展示才學的意味。

當然,北宋詞人亦不乏用典,但由於花間樽前、演唱娛樂的詞體性質仍占主導,因而所用典故相對通俗、淺易。相比之下,南宋詞中出現許多較爲生僻的典故,比如陸遊《桃源憶故人》:"一彈指頃浮生過。墮甑元知當破。……脫盡利名韁鎖。世界元來大。"該詞充滿哲理,其中"墮甑"出自《後漢書·郭太傳》:"(孟敏)客居太原。荷甑墮地,不顧而去。林宗見而問其意,對曰:'甑已破矣,視之何益?'林宗以此異之。"① 甕甑摔碎,無法挽回,能夠從容面對損失,方是智者風範。陸遊借孟敏墮甑之典來表現灑脫大度的人生態度。

沈瀛《減字木蘭花》有組詞"竹齋侑酒辭"16 首,侑酒辭本爲酒筵勸酒佐歡之語,然該組詞卻典故頻出,不僅有彭祖、壽陽公主、離騷等常見之典,甚至還出現"犂穀吾公"、"卜晝三杯"等《左傳》中語。前者見於《襄公三十年》:"鄭伯有耆酒,爲窟室而夜飲酒,擊鐘焉,朝至未已。朝者曰:'公焉在?'其人曰:'吾公在犂穀。'"② 後者見《莊公二十二年》,齊桓公到敬仲家飲酒,由於開心,天黑要點燈繼續喝。敬仲婉言勸曰:"臣卜其晝,未卜其夜,不敢。"③ 皆與暢飲有關。《左傳》在唐代被列爲"儒家九經"之一,沈瀛把儒經中的飲酒故事用入侑酒詞中,用事雖然"著題",但實在算不上"融化不澀"。這種引經據典的侑酒詞,儘管不失其娛樂目的,卻很難被市井大衆所接受。從詞體發展角度來看,文人在詞中大量運用經、史典故,充分說明詞的適用範圍已經開始從大衆娛樂向文人雅士的圈子中退縮。這種創作傾向的出現,必然帶來詞體傳播的萎縮與衰落。

南宋詞中典故,除大量來自詩歌、經籍、史傳之外,甚至還有文學評論的內容。如史浩《驀山溪·次韻貝守柔幽居即事》亦談及:"風勾月引,餘事作詩人,詞歌雪,氣凌雲,寒瘦倫郊島"。蘇軾《祭柳子玉文》曾論中唐詩人"郊寒島瘦,元輕白俗。"④ 這一評價很快被文論家所接受,張表臣在其《珊瑚鉤詩話》中便有引用。再如朱熹《西江月》:

睡處林風瑟瑟,覺來山月團團。身心無累久輕安。況有清池涼館。　　句穩翻嫌白俗,情高卻笑郊寒。蘭膏元自少陵殘。好處金章不換。

上闋寫景抒情,林風、山月、清池涼館,襯托出身心無累的逍遙。下闋轉向論詩,"白俗"、"郊寒"、"少陵殘"分別提到唐代詩人元稹、孟郊、杜甫。朱熹在詞中引用蘇軾之語談論自己的詩歌追求,使詞體帶有文學評論的性質,無形之中擴展了詞的表達內容。宋代以後,以詞論詩、以詞論詞的現象時有出現,如元代劉秉忠《南鄉子》(李杜放詩豪),提到對李、杜詩的評價。到了清代,帶有文論性質的詞作更加多見,如焦袁熹論詞詞組詞《采桑子·編纂〈樂府妙聲〉競作》五十六首。以詞論詩詞的源頭可追溯到南宋時期的用典。

南宋詞人之所以如此偏愛用典,且典源如此豐富,主要取決於兩個因素:其一是

---

① (南朝宋)范曄:《後漢書》,北京:中華書局,1965 年,第 2229 頁。
② 李學勤主編:《春秋左傳正義》,北京:北京大學出版社,1999 年,第 1118 頁。
③ 《春秋左傳正義》,第 268 頁。
④ (宋)蘇軾著,孔凡禮點校:《蘇軾文集》,北京:中華書局,1986 年,第 1938—1939 頁。

宋代文人普遍具有良好的學術修養，南渡后因文獻散佚，從官府到民間，對文獻更爲重視，詞人們博覽經史，對各種掌故了然於心，填詞時自然可以信手拈來，比如辛棄疾便曾自稱"萬藥難醫書史淫"(《鷓鴣天·不寐》)，足見其對詩書史籍的癡愛；另一原因與該時期詞人的創作態度和創作意識密切相關。南渡後尤其是孝宗年間，文人填詞不再以花間樽前、淺斟低唱爲主要目的。詞逐漸成爲文人唱和交流以及詞人述懷、說理的重要工具，越來越向詩歌的價值、功能靠近，因此用典、議論等宋詩的顯著特點便逐漸在詞體中突顯出來。

對於南宋詞人大量使用典故的情況，有些詞論家頗有微辭，劉克莊曾言："近歲放翁、稼軒一掃纖豔，不事斧鑿，高則高矣，但時時掉書袋，要是一癖。"[①]明代陳霆亦提到"辛稼軒詞，或議其多用事，而欠流便"[②]。的確，辛棄疾雖佳作紛呈，但有些作品用典過於繁複，如《六么令·用陸氏事，送玉山令陸德隆侍親東歸吳中》，連用陸機、陸雲、陸龜蒙、陸績、陸抗、陸贄、陸羽七位陸姓者的故事，分別出自《世說新語》《楊文公談苑》《三國志》《晉書》《舊唐書》等筆記及史料。大量連續用典，不僅使詞作缺少形象與情感，而且也缺乏述懷、說理，通篇給人以堆砌之感。也有詞論家對稼軒用典給予整體上的肯定，如劉熙載《詞概》便稱："稼軒詞龍騰虎擲，任古書中理語廋語，一經運用，便得風流，天姿是何夐異。"[③]抛開褒貶不論，南宋中期詞人們廣泛運用各種經史典故，既充分體現了這段時間詞體的創作特點，同時又促進了詞體詩化、雅化的進程。

二、南宋詞人物典故的繁盛與轉移

文學作品中的典故，通常是前人文獻中出現的人物、故事或語句。就宋詞而言，所用典故十分多樣，主要有文學典故(詩文名句等)、文化典故(宗教、民俗等)、人物典故、事物典故、歷史事件典故等，抒情婉約詞中的用典量明顯要少於述懷、言志、說理之類的作品。從兩宋詞用典狀況來看，北宋以文學典故和人物典故最爲突出，其中文學典故多以詩、文爲主；人物典故中，劉郎、陶潛、潘安、司馬相如、卓文君、壽陽公主等形象較爲常見。其中"劉郎"使用頻率最高，有 50 餘次，大多數出自劉晨遇仙之事，含浪漫多情之意。如宋祁《鷓鴣天》"劉郎已恨蓬山遠，更隔蓬山幾萬重"，蘇軾《減字木蘭花》"天臺舊路。應恨劉郎來又去"、《踏青遊》"任劉郎、目斷蓬山難到"，張景修《虞美人》"應怪劉郎迷路、又重來"，晁端禮《虞美人》"劉郎惆悵武陵迷"、《鷓鴣天》"不封虢國並秦國，應嫁劉郎與阮郎"，鄭僅《調笑轉踏》"劉郎迷路香風遠。誤到蓬萊仙館"等。此外，"周瑜"(周郎)也屢見於北宋詞中，然而除了蘇軾《念奴嬌·赤壁懷古》中是雄姿英發的英雄外，其他作品中基本用的是"曲有誤，周郎顧"之典，如賀鑄《訴衷情》(又名《試周郎》)："弄絲調管，時誤新聲，翻試周郎。"綜觀北宋人物典故，大多屬於多情陰柔的類型，比較符合豔情本色的格調。

---

① (宋)劉克莊：《跋列叔安感秋八詞》，曾棗莊主編：《宋代序跋全編》，濟南：齊魯出版社，2015年，第5143頁。
② (明)陳霆：《渚山堂詞話》，《詞話叢編》，第363頁。
③ (清)劉熙載：《詞概》，《詞話叢編》，第3693頁。

紹興中葉以後，詞中人物典故大量增加，形象更多樣：孔丘、莊周、長沮、桀溺、盜蹠、范蠡、廉頗、李廣、班超、曹操、孫權、諸葛亮、陶潛、李白、王維、白居易、林逋、蘇軾、女媧、洛神、武則天等，無論帝王、聖賢，還是神仙、盜賊，各種身份各種類型的人物無不具備。劉郎、潘郎、文君、壽陽公主等北宋詞中的主要人物典故依然存在，但相對有些弱化，比如劉郎一典，雖然使用頻率仍較高，但劉晨遇仙、男性情人的意象有所減退，五分之二轉爲劉禹錫"前度劉郎"之典，如曹冠《水調歌頭》"前度劉郎詩句，只詠丹青摹寫，佳境未親逢"，韓元吉《江神子》"十年此地看花時。醉題詩。夜彈棋。湖海相逢，曾共惜芳菲。前度劉郎今度客，嗟老矣，鬢成絲"，辛棄疾《賀新郎》"前度劉郎今重到，問玄都、千樹花存否"，李廷忠《沁園春》"幕府增輝，前度劉郎，又還到來"等。還有些"劉郎"則指的是劉秀、劉備、劉裕等歷史英雄人物，如李綱《水龍吟·光武戰昆陽》"豁達劉郎大度。對勁敵、安恬無懼"（劉秀），王千秋《賀新郎·石城吊古》"要約劉郎銅雀醉，底事遽争荊楚"（劉備），辛棄疾《水龍吟》"求田問舍，怕應羞見，劉郎才氣"（劉裕）等。南宋詞人筆下，"劉郎"這一典故所指代的浪漫多情色彩明顯削減，豪壯之意大爲增加。

人物典故之所以在南宋前中期變得豐富，與詞體詩歌化的發展方向是同步一體的。南渡之後，詞不斷向詩靠近，內容不斷擴展。然而詞作爲形式固定的特殊詩體，在詞調限制下，字數、句子長短都有嚴格規定，小令、中調不過90個字，最長的詞調《鶯啼序》也僅240字。在有限的篇幅中想要表達豐富的思想內容，用典是一個重要手段。與文學典故相比，人物典故往往更直接明瞭，也更濃縮簡短。典故中的人物之所以能在歷史長河中沉澱下來，其本身通常具有代表性的特質，或者與典型性的事件緊密相連，因此一提及這些人物，人們便會聯繫到他們所體現的特質以及所經歷的事件。比如提到屈原，人們馬上能聯想到忠貞愛國，懷才不遇；提到陶淵明，就會聯想到高潔隱逸；提到荆軻，便會與"壯士一去不復返"聯繫起來。

辛棄疾是宋代詞壇上用典最突出的詞人，他非常擅於運用人物典故，孫權、劉裕、謝安、李廣這些具有雄才大略的英雄人物在其詞中多有出現，此外，各種身份、氣質的人物在其筆下紛紛登場。據統計稼軒詞中典故"涉及的主要人物共766人次，總計371人。能判定人物類型的共有637處，其中美女34處、文人（詩人）84處、隱士54處、名相（臣）76處、英雄（名將、勇士、義士、俠士）126處、名士199處，其餘64處。"①

在衆多的歷史人物中，辛棄疾總能選擇最契合的典故意象來表現自己的思想感情。如《卜算子》提到"千古李將軍，奪得胡兒馬。李蔡爲人在下中，卻是封侯者"，飛將軍李廣是漢代著名將領，英武善射，屢建戰功，甚至被俘後還能奪下敵兵戰馬重新回歸。李廣雖驍勇善戰深受軍民愛戴，但最終因迷路未能追上匈奴而自殺。其堂弟李蔡，才能平庸、人品中下，卻被封侯封相。稼軒在詞中用李廣、李蔡兄弟之典，借二人境遇對比來抨擊當權者的不公，以此抒發內心的強烈不滿。稼軒另一首《卜算子·飲酒敗德》上闋："盜蹠儻名丘，孔子還名蹠。蹠聖丘愚直至今，美惡無真實。"典故出自《莊子·盜蹠》，詞人以盜蹠與孔子名字互換爲假設，來探討美、惡標準及其真實性，

---

① 陳學祖：《典故內涵之重新審視與稼軒用典之量化分析》，《柳州師專學報》，2000年第9期，第19頁。

進而引申出"簡册寫虛名",用略帶虛無的態度對不辨賢愚的社會給予否定與抨擊。

稼軒《滿江紅·送徐換斡衡仲之官三山,時馬叔會侍郎帥閩》寫到:"絕代佳人,曾一笑、傾城傾國。休更嘆、舊時清鏡,而今華髮。明日伏波堂上客,老當益壯翁應説。恨苦遭、鄧禹笑人來,長寂寂。""絕代佳人""傾國傾城"乃詩詞常見之典,出自《漢書·外戚列傳》對李夫人的描寫。然而詞人重點是以佳人引出"伏波"將軍,即東漢大將馬援。《後漢書·馬援傳》稱"丈夫爲志,窮當益堅,老當益壯。"稼軒以馬援爲典,一來突出了"老當益壯"的精神,二來對應閩帥馬叔會侍郎之姓。鄧禹,亦爲東漢開國名將,拜大司徒時僅24歲,可謂少壯有成。詞人以馬援、鄧禹相比,懷才不遇、時不待我之心顯然可見。稼軒筆下的人物典故,絕大多數是男性,但也有一些女性形象,如《念奴嬌·雙陸和坐客韻》寫到:"武媚宫中,韋娘局上,休把興亡記。布衣百萬,看君一笑沈醉。"借武則天與韋皇后這兩位女子,一個臨朝稱帝一個作亂被殺的不同命運,來説明"堪笑千古爭心,等閑一勝,拚了光陰費"的人生道理。總體來看,稼軒詞中大量的人物典故以英雄、名士居多,大都與歷史政治事件密切相關,充分展現出詞人的闊達胸懷、愛國情懷以及失意後的自我安慰。

如果説婉約詞中的人物典故類型相對單一、淺顯的話,那麼到了南宋,這一傳統被打破。姜夔詞屬婉約清雅一類,用典頗多,人物之典亦不少見。例如《齊天樂》中"庾郎先自吟愁賦",以庾信賦愁奠定了全詞基調。《永遇樂·雲鬲迷樓》中"前身諸葛,來遊此地,數語便酬三顧",用諸葛亮來比辛稼軒,充分表達了對友人的欣賞與期盼。《疏影》中"昭君不慣胡沙遠,但暗憶、江南舊北",把王昭君與梅花融爲一體,賦予梅花高潔幽獨的品格和不忘故國的情感。《暗香》中"何遜而今漸老,都忘卻春風詞筆",借何遜抒發年歲已老、功業無成的感傷。整體來看,姜夔詞中的人物典故雖然基本屬於陰柔的氣質類型,但與傳統婉約詞中人物典故相比,顯得雅致不俗,意韻也更爲深刻。

除了辛棄疾、姜夔這兩位詞壇巨匠之外,還有大批南宋詞人借助人物之典,或抒情達意,或烘托情調,甚至帶有文人遊戲性質。廖行之《水調歌頭·壽歐陽景明》下闋:"記當年,夐兩莢,應熊羆。男兒壯志,端在伊傅與皋夔。況是從容書史,養就經綸功業,早晚帝王師。但了公家事,方與赤松期。"詞中除"莢"、"熊羆"二典外,還涉及伊、傅、皋、夔、赤松這五個形象。伊尹、傅説皆爲商代賢相;皋陶、夔分别爲虞舜時期的刑官與樂官,常借指賢臣;赤松子,指功成隱退之人,《淮南子·齊俗》、劉向《列仙傳》等皆有載。詞人在這首壽詞中借伊、傅、皋、夔來讚美壽主歐陽景明的經綸功業,同時又借赤松子來表達功遂身退的高潔與逍遙。

吳鎰《水調歌頭·柳州北湖》是一首浪漫的寫景之作,上闋集中描繪北湖勝景,下闋寫到"子韓子,叫虞帝,傲祝融。禦風凌霧來去,邂逅此從容。欲問騎驎何處,試舉叉魚故事,驚起碧潭龍。乞我飛霞佩,從子廣寒宫。"詞人轉片時一口氣列舉了韓子、舜帝、祝融三個形象,然結合全詞品味,詞人並未强調這三人的文化含義,只是借他們來渲染一種浪漫超凡的藝術境界。吕勝己《臨江仙》(忽憶裴公臺上去)序曰"同王、侯二公登裴公亭",詞中有"愛竹子猷參杖履,能詩侯喜同登"。裴公臺原名楚秀亭,在潭州西,唐朝裴休鎮守長沙時所建。詞人與王姓、侯姓友人登臺暢遊,便以東晉名士王子猷、中唐詩人侯喜爲典,點名友人姓氏,頗具文字遊戲的性質。

沈瀛有《減字木蘭花》三首,分別爲《貪》(貪而忘止)、《嗔》(人無常止)、《癡》(心如皎止),皆闡述佛理之作。"貪嗔癡"在佛教中亦稱"三垢"、"三火",被視作人類諸多煩惱中的"根本煩惱"①。沈瀛並没有生硬宣講佛理,而是借助大量人物典故加以説明。如論"貪"這首詞中,詞人提到"一逐貪風,恨不當初嫁鄧通",《史記·佞幸列傳》載漢文帝寵臣鄧通,被賜"蜀嚴道銅山,得自鑄錢,'鄧氏錢'布天下。其富如此"②。"若使兼何",用《宋書》中外戚徐湛之侈縱奢華之典。安成公何勖,臨汝公孟靈休,"並各奢豪。與湛之共以肴膳、器服、車馬相尚。京邑爲之語曰:'安成食,臨汝餚',湛之二事之美,兼於何孟"③。鄧通多金,徐湛之奢侈,然最終或不名一文,或死於非命。詞人以二人爲例來説明金錢再多、食物再奢,最終也未必有善果。論"嗔"一詞亦連續用典,"罵座灌夫"出自《史記·魏其武安侯列傳》,灌夫使酒罵田蚡而被誅族;"夫子雍容語不多"出自《史記·孔子世家》,對於司馬桓魋的加害,孔子説"天生德於予,桓魋其如予何"。詞人用灌夫使酒罵座終被誅與孔子坦然從容避禍進行對比,對消除嗔怨、明達、從容的處世態度給予肯定。論"癡"中,則以顧愷之與隨何這兩個人物爲典。《晉書·文苑傳》稱"愷之有三絶:才絶、畫絶、癡絶",然而癡絶之人難免短命。《史記》中隨何能言善辯、靈活機變,得到擢賞。沈瀛圍繞著貪、嗔、癡,用頗具典型意義的歷史人物來告誡人們遠離貪欲,消除怨忿,避免心智迷暗,以免"食籍名中猶折壽","他日陰司罪過多"。

三、陶潛、李白、蘇軾意象在南宋中興詞壇的彰顯

在南宋紛繁衆多的人物典故中,有三個人物意象最爲突出,分别是陶潛、李白與蘇軾。從某個角度來説,這三人體現了南宋文人的理想追求與審美風尚。中唐以來,陶潛受到士人推崇,兩宋詞中亦不少見。據統計,在宋詞中興的乾、淳時期,詞中直接以陶潛的各種稱謂,如:淵明、靖節、元亮、彭澤、陶縣令等形式出現的約 85 次,而整個北宋僅有 50 次左右。此外,還有不少詞人以歸去來兮、采菊、飲酒等方式間接借用陶潛這一文化意象。以辛棄疾爲例,其涉及陶淵明的詞作有 34 首,既有《念奴嬌》"須信采菊東籬,高情於載,只有陶彭澤"、《水調歌頭·再用韻答李子永》"我愧淵明久矣,獨借此翁湔洗,素壁寫歸來"、《洞仙歌·訪泉於奇師村,得周氏泉,爲賦》"便此地、結吾廬,待學淵明,更手種、門前五柳"、《水調歌頭·再用韻呈南澗》"愛酒陶元亮,無酒正徘徊"這種直接用典,也有《行香子》"歸去來兮,行樂休遲"這樣的間接表達。

乾、淳時期文人詞中李白的形象也比較集中,約出現 50 次。其指稱主要有謫仙、太白、李白等,其中"謫仙"使用頻率最高,有 36 次。例如倪偁《南歌子》"更有謫仙奇句、鬥清寒",以及《減字木蘭花》"咏謫仙詩。醉裏騎鯨也大奇";韓元吉《念奴嬌》"枚乘聲名,謫仙風韻,更賦長相憶",劉望之《水調歌頭》"謫仙人,解金龜,换美酒",耿時

---

① 丁福保:《中國佛教大辭典》,南京:江蘇古籍出版社,2002年,第96頁。
② (漢)司馬遷:《史記》,北京:中華書局,1959年,第3192頁。
③ (南朝)沈約:《宋書》,北京:中華書局,1974年,第1844—1845頁。

舉《滿江紅·中秋泛月太湖》"問月杯空,謫仙去、無人重舉"等。在這些詞人筆下,既有對李白才情的讚美,也有對其狂放灑脫人格的欣賞。

除陶潛、李白這兩位古代文人外,北宋蘇軾也是南宋文人時常提及的對象。在乾、淳詞人作品中,"東坡"二字出現頻率很高。一種是作爲人物典故見於詞中,例如曹冠《惜芳菲·述懷》"我生嗟在東坡後",甄龍友《霜天曉角·題赤壁》"峨眉仙客。四海文章伯。來向東坡遊戲,人間世、著不得"等,共計 25 次。另一種是作爲次韻、追和的對象出現在詞序中,例如樓鑰《醉翁操·和東坡韻咏風琴》、辛棄疾《念奴嬌·用東坡赤壁韻》等,有 13 次。值得一提的是,該時期還出現了以東坡命名的詞調《東坡引》,共 10 首。

《東坡引》這一詞調,在現存北宋及南宋早期詞中並未曾見,南宋中期有 6 人作《東坡引》:曹冠、袁去華、趙長卿、楊冠卿各 1 首,辛棄疾、趙師俠各 3 首。這 10 首《東坡引》皆爲雙調,但句式、字數各有不同:曹冠、袁去華之作上闋四句四仄韻,下片五句四仄韻,然曹詞 48 字,袁詞 49 字;趙師俠三首皆雙調 53 字,句式與曹、袁相近,但下片尾句重疊;楊冠卿、趙長卿、辛棄疾爲雙調 58 字,上下片尾句相疊,然而楊、趙二詞與辛詞下片前兩句句式不盡相同。這 10 首詞中,有兩首可明確繫年:趙師俠(飛花紅不聚)題序爲"癸巳豫章",可見作於乾道九年(1173),雖然所咏並非楊花,但內容基本是從蘇軾《水龍吟》(似花還似非花)換化而來;楊冠卿序曰"歲癸丑季秋二十六日",即作於光宗紹熙四年(1193)。由此可見,《東坡引》這一詞調在光宗之前字數、句式未徹底定型,當屬初創階段,因而可以推斷《東坡引》大致產生於孝宗早期。南渡之後,詞人創調遠少於北宋,卻公然以"東坡"來名調,且詞作直接由東坡名作轉化而來,足可見蘇軾對南宋詞人的深遠影響。

陶潛、李白、蘇軾這三個人物,不僅廣泛被詞人引用,並且有時並列出現,比如汪莘《沁園春·自題方壺》"嘆謫仙才氣,飛揚跋扈,淵明何事,慷慨欷歔",遊次公《滿江紅·丹青閣》"恨謫仙、蘇二不曾來,無人説",趙長卿《水調歌頭·賞月》"喚醒謫仙、蘇二,何事常愁客少"等。

這三位人物,分別是東晉、唐代、宋代的文人代表。尤其躬耕隱居,不爲五斗米折腰的陶淵明,更是封建士人理想人格的典型凝聚。呂勝己在《虞美人》一詞中寫到:"人人愛道休官去。總是閑言語。古今文士與賢才。爲甚獨高陶令、賦歸來。"指出陶淵明之所以被古今文人賢士推崇的主要原因:歷來人們總把辭官挂在嘴上,陶淵明則是真正付諸於行動。蘇軾對陶潛也極爲推崇、喜愛,不僅檃栝了《歸去來兮辭》,而且多次借用陶潛之典,甚至把陶淵明視爲自己的前生,公然在《江神子》中稱:"夢中了了醉中醒。只淵明。是前生。"蘇軾可以説是宋詞陶潛意象發展的有力推動者,南宋詞人對陶潛欣賞傚倣的同時,也同樣表現出蘇軾的敬仰。

蘇軾作爲一個文才與人格都極富魅力的官僚士大夫,北宋末期受到元祐黨禍影響,遭到打壓、封鎖。然而南渡之後,隨著黨禁的開放及高宗的推崇,蘇軾的人格魅力和藝術魅力再次得到釋放。"建炎以來,尚蘇氏文章,學者翕然從之"[①]。到了乾、淳

---

① (宋)陸遊:《老學庵筆記》卷八,北京:中華書局,1979 年,第 100 頁。

時期,"孝宗最重大蘇之文,御製序贊,特贈太師,學者翕然誦讀。所謂人傳元祐之學,家有眉山之書,蓋紀實也。"[①]崇蘇熱徹底傳播開來,蘇軾自然而然成爲詞人傚倣的重要對象。

在衆多成就斐然、性格命運各異的文人中,陶淵明、李白、蘇軾成爲中興詞壇上出現頻率最高的三位,充分説明這三人的才情氣質、生活態度最受這一時期士人的追捧和肯定。從表層來看,這三人各具特色:陶淵明淡泊寧静、超塵脱俗;李白狂放灑脱、豪情俊逸;東坡通脱洞明、樂觀曠達。然而從深層分析,自然率真、任性獨立、不媚世俗是三人共同的精神内核。陶潜、李白、蘇軾這三個人物形象在詞作中的突顯,從另一個角度也説明了該時期詞壇的文人化、雅化傾向。

南宋詞壇創作,無論主題内容還是藝術風格都極爲豐富。對比兩宋詞人用典,可以看出南宋時期有兩個突出特徵:一是典故的内容及來源極爲豐富,除了傳統詩、文外,經傳、史書、諸子、筆記,無所不包;二是人物典故最多且類型複雜,從歷史人物到文學形象再到神話傳説,各種形象皆被詞人援引過來表達自己的思想心態。整體來看,蘇軾開創的"以詩爲詞",在這一時期得到充分實行。除了文體形式的固定差異外,詩、詞在内容、藝術手法上的界限越來越模糊。述懷、説理、酬贈唱和等極具詩歌特點的作品在詞壇上大量呈現;議論、用典這兩個宋詩的典型特徵也滲透在詞體創作中。

綜觀南渡後詞壇,各種主題、各種風格的作品互爲交織,呈現出蓬勃繁榮的創作態勢,但也體現出一定的創作規律:就主題而言,在整體格調偏於婉約的詞人筆下,咏物詞創作相對數量更多、内容更爲豐富,趙長卿、姜夔、王十朋爲代表;對於風格開闊的詞人來説,酬贈之作以及述懷、説理詞更加突出,辛棄疾、張孝祥、陳亮、韓元吉皆爲代表。從藝術手法來看,用典在兩類詞人中都比較普遍,相比之下,豪放詞人的典故類型更爲多樣;以才學入詞、以議論入詞,主要體現在後一類詞人作品中。在這種以詩爲詞的背景下,南宋詞人普遍借用典故來抒發個人獨特的情感經歷及人生感受,一方面可以使作品所傳達、藴含的意趣更加豐富、高雅、深刻,另一方面又會使詞偏離社會大衆的審美愛好,導致其娛樂功能及傳播範圍因小衆化而逐漸走向萎縮。尤其是大量生僻典故的使用,在擴充詞體表現内容的同時,也削弱了詞的形象化與審美感受。南宋詞之所以在感染力上比北宋低,與議論、典故的大量使用有著密切關係。

---

① (宋)羅大經:《鶴林玉露》甲編卷二,北京:中華書局,1983年,第33頁。

《海上花列傳》"一笠園"叙事功能探析

王曉均

摘　要：近代小說《海上花列傳》中"一笠園"是一個特殊的空間存在，小說將其作爲人物交往空間的同時，賦予其"對比、反思、探尋"等隱喻性意義。論文立足小說整體，從文本內容、結構空間、時空叙事三個角度探討"一笠園"的功能意涵，進一步豐富其作爲古典園林空間代表，在傳統與現代的融合中所展現的文本、叙事意義。

關鍵詞：海上花列傳；一笠園；園林空間；叙事功能

我國古典小說中，園林作爲一個公共空間的存在，在文本叙事、情節發展中扮演重要角色。其或是一個開放性交往空間，如《海上花列傳》中的明園，展示穿梭其中的人物情態、生活狀貌，或是一個具有強烈文化張力的精神家園，以家族式、文化式的權威力量對人物的情感脉絡、故事發展起到干預、統攝、結構作用。這其中，"後花園"的內涵被演繹得最爲豐富，小說裏"後花園"不僅作爲一個場所的存在供故事發生、發展，同時也是作者有意創造的疏離現實世界、用於集中塑造人物、深層次反映人性精神的叙事空間。《紅樓夢》中的"大觀園"最爲典型，它不僅展現了衆兒女的生存狀態、情感糾葛，以烏托邦式的理想國時刻照應現實，同時作爲一個園林時空體，"以季節變化爲標誌，季節變化帶動園內的景致變化，進而推動著小說中人物的關係親疏變化，際遇起伏，情緒波瀾"[①]，呈現出時空背景和結構綫索意義。

《海上花列傳》作爲一部近代小說，無論内容表達還是叙事手法都蘊含了強烈的"現代性"因素，充斥著濃郁的半殖民地都市經濟文化，而佔據文本近一半篇幅的園林"一笠園"，卻以其獨特的古典特色與文化內涵，進一步承擔了"對比、反思、探尋"等意義功能，展現出更爲豐富的文本、結構、叙事意涵。小說一共六十四回，"一笠園"在第三十八回出場，至第六十回尾聲離場，在後半部一直以一個巨大的地理和文化空間統攝著全局。小說有十四回正面描寫"一笠園"，其中第五十三回"強扭合連枝姊妹花、乍驚飛比翼雌雄鳥"是整回描寫，另有兩回是通過他人之口側面強調"一笠園"的避難、散心功能。作爲一個活動空間，"一笠園"與妓院、茶樓、飯館、劇院等共同構成了小說人物的生存生活場所，形成了近代上海都市環境的地理細胞。然而不同於租界的都市文化場所，坐落於城北郊外的"一笠園"又以一種空間距離感，展現了古典與現

＊ **作者簡介**：王曉均，女，復旦大學中國古代文學研究中心（古籍所）博士生（上海楊浦，200433）；浙江師範大學（浙江金華，321004），助理研究員，主要從事中國文學古今演變的地域性研究。

① 羅萌：《〈海上花列傳〉的空間表述——"長三書寓"與"一笠園"》，《現代中文學刊》，2010年第6期，第18頁。

代糅合的文化複雜性,既顯又隱地建造了小説另一種内在的雙重空間結構。以下將從文本内容、結構空間、時空叙事三個角度來探討"一笠園"的功能意涵。

一、作爲文本内容的"一笠園"

承繼了古典園林聚集才子佳人飲酒作詩、看花賞月的普遍功能,"一笠園"在小説塑造的近代上海都市中,以一個"後花園"式的精神棲居地身份,供前方穿梭於商業性、功利性洋場中的名士倌人躲避世俗、澆灌情感。它以宏大的園林氣勢和文化權威超越了風月場所的交往功能,具有成就美好、抵制污俗、提升等級秩序的内在功能。

1. 定情功能

朱淑人和周雙玉天真浪漫的愛情在"一笠園"定結、升華。二人緩慢的情感進展,因著"一笠園"主人齊韻叟的一次次相邀、撮合而加快速度,一笠園寬鬆、愜意的氛圍爲兩位青春少年情感的萌動提供了净土。儘管這種情感本質是建立在交易基礎上的,但它作爲啓蒙式的男女關係,與一笠園"理想國"的空間環境是和諧互生的。趙二寶和史三公子的情感雖然有史公館作爲生長環境,但二人情感的交流、呈現更多的是在一笠園裏。二人定情後,史三公子立即帶趙二寶進入一笠園的交往空間,即是對趙相好身份的公開認同,趙二寶的情感理想目標也自此開始建構。

2. 避難功能

小説第一回,説花海中的花受到了"蚱蜢、蟣螂、蝦蟆、螻蟻之屬,一味的披猖折辱,狼藉踩躪"①。書中的"癩頭黿"賴三公子就屬這些"百蟲"之列,他對妓女的厮纏以拙劣的暴力手段來實現②,妓女們怕他、厭他、躲他不及。"一笠園"以私家園林的半封閉性和等級秩序將以賴三公子爲代表的污穢勢力擋在門外,主人齊韻叟的"博愛"也保護了這些受侵擾的女子。第四十五回,姚文君爲了擺脱賴公子的厮纏,躲進了一笠園。第五十回,"癩頭黿"率衆流氓調戲孫素蘭,孫素蘭向華鐵眉哭訴想去一笠園躲避。在妓女的心目中,"一笠園"成了她們暫時的安全島;而對嫖客來説,當他們的身份地位不足以保護他們的相好時,"一笠園"也成了最佳求助對象,"一笠園"以其文化空間的封閉性和權威性瓦解了暴力對身份地位的消解。

3. 文化功能

相較於租界風月場所,小説在叙述"一笠園"的過程中,集中了大量的篇幅寫縉紳名流們飲酒作詩、品評文辭。小説四次出現行酒令,多次寫童僕小贊向尹癡鴛請教寫詩,一方面是爲了通過展現古典園林的文化底藴之深厚與租界妓院的經濟交易之輕浮形成對比,另一方面則也是借名士文辭風雅的賣弄,掩蓋、淡化園林中利益交换的

---

① (清)韓邦慶:《海上花列傳》,北京:人民文學出版社,2014年,第2頁。
② 小説第六十回描寫賴公子大鬧趙二寶寓所之兇猛,"這賴公子所最喜的是打房間,他的打法極其厲害,如有一物不破損者,就要將手下笞責不貸。"(《海上花列傳》,第560頁)可見其極富暴力性。

實質,實則是一種反諷。

"一笠園"的這些功能,發揮了其作爲私家園林的寬容、保護、文化提升作用,然而這些功能只能局限於"一笠園"的特定時空中。作者賦予其更大的隱喻性在於,"一笠園"建構的人物等級秩序會隨著人物出園而削弱甚至瓦解。高級妓女們可以有到園子裏暫時作爲"人"的喘息,可以談情説愛、流露姐妹情誼,但她們卑微的身份、逢場作戲的交易實質,最終會將她們遣散回滬北租界的現實世界裏。這是一個虛構世界裏的集體想像,以等級差異、利益交换爲基礎的愛情盟誓在出"桃花源"後必然夢醒:朱淑人最終要娶門當户對的黎篆鴻之女爲妻,與周雙玉的單薄愛情只能用金錢來買單,"愛情"被還原爲交易本質。極力擺脱堂子規矩以表决心的趙二寶,最終也只能遭到史三公子的抛棄,天然的身份差異加上道德倫理的框架,趙二寶只能從噩夢中驚醒跌落到更深的塵埃裏。

小説還借用"一笠園"的主人——齊韻叟,對"一笠園"的隱喻點題功能作了進一步提升。小説第三十八回,齊韻叟一出場便道出了近代上海都市文化的實質:"上海個場花,賽過是陷阱,跌下去個人勿少哩!"①這句話從城北郊外的"一笠園"中而出,賦予了其作爲一個旁觀者的視角,遠遠地審視著城南十里洋場的經濟交易。在一個充滿利益交換的城市裏,"一笠園"以距離的疏離,更加看清了現代都市對人性吞噬的本質。這種借用空間中權威人物的力量來諷刺十里洋場的都市幻象,也是文本對"一笠園"隱喻功能的一種豐富。

二、作爲結構空間的"一笠園"

小説前三十七回描繪了散落在租界里弄的妓院場所,後二十七回集中聚焦於"一笠園"的空間統攝,形成了文本結構的對稱和精神内涵的對比,這種對稱和對比,因爲人物的遊走、交往又得到了聯結和融合。同時空間上的對稱和對比又與嫖客内部的等級差别、嫖客與妓女的身份差異等對應,這些差異就如兩個建築空間的異同和在人們心裏造成的文化界限一樣牢不可破,對小説人物塑造、綫索歸結具有結構暗示、點明題旨意義。

1. 空間對稱、精神對比

作爲地理空間,妓院在上海城南租界内,"一笠園"則坐落在城北郊外,一南一北形成了空間對稱。作爲小説文本空間,"一笠園"以其博大的精神體式與妓院的豐富數量在小説的前後分佈中,形成了一種體量上的結構對稱。不同的是,因租界妓院偏重私密性,它能容納的是某一兩個妓女爲主角的交往活動,作者更側重的是嫖客和妓女在這些場景中的轉换、聯結,而"一笠園"作爲嫖客與妓女的聚合場所,作者運用大量的描寫和鋪陳用於群像塑造,通過集體效應來强化人物個性,揭示共同命運,叙事節奏也相對緩慢。這種一前一後、一散一聚、一緊一慢的叙事手法,强化了兩種不同

---

① 《海上花列傳》,第 330 頁。

空間在文本中的結構對稱關係。

　　深入這種結構對稱，我們可以看到作者欲作對比的意圖。坐落於城郊的"一笠園"僻静幽雅，城南妓院則熙攘複雜，兩者存在天然的物理和文化距離。不同於妓院現代消費装飾散發出的媚俗，"一笠園"的場景設計增添了更多古典元素。活躍於兩種空間的人物和活動也存在差異。出入"一笠園"的多是官宦士紳和長三先生、清倌少女，與租界妓院裏的三教九流、各色妓女形成了鮮明對比。同時，"一笠園"中看花賞月、成就愛情的悠雅氛圍，也與妓院的勾連醜態、銅臭氣息形成同一時代背景下的空間影像對比。物理對稱鋪墊精神對比，作者將這兩種象徵不同文化精神的空間存在呈現於同一個城市空間中，在文本結構中形成對稱和對比，似乎在有意凸顯傳統與現代的對立。有學者認爲這種對立是小説精神的斷裂，尤其小説後半部運用了大量的行酒遣興詩詞來烘托"一笠園"的古典色彩，劉半農認爲這是小説的敗筆，張愛玲將小説翻譯爲普通話版時也將其中的大量酒令、詩詞删去。然而且抛開是否存在現代與古典的斷裂問題，我們不妨把這種將不同人物、不同生活置於不同場景空間的手法，看作是小説作者對近代都市存在"現代"與"傳統"兩種對立精神的清醒認識，是作者欲逃離現實、暫時躲避於"烏托邦"的一種出路選擇，是作者試圖通過回歸傳統，營造至少表面高雅的空間，給飄摇的感情、被欲望吞噬的人們一個暫時的避風港，進而重新審視、警覺、救贖近代都市文化的一種願望嘗試。雖然在歷史洪流、人物命運的綫索規律中，這只是曇花一現的美好願景；雖然這虛假的"烏托邦"中藏污納垢依舊，虚構的"理想國"也依然難逃社會現代化、人性商品化的命運，但這種預設美好實則更墮落的虚假性，反而在深層本質上打通了兩個物理空間，重新聯結、融通了小説在十里洋場風月場所所表達的"傳統"向"現代"轉换的必然命運和"痛"的精神本質。而隨後，作者探尋無果的無奈，則使兩者在結果上形成了統一，體現出强大的互文性，進一步提升了小説反諷意味。

2. 點題破題、收束文本

　　結構上，"一笠園"與租界妓院形成了對稱和對比；功能上，"一笠園"以强大的文化吸引力聚集著高等嫖客和妓女，而其公共事件十四妓女拜姐妹，則將"一笠園"對小説人物、事件的集聚功能推向了頂峰，這種功能意義還被用文本形式——《海上群芳譜》固定、凸顯出來。初看《海上群芳譜》事件，我們仿佛以爲是作者呼應小説題目，體現"題中題、畫中畫"的韻味，頗具點題巧妙。然而，作者意不在此。結拜妓女們的"唯唯"心態，以"强扭"再次印證了"逢場作戲"；嫖客們爲十四人量身訂做的小傳，似乎也是貌合神離。《海上群芳譜》其實只是齊韻叟裏挾下的衆嫖客一廂情願而已，它如"一笠園"的暫時性空間意義一樣，以生拼硬湊的"五花八門、無美不備"暫時掩蓋了現實的悲慘和人情冷淡；作爲一個文字的虚擬想像空間，華麗的小傳與妓女們的現實蒼白實則是一種更大的對比與諷刺。再者，第五十三回立《海上群芳譜》後，緊接著第五十四回朱淑人定親、第五十五回史三公子離開，隨著嫖客的離場，這些海上花們也要作鳥獸散了。妓女和嫖客的美好想象剛被以文的名義固定下來，小説馬上賦予人物各自離散的命運，這種熱情的上揚與快速的撕毀，在情節的迅速轉换中，進一步實現了對《海上群芳譜》華麗表面的消解,"名存實亡"的《海上群芳譜》實際上是作者借點題實暗諷的手法運用,是其作爲"一笠園"的公共事件在小説文本中破題、點題的功能體現。將這一事件對應小説題目,作者實際在"爲我們指明了兩種傳記的區別——他仿佛是想説,眼前這部小説才是真正的'傳',它冷峻地爲我們揭示出名與實的真實距離"①。作爲一個"以空間爲中心的多綫索立體型網狀叙述結構"②,《海上花列傳》前三十七回以一個個地點、一個個人物形成了網狀結構的每一個結點,人物在空間上的移動、交往構成了這些結點的連接路綫。而第三十八回後"一笠園"開始作爲一個統一的空間結構統領著這些結點,人物、事件時不時在"一笠園"聚攏,如果説前三十七回這些結點的聯結相對單一、散亂,那第三十八回開始,這些結點都有一個共同的指向性路徑,那就是"一笠園"。與空間聯結同時進行的,還有一條時間綫索。小説以二月十二花朝爲開端,一步步展示海上妓女的成長歷程,時空共同推動著小説從開端、發展、高潮走向結局。小説以七夕佳節"一笠園"中的男女縱情聚首爲高潮,以《海上群芳譜》的撰寫爲這些落入凡塵的"花仙"做一個花榜總結。當《海上群芳譜》編撰後,關鍵人物開始逐漸退場,史三公子歸家、王蓮生去江西做官,最終男性核心人物齊韻叟離場,小説結局也意味著開始。齊韻叟的離開象徵著"一笠園"精神支柱的抽離,也意味著"一笠園"在小説人物中的核心支撐作用和小説結構中的統攝作用開始衰退。守園的高亞白在一夜狂風暴雨後去查看菊花山時,發現"其精神光彩似乎減了幾分,再過些時恐亦不免山頹花萎"③,花期的歸結暗示著海上花將要凋零,妓女們要重操舊業,重新回歸各自的命運軌跡。從小説篇章布局來看,"一笠園"既是高潮、結局的發生、發源地,同時其核心人物的退場、花期的歸結隱喻又標誌著小説結局的開始;"一笠園"的結構功能性在此呈現,這種功能,超越了一般的文本內容意義,是其作爲叙事空間的功能意義的體現。

三、作爲時空叙事的"一笠園"

時序更迭是古典園林的一大特徵,"一笠園"以一個實體的空間存在,呈現於小説文本時間和叙事時間中。《海上花列傳》的文本時間具有明顯的現代與傳統融合特徵,前半部,作者通過日曆、自鳴鐘來體現具體日期、時刻,後半部作者抓住"一笠園"的園林時序特點,有意識地通過節日、花期強調季節的演進。同時,在叙事安排上,"一笠園"在特定的季節出場、特定的時刻呈現最繁榮景象、特定的時刻離散,也都充滿了時空與人物命運共發展的隱喻性。這一點,同《紅樓夢》中的"大觀園"季節叙事功能有著異曲同工之妙。

小説中"一笠園"的出場是在"七夕佳期",此時天氣尚熱,城市的車水馬龍、浮躁的利益交往令人厭倦,加上前半部大篇幅的風月場所空間轉換,讀者已有些疲乏。這

---

① 馮妮:《"堂子"與"花園":〈海上花列傳〉中的兩重空間》,《文藝評論》,2012 第 8 期,第 114—115 頁。
② 袁進:《都市叙述的發端——試論韓邦慶的小説叙述理論與實踐》,《社會科學》,2007 年第 5 期,第 183 頁。
③ 《海上花列傳》,第 529 頁。

時小説引入了一個全新的空間"一笠園",以其古典園林特有的"萬竿修竹、綠蔭森森"①,猶如一股清風,一掃小説之前煩躁的氣氛,爲讀者帶來另一種閲讀體驗。而"七夕佳期",作爲一個具有符號功能的傳統節日,與"一笠園"共同登場,似乎也是作者刻意賦予的"一笠園"成就美好的文化意涵,暗示著在這裏兒女情思的真性情可以被流露、被保護、被祝福,"七夕"的文化符號功能與"一笠園"的空間文化意義實現了完美嫁接,這是"一笠園"時空叙事的第一個功能性特點。

七夕佳節,"一笠園"中的神仙眷侣們飲酒行令、賞花捉魚、觀看演繹"牛郎織女"故事的煙火,將"世外桃源"的浪漫氛圍烘托到了極致,成爲全書場景中最絢爛、情緒最昂揚的一節。最熱烈的時節、最奢華的場面,"一笠園"剛剛出場就站在了時間與空間的叙事情緒峰值頂點,如此高調的出場,會給人"站得越高、摔得越疼"的不安全感。任何事物運動到一定峰值,會開始慢慢回落、下降,仔細分析,"七夕"時節已處在夏季的末端,秋季即將開始,作者在這裏實際暗含有"選擇一笠園作爲秋季叙事的主要空間"②的預設。熱烈的七夕節日之後,"一笠園"的花期開始顯現秋季的衰敗。同時,七夕佳期只有一天,"一笠園"的聚會散席後各人各歸各位,時間的轉換會迅速瓦解這短暫的繁榮,即使後來還有八月十五中秋大會這樣的節日相聚,卻也難以複製七夕的盛况,小説後半部以"一笠園"爲主要時空綫索的情節發展實則已是一條緩緩的下坡路了。這種將空間置於時間的臨界點,通過時序更迭轉變空間功能、完成叙事情緒的快速轉換和叙事綫索的鋪墊,是小説賦予"一笠園"時空叙事的第二個功能性特點。

"一笠園"在小説中最後一次出現是第六十一回,日期是"十月既望"。已近冬日的一笠園花事開始衰敗,核心人物齊韻叟已離去,象徵青春浪漫的梨花院落也牆門緊鎖。儘管"一笠園"仍在發揮它的空間功能,高亞白請衆人賞菊花相聚,姚文君因"癩頭黿"再次避入一笠園,但此時無論是衆人談話的内容、活動的目的都已在作結局收束式的交待:小説通過聚會進一步暴露上海賭場内幕,官員、妓女狼狽爲奸,再次點明近代都市欲望吞噬人性的實質;趙樸齋兩回來園中打探史三公子來信的無果,更是與趙、史二人在"一笠園"出場時情感之濃烈形成對比,襯托出人物命運的無奈和凄凉。冬日的"一笠園"一片蕭條和冷漠,作爲叙事空間完成文本使命後,"一笠園"驅趕著這些人物回歸命運本然,自己也開始退場,逐漸消失在洋場租界的視綫裏。這種借用時序季節營造文化場效應、全面推進小説叙事綫索的手法,是"一笠園"時空叙事的第三個功能性特點。

時序的更替帶來了空間景致的變化,在我國古典話語體系裏,園林天然地與季節聯繫在一起,季節叙事是園林空間叙事的一大特徵。在"一笠園"的叙事中,作者有意用"七夕"、"八月十五"等傳統節日來推動時間的演進,利用過節前後的時間場效應,放緩叙事節奏,强化節日文化對空間功能的漣漪作用,同時又將整體的叙事時間置於"秋季"的統攝中,在叙事節奏上與小説前半部鮮明的日期轉換形成了對比差異。作

---

① 《海上花列傳》,第327頁。
② 梅新林、紀蘭香:《〈海上花列傳〉的季節叙事及其與〈紅樓夢〉之比較》,《紅樓夢學刊》,2013年第5輯,第38頁。

爲描繪近代都市的小説，前半部妓院空間叙事裏，作者大量地通過自鳴鐘、時刻符號來細化叙事片段，有意突出消費行爲中時間的"商品化"性質①。雖然這與小説原本在報刊連載的傳播形式也有關係：爲了方便讀者閱讀，作者需通過不斷地標注日期聯結文本；第三十回後，報刊連載中斷，小説也因爲有了"一笠園"的空間統攝，叙事視角更加集中，叙事時間也自然地由原來時刻的碎片式轉化爲季節的完整統攝式。這種時空上的相對集中統一，有利於讀者深入感知人物命運，在特定的時空氛圍和節日文化暗示中進一步審視人物交往的深層本質。"一笠園"的古典特色，與傳統的季節叙事相襯托，進一步表明了作者欲在傳統懷抱中審視近代都市人性的主旨。這種季節和時刻所代表的傳統與現代的對立，與小説將"一笠園"作爲傳統空間的象徵、與以租界妓院作爲現代性空間的象徵的對比意旨一脉相承。正是通過不同空間叙事時間符號的差異，小説在時空叙事上，再次與文本内容、結構形態的對比形成了體式上的呼應。

　　無論是文本中的地理空間、篇章布局中的結構空間，還是時序變化中的叙事空間，"一笠園"以其特殊的存在爲小説《海上花列傳》貢獻了獨特的文本、結構、叙事意義。作爲小説文本中由傳統走向現代，體現傳統與現代衝突、融合的園林空間代表，"一笠園"大大豐富了我國古典園林在小説叙事中的功能意涵，值得我們再作深入分析、多方位審視。

---

　　① 羅萌在《〈海上花列傳〉的空間表述——"長三書寓"與"一笠園"》（刊於《現代中文學刊》，2010 年第 6 期，第 19 頁）中指出："時間並不作爲客觀的抽象的存在，而是和具體行爲直接掛鉤。這種行爲，主要表現爲消費行爲（飲食，坐馬車，購物，遊公園，喝茶，宴會等），而消費行爲標誌出的是一個個可視的消費空間。這些空間由人物的移動串連起來，時間在行進的道路上流動，凝固成爲具體可觸的消費事件。時間被商品化了。"

五臣音注的形態與傳播*

李華斌

摘 要：通過描寫現有文獻各種版本上五臣音注的形態，發現五臣音注最初出現在五臣的注文中，附在義後，且標注了作音人，它的音注數量和李善的差不多，後在傳播的過程中發生了位置的變化，由注文中變爲正文中，這才作爲一個整體，不再區分呂延濟或李周翰等，音注越增越多。尤刻本、胡刻本等李善注刻本正文中的音注與五臣音注絕大多數相同，據此可推測它們是從合刻本中截取的。

關鍵詞：五臣音注；形態；傳播

音注是理解文本的工具，爲注釋的重要部分。《昭明文選》的音注有蕭該、曹憲、李善、公孫羅、五臣、陸善經等，其中李善和五臣的注釋被朝廷認可，影響大，流傳廣，其餘各家音義或亡或佚，有的如公孫羅《文選音決》直至近代纔從日本找回。與李善相比，五臣音注的研究不充分，爭議較大。黄侃甚至認爲五臣不能作音，即使注音，也是因襲舊音。"五臣注既譾陋，亦必不能爲音，今檢核舊音，殊無乖謬，而直音、反切間用，又絕類博雅音之體，縱命出於五臣，亦必因仍前作"[①]。今五臣音注保存在唐鈔本、三條家鈔本、宋刻五臣注本、宋刻六家本（五家注在前，李善注在後）、宋刻六臣本（李善注在前，五臣注在後）、李善單注本等中。一般認爲，時代越早的文獻越能反映它的最初形態。按此説法，鈔本保存五臣音注的最初形態要比刻本好，但通過音注比對和版本分析，發現並非如此，因而有必要描寫五臣音注的形態，研究它的傳播狀態。

一、五臣音注的形態

五臣音注在《文選》學上的地位重要，各種版本《文選注》都有或被認爲有五臣音注，這些音注的形態有差別，數量也不同。描寫其音注狀態，可爲澄清那些衆説紛紜的問題作鋪墊。具體如下：

---

* 作者簡介：李華斌，男，黔南民族師範學院（貴州都勻，558000），教授，文學博士，主要從事文獻考證、漢語音韻等研究。
基金項目：國家社科基金項目"敦煌寫卷佛經音注研究"（18BYY129）的相關成果，教育部人文社科規劃基金項目"李善《文選注》音注研究"（13XJA740001）的階段性成果。
① 黄侃：《文選平點》，北京：中華書局，2006年，第5頁。

(一) 唐鈔本的音注形態

目前能見到有五臣音注的唐鈔本是《文選集注》,存 28 卷,其中 13 卷完帙,15 卷殘損,舊卷大多被日本收藏。在它的第 68 卷上,蓋有"□州田氏藏書之印"的鈐記和"博古堂"印記,從□上部的艸下右的丿,可推測它是"荆"。荆州田偉是北宋著名的藏書家,可證絶非南宋的鈔本。屈守元認爲它是六臣注本系列,確定它出於南宋坊刻六臣注本一類本子之後①,有誤。邱榮錫《唐寫本〈文選集注〉第九十八卷跋》從避諱、白文異體等證"當爲我國唐寫之本"。周勛初《唐鈔文選集注彙存·前言》從避諱、俗體推斷此書定當編成(唐)玄宗之後。唐鈔《文選集注》的音注在注文中,正文中一個音注也無。其中,五臣音注的形態是跟在《音決》的注音後面,用"五家"來整體標記被訓釋字的讀音,以區別李善、陸善經、公孫羅等。標注"五家"的音注共有 121 條,具體如下:

《三都賦序》:詰音古(1·10②)。《蜀都賦》:庵,烏覽反(1·15);濩,胡角反(1·17—18);濛音蒙(1·17—18);炳音丙(1·22);灼音酌(1·22);蛟音交(1·23—24);梣,七林反(1·24—25);梗,頻綿反(1·24—25);熊音雄(1·26—27);羆音陂(1·26—27);挾,形牒反(1·31);麓音鹿(1·32);芒音亡(1·33—34);麋音眉(1·33—34);蕪音無(1·33—34);蕤③,而隨反(1·33—34);葳音威(1·33—34);蕤,而椎反(1·33—34);沬音未(1·35—36);枇,頻移反(1·38—39);杷,蒲巴反(1·38—39);憒,胡對反(1·40—41);蒟,歸於反(1·41—42);茱音殊(1·41—42);萸音俞(1·41—42);菱音陵(1·43);薀,於郡反(1·43);吭,胡浪反(1·45);黿音元(1·45—46);鼈,必滅反(1·45—46);鱒,祖本反(1·45—46);閈音汗(1·49—50);磬,溪徑反(1·50—51);蒟音句(1·53);沓,徒合反(1·54—55);噉,許驕反(1·54—55);埃音哀(1·54—55);殤音傷(1·59—60);鮮,平聲(1·59—60);麋音眉(1·65);跨,苦化反(1·65);拍,普陌反(1·66—67);揭,綺列反(1·68—69);鰹音偃(1·69);鱏音尋(1·70);幕音莫(1·71);駴,行戒反(1·71);踴音勇(1·72);躍音藥(1·72);掞,傷豔反(1·74—76);鄣④,止尚反(1·77)。《吴都賦》:瀨音賴(1·105—106);汩,於筆反(1·108—109);葺,七及反(1·114—115);鵾音昆(1·115—116);與,去聲(1·118);颻音摇(1·144—145);築音竹(1·144—145);燃音於(1·150—152);蔭⑤音陰(1·155—157);譎音決(1·164—165);詭音軌(1·164—165);懭⑥,胡浪反(1·166—168);暐音偉(1·177—179);曄,於輒反(1·177—179);譎音決(1·179—181);比,頻必反(1·185);薨音萌(1·186—187);儐,卑胤反(1·

---
① 屈守元:《文選導讀》,成都:巴蜀書社,1993 年,第 144 頁。
② 指周勛初輯《唐鈔文選集注彙存》(上海:上海古籍出版社,2000 年)第 1 册第 10 頁。後仿此,不出注。
③ "藥",陈八郎本、奎章閣本、尤刻本爲"蕤"。
④ "鄣",陈八郎本、奎章閣本、尤刻本爲"障"。
⑤ "蔭",尤刻本爲"陰"。
⑥ 三条家本、尤刻本爲"懭",陈八郎本、奎章閣本为"忼"。

190—191）；衍，苦幹反（1·193—195）；奥，烏告反（1·194—195）；飌音凡（1·197—198）；琲，補對反（1·199—201）；獠，力巧反（1·201—203）。《石門新營所住四面高山回溪石瀨修竹茂林詩》：瀂，普秘反（1·517—518）。《和伏武昌登孫權故城》：帟音亦（1·572）。《代君子有所思》：昧協韻音未（1·658—659）。《招魂》：仿，蒲忙反（2·14—15）；伴音羊（2·14—15）；參音三（2·20）；砥音旨（2·27—28）；挂①音卦（2·28）；組音祖（2·29）；腱，紀言反（2·42）；兕，徐姊反（2·63—64）；楓音風（2·65）。《招隱士》：憭音聊（2·73）；《七啓》：殳音殊（2·126）；弋音異（2·143—144）；嬿音宴（2·147—148）。《宣德皇后令》：析②，先歷反（2·194）。《出師表》：駑音奴（2·263—264）。《奏彈曹景宗》：塗③音途（2·259—360）。《奏彈劉整》：毓音育（2·384—385）；哺，蒲護反（2·388—389）《奏彈王源》：寘，真智反（2·429—430）。《與山巨源絶交書》：趣，七俱反（2·500—501）；《爲石仲容與孫皓書》：秣音末（2·547—548）。《檄吴將校部曲文》：觳，口角反（2·591—592）；濩，胡郭反（2·614—615）。《三月三日曲水詩序（顔延年）》：殷音隱（2·769）；賑音軫（2·769）；射音亦（2·779）；墉音容（2·816—817）；縻音靡（2·822—823）；櫩，琰廉反（2·842）；黄，以平聲（2·846—847）；斿音由（2·850—851）；渟音亭（2·854）。《聖主得賢臣頌》：蛟音交（3·11）；眄音麪（3·118—119）；謀，去聲，叶韻（3·155）。《東方朔畫贊》：贍，時艷反（3·204）。《馬汧督誄》：柿，孚每反（3·702）；闕音掘（3·703—704）；偵，耻令反（3·729）；劂，靈結反（3·729）。《陽給事誄》：壓，烏甲反（3·769—770）。《陳太丘碑文》：令，平聲，叶韻（3·798—799）。《褚淵碑文》：話，胡化反（3·847—848）。

（二）三條家本的音注形態

今所見僅存的五臣注古鈔本是三條家本，因日本三條公爵家藏而得名，現藏日本天理圖書館。日本東方文化學院於昭和十二年（1937）影印，列入《東方文化叢書》第九中；日本天理圖書館於昭和五十五年（1980）影印，列入《善本叢書漢籍之部》第二卷中，由日本八木書店出版，爲本文採用的版本。它的前面有花房英樹的序言，稱它爲日本平安時期（八世紀末至十二世紀）的鈔本。傅剛推測它的底本是唐鈔本④，徐華認爲它抄寫的時間當早於奎章閣本成書的年代⑤。五臣的音注形態是用一、二或三個雙行小字附在被注字下。三條家本的音注都在正文中；注文都是義訓，内無音注。它共有音注64條⑥，具體如下：

《於獄中上書自明》：到古邦反（108）、駃音决（109）、騠音啼（109）、析先歷反（110）、臏鼻引反（110）、摺音臘（110）、雝平聲（111）、於音烏（116）、跖音隻（116）、蟠

---

① "挂"，尤刻本爲"絓"。
② "析"，尤刻本爲"折"。
③ "涂"，尤刻本爲"塗"。
④ 傅剛：《文選版本研究》，北京：北京大學出版社，2000年，第149頁。
⑤ 徐華：《日三條家藏鈔本〈五臣注文選〉卷第二十考辨》，《文獻》，2014年第4期，第46—59頁。
⑥ 徐華：《日三條家藏鈔本〈五臣注文選〉卷第二十考辨》認爲五臣音有63條，漏了1條。

音盤(117)、囷丘筠反(117)、砥音底(121)。《上书谏猎》:概渠月反(124)。《上書諫吳王》:滄楚諒反(129)、操平聲(130)、靁力救反(130)、緪古猛反(130)、蘗魚列反(131)、搔先勞反(131)、礱力公反(132)。《上書重諫吳王》:難去聲(133)、莋音昨(133)、從子容反(133)、訾音呰(135)、蚋而銳反(135)、腐音輔(135)、輸去聲(136)、圂奇免反(136)、饟失讓反(138)、邯音寒(139)、鄲音丹(139)。《奏彈曹景宗》:擔丁濫反(141)、弛式氏反(141)、踵音腫(142)、劾胡伐①反(144)、裨音脾(144)、絓胡卦反(144)。《奏彈劉整》:氾音凡(145)、毓音育(145)、稱去聲(146)、逸七旬反(147)、哺蒲護反(147)。《奏彈王源》:猶音猶(152)、媾古候反(153)。《答臨淄侯箋》:借子亦反(157)、鶡音曷(157)、刋苦寒反②(158)、箝巨炎反(158)、强上聲(159)、矇音蒙(160)、瞍音叟(160)、備平祕反③(161)。《與魏文王箋》:轉張憲反(162)、駸都年反(164)、妠奴紺反(164)、妲咨也反(164)。《答東阿王箋》:櫝音讀(168)。《答魏太子箋》:截徒結切(173)、僂音婁(173)。《在元城與魏太子箋》:泜音祇(175)、蕑良刃反④(176)、莅力二反(177)、助七慮反⑤(177)、誑居況反(179)。

(三) 五臣注刻本的音注形態

據現有資料,《文選》最早的注刻本是五代時期毋昭裔鏤板於蜀的五臣本,現已亡佚。現存世的五臣注刻本有陳八郎本(紹興三十一年,1161)、杭州貓兒橋河東岸開箋紙馬鋪鐘家本(《中國版刻圖錄》認爲它是南宋初刻本)和正德己巳(朝鮮中宗四年,1509)本。杭州本殘,僅存兩卷,陳八郎本、正德本是完帙的五臣注本。陳八郎本、正德本的底本來源不清,都存在抄配的情況⑥,二者音注的90%多相同⑦,且陳八郎本刊刻的時間早於正德本,因此選陳八郎本來描寫五臣音注的形態。

陳八郎本的五臣音注有兩種形態。一種是音注在正文(也稱白文)中,未標記注者,用細體一、二或三個小字附在被注字下,共6887個音注。這些音注很多與李善注本、六家六臣本的"正文中的音注"相同。今舉一例,揭櫫其形態,如下:

(1) 其竹則鍾音鍾籠音龍箽音謹蔠銘決、簩蘇了簳音幹筎音孤篃音追。……緣延坻音遲阪,澶徒幹漫陸離。……阿烏可郁奴可薆烏孔茸如涌,風靡雲披。(張平子《南都賦》,陳八郎本卷二,臺北"中央圖書館"影印1981年⑧)

---

① "劾",《廣韻》胡槩切。切下字"伐"誤,應從刻本爲"代"。
② "苦寒反"不在正文下,而在正文旁,疑後補。
③ "平祕反"不在正文下,而在正文旁,疑後補。
④ "良刃反"不在正文下,而在正文旁,疑後補。
⑤ "七慮反"不在正文下,而在正文旁,疑後補。
⑥ 陳八郎本、正德本都是三十卷本《文選》,陳八郎本的卷二一至二五是抄配的,正德本的卷一三是抄配的。由於序跋等都未交待抄配部分的來源,通過考證,發現抄配的部分都有保存五臣單注本原貌的地方,因此並不能據此説明誰優誰劣。
⑦ 正德本比陳八郎多394個音注,二者的數量差別主要在後十五卷中;陳八郎本有正德本無的音注有194個,正德本有陳八郎本無的音注有588個,二者在相同的地方注音了6106條;在6106條音注中,陳八郎本與正德本不同的音注近500個。另,上舉的5018條是去除重複的,這裏是未除去重複的,二者統計方法不同。
⑧ 陳八郎本未有頁碼標注。

一種是音注在注文中，附在五臣的義訓後面，僅一條，即"繁，步何反"，且標注作音人是呂向，如下：

（2）繁休伯。向曰：文章志云：繁欽，字休伯，潁川人，少以文辯知，爲丞相主簿。文章集序云：上西征，餘守譙，繁欽從。還賤與余，其文甚麗。繁，步何反。（繁休伯《與魏文帝牋》，陳八郎本卷二十）

（四）六家六臣注刻本的五臣音注形態

李善、五臣注的合刻本最早出現的時間晚於李善注刻本和五臣注刻本。在合刻本中，六家本出現的時間早於六臣本。最早出現的六家本是北宋元祐九年（1094）秀州州學本，廣都裴氏本（崇寧九年至政和元年，即1106—1111）和明州本（紹興二十八年，1158）都是它的遞修本。宋刻六臣本有贛州本（紹興三十二年，1162）、建州本（慶元以後，即1195—1200年以後），較宋刻六家本晚。六家、六臣本的五臣音注有兩種形態。一種是音注在正文中，未標記注者，用細體一、二或三個小字附在被注字下。這些音注絕大多數與陳八郎本、李善注本的"正文中的音注"相同。今以奎章閣本、建州本爲一例，揭櫫其形態，如下：

（3）其竹則鐘鍾籠龍箋謹箋銘決，篠蘇了簳幹笩孤箅追。……緣延坻遲阪，澶徒幹漫陸離。……阿烏可郁奴可蓊烏茸如涌，風靡雲披。（張平子《南都賦》，奎章閣本卷四，韓·正文社1983年，103頁）

其竹則鐘鍾籠龍箋謹箋銘決，篠蘇了簳幹笩孤箅音追。……緣延坻遲阪，澶徒幹漫陸離。……阿烏可那奴可蓊烏孔茸如涌，風靡雲披。（張平子《南都賦》，建州本卷四，中華書局1987年，84頁）

一種是音注在注文中，附在五臣的義訓後，標記了注音人，以標記的最大量來計算，共有3條，如下：

（4）衆哀集悲之所積也。故其應清風也，纖末奮篍所交，錚士耕鏄侯萌營呼宏嚆呼交反。善曰：方言曰：捎，動也。篍與捎同。錚鏄皆大聲也。鏄與鍠同。字林曰：營，小聲也。埤蒼曰：嚆，大呼也。翰曰：謂鳥獸之聲也，呼交反。銑曰：纖末，竹上也，謂清風來，則纖末竹之上奮迅而動。錚鏄營嚆，聲也。篍，頭也。（馬季長《長笛賦》，建州本卷一八，中華書局2012年，326頁）

衆哀集悲之所積也。故其應清風也，纖末奮篍所交，錚士耕鏄侯萌營呼宏嚆呼交反。翰曰：謂鳥獸之聲也。銑曰：纖末，竹上也，謂清風來，謂清風來則纖末竹之上奮迅而動。錚鏄營嚆，聲也。篍，頭也。善曰：方言曰：稍，動也。篍與稍①同。錚鏄皆大聲也。鏄與鍠同。字林曰：營，小聲也。埤蒼曰：嚆，大呼也。（馬季長《長笛賦》，奎章閣本卷一八，韓·正文社1983年，420頁）

"嚆，呼交反"建州本是李周翰的音注，奎章閣本則置於正文中，編纂者借此表明這是五臣的音注。

（5）何則？知與不知也。故樊於期逃秦之燕，藉荆軻首以奉丹之善本無之字事；善注同。向曰：於期爲秦將，得罪於秦而逃於燕。荆軻見於期曰：今聞秦購將軍之首，金千斤，邑萬家。有一言可以解燕國之患，報將軍之仇，何如？於期曰：爲之奈何？軻曰：願得將軍首以獻於秦

---

① "稍"，應從建州本、胡刻本、陳八郎本爲"捎"。

王,王必喜見臣,臣因左手把其袖,右手揕其胸。於期從之,遂自刭。藉,借也。丹即燕太子。徐廣曰:揕,丁鴆切。(鄒陽《於獄中上書自明》,建州本卷四〇,中華書局2012年,728頁)

何則? 知與不知也。故樊於期逃秦之燕,籍①荆軻首以奉丹之善本無之字事;向曰:於期爲秦將,得罪於秦而逃於燕。荆軻見於期曰:今聞秦購將軍之首,金千斤,邑萬家。今有一言可以解燕國之患,報將軍之仇,何如? 於期曰:爲之奈何? 軻曰:願得將軍首以獻於秦王,王必喜見臣,臣因左手持其袖,右手揕其胸。於期從之,遂自刭。籍,借也。丹即燕太子。善曰:史記曰:荆軻見樊於期曰:今聞秦購將軍首,金千斤,邑萬家。今一言可以解燕國之患,報將軍之仇者,何如? 於期曰:爲之奈何? 荆軻曰:得將軍首以獻秦王,秦王必喜見臣,臣左手把其袖,右手揕其胸。於期遂自刭。徐廣曰:揕,丁鴆切。(鄒陽《於獄中上書自明》奎章閣本卷四〇,韓·正文社1983年,941頁)

"揕,丁鴆切"建州本是吕向徵引徐廣的音注,奎章閣本是李善徵引的徐廣的反切。兩種版本出現分歧。

(6) 繁休伯。向曰:文章志曰:繁欽,字休伯,潁川人,少以辨②知爲丞相主簿。文章集序云:上西征,餘守譙,繁欽從。還賤與余,其文甚麗。繁,步何反。善曰:文章志曰:繁欽,字休伯,潁川人,少以文辯知名,以豫州從事,稍遷至丞相主簿,病卒。文帝③集序云:上西征,餘守譙,繁欽從。時薛訪車子能喉囀,與笳同音。欽賤還④與余,盛嘆之。雖過其實,而其文甚麗。(繁休伯《與魏文帝箋》,奎章閣本卷四〇,韓·正文社1983年,969頁)

繁休伯。善曰:文章志曰:繁欽,字休伯,潁川人,丞相主簿,病卒。文章集序云:上西征,餘守譙,繁欽從。時薛訪車子能喉囀,與笳同音。欽賤還⑤與余,盛嘆之。雖過其實,而其文甚麗。向曰:繁,步何反。餘文同。(繁休伯《與魏文帝箋》,建州本卷四〇,中華書局2012年,749頁)

繁休伯。李善曰:文章志曰:繁欽,字休伯,潁川人,少以文辨知名。以豫州從事,稍遷至丞相主簿,病卒。文帝⑥集序云:上西征,餘守譙,繁欽從。時薛訪車子能喉囀,與笳同音。欽還賤與余,盛嘆之。雖過其實,而其文甚麗。音決:繁,步何反。(繁休伯《與魏文帝箋》,《唐鈔文選集注彙存》第二册450頁,上海古籍出版社,2000年)

結合上例(2)看,"繁,步何反"建州本、陳八郎本和奎章閣本是吕向的反切,胡刻本無。從唐鈔本看,是吕向徵引公孫羅《文選音決》的反切。

(五) 李善單注刻本的五臣音注形態

今存最早的李善注鈔本是永隆本(681),它的正文中無音注,音注都在李善的注

---

① "籍",應從建州本、胡刻本、陳八郎本爲"藉"。
② "辨",應據下文校改爲"辯"。
③ "帝",建州本、陳八郎本爲"章"。
④⑤ "賤還"二字倒乙。
⑥ "帝",建州本爲"章"。

文中。北宋時期,李善注已有刻本。現存善單注刻本有北宋景德、天聖年間刊的殘本①和南宋淳熙八年(1181)的尤刻本。尤刻本完帙,是優選的對象。一般來説,李善單注刻本中,不可能有五臣音注,因爲它是編纂者首先要剔除的對象。編纂者不僅要剔除五臣的"義",還要剔除其"音"。由於尤刻本出現的時間較晚於合刻本,它的音注中就有五臣的。其五臣音注形態是用細體一、二或三個雙行小字附在被注字下,它們都在正文中,未標記注者。今舉一例,揭橥其形態,如下:

(7) 其竹則鐘鍾籠龍箋謹筱篠銘決,篠蘇了簳幹筇孤篁迮。……緣延坻遲阪,澶徒幹漫陸離。……阿烏可耶奴可翁烏孔茸如②,風靡雲披。(卷四張平子《南都賦》,尤刻本卷四,中華書局,1974年③)

其竹則鐘鍾籠龍箋謹筱篠銘決,篠蘇了簳幹筇孤篁迮。……緣延坻遲阪,澶徒幹漫陸離。……阿烏可耶奴可翁烏孔茸如涌,風靡雲披。(張平子《南都賦》,胡刻本卷四,中華書局,2008年,70頁)

"胡刻本《文選》正文下音注共得1653個,其中反切936個、直音668個、聲調49個。與陳八郎本《文選》相校勘,發現兩者相同音注有1333個,其中反切743個、直音544個、聲調46個……"④陳八郎本的音注與單善注本"正文中的音注"有1333條相同,占陳八郎本音注(5018條)的26.6%,占胡刻本"正文中的音注"(1653條)的81%,因此學者認爲它是五臣音注。顧廣圻《胡氏考異》:"凡合併六家之本,于正文下載五臣音,於注中載善音……"⑤這也可證單善注本(尤刻本、胡刻本)是從五臣、李善注的合刻本中割裂來的。這一猜想可與版本學家的觀點互證,如張月雲認爲尤刻本取自贛州本⑥,傅剛認爲贛州本所據之本是秀州本⑦。

二、五臣音注的傳播

由以上現今各種《文選》版本上五臣音注的形態,可推測它的傳播狀況,發現它的原初狀態,追溯它變革期和定型期的狀態。

(一) 傳播的初始期:盛唐

據呂延祚《進集注文選表》,可知五臣注成書於開元六年(718),晚李善《上文選注表》(顯慶三年,658)六十年。繼五臣之後的開元、天寶時期,馮光振、蕭嵩、陸善經等

---

① 分藏臺北"故宮博物院"、北京圖書館。臺北存"卷一至卷六,卷八至卷十一,卷十六。四册";北圖存卷十五至卷十九、三十至三十一、三十六至三十八、四十六至四十七、四十九至五十八、六十,共二十三卷,其中卷十五、十六、十七、二十一殘。
② 尤刻本無"涌"字,大概是漏刻。
③ 尤刻本是影印本,無頁碼。
④ 鄭德文、董宏鈺:《陳八郎本昭明文選五臣音注與胡刻本李善音注對比分析》,《哈爾濱師範大學社會科學學報》,2014年第3期,第73頁。
⑤ 出自《胡氏考異》,見李善注:《文選》,北京:中華書局,2008年,第849頁。
⑥ 張月雲:《宋刊文選李善單注本考》,見《李善文選學研究》,揚州:廣陵書社,2009年,第170—216頁。
⑦ 《文選版本研究》,第179—181頁。

又注釋、續修《文選》。馮光振、蕭嵩等的《文選》注已亡佚,但陸善經注今還時斷時續在唐鈔《文選集注》中呈現。就五臣音注的傳播而言,這一時期,五臣音注處在它的原初狀態。

呂延祚《進集注文選表》:"往有李善,時謂宿儒,推而傳之,成六十卷。忽發章句,是征載籍。述作之由,何嘗措翰?使復覈注引,則陷於末學;質訪指趣,則歸然舊文。祇謂攪心,胡未析理。"由此,可看出五臣的編纂目的與李善注不同,且有"意"與李善劃清界限。由此可推測五臣注音遵循的原則:凡李善注音的地方他們一般不注,或李善不注音的地方他們就注,如"繁休伯"的"繁"李善未注音①,五臣就注"步何反";或他們認爲李善注音不"規範",不能反映當時語音的變化,就另外注相對"規範"的讀音,如"沬"李善注"武蓋切"②,五家注"沬音未"③。

最初的五臣音注出現在五臣的注文中。隋唐時期的注釋通例是先對被注釋的詞語先訓義,再訓音,這是出於對經典閱讀、理解的需要。由注釋通例看,五臣音注一般附在注末,與李善等的音注情況相同。五臣音注的這種最初狀態在陳八郎本、六家刻本、六臣刻本中有遺跡,見上文所舉的陳八郎本、奎章閣本、建州本注"繁休伯"的例子。

五臣音注的數量並非如後來的刻本那樣,是"李善注文中的音注"的兩倍左右。"(胡刻本)李善注音切共2513例(除去重複),其中反切1816例,直音697例;(陳八郎本)五臣注音切共5018例(除去重複),其中反切3015例,直音2003例。"④二者音注的數量應相差不大,因爲《進集注文選表》載五臣注"並具字音,復三十卷",劉昫《舊唐書·儒學傳》載"(李善)嘗批注文選,分爲六十卷",李善注的篇幅是五臣注的一倍,從篇幅推測,李善的注音不可能是五臣的一半;今《唐鈔文選集注彙存》中,五家的音注有121條,李善音注有152條,李善比五臣略多,也可來證明這一推測。

(二) 傳播的變革期:中晚唐五代

中晚唐五代時期是五臣音注傳播的變革期。這一時期,注釋、續修的熱潮已消退,再無像蕭該《文選音》、曹憲《文選音義》、李善注、公孫羅《文選音決》、五臣注、《文選鈔》、陸善經注等的述作,給《文選》作音義的時代已結束。儘管注釋、續修的工作停止,但《文選》的編纂、匯釋拉開序幕,五臣音注出現兩種傳播狀況:

一是在匯集各家《文選》的注釋時,五臣音注作爲一個整體,不再區分誰是呂延濟、劉良、張銑、呂向或李周翰注的,五臣注的內部差別開始淡化,如唐鈔《文選集注》就以"五家"來整體標記五臣的音注。二是五臣音注在傳抄的過程中發生了位置的變化,由注文中變爲正文中,如三條家本把音和義分開,音置於正文中,義仍在注文中。把音置於正文中,是出於誦讀經典的需要。五臣音注由注文中到正文中的位置變化,唐代就已發生,因爲隋唐時期的音義或釋文,出現了把規範的首音置於句首、又音或

---

① 李善注:《文選》,北京:中華書局,2008年,第564頁下左。
② 李善注:《文選》,第183頁下右。
③ 《唐鈔文選集注彙存》第一冊,第35—36頁。
④ 董宏鈺:《陳八郎本昭明文選五臣音注研究》,長春師範學院碩士論文2012年,第31頁。

三音置於句中的音注範式,如《經典釋文》、玄應音義、慧琳音義等。爲何是五臣音注被編纂者置於正文中？五臣音注相對李善等而言,音注更規範,更能反映時音的變化。北宋前期的合刻本把五臣音注置於正文中、李善音注置於注文中,也可作爲它更規範①的例證,反映在崇尚簡約實用的學風下,五臣注更易被一般知識階層接受,地位高於李善注。

（三）傳播的定型期：兩宋

儘管五代《文選》刊刻已萌芽,但兩宋是《文選》刊刻的黃金時代。兩宋時期,《文選》已由傳抄的隨意性和不確定性走向固定化、標準化,五臣音注處於定型化的傳播階段。

從盛唐至北宋初,利於習文、便於科試的五臣注較李善注更受歡迎②,成爲編纂者版刻的首選對象。五臣注刻本出現的時間早於李善,早期五臣注刻本也多於李善。五代時期,毋昭裔在四川刻印的五臣注本比北宋景德、天聖年間刊行的李善注本早七十年。據天聖四年（1026）平昌孟氏刊刻五臣注本的沈嚴《序》稱,"二川、兩浙先有印本",可見北宋民間坊刻五臣注本尚有數種。五臣與李善注的合刻本出現以後,五臣注的單刻本漸漸湮没。目前,現存的五臣注刻本有陳八郎本、杭州殘本、正德本等。這些版本上的音注與原初的狀態有很大的不同。一般來説,刻書的編纂者首先選用一個比較完整的底本,然後參校他本,又以經書音義、史書音義、韻書、字書等來定正訛,因而校改過的刻本與底本就出現了一定的差别,它既有底本的音注,也有參校本上的音注,甚至混入了公孫羅《文選音决》等的相關注音,與唐鈔本、古寫本上的音注差别較大。

五臣、李善注《文選》合刻本出現在北宋中期,秀州本是現有資料可知的最早合注刻本③。合併本的編纂有五臣注在前的六家本和李善注在前的六臣本兩個系統。前者有秀州本、廣都裴氏本、明州本、朝鮮活字本等,後者有贛州本、建州本、茶陵本等。合刻本處理音注的一般方法是把五臣音注置於正文中,把李善等音注置於注文中,再把重複的音注除掉等,因而合刻本上的五臣音注變動更大,與五臣音注原初狀態差别更大；從合刻本中截取五臣音注的尤刻本、胡刻本等,它們"正文中的音注"比合刻本的五臣音注變動還要更大一些。

三、結　語

通過描寫現有文獻各種版本上五臣音注的形態,發現五臣音注最初出現在五臣的注文中,且標注了作音者,附在義後,它的音注數量和李善的差不多,後在傳播的過程中發生了位置的變化,由注文中變爲正文中,這纔作爲一個整體,不再區分吕延濟

---

① 李善採用徵引式訓詁方式,引用六朝舊音多,語音系統偏古,音注相對五臣音注來説不規範。
② 倪其心：《關於文選和文選學》,見《中外學者文選學論》,北京：中華書局,1998年,第295—303頁。
③ 一般認爲,最早的六家本是秀州本,其次是廣都本,再次是明州本。秀州本是元祐九年（1093）二月,"將監本文選逐段詮次編入李善並五臣注",即合刻天聖七年（1029）國子監單善注本和天聖四年（1026）平昌孟氏五臣注本。廣都本刊於北宋末期的崇寧、政和年間（1102—1117）。明州本刊刻於南宋紹興二十八年（1128）。

或李周翰等,音注越增越多。"五臣音注由注文中到正文中"的原因是接受者由以"看"爲主的閱讀需要到以"誦"爲主的閱讀需要造成的,反映了《文選》的普及化程度越來越高。"五臣音注作爲整體,不再内部區别"的原因是由《文選》由"述"(注釋)到"編"(匯釋)造成的,因爲匯集各家《文選》的注釋,需把每家注釋作爲整體來編纂,内部不宜分得太細,否則易凌亂、瑣碎。尤刻本、胡刻本等李善注刻本正文中的音注與五臣音注絶大多數相同,據此可推測它們是從合刻本中截取的。

古 籍 書 訊

《施愚山集》(《安徽古籍叢書》第五輯)

（清）施閏章撰,何慶善、楊應芹整理,彭君華編輯。黄山書社 2018 年 12 月版。

施愚山（1619—1683）,名閏章,字尚白,一字屺雲,愚山爲其號,晚年又號矩齋。安徽宣城雙溪人,著名詩人、文壇宗匠。其詩號稱"宣城體",内容樸實,風格清静。施愚山秉持現實主義原則,主張詩歌創作應該"本之有物,即事命篇,意主獨造",尤其要"憫時事""移人情",反映社會現實和人生情態。施愚山與山東宋琬並稱"南施北宋",頗受當時詩壇名家王士禛、沈德潛、紀昀等人的推崇。有《學餘堂文集》二十八卷、《學餘堂詩集》五十卷等著作傳世。此外,施愚山的人品、官品,在生前就已廣受贊譽;在其身後,流風餘韻依然深入人心。

《施愚山集》於 20 世紀 90 年代列入《安徽古籍叢書》,出版簡體字本。此次改用繁體,並充分吸納多年來的輯補成果,增加詩文共計四百二十多首（篇）。

影印寶永丁亥刻本《弘决外典鈔》考述

馮利華　陳嬋婧

摘　要：寶永丁亥刻本《弘决外典鈔》共計四卷，是日本村上天皇之子具平親王對《止觀輔行傳弘决》加以注釋編撰而成的漢文典籍。該書成於日本正曆二年(991)，書中共引用經書、辭書、史書、諸子散文、方誌等漢文典籍二百種，在文獻校勘方面具有較高的參考價值。

關鍵詞：影印；寶永丁亥；刻本；《弘决外典鈔》

引　言

《弘决外典鈔》又作《弘决外傳抄》，共計四卷，是日本村上天皇之子具平親王應一位僧人的請求，對唐朝僧人湛然(711—782)所撰的《止觀輔行傳弘决》加以注釋編撰而成的漢文典籍，成書於日本正曆二年(991)。該書在注釋中引用了大量漢文文獻，內容涉及經書、史書、諸子散文、文集等書及其注釋，其中許多文獻在中國已經遺佚，幸賴其引用，可窺其一斑。國內對該書的介紹，可追溯到晚清。楊守敬曾在《日本訪書志》中對寶永丁亥(1707)刻本《弘决外典鈔》作過叙錄，并指出該書所引古書的文獻資料價值很高。但囿於《弘决外典鈔》國別及刊行數量的限制，中國學術界對該書的關注和研究極少，只有余嘉錫、周祖謨等少數學者對《弘决外典鈔》有過部分利用。而日本方面，河野貴美子對《弘决外典鈔》有系列研究，如《〈弘决外典鈔〉所引漢籍考——具平親王的學問及周邊的漢籍》[①]、《具平亲王〈弘决外典鈔〉の方法》[②]以及《關於北京大學圖書館藏余嘉錫校〈弘决外典鈔〉》[③]。正如河野貴美子所言，"寶永丁亥刻本也是稀覯本"[④]，受收藏地域及傳播範圍等因素的影響，中

---

* **作者簡介**：馮利華，女，長沙理工大學文法學院(湖南長沙 410014)，副教授，文學博士，主要從事訓詁學、文獻學研究。

陳嬋婧，女，長沙理工大學文法學院研究生，主要從事漢語史研究。

本文爲湖南省教育廳重點項目"日藏漢文典籍《弘决外典鈔》的整理與研究"階段成果(17A012)

① ［日］河野貴美子：《〈弘决外典鈔〉所引漢籍考——具平親王的學問及周邊的漢籍》，《甘肅社會科學》2008 年第 5 期，第 192—196 頁。

② ［日］河野貴美子：《具平亲王〈弘决外典鈔〉の方法》，《海を渡る天台文化》，東京：勉誠社，2008 年，第 49—80 頁。

③ ［日］河野貴美子：《關於北京大學圖書館藏余嘉錫校〈弘决外典鈔〉》，《域外漢籍研究集刊》第七輯，北京：中華書局，2011 年，第 233—251 頁。

④ 《關於北京大學圖書館藏余嘉錫校〈弘决外典鈔〉》，第 235 頁。

國學者很难寻获到此种文獻。隨着古籍數字化技術的提升,學術公器理念的深入,原先的稀見古籍突破了國籍地域的限制而能在網絡上搜獲。本文即以寶永丁亥(1707)刻本的影印本《弘决外典鈔》爲研究材料,①擬從《弘决外典鈔》的外部特徵描述、編排體例、引用古籍以及文獻價值等方面進行討論,若有不當未盡之處,敬請方家指正。

一、關於《弘决外典鈔》的外部特徵

《弘决外典鈔》四卷,兩册綫裝,日本内閣文庫收藏,每册封面左側有題名和分卷,即第一册題名"弘决外傳抄",下有"一二",第二册題名"弘决外傳抄",下有"三四"。封面中間上中下部位有三個標籤,都是介紹收藏的基本資訊,有"内閣文庫"、"和書門"、"18044號"、"二册"、"七架"、"函號193/211"等字樣。兩册封面右上側皆有"昌平阪學問所"印鈐。第一册封面右下還有"釋家七、三"和"193—211"標識。

書内版式爲半頁九行十八字,四周單邊,白口單魚尾,邊欄標注書名、卷數和頁碼。扉頁右側刻有"談峰念誦崛增賀聖像"九字,中間則是聖像。同時有"日本政府圖書"、"林氏藏書"、"淺草文庫"等印鈐。

書前有兩段序言,首先是刻《弘决外典鈔》序,其序爲:

村上天皇皇子具平親王欲助學者之檢討,譔《弘决外典鈔》四卷,以就正於我談峰增賀上人。其後歲月綿遠,鈔本不傳,惟存序文,慕古之人不堪沈珠之嘆也。往載我山學頭住心院僧正俊公嘗得其序,爲之大喜,手自書之而題其後,榜乎念誦崛上人廟前,蓋欲使後學者見序知有此書,索得而傳于世也。余於是發憤遍尋諸方,有年於兹,今年丁亥,偶寓東武感應精舍,因譚之於身延山亨公,公探諸藏函以寄,余乃不勝慶躍,如得隋和。嗚呼! 此書久隱,而今復顯矣,因緣所遇,可謂奇矣! 遂付剞劂氏,以廣其傳,庶幾乎繼上人親王之志於萬世而不負於僧正之所願矣。旹寶永丁亥六月九日,談峰壽命教院沙門光榮謹書。

序後是"光榮之印"。

然後是《弘决外典鈔》序,其文如下:

余竊見天台章疏,智者大師已説三種之止觀,深顯一乘之妙理,圓融實相,一心三觀,佛旨殆盡歟。章安一聞,記之妙樂,後來弘之,或假儒墨,以爲比喻,或采陸、郭以釋音訓,欲令末代下根易得覺悟也。當知四依,菩薩爲如來使,遞爲師弟弘宣正教矣。去年有一僧相語曰:"我宗法文多引《外典》,就中《弘决輔行記》太爲繁粹,後來末學不必兼習,況轉寫之間,點畫多誤,披讀之處,文義易迷,羨勘本書以决疑滯。"余自知不才,再三辭謝,然而苦請不休,難得默止。今直鈔《外典》之文,引本書而注之,其未决者,缺而不論,撰爲四軸,號《弘决外典鈔》,筆削甫就,欲聞臧否,先寫一本敬贈多武岑賀公,庶世世與公結因緣,猶今章安與妙樂

---

① http://forum.er07.com/forum.php? mod=viewthread&tid=80914&highlight=%E5%A4%96%E5%85%B8

焉。於時正曆二年二月廿九日也。

此外,正文中有訓點(訓讀符號),卷尾有《弘决外典鈔》跋,其文如下:

> 《外典鈔》四卷,故中書王具平親王之所撰也。此書散亡,近世不傳。談岑僧光榮有耽古書之癖,搜索已多年矣。獲之於甲州身延經藏,繕寫訂正,刻梓行世。蓋曠遠之寶來於所尊;至希之珍聚於所好。故荆南之金爲比屋之用;徑寸之珠爲侯國之寶,凡物皆然。此書之行,四美具焉。親王以貴勤學,手自纂輯,此美之一也;尊賢忘勢,就正增賀,此美之二也;既亡之書,再行於世,真是不朽盛事,此美之三也;光榮耽古之深,好學之篤,其亦與此書不滅,此美之四也。讀者不可以不識焉。
>
> 寶永己丑秋九月北可昌謹跋。

跋後另頁附有毗沙門天圖像,書尾有向松館藏書目録。

二、關於《弘决外典鈔》的體例

《弘决外典鈔》四卷十篇的安排如下:卷第一複一二、卷第二複三四、卷第三複五六、卷第四複七八九十。卷一結尾有"弘决外典鈔卷第一終",其餘各卷依此類推。其體例本文擬從兩方面來探討。

1. 刊刻體例

先看刻本對於身延山舊本的處理,書前"刻弘决外典鈔凡例"交代得很清楚:

> 延山舊本所舉《弘决》前後相接,連續難見,今加圈以別;所舉《弘决》與行於世不同,未識據何本,今隨舊本;本文並注中字誤者,今改之,或脱文或衍文或字疑者,各標注於上。

從上可知,刊刻時對舊本作了文獻分類和校勘處理。我們不妨通過具體文獻來觀照上述刻書凡例,例如:

> 俗中太師、太傅、太保皆師義。[《宋書·志》曰:"自太師至太保,是爲三公,論道經邦,燮理陰陽,所以調護人主,導以德義者也。"]①○《論語》云:"生而知之者上;[案:《皇侃義疏》:"是謂聖人也。"]學而知之者次;[案:《義疏》:"是謂上賢也。"]困而學之又其次也;[案:《義疏》:"是謂中賢以下也。"]困而不學,民斯爲下矣。"[案:《義疏》:"謂下愚也。"]○書云:"青出於藍而青於藍,染使然也。"(卷一/7②)

顯然《弘决》中這三段引文的出處和討論的問題各不相同,原來的延山底本都是前後連接,刊刻時則加圈隔斷,以示區別。

---

① 方括號外的文字是《止觀輔行傳弘决》的原文,方括號內的文字爲具平親王的注文,本文後面的引用與此同。

② 斜綫前表示《弘决外典鈔》的卷數,斜綫後面的數字表示頁碼。

《弘決外典鈔》的引用文獻與今本文字多有出入，刻本在不影響識讀的情況下一仍其舊，若是因文字訛誤、增衍及脫漏而識讀不暢，則在書眉上加以指明。例如：

  熱甚口噤，宜治以黃湯。梁武○臣者，《説苑》曰：人臣之行有六正六邪。（卷一/31）

顯然"梁武"語意未足，刻本在書眉上刻下"此下疑有脫文"六字。

2. 具平親王注釋的體例

具平親王的注文爲小字雙行夾注，注文的内容分爲注音、釋義、辨正文字的正俗或體、補充史實、指出典故來源出處等五個方面。其注釋體例如下：

（1）不重複出注。如果被注詞條或文字反復出現，只注一次，其餘則用"見上"或"見下"相互參見，如：

  四曰伯陽職處小臣，忝充藏吏［藏吏見上］（卷二/9）

所謂"見上"，是因爲卷二第七頁已經對老子作爲守藏史作過注解。

（2）一段文字中，被釋詞有兩個或兩個以上，在注釋時爲避免淆亂，分節作注，用"已上"兩字隔斷，表示對上一詞的注釋完畢，後面的文字是對另一詞條的解釋。如：

  ［其時又有安法師與帝情重，又著《二教論》十二篇，明道教攝在九流之内，不應獨爲教主，故教唯有二。《古今佛道論衡》云："周天和四年三月十五日，敕召有德衆僧名儒，帝自述三教優劣廢立，衆議紛紜，不定而止。有道安法師慧解洞達，内外淹通，乃撰《二教論》上之，臣下莫敢排斥，廢立遂寢。經六載，至建德三年五月十七日，普滅佛道二宗，簡擇名有譽者百二十員，竝著衣冠，名爲通道學士。"已上。九流者，《漢書・藝文志》云："儒家之流，蓋出司徒之官，助人君順陰陽，明教化者也……"］（卷一/26）

注文分別對"《二教論》"和"九流"兩詞作了注釋，爲避免因接續混淆，中間用"已上"隔斷。

（3）同一段注文中引用同一人的書，或著者加書名，或稱書名，或稱著者，或用書名的簡稱，如引用《論語》的注釋，或云"皇侃《論語義疏》"，或云"《論語義疏》云"，或云"皇侃曰"，或云"義疏云"等等。

（4）在一段注文中反復引用的同一個文獻，則在第一、二次注明出處後，其餘則用"同注"表示。如：

  臣者，《説苑》曰：人臣之行有六正六邪。一者萌兆未現，［《臣軌》注云：事未發之時也。］見存亡之機，名爲聖臣。二者進善通道，［《臣軌》注云：通有道之人於其君。］功歸於君，［同注云：功成事立雖由於己，而皆歸之於君也。］名爲大臣。三者卑身進賢，稱古行事，以勵主意，［同注云：謂往古之君所行之事，若堯舜禹湯之比，稱之以勵其君也。］名爲忠臣。（卷二/31）

（5）注文中引用各家學說，有時用"案"斷以己見。如：

俗典有計元氣而生。王肅曰："元氣分而爲天地，轉而爲陰陽，變而爲四時，別而爲鬼神。"［案：元氣，天地未別之前混元之氣，又名太一也。］（卷二/2）

三、關於《弘決外典鈔》的引文

《弘決外典鈔》的引文包括原《止觀輔行傳弘決》所引和具平注文所引文獻，數量衆多，其中有不少佚文，還有與今通行本不同的異文。楊守敬在《日本訪書志》卷四中曾提到：①

《輔行記》所引，已多異聞，如説"隋"字，云本無走，唐祚既興，謂隋已走，是故加之，與周、齊不遑寧處之説相反。又如張華治李子預病用八毒丸，稱出《本草》郭注。案《本草》無郭注，豈有誤字與？至於具平注中所引，如葛洪《兼名苑》②當出於《和名鈔》、麻果、韓知十、郭知玄、祝尚丘等之字書疑出於《東宮切韻》，《周書異記》、《漢法本内傳》、顧愷之《啓蒙記》③、《通玄》、賈大隱《老子疏》、周弘正《莊子疏》、劉瓛《孝經述議》④，皆古書之罕見稱引者。又如引皇侃《論語疏》，楊上善《太素經》、《明堂經》，或有疑其僞造者，不知彼國固流傳有緒也。

上引楊守敬所提到的這十來種引用文獻在中土業已散佚不傳，而這十幾種所引古書數量在《弘決外典鈔》中百不及一。可以説，《弘決外典鈔》的資料價值探索空間還非常大。

1. 引用書目

《弘決外典鈔》全書約六萬二千來字，共引用文獻 200 種，其具體引用情況詳見下表⑤：

序號	引書	次數	序號	引書	次數
1	八十一難經	4	2	八十一難經注（吕廣）	5
3	白虎通	8	4	抱樸子内篇	6
5	本草拾遺	1	6	本草注（陶弘景）	9
7	本草注（蘇敬）	6	8	辨正論	3
9	病源論	13	10	博物志	9
11	倉頡篇	2	12	曹憲云	1

---

① （清）楊守敬：《日本訪書志》，瀋陽：遼寧教育出版社，2003年，第 59—60 頁。
② 楊守敬在此處所記或有錯誤，寶永刻本《弘決外典鈔》並未將《兼名苑》和葛洪聯繫在一起，《兼名苑》的成書時間晚於葛洪所生活的年代，詳參拙文《南朝名物辭典〈兼名苑〉輯考》，《國學研究》第三十一卷，北京大學出版社，2013年，第 361—373 頁。
③ 寶永刻本《弘決外典鈔》原文作"啓蒙注"。
④ "議"，寶永刻本《弘決外典鈔》原文作"義"。
⑤ 本表列舉的引書和引用某某所説皆按音序排列，《弘決外典鈔》中若著者和書名連言，表中則將著者置於作品後，以便同一書的各類注釋能排列在一起。

續表

序號	引書	次數	序號	引書	次數
13	臣軌①	9	14	楚辭	2
15	楚辭注（王逸）	1	16	春秋後語	2
17	春秋元命苞	1	18	春秋左傳正義	1
19	大戴禮	1	20	帝王年代曆（釋靈實）	1
21	帝王世紀	3	22	帝係譜	1
23	杜延業云	1	24	爾雅	28
25	爾雅音義（孫炎）	1	26	爾雅注（郭璞）	10
27	爾雅注（李巡）	13	28	爾雅注（舍人）	2
29	爾雅注（孫炎）	11	30	二教論	2
31	方言注（郭璞）	1	32	風俗通	2
33	傅大士獨自詩	2	34	高僧傳	3
35	高士傳	1	36	高祖實錄	1
37	葛氏方	1	38	古今佛道論衡	5
39	管子	1	40	廣雅	8
41	郭知玄云	8	42	國語	4
43	國語注（韋昭）	1	44	韓康伯云	1
45	韓詩外傳	1	46	韓知十云	2
47	漢法本內傳	7	48	漢書	10
49	漢書音義	5	50	漢書注	7
51	河圖	1	52	弘演寺釋氏云	4
53	後漢書	11	54	後魏書志	1
55	華陽國志	1	56	淮南子	6
57	淮南子注	3	58	黃庭經注（尹氏）	1
59	兼名苑	1	60	江表傳	1
61	晉書	9	62	晉太康志	1
63	京房注	1	64	經典釋文	4
65	開元令	2	66	孔子家語	1
67	孔子家語注	1	68	孔子易林	1
69	坤元錄	11	70	老子	11

① 全書有八處引用《臣軌》注，還有一處引作《神軌》，疑爲字誤，故表中統計爲9次。

續表

序號	引書	次數	序號	引書	次數
71	老子疏(賈大隱)	4	72	老子述義(賈大隱)	5
73	老子義例	1	74	老子注(河上公)	7
75	老子注(玄宗皇帝)	1	76	禮記	16
77	禮記經解	1	78	禮記正義	10
79	禮記注	7	80	梁典	1
81	列女傳	1	82	列仙傳	2
83	列子	2	84	臨海記	1
85	靈應傳	3	86	劉子	2
87	論語	11	88	論語義疏(皇侃)	9
89	論語注(馬融)	7	90	論語注(鄭玄)	1
91	呂氏春秋	1	92	呂氏春秋注	1
93	麻果云	1	94	脉經要訣	2
95	毛詩	12	96	毛詩箋	7
97	毛詩正義	3	98	毛詩傳	4
99	孟子	1	100	明堂經	13
101	明堂經注(楊上善)	2	102	冥報記	1
103	牟子	3	104	内經山記	1
105	坤蒼	3	106	七曜圖	1
107	啟蒙注(顧愷之)	1	108	譙周云	1
109	青溪山記	1	110	三禮圖	1
111	三禮義宗	8	112	三十六物注	1
113	三五曆記	1	114	僧彪詩	1
115	山海經	4	116	山海經注	1
117	尚書	7	118	尚書傳	1
119	尚書大傳	2	120	尚書序	1
121	尚書正義	1	122	尚書注	5
123	神農本草經	21	124	神仙傳	1
125	尸子	2	126	十異九迷	10
127	十喻九箴	10	128	史記	31
129	史記索隱	5	130	史記音義	1
131	史記正義	1	132	史記注	1

續表

序號	引書	次數	序號	引書	次數
133	釋名	8	134	世説	1
135	蜀志	1	136	説文	30
137	説苑	5	138	宋書	1
139	隋書	1	140	孫愐云	8
141	孫氏瑞應圖	3	142	太公六韜	1
143	太素經	22	144	太素經注(楊上善)	14
145	太玄經	1	146	提謂經	1
147	天台山賦(孫綽)	1	148	天台山銘序	1
149	通俗文	1	150	通玄	2
151	王瞀夜云	2	152	王肅云	1
153	文選鈔	1	154	文選·甘泉賦	1
155	文選·海賦	2	156	吴志	1
157	五行大義	11	158	西河舊事	1
159	西京賦	1	160	西域記	1
161	仙經	1	162	相鶴經	1
163	孝經	1	164	孝經述義	6
165	孝子傳(蕭廣濟)	5	166	荀子①	1
167	續高僧傳·智顗傳②	3	168	顔氏家訓	1
169	楊玄操云	6	170	養生法	1
171	養性要集	3	172	要攬	1
173	藝經	1	174	異物志	1
175	易經	14	176	輿地志	1
177	與吴質書	1	178	玉策記	1
179	玉篇(顧野王)	9	180	御覽(祖孝徵)	4
181	雜字解詁	1	182	章安山記	1
183	長孫訥言云	2	184	中經	3
185	周髀	1	186	周禮	5
187	周禮注	10	188	周書異記	3

① 原文引用時並無《荀子》之書名，而是作"書曰青出於藍而青於藍"，今據引文内容查驗而補。
② 原書引用時作《本傳》，表中的書名乃據引文内容查驗而補。

續表

序號	引書	次數	序號	引書	次數
189	周易正義	8	190	周易注（王弼）	1
191	祝尚丘云	1	192	莊子	24
193	莊子講疏（周弘正）	1	194	莊子疏（成玄英）	33
195	莊子注（郭象）	4	196	子鈔	1
197	字書	1	198	字統	2
199	左傳	2	200	左傳注	3

2. 引書分析

通過上表統計，可以看出《弘決外典鈔》在引用文獻上具有如下幾個特徵：

（1）除了少數幾個"某某云"外，其餘絕大部分引用標明了書名或篇名。而這幾個"某某云"有楊守敬提到的麻果、韓知十、郭知玄、祝尚丘，還有曹憲、杜延業、孫愐、王瞀夜、長孫訥言等人。這種不提書名只指人名的引用，無疑給引文的出處帶來不確切性，因爲它們可能出自某書，如楊守敬懷疑書中的麻果、韓知十、郭知玄、祝尚丘等人的注釋出自《東宫切韻》，但也存在轉引其他著述的可能。

（2）引書的種類衆多，内容豐富。全書共引用二百種古代典籍，經、史、子、集皆有體現，内容涉及天文、地理、文學、語言文字、歷史、哲學、宗教、藝術、醫藥、術數、軍事等方面。

（3）引用頻次不均。文獻引用頻次較多的前十種文獻依次是成玄英《莊子疏》33次、《史記》31次、《説文》30次、《爾雅》28次、《莊子》24次、《太素經》22次、《本草經》21次、《禮記》16次、《易經》14次、楊上善《太素經》14次。而僅引用1次的典籍和注疏達到95種，幾乎是全部引書數量的一半。

這95種文獻，不論是湛然《止觀輔行傳弘決》所引，還是具平注釋所引，這個將近50％的低頻次引用，又直接牽涉到另一個重要問題——引書的來源。正如河野貴美子所説："具平親王是否親自調查了這些各種不同的典籍呢，還是具平親王利用了《修文殿御覽》等便於引用的類書的記載而進行的注釋呢？"[①]無論哪種情況，注釋所引都反映了十一世紀之前傳入日本的漢籍情況，但同時也提醒著一個事實，在探討《弘決外典鈔》的佚文和異文資料價值時，應該考慮到湛然和具平親王對典籍的解讀程度和採摘渠道，以及《弘決外典鈔》本身在流傳過程中可能帶來的損失性。前面楊守敬在《日本訪書志》中對於張華治李子預病用八毒丸的文獻出處提出過質疑，《弘決外典鈔》稱出自《本草》郭注，但《本草》並無郭注，楊守敬"豈有誤字與"，已表明他對佚文的謹慎態度。再看看以下幾條關於《説文》的引文：

①《説文》云："月者，闕也。有盈有闕，故名爲闕。"（卷一/15）
②《説文》云："月者，亦名望舒，月望則舒。"（卷二/10）

---

① 《關於北京大學圖書館藏余嘉錫校〈弘決外典鈔〉》，第246頁。

③《説文》云:"月者,亦名恒娥,亦名常娥,月初月末①,恒常如娥。"(卷二/10)

以上三條都是《止觀輔行傳弘決》外典所引《説文》,三條對"月"的解釋各不相同,只有第一條與今通行本略同。今《説文·月部》:"月,闕也,太陰之精。"②其他兩條不見於今通行本。這三條引文有兩個特點:一是都對注文自我箋釋,如解釋"闕"、"望舒"、"恒娥"、"常娥"等。二是用"亦名"指出了"月"的多個別名,而無論是今通行本《説文》還是唐寫本《説文解字》殘卷,皆用"一曰"表示別名。這從一個側面説明《止觀輔行傳弘決》的引用文字可能並非全部出自《説文》原典,有的可能直接引自原文,有的則可能轉引自其他書籍,有的甚至竄入後人的注釋。如果是轉引自某部類書,則存在節引、意引,甚至錯引的可能。

四、關於《弘決外典鈔》的文獻校勘價值

《弘決外典鈔》引用書目和引文數量都比較多,雖然文獻自身在流傳過程中難免出現文字的訛誤、增衍、脱漏等現象,但在文獻校勘中仍然具有較高的參考價值。

1. 印證現有的校勘成果

(1)《説苑》云:鳳,鴻前麟後,蛇頸魚尾,頷顙而鴛鴦思,龍文龜身,燕喙雞喙,足履正,尾繫武,小聲合金,大音合鼓。延頸奮翼,五光備舉,光興八風,氣降時雨。(卷三/13)

此段文字也見於今通行本《説苑·辨物》③,其中"頷顙而鴛鴦思",今《説苑·辨物》作"鶴植鴛鴦思,麗化枯折所志"。向宗魯校證引盧文弨的校勘,盧將"鶴植"校作"鸛顙",又認爲其後的"麗化枯折所志"六字爲衍文。從《弘決外典鈔》所引來看,可印證盧校"麗化枯折所志"爲衍文,應該無誤。而將"鶴植"校作"鸛顙",其校"植"爲"顙"也得以印證。至於"鶴"是否是"鸛"之誤,還可商議。

(2)《抱樸子内篇》云:昔吴越有禁咒之法,甚有明效,正須氣可以禳天災,可以禁鬼神。又曰:蓋用氣者,噓水,水爲之逆流數步。噓火,火爲之滅。噓虎狼,虎狼伏而不得動起。噓蛇虺[許偉反],蛇虺蟠而不能岙。(卷二/14)

上段引文又見今通行本《抱樸子内篇·至理》④,其中"虺",今《抱樸子内篇校釋》作"蜂",王明根據寶顔堂本校作"虺"。《弘決外典鈔》的引用可驗證王明所校無誤,特别是"虺"字後的反切注音"許偉反"更説明具平當時所看到的《抱樸子内篇》,其字爲"虺"而非"蜂",否則也不會特意標注讀音。

2. 校勘現通行本古籍

(1)《説苑》:"黄帝詔伶倫作爲音律,乃之昆侖之陰,取竹於嶰谷,以生竅厚

---

① 原書刻作"未",今校正作"末"。
② (東漢)許慎《説文解字》,北京:中華書局,1996年,第141頁。
③ 向宗魯:《説苑校證》,北京:中華書局,2015年,第455頁。
④ 王明:《抱樸子内篇校釋》(增訂本),北京:中華書局,1985年,第114頁。

薄均者,斷兩節間,其長九寸,而吹之,次制十二管,聽鳳凰之鳴,以别十二律,其雄鳴爲六律,其雌鳴爲六吕也。"(卷一/7)

此段文字出自《説苑·修文》,今通行本如向宗魯《〈説苑〉校證》無"次制十二管"五字,且"鳳凰"作"鳳"①。兩相比堪,《弘決外典鈔》所引更貼合上下文語意。首先,"十二管"作爲古代的定律器,其長短粗細不同,音調也不同。通行本脱漏了"次制十二管",在語意上難以與後文的"以别十二律"相照應。同理,根據後文"其雄鳴爲六律,其雌鳴爲六吕也",鳳鳥既分雌雄,由此可推斷《弘決外典鈔》作"鳳凰"更爲允當。《爾雅·釋鳥》:"鷗,鳳。其雌皇。"通行本單言"鳳",與後文的"其雌""其雄"不相照應。其次,從其他文獻旁證來看,亦當有"次制十二管"五字。如《吕氏春秋·古樂》:"昔黄帝令伶倫作爲律……,斷兩節間,其長三寸九分,而吹之,以爲黄鐘之宫,吹曰舍少。次制十二筒,以之阮隃之下,聽鳳皇之鳴,以别十二律。"②《風俗通義·聲音》與《吕氏春秋》略同,字作"制十二箭"③。而《太平御覽》卷五六五"樂部三·律吕"引《吕氏春秋》則作"次制十二管"④。《皇明經世文編》卷二五一"律吕"與《弘決外典鈔》所引略同,其文作"次制十二管,於昆侖之下,聽鳳凰之鳴,以制十二律"⑤。綜合以上分析和文獻例證可推斷,《弘決外典鈔》此處所引《説苑》在語意上比今通行本更貼切合理。

(2) 血[《太素》云:中膲受氣取汁,變化而赤,是謂血也。](卷四/18)

按:今《黄帝内經太素》卷二"六氣":"何謂血? 岐伯曰:'中焦受血於汁,變化而赤,是謂血。'"⑥兩相比較,一作"受氣取汁",一作"受血於汁",竊以爲《弘決外典鈔》中具平所引《太素》"受氣取汁"更具説服力。首先是黄帝有所疑,問"何謂血",岐伯有所答,在解釋中不可能以疑釋疑,因此"受血"必有誤。其次,從其他旁證來看,"血"也當作"氣"。如《靈樞經》卷四"營衛生會第十八":"黄帝曰:'願聞中焦之所出。'岐伯答曰:'中焦亦並胃中,出上焦之後,此所受氣者,泌糟粕,蒸津液,化其精微,上注於肺脉,乃化而爲血,以奉生身。'"⑦又卷六"決氣第三十":"何謂血? 岐伯曰:中焦受氣取汁,變化而赤,是謂血。"⑧此與《太素》所引相同。據此推斷,《弘決外典鈔》所引《太素》此處文字可信度更高,中醫古籍出版社整理的《黄帝内經太素》此處文字有誤,當以"中焦受氣取汁"爲確。

(3) 垢汗[《太素》云:水穀入於口,輸於腸胃,其液别爲五。天寒衣薄,則爲弱與氣。天熱衣厚,則爲汗,悲哀氣並則爲泣,中熱胃緩則爲唾,邪氣内逆則氣爲

---

① 《説苑校證》,第 499—500 頁。
② 許維遹:《吕氏春秋集釋》,北京:中華書局,2016 年,第 103 頁。
③ 吴樹平:《風俗通義校釋》,天津:天津人民出版社,1980 年,第 218 頁。
④ (宋)李昉:《太平御覽》,北京:中華書局,2013 年,第 2554 頁。
⑤ (明)陳子龍:《皇明經世文編》卷二五一,平露堂刻本,第 11 頁。
⑥ (隋)楊上善:《黄帝内經太素》,北京:中醫古籍出版社,2016 年,第 9 頁。
⑦ 劉衡如校:《靈樞經》,北京:人民衛生出版社,1964 年,第 93 頁。
⑧ 《靈樞經》,第 128 頁。

之閉塞而不行。不行則爲水脹,水脹,病也。液,汁也。](卷四/18)

按:上段文字中的"閉塞"之"塞",中醫古籍出版社整理的《黄帝内經太素》作"寒"①。"閉寒"不辭,"閉塞"則語意平順。且《靈樞經》與《弘决外典鈔》所引《太素》同,②字亦作"閉塞"。又《諸病源候論》卷二一"水腫病諸候"中,皆因經脉閉塞、水氣結聚所致,如"水腫候":"三焦不寫,經脉閉塞,故水氣溢於皮膚而令腫也。"③又"大腹水腫候":"而大腹水腫者,或因大病之後,或積虚勞損,或新熱食竟,入於水,自漬及浴,令水氣不散,流溢腸外,三焦閉塞,小便不通,水氣結聚於内,乃腹大而腫。"④據此推斷,今中醫古籍出版社所整理的《黄帝内經太素》中此處文字有誤,"塞"、"寒"形近而訛,當以《弘决外典鈔》所引爲確。

結　語

本文對《弘决外典鈔》的研究價值只是列舉性探討,實際上《弘决外典鈔》的文獻價值並不限於輯佚和校勘,書中的俗字、反切注音、疑難俗語詞等對於漢語史研究和辭書編纂都具有很高的文獻參考價值。同時,在研究方法上,還可將它與同時代的《倭名類聚抄》進行平行比較,爲我們瞭解十一世紀前中國文獻面貌提供更爲可靠的資料依據。

---

① 《黄帝内經太素》,第 490 頁。
② 《靈樞經》,第 138 頁。
③ (隋)巢元方撰,丁光迪主編:《諸病源候論校注》,北京:人民衛生出版社,2014 年,第 423 頁。
④ 《諸病源候論校注》,第 425 頁。

韓國嶺南大學圖書館藏貴重圖書舉要*
——以朝鮮時代東亞交流文獻爲例

姚詩聰

摘　要：嶺南大學作爲韓國數一數二的地方私立名校，其中央圖書館藏有古籍八萬餘册，其中有不少是屬於貴重圖書，内容廣泛，涉及東亞國别研究、東亞文化交流研究的諸多方面。而作爲其中重要類别的東亞交流文獻，更是因爲館藏有兩部學術價值非凡的朝鮮時代東亞交流文獻，即楓溪賢正《日本漂海録》和作者不詳的《南胤傳》，而顯得彌足珍貴，值得向學界推介，故試作舉要，以拋磚引玉。

關鍵詞：韓國嶺南大學圖書館；朝鮮時代；東亞交流文獻；《日本漂海録》；《南胤傳》

主校區位於韓國第四大城市——大邱廣域市近郊慶尚北道慶山市的嶺南大學，是韓國數一數二的地方私立名校。位於嶺南大學主校區的中央圖書館擁有館藏圖書183萬餘册，其中古籍8萬餘册。古籍中有不少屬於貴重圖書，内容十分廣泛，涉及東亞國别研究——韓國學、日本學、中國學研究以及東亞文化交流研究中的歷史學、地理學、方志學、文學、語言學、經學、禮學、宗教學、醫學、政治學、法學、書學、教育學、農學、社會學等諸多方面，學術價值極高。而作爲其中的代表類别、具有重要學術意義的東亞交流文獻，更是因爲館藏有兩部學術價值非凡的朝鮮時代東亞交流文獻，即楓溪賢正《日本漂海録》和作者不詳的《南胤傳》，前者乃罕爲學界所知的朝鮮漂海録文獻，後者是不爲大陸學界所熟知的壬辰倭亂題材小説文獻，彌足珍貴，值得向學界推介。另外以韓國大學圖書館爲單位視角，將其中館藏中具有重要學術價值的珍貴文獻向學界推介的相關研究成果在大陸學界至今仍爲空白，故試作此舉要，以拋磚引玉。

一、韓國嶺南大學及嶺南大學中央圖書館簡介

嶺南大學作爲韓國數一數二的地方私立名校，是由原大邱大學（1947年建立）和青丘大學（1950年建立）在1967年合併而來，創建者爲韓國前總統朴正熙。現有兩個校區，占地面積270餘萬平方米，是韓國占地面積最大的高校之一，主校區位於韓

---

*　**作者簡介：**姚詩聰，男，韓國嶺南大學漢文學科（韓國慶山38541），科研助教，文學碩士，主要從事韓國學研究、東亞文化交流及比較研究。

國第四大城市——大邱廣域市近郊的慶尚北道慶山市,副校區位於大邱廣域市南區。現擁有 15 個單獨學院,1 個獨立學部,68 個學部(系),12 個研究生院,有 100 個本科專業,81 個博士學位授權一級學科,88 個碩士學位授權一級學科,是韓國首爾地區以外科系最齊全、綜合性最強的高校。嶺南大學的博士學位授權一級學科數與碩士學位授權一級學科數、本科專業數,置於大陸高校中無疑也名列前茅。

位於慶山主校區的嶺南大學中央圖書館,是嶺南大學最具代表性的校園建築,也是韓國嶺南地區規模最大的高校圖書館之一。其前身是成立於 1947 年的大邱大學圖書館,占地面積 20283 平方米。現有藏書總計 183 萬餘册,其中東洋書 126 萬餘册,西洋書 37 萬餘册,古籍 8 萬餘册,非圖書材料 10 萬餘件。另有連續刊行物 1000 餘種,電子新聞 22000 餘種。

二、韓國嶺南大學中央圖書館藏貴重圖書概要

據嶺南大學民族文化研究所主編叢書《韓國嶺南大學中央圖書館所藏貴重圖書解題集》知,韓國嶺南大學中央圖書館所藏貴重圖書總計百餘册。多爲韓國朝鮮時代漢籍文獻,少數爲韓國諺文(韓文)文獻。而嶺南大學在創校之初,就因其圖書館擁有多達 3 萬餘册、在韓國各大藏書機構中藏書量位居前列的中文圖書館藏量而成爲韓國漢學研究的重鎮之一。嶺南大學主辦的中國學刊物《中國語文學》《中國和中國學》,在韓國學界擁有一定的影響力。作爲韓國學研究重鎮之一的嶺南大學民族文化研究所還主辦有韓國學研究重要刊物——《民族文化論叢》。不僅如此,嶺南大學主辦的人文社科研究刊物還有在海外擁有一定影響力的《東亞人文學》,可見嶺南大學在漢學、韓國學、中國學等人文社科領域的不凡實力。嶺南大學中央圖書館所藏貴重漢籍中既有古代韓國人所著漢籍,亦有韓國歷史上翻刻的中國漢籍。一些是已廣爲大陸學界所知的著名文獻,更有仍不爲國内學界所熟知、但學術價值不凡的重要文獻。館藏貴重圖書擁有極高的學術價值,内容十分廣泛,涉及東亞國别研究——韓國學、日本學、中國學研究(尤其是韓國學研究與中國學研究)以及東亞文化交流研究中的諸多方面,如歷史學、地理學、方志學、文學、語言學、經學、禮學、宗教學、醫學、政治學、法學、書學、教育學、農學、社會學等多個方面。涉及韓國學研究方面的貴重圖書有如《金陵集》《覃研齋詩稿》《大方廣圓覺修多羅了義經》《東國歷代史略》《四禮纂説》《守城册子》《雅誦》《兩銓便考》《御定杜陸千選》《御定朱書百選》《儷文程選》《列聖志狀通紀》《陸律分韻》《闡義昭鑒》[①]《各樣公牒謄書》《救急簡易方》《綺里叢話》《羅州細花面昌屹里致死男人金甘同老覆檢文案》《洛下尺牘》《南征記》《論語諺解》《楞嚴經諺解》《發心修行草》《法華靈驗傳》《北兵營慶興府所納營需捧上時情錢革罷事節目》《三綱行實圖》《三峰先生集》《象村先生集》《釋譜詳節序》《辛卯九月以後公文謄書》《釋譜詳節序》《阿彌陀經諺解》《陽村先生入學圖説》《語録解》《五倫行實圖》《日本漂海録》《顛末録》《題辭謄録》《鐘城府京各司各樣例納入下於官下不下於民庫下記節目》《鐘城府官廩中排外三四條件考兵營

---

① 영남대학교민족문화연구소:《영남대학교 중앙도서관 소장 귀중도서 해제집 1》,서울:경인문화사,2012,第 37—302 頁。

各樣作穀色落革罷與代錢節目》《太上感應篇圖説》《豹庵書帖》《鄉藥集成方》《戶房膳録》《會寧府民騷擾時關文與查報草》①《歌曲十三種》《歌曲十四種》《歌曲三十八種》《江左親病日記》《稧案》《古文真寶諺解》《教訓歌》《金蘭契案》《内訓》《農家集成》《同居稧案》《東京志》《東國詩話》《東國稗史》《童蒙先習》《小學諺解》《新訂尋常小學》《益葉記》《燕行歌》《念佛普勸文》《六典條例》《二倫行實圖》《壬辰録》《朝鮮詩文變遷》《斥邪綸音》《學稧案》《韓客巾衍集》《閑居録》②等多種珍貴文獻。其中不乏有仍不爲國内學界所熟知、但學術價值不凡的重要文獻,即包括韓國諺文(韓文)文獻,如屬於朝鮮時代東亞交流文獻類别的兩部珍貴文獻,即楓溪賢正《日本漂海録》和作者不詳的《南胤傳》,有必要向國内學界推介。

　　所謂朝鮮時代的東亞交流文獻,即是指由朝鮮時代的朝鮮人記述自身或本國人往來同處於東亞漢字文化圈之中的中國(含臺灣)、日本、琉球乃至於越南的所見所聞等交流來往情況的文獻,主要是漢文文獻,亦存在國語文獻,主要是歷史文獻,亦存在文學文獻。朝鮮時代的東亞交流文獻的産生緣由與背景,可分爲兩大類型,即由於官方交流往來而産生的文獻與民間交流往來而産生的文獻。限於當時的科技水準,屬於官方交流往來而産生的文獻數量最多,因朝鮮燕行使使行中國而有朝鮮燕行録文獻,因朝鮮通信使出使日本而有朝鮮通信使文獻。除了官方和平交流往來之外,亦有非和平形式的交流往來即戰争,而因爲戰争,亦有交流文獻的産生,如壬辰倭亂俘虜文獻——魯認《錦溪日記》、姜沆《看羊録》、鄭希得《月峰海上録》等文獻。屬於民間交流往來而産生的文獻,主要是指由於海上意外漂流而産生的漂海録文獻,如崔溥《漂海録》、鄭運經《耽羅聞見録》、張漢喆《漂海録》、李邦翼《漂海歌》、崔鬥燦《乘槎録》等漂海録文獻。上述文獻皆爲歷史文獻,亦有文學文獻,如吴明濟《朝鮮詩選》,如壬辰倭亂、薩爾滸戰役題材小説——《壬辰録》《崔陟傳》《周生傳》《韋敬天傳》等文學文獻。上述朝鮮時代的東亞交流文獻多已廣爲大陸學界所知,尤其是朝鮮燕行録文獻和朝鮮通信使文獻,而對於壬辰倭亂俘虜文獻、朝鮮漂海録文獻、東亞交流文學文獻或多或少亦都已有相關研究成果問世③但是對於嶺南大學中央圖書館藏的這兩部學術價

---

　　① 영남대학교 민족문화연구소:《영남대학교 중앙도서관 소장 귀중도서 해제집 2》,서울:경인문화사,2013,第 19—386 頁。
　　② 영남대학교 민족문화연구소:《영남대학교 중앙도서관 소장 귀중도서 해제집 3》,서울:경인문화사,2014,第 19—367 頁。
　　③ 大陸學界對於壬辰倭亂俘虜文獻、朝鮮漂海録文獻、東亞交流文學文獻的研究成果略舉如下,王乙珈:《韓國漢文小説〈壬辰録〉研究》,上海師範大學 2017 年碩士論文;張徐依:《〈錦溪日記〉所記人物與福建風俗研究》,浙江工商大學 2017 年碩士論文;盛强:《壬辰倭亂戰争時期戰争體驗漢詩研究》,延邊大學 2016 年博士論文;全銀花:《朝鮮時期中國江南體驗文學研究——以崔溥、李邦翼、崔鬥燦、魯認爲中心》,南京師範大學 2016 年碩士論文;黄愛玲:《十九世紀上半葉中朝文人文學交流關係研究》,延邊大學 2015 年碩士論文;王柏松:《〈三國演義〉對〈壬辰録〉的影響研究》,延邊大學 2015 年碩士論文;李岩:《明萬曆年間朝鮮人魯認的〈錦溪日記〉研究》,浙江工商大學 2015 年碩士論文;田潤輝:《以壬辰倭亂爲背景的漢文小説中的中國形象》,山東大學 2012 年碩士論文;王亞楠:《壬辰倭亂時期俘虜體驗文學研究》,南京師範大學 2008 年碩士論文;馬東峰:《朝鮮權蹕〈周生傳〉的文化詮釋》,《延邊大學學報(社會科學版)》2017 年第 6 期;姚大勇:《散文抑或小説——張漢哲〈漂海録〉撰述性質考辨》,《域外漢籍研究集刊》2016 年第 1 期;丁晨楠:《十九世紀初東亞漂海録〈乘槎録〉的編纂與版本》,《域外漢籍研究集刊》2016 年第 1 期;杜慧月:《以"小華"觀"中華"——壬辰倭亂後朝鮮戰俘魯認的中國之行》,(轉下頁)

值非凡的朝鮮時代東亞交流文獻,即楓溪賢正《日本漂海錄》和作者不詳的《南胤傳》,前者是屬於朝鮮時代的漂海錄文獻,屬於民間交流往來而產生的歷史文獻;後者是屬於朝鮮時代的壬辰倭亂題材小說,即官方交流往來而產生的文學文獻仍不爲大陸學界所知,更別提能有相關研究成果的問世可言,但在韓國學界關於這兩部東亞交流文獻早已有整理和研究成果問世[①],故極有向國内學界推介的必要性。

三、韓國嶺南大學中央圖書館藏《日本漂海錄》概要

嶺南大學中央圖書館藏一卷一册筆寫本《日本漂海錄》是僧侣楓溪賢正在1821年(清朝道光元年、朝鮮純組二十一年)創作的漂海錄作品。《日本漂海錄》是楓溪賢正應全羅南道海南郡大苞寺(大興寺)之邀,將在慶州佛石山建好的千佛像運回大苞寺途中,在釜山前海不幸遭遇颱風而漂流到日本長崎,停留一段時間,最終回到朝鮮,在此緣由下創作出的作品。19世紀的朝鮮僧侣中,擁有日本之行經歷並留下文獻記載的僧侣雖零零星星地存在,但其中唯數楓溪賢正《日本漂海錄》的歷史意義最爲重大。嶺南大學中央圖書館藏《日本漂海錄》的封面内側蓋有金庫基於1971年6月10日捐贈的圖章,原收藏者金庫基在一旁還寫有"出自秋史先生後裔家"的字樣,可知在此之前該文獻的收藏者是朝鮮時代傑出書畫家、金石學家金正喜的後裔。

關於作者楓溪賢正的資料寥寥無幾,但從中亦可窺得關於楓溪賢正的資訊一二。在《日本漂海錄》的本文末尾寫有"辛巳七月四日綾州雙峰寺僧楓溪記"可知在寫作《日本漂海錄》時,楓溪賢正的身份是綾州(今韓國全羅南道和順郡)雙峰寺的僧侶。除此之外,還零零星星地存在著關於楓溪賢正的材料,有如吴世昌在其所著《槿域書畫征》中提到,作爲畫員僧的楓溪賢正,在將慶州石窟庵建造的千佛像用船運回大苞寺的途中遭遇風浪,漂流到日本並留下《漂海錄》。由此可見楓溪賢正是當時著名的畫員僧。

(接上頁)《古代文明》2016年第3期;帥倩:《一位被俘入倭的朝鮮人與明代福建官員學人之交往——以魯認〈錦溪日記〉、〈錦溪集〉爲中心》,《海交史研究》2016年第1期;姚大勇:《張漢哲〈漂海錄〉述介》,《古典文學知識》2013年第1期;潘承玉:《明清紹興的人口規模與"士多"現象——韓國崔溥〈漂海錄〉有關紹興記載解讀》,《浙江社會科學》2011年第2期;范金民、羅曉翔:《朝鮮人眼中的清中期中國風情——以崔鬥燦〈乘槎錄〉爲中心》,《史學集刊》2009年第3期;曹春茹:《韓國崔溥〈漂海錄〉中的負面中國形象》,《當代韓國》2007年第4期;靳大成:《東域學手記(一)——以〈壬辰錄〉、〈看羊錄〉、〈懲毖錄〉爲例看1592—1598年朝鮮半島戰争史研究》,《韓國學論文集》2005年第1期;汪如東:《朝鮮人崔溥〈漂海錄〉的語言學價值》,《東疆學刊》2002年第1期。

① 有关《日本漂海录》的整理和研究成果主要參見:풍계현정(楓溪賢正),김상현옮김,《일본표해록》,동국대학교출판부,2010;정민,《대흥사 천불전 부처의 일본 표류와조선표객도》,《문헌과해석》48호,2009;정성일,《해남 대둔사 승려의 일본 표착과체험(1817—1818)》,《한일관계사연구》32집,2009。有关《南胤传》的整理和研究成果主要參見:박용식역주,《남윤전》,고려대민족문화연구소,2009;장준기,《〈남윤전〉연구》,《국어국문학》,2001;조희웅,《고전소설 이본목록》,집문당,1999;김연호,《〈남윤전〉고》,《어문논집》35,1996。

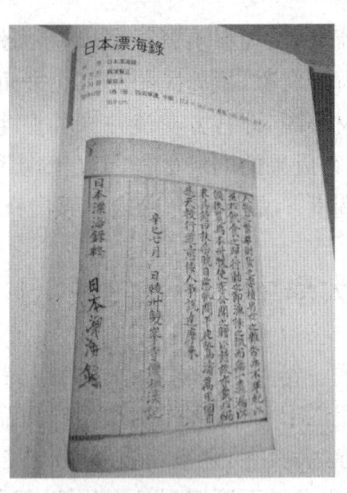

嶺南大學圖書館藏楓溪賢正《日本漂海録》

　　正是因爲其作爲畫員僧的名聲，楓溪賢正才會應大芚寺䄄虎大師之邀去負責千佛像的建造任務。1811年（清朝嘉慶十六年、朝鮮純組十一年），大芚寺因爲火災被毀。作爲重建工程中的重要環節，1817年（清朝嘉慶二十二年、朝鮮純組十七年）楓溪賢正才會因爲建造千佛像而受到大芚寺䄄虎大師的邀請，據《日本漂海録》載，其建造千佛像的地點是慶州佛石山。但另據《大芚寺䄄虎大師碑銘》載，建造地點是祇林寺，而據吳世昌《槿域書畫征》所載，建造地點是石窟庵。而祇林寺所在爲慶州含月山，石窟庵所在爲慶州吐含山。三個地點分屬慶州境內三座不同的山峰，在此三地點中，筆者認爲應以作爲佛像建造工程的負責人和親歷者的楓溪賢正所著《日本漂海録》中所記載的地點爲准，可信度最高，即建造千佛像的地點是慶州佛石山。佛像建好後，分別用兩艘船裝載，在駛向海南的歸途中，因爲遭遇風浪的緣故而漂流到日本長崎。在長崎經過長期停留後，最終在1818年（清朝嘉慶二十三年、朝鮮純組十八年）7月4日回到海南。並於3年之後的1821年（清朝道光元年、朝鮮純組二十一年）7月，創作出記録此次日本漂海之行的漂海録作品——《日本漂海録》。

　　之所以會創作《日本漂海録》的動機，楓溪賢正在文獻的最後部分也有所提及："凡遊一山一水，亦有記述，以傳諸後。今所經至險也，所到異域也，其可無記述，爲紀其風土故，津關之都會，人物之繁華，財貨之委積，男女之雜遝，無不筆紀，以至於飲食之事、行動之節、魚采之微，而無一遺漏，以備後覽焉。"

　　可見其創作動機不能不説純粹，與一般創作紀行文學作品的作家別無二致，無非是不願辜負難得的遊覽經歷以及所見到的不一樣的山川與風俗，正是出於人們所共有的獵奇心理。當人們第一次抵達自己陌生的地方後，對於映入眼簾、與熟悉地域有別甚至是截然不同的一景一物，無疑都會產生新鮮好奇的心理，更何況此次漂海經歷何其驚險，所到之地又不是一般之處，而是與朝鮮迥然有別甚至可以説是山川風俗截然不同的異國扶桑。除此之外，還可看出楓溪賢正創作《日本漂海録》的動機中存在着明顯的史家意識，即欲爲後世留存史料，更何況是極其寶貴的有關異域扶桑的史料，從"以傳諸後"、"以備後覽焉"均不難看出。楓溪賢正眼中觀察到的日本社會，無關大小，只要是其覺得具有傳之後世價值的方方面面，便都會付諸筆端，故《日本漂海錄》中有關日本社會方方面面內容的珍貴史料，無疑擁有極高的史料價值，是研究當時日本社會史不可或缺的"異域之眼"史料。

《日本漂海錄》雖題爲漂海錄，但與其他漂海錄作品不同的是，有關漂海部分的篇幅十分簡略，取而代之的是以楓溪賢正在日本的經歷體驗以及所見所聞作爲其記述的重心。比照日程可知，在總計將近8個月的時間中，楓溪賢正從蔚山向釜山出發、遭遇風浪的漂流時間不過只有3日之久，而在長崎停留的時間長達三個半月。和有關漂流經歷的記述在文獻中占比極大、內容充滿緊張氣氛的張漢喆《漂海錄》相比，存在明顯的差異性。

東國大學出版部出版本楓溪賢正《日本漂海錄》

《日本漂海錄》的內容大致如下：1817年（嘉慶二十二年、朝鮮純組十七年）秋天，應大芚寺甑虎大師之邀，去慶州佛石山鑿玉、建造佛像的楓溪賢正一行人於11月完成工程，在慶州長津浦將佛像搬上船，走水路向海南出發。但在經過了蔚山長生浦、軍靈浦之後向釜山進發的途中遭遇西北風，經歷漂流的是運載佛像的兩艘船中較大的一艘，即楓溪賢正所在船。經過三天漂流之後，到達日本西部男島（今日本長崎縣五島市），漂流至此結束。

在男島接受日本官員檢查，根據法律規定漂流民只能由長崎登陸，於是向長崎移動。在乘坐日本政府提供的小型船向長崎進發的途中，楓溪賢正依然感到不安，但當接收到日本政府所提供的吃住援助後，不安感便減輕了許多。自從抵達日本之後，楓溪賢正便把此次漂流之行權且當作是一次難得的旅行，也就開始了對於異國扶桑的觀察與體驗，是從觀察日本人的服色與日本的港口開始的。

楓溪賢正眼中的長崎，城市規模龐大、物貨豐足，且有朝鮮館、唐人館、阿蘭館（荷蘭館）。楓溪賢正一行27人在朝鮮館停留，受到被稱爲長崎島主的年輕官員的接見，並在此長時間停留。

楓溪賢正對於唐人館、唐船和阿蘭館有簡略的記述，尤其是阿蘭國人臣服於日本並向其朝貢，朝貢使團常常有百餘人之多。但是日本人對於作爲朝鮮人卻表現出明顯的崇拜與愛慕之情，只因朝鮮是佛教之國，何況楓溪賢正一行人是載著佛像經過漂海來到日本，故日本人爭搶著要好好招待作爲朝鮮人的楓溪賢正一行人。除此之外，在楓溪賢正筆下還記載有，日本盛行的沐浴風俗，食量少、食品做工精緻乾淨，男女有別觀念的淡薄，日本男女的性風俗，尤其令人感到瞠目結舌、不可思議的是日本女子希望與朝鮮男子通奸並生下後代。物產豐饒、都市繁盛的長崎置於朝鮮，不知要比作爲朝鮮時代三大商業都市之一的平壤勝出多少個檔次，由此可一窺朝鮮時代商業發展之滯後與城市經濟之慘澹，與商業發達、城市繁榮的日本不存在可比性。長崎有娼女屋，常常進出於唐人館、阿蘭館。另外還寫到最使日本富人珍奇的物產便是黃金，日本的物產如甘蔗、柑橘，關於日本的邦域、工役、賦役、軍兵、學問、佛法、屋宇、貨幣、死喪、捕鯨等等諸多大小方面的情況，楓溪賢正均有詳細的觀察與記述。

在長崎停留了三個半月後，楓溪賢正終於得到了歸國的許可，其一行人經由壹崎島駛向對馬島。對馬島是距離朝鮮半島最近的日本島嶼，故其民衆大都通曉朝鮮語。楓溪賢正漂流一行人卻在對馬島遭遇了土匪，衣物和糧食洗劫一空。一旁的對馬島民聽到土匪說的是朝鮮語，連忙用朝鮮語說道，我也是朝鮮人，以求躲過一劫，在楓溪賢正筆下都有記載。按照慣例，楓溪賢正在對馬島又呆了45天後，從位於對馬島北部的待風所歸國，駛向東萊（今韓國釜山）。不幸的是，途中又遭遇東風，漂流至熊川郡加德島（今韓國釜山廣域市江西區加德島），最終由此出發，駛向目的地全羅南道海南郡。楓溪賢正一行人所在船所載的768尊佛像和並未經歷漂流、事先到達目的地的佛像一起得到供奉，千佛殿重建工程就此完工。

由上述可見，楓溪賢正《日本漂海録》雖是屬於僧侶創作的作品，但並未僅限於佛教性內容，而是記述了日本多樣的風俗和豐富的物產，仿佛一幅日本江戶時代生動的社會風俗畫。楓溪賢正雖是僧侶身份，卻擁有士大夫的眼界與責任感，以及對於社會的關心，才會記錄下日本社會豐富多樣的制度與風俗，包括充滿世俗性的男女風俗都記錄在內，甚至於是娼女的長相都要形諸筆端。楓溪賢正雖是應海南大芚寺之邀去慶州請回佛像的僧侶，但我們可以看到，正是緣於漂流至日本的經歷，才使得他展現出了作爲一個世俗之人，當面對與本國朝鮮迥然有別的異國日本，當面對異域扶桑與朝鮮截然不同的山川風俗時的那顆最純粹的好奇之心，而這正是楓溪賢正之所以要記錄下他的日本漂流之行以及在日本的見聞，即創作《日本漂海録》的動機根源所在。

楓溪賢正《日本漂海録》作爲記録19世紀朝鮮僧侶日本之行的作品，其最重要的學術史料價值即在於有關19世紀日本江戶時代社會史研究諸多方面的史料，以及與海南大芚寺千佛像的制作、運輸以及供奉情況有關的韓國佛教史史料。此書現收入《韓國佛教全書》，擁有《韓國佛教全書》收録本、松廣寺所藏本、嶺南大所藏本等3個版本。對於嶺南大學所藏版本的史料價值，前收藏者金庠基在《考古美術》第5卷1號（1964）中已有認定。《日本漂海録》的這三大版本在措辭方面略有不同，通過將嶺南大學本與其他兩個版本相互對照，對於《日本漂海録》內容的正確理解無疑大有裨益。並且嶺南大學本與其他兩個版本相比，並無鄭允容（1792—1865）的序文，但在金正喜後裔文集內關於《日本漂海録》的記録十分有趣。目前對於楓溪賢正《日本漂海録》已經認定的學術史料價值分爲歷史史料（日本江戶時代社會史）和佛教史料兩大部分，今後值得進一步探索發現的是其中作爲漂海録文獻傳統史料價值所在的文學史料價值[①]。

四、韓國嶺南大學中央圖書館藏《南胤傳》概要

《南胤傳》是有關壬辰倭亂題材的韓國古典國語小說,但作者、創作時間不詳。講述了壬辰倭亂時被日軍俘虜的南尹,經由日本、中國最終回到朝鮮的過程,以及南尹的苦悶、和家人離散後對於團圓的渴望。《南胤傳》是在記録壬辰倭亂俘虜經由外國回到朝鮮的歷史事實的實記類作品與壬辰倭亂題材漢文小説——《崔陟傳》的共同影響下創作出的小説作品。

嶺南大學所藏東濱文庫本《南胤傳》爲筆寫本韓國古典國語小説,共1册1卷42章,作品作者不詳。以壬辰倭亂爲時代背景的《南胤傳》,其内容與17世紀壬辰倭亂題材漢文小説——《崔陟傳》的内容十分相似。小説主人公南尹作爲壬辰倭亂俘虜經由日本、中國最終回到朝鮮,與壬辰倭亂時被俘虜至日本、最終歸國的魯認、姜沆、鄭希得等人的人生經歷極其相似。《南胤傳》與魯認、姜沆、鄭希得等人所著的壬辰倭亂俘虜實記類文獻,即《錦溪日記》《看羊録》《月峰海上録》的聯繫極爲密切。如此看來,《南胤傳》是在《錦溪日記》《看羊録》《月峰海上録》等壬辰倭亂俘虜文獻所提供的歷史事實的基礎上,進行文學虛構所創作出的小説作品。

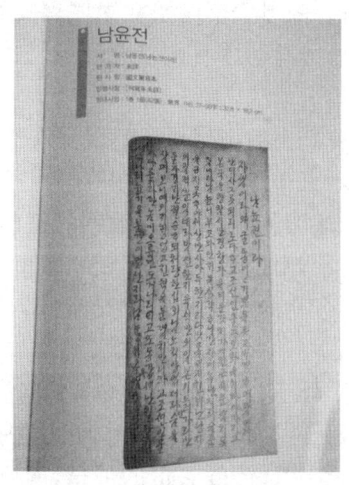

嶺南大學圖書館藏楓溪賢正《南胤傳》

《南胤傳》的創作年代同樣不詳,但從其是受壬辰倭亂俘虜文獻——《錦溪日記》《看羊録》《月峰海上録》和17世紀壬辰倭亂題材漢文小説——《崔陟傳》共同影響下的國語小説作品,便可以推測出,其創作時間必然晚於這些作品的創作時間。南尹和玉瓊仙的因緣,以及玉瓊仙被强迫侍候鹹鏡道監司的故事都是有意義的綫索和主題。對於日本的仇恨以及因爲戰亂而導致的直接痛苦的書寫卻被淡化,淡化明軍在壬辰

---

① 《영남대학교 중앙도서관 소장 귀중도서 해제집 2》,第288—291頁。

倭亂中的作用而把戰勝日本侵略者歸功於上蒼庇佑的書寫比重卻在遞增,可見比起17世紀的小說史思潮,與18世紀小說史思潮的聯繫顯然更爲緊密,故《南胤傳》的創作年代應在18世紀。

《南胤傳》現有兩大筆寫本,即嶺南大本和韓國國立中央圖書館本。根據嶺南大本《南胤傳》中記錄的方言數量相當衆多,而且其中對於歷史人名有多種標記情況,可以推測,該版本是學識素養不太深厚的筆寫者所著的筆寫本。《南胤傳》所存筆寫本數量並不多,但從不同版本間的內容存在極大的差異性,便可以推測其在流傳過程中或許存在衆多的筆寫本。也不能排除其存在漢文原本的可能性。

《南胤傳》中有關南門星(南胤父)的家系、南胤的出生、南胤和官婢玉瓊仙的相遇、南胤與李氏的婚姻、壬辰倭亂的爆發、南胤與李氏的離別、南苦行(南胤子)的出生、南胤的日本之行、南胤和日本公主月中仙的相遇及婚姻、月中仙之死、南苦行和玉瓊仙的相遇、南胤的中國之行、南胤的歸國、南胤與家族的重逢等內容,存在於《南胤傳》的不同版本中。但小說的主題以及敘述方面在《南胤傳》的不同版本中都存在或多或少的差異,時間、人名亦存在著差異。

生活於朝鮮宣祖時代的南門星早年科擧及第,擔任了安邊府使的官職。在任期間,廣布善政,贏得了百姓的一致稱頌。南門星與夫人尹氏生下的兒子即南胤,南胤長大到了適婚的年齡,便與端川府使李景熙的女兒席娘訂下婚約。但另一方面,南胤卻又和官婢玉瓊仙約定終身。南胤與李席娘在漢城擧行婚禮,新婚之夜突然遭遇狂風,將二人的帽子吹起。壬辰倭亂即爆發在這天晚上,二人給對方互相留下血書、相約再會,南胤便去尋找父母的下落。

倭亂平定後,晉升爲吏曹判書的南門星找到親家李景熙,詢問有關兒子南胤的消息,卻杳無音訊。南門星與親家李景熙一家住在一起,並得到了李夫人(李席娘)很好的侍奉。李夫人產下遺腹子即南苦行,與南胤離別的玉瓊仙拒絕了新官鹹鏡道觀察使要求侍候的要求。不久之後,南門星、李景熙相繼離世。南苦行長大成人後,應試科擧並狀元及第,赴任遂安(今朝鮮黃海北道遂安郡)郡守,在此遇見玉瓊仙,並知道了其與父親南胤的因緣。

南胤漂海至倭國(日本),倭王召見了南胤,並希望南胤能做自己的駙馬。但南胤卻表示拒絕,倭王震怒,要殺死南胤。在公主月中仙的說服下,南胤才免去一死,並停留在太子宮。公主告訴南胤其父母已經去世的消息,南胤開始信賴公主。通過李夫人(李席娘)的血書,南胤才知道原來李夫人、公主的生辰八字與自己完全一樣,在某天的夢中,他夢到自己遇見了玉皇大帝,知道了自己與李夫人、公主的因緣是上天注定,並與公主月中仙結婚。

南胤由於擔心身邊人會謀害自己而和公主出逃倭國,但比起南胤,對於公主而言,遵從回到天上的命運才是最重要的,公主與南胤告別,便投身大海。與公主死別的南胤絕食了很久,渾身長毛,外表與禽獸無異。經過一番曲折後,南胤終於抵達山東,但其形象不出意外嚇到了當地人,被官府抓捕,在說明了自己的前後事迹後,最終跟隨從朝鮮來的使臣回國。

向朝鮮國王上書,將自身原委稟告給國王,他的苦行與忠孝品質令國王很震驚,任命其爲吏曹判書，不久又任命其爲黃海道觀察使，爲了能讓其與在黃海道任職的兒子相見。南胤通過血書確定了自己與李夫人、南苦行的夫婦、父子關係，並與李夫人戲劇性重逢，與玉瓊仙也最終邂逅。

嶺南大本《南胤傳》的故事梗概除了上述內容之外，還追加有南胤與家人重逢之後的故事。出身全羅道兩班家庭的少女崔氏與同村小夥洪岩相愛，父母們知道了他們的戀愛關係後，悄悄見面，交換了定親的書信。然而書信卻被崔家名叫朴趣民的下人看見，他一直暗戀著小姐崔氏，於是進入崔氏房間，表明心意。但崔氏不肯接受，一怒之下，朴趣民用刀殺死了小姐崔氏。不久洪岩來房間找崔氏，搖動崔氏也絲毫都沒有反應，洪岩本以爲崔氏只是處在深睡中，但當發現崔氏衣服中沾有血迹，才知道崔氏已死。發現崔氏死去的第二天，洪岩強烈要求要抓住兇手，並一再聲明自己絕不是兇手。此案件由於證據不明，儘管動用了許多監事也沒有眉目。南胤父子赴全羅道上任，南胤讓玉瓊仙假扮成崔氏小姐的魂靈，最終使得朴趣民坦白了自己的罪行。因此案件原委才得以大白於天下，監事將崔氏以洪岩夫人的身份下葬，並建立旌門以表彰其貞潔。南胤父子也因爲破案而居功一件，受到表彰。

《南胤傳》是以壬辰倭亂爲背景、描寫南胤與家族離散並最終相逢的人生經歷的古典小說，作者及創作年代不詳。今傳《南胤傳》各版本均爲韓國國語筆寫本，除嶺南大本外，尚有韓國國立中央圖書館本、高麗大本、藏書閣本、檀國大學本、首爾大學本等多個版本。

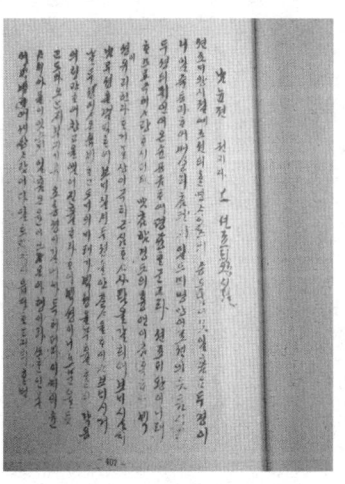

國立晉州博物館主編《壬辰倭亂史料叢書》第 2 册中收錄的《南胤傳》

嶺南大本《南胤傳》是仍未向學界介紹的版本，作品的開頭部分簡略並追加有南胤與家人重逢之後的故事。特別是記錄有很多的方言，故事的叙述順序和人物名字與其他版本均有所不同。對於《南胤傳》不同版本的研究，目前已有對於韓國國立中央圖書館本、高麗大本、藏書閣本三個版本的比較研究，但除此之外，還應追加對於與其他版本存在很大差異性的嶺南大本的比較研究。通過對於與嶺南大本《南胤傳》的對照分析，有助於更好地理解其他版本，以及探究其他版本中所體現出的作家意識的本質。通過與其他版本存在很大差異性的嶺南大本，可以看見多樣的讀者意識、筆寫者意識以及地域文化的影響。對於嶺南大本《南胤傳》創作年代的具體推測,以及是否存在《南胤傳》漢文原本存在的可能性,都是今後需要探求的研究方向①。

　　以上便是對於韓國嶺南大學中央圖書館藏的兩部學術價值非凡、仍不爲大陸學界所知的朝鮮時代東亞交流文獻所作的簡單推介,即楓溪賢正《日本漂海録》和作者不詳的《南胤傳》。以極有必要向國内學界推介的朝鮮時代東亞交流文獻爲例,對於嶺南大學圖書館藏的貴重圖書試作舉要,以期能在國内學界引起應有的關注與研究。當然不止於此,嶺南大學圖書館藏的貴重圖書中極有必要向國内學界推介的重要文獻還有許多。也不止於嶺南大學圖書館,包括韓國高校在内的韓國圖書館藏機構中,仍不爲大陸學界所知、極有必要向國内學界推介的重要文獻勢必還有許多。將學術價值非凡、仍不爲大陸學界所知的韓國重要文獻向國内學界推介,以韓國大學圖書館爲單位視角,是每個在韓中國學人義不容辭、理所當然的責任與義務,以期能引起國内學界應有的關注與研究,推動大陸韓國學研究以及相關研究領域的發展做出自己應有的貢獻。

---

① 《영남대학교 중앙도서관 소장 귀중도서 해제집 2》,第 66—70 頁。

《四庫全書總目·雜史類》零拾

時鵬飛

摘　要：《四庫全書總目》，張之洞許之曰："今爲諸生指一良師，將《四庫全書提要》讀一過，即略知學問門徑矣。"(《輶軒語》)余嘉錫稱之爲："自《别錄》以來，才有此書"，"衣被天下，沾溉無窮。"(《四庫提要辨証·序錄》)洵非虚譽，但是成於衆手，紬於時日，又往往"拈得一義，便率爾操觚"，因此疏舛謬誤也勢所難免。譬如《國初事迹》是"修《(明)實錄》時所進事略草本"，《小史摘鈔》"蓋洪、永間人所編"等等説法，謬種流傳，亟須廓清。

關鍵詞：《四庫全書總目》；《國初事迹》；《小史摘鈔》；《燕對錄》；《平播全書》

　　《四庫全書總目》一書，津逮後學，沾溉無窮，堪稱目錄學集大成之作。不過其書卷帙浩繁，兼之成於衆手，因此疏舛謬誤在所難免。儘管前賢掎摭不已，但是仍有抉剔不盡之處。相較而言，《四庫全書總目》經部水平高於史部，史部之中正史類水平又高於雜史等類。筆者謹就雜史類中《國初事迹》與《明實錄》的關係、《小史摘鈔》的性質與成書年代、《燕對錄》與《明史》記事之異同、《平播全書》的撰者等問題，略陳管見如下。

一、《國初事迹》一卷

《四庫全書總目》卷五二《雜史類存目一》：

　　《國初事迹》一卷。明劉辰撰。辰字伯静，金華人。太祖起兵之初，署吴王典籤，又入李文忠幕府。建文中擢監察御史。永樂初李景隆薦修《太祖實録》，後官至北京刑部左侍郎。事迹具《明史》本傳。此書卷首有"臣劉辰今將太祖高皇帝國初事迹開寫"一行。後俱分條件繫，頗似案牘之詞，蓋即修《實録》時所進事略草本也。[①]

《明太祖實録》凡三修，初修於建文元年，至建文三年十二月成書[②]。二修於洪武三十五年(建文四年)十月，至永樂元年六月成書[③]。三修於永樂九年十月，至永樂十六年五月成書[④]。劉辰參與纂修的是永樂元年成書的二修《太祖實録》，胡儼《加議大夫北

---

* **作者簡介**：時鵬飛，男，南京大學文學院(江蘇南京 210097)，博士研究生，研究方向爲明清史料學。

① 永瑢等撰：《四庫全書總目》卷五二，北京：中華書局，1965年，第476頁。
② 張廷玉等撰：《明史》卷四《恭閔帝紀》，北京：中華書局，1974年，第64頁。
③ 張廷玉等撰：《明史》卷五《成祖紀一》，第76頁。
④ 張廷玉等撰：《明史》卷六《成祖紀二》，第89頁。

京行部左侍郎金華劉公辰墓誌銘》曰:"永樂元年夏六月,以預修國史,知故實,賜白金、文綺、襲衣。"①即因書成受賞。明秦氏繡石書堂鈔本《國初事迹》末署:"永樂九年二月二十日北京行部左侍郎臣劉辰。"當時二修之役已經完成,三修史局尚未開館,可見此書勢必不是劉辰"修《實錄》時所進事略草本"。《墓誌銘》又曰:"永樂六年秋命下,復起爲北京行部左侍郎,出特恩也。公以老,不任政,日被顧問,留京師者三年,乃賜敕書、文綺、鈔錠致仕歸。逾年復驛召至京,命督工武當,未行,疾作,又賜鈔錠,遣官督醫,給驛舟送還,至常州毗陵驛,遂卒。"②劉辰開始撰寫《國初事迹》即應當在成祖"復驛召至京"之時,蓋劉辰在太祖起兵之初即署吳王典籤,因以周知故實之故,撰寫《國初事迹》上進亦當職此之故,《提要》以爲此書是劉辰"修《實錄》時所進事略草本",不免臆斷。

二、《小史摘鈔》二卷

《四庫全書總目》卷五二《雜史類存目一》:

> 《小史摘鈔》二卷。不著撰人名氏。《明史·藝文志》亦未著録,蓋洪、永間人所編,皆載明太祖瑣事,末附建文遺事八條,大抵多委巷之語,如李文忠納款於張士誠、劉基死後焚屍揚灰,皆必無之事,其謬妄固不待辨也。③

此書"建文暮年還宮"條曰"至正統庚寅歲,雲南有一老僧",書及正統年號;"聖嗣分封"條"燕王"二字下注"北平,即成祖也",稱爲"成祖",不稱"太宗","成祖"的廟號原本作"太宗",世宗嘉靖十七年始改爲"成祖",可見此書絶不出於"洪、永間人所編"。鎮江博物館藏有此書清抄本,題爲《皇明小史摘抄》,《總目》卷一三四《雜家類存目十一》著録《明小史》八十九卷:"不著編輯者名氏,彙輯明人傳記、説部凡四十六種,皆習見之本,所録迄於嘉靖中,殆隆慶、萬曆間人所刊也。"④按,該《明小史》原題當作《皇明小史》,阮元《文選樓藏書記》卷二曰:"《皇明小史》三十二卷,不知編次人姓名,抄本。是書係明人編輯明代諸家所記典故,共四十六種。"⑤與《提要》著録《明小史》彙輯圖書數目相同,勢必是同一書(《文選樓藏書記》"三十二卷"之"卷"字當乃"册"字之訛,《文選樓藏書記》的體例或稱卷,或稱册,彼此互訛,不足爲異)。鎮江圖書館所藏《皇明小史摘抄》應當就是摘抄自《皇明小史》。可惜《皇明小史》今已不存(考《中國古籍總目》不載是書,或已佚),無法取之參證。但是此書記事之文,往往同於《孤樹裒談》等野史、説部,與《總目》所言《皇明小史》"彙輯明人傳記、説部"、阮元所言"明人編輯明代諸家所記典故"完全吻合,循名考實,判斷此書是不知名人摘抄自《皇明小史》,應是一種合理的推斷。《皇明小史》"所録迄於嘉靖中,殆隆慶、萬曆間人所刊也",又

---

① 胡儼:《加議大夫北京行部左侍郎金華劉公辰墓誌銘》,焦竑《國朝獻徵録》卷二六,上海:上海書店出版社,1986年,第1082頁。
② 胡儼撰:《加議大夫北京行部左侍郎金華劉公辰墓誌銘》,《國朝獻徵録》卷二六,第1082頁。
③ 永瑢等撰:《四庫全書總目》卷五二,第476頁。
④ 永瑢等撰:《四庫全書總目》卷一三四,第1136頁。
⑤ 阮元撰:《文選樓藏書記》卷二,《中國著名藏書家書目匯刊》第25册,北京:商務印書館,2005年,第66頁。又

與此書稱"成祖"不稱"太宗"合。如此說來，此書的編纂又應當在隆慶、萬曆以後，而《提要》稱此書是"洪、永間人所編"，恐非事實。

三、《南征錄》一卷

《四庫全書總目》卷五三《雜史類存目二》：

> 明張瑄撰。瑄字延璽，江浦人，正統壬戌進士，官至南京刑部尚書。是編乃天順八年瑄爲廣西右布政使時，值廣西諸峒蠻構廣東肇、高、雷、連土寇爲亂，遣左參將范信、都指揮徐寧督官兵四千、土兵一萬討之，以瑄監其軍，瑄因述其征勦始末爲此書。①

按明鈔《藝海彙函》本《南征錄》書前有張瑄自撰《南征錄引》，末署"是歲三月上澣，賜進士廣東右布政使江浦張瑄書"，又按《明英宗實錄》天順四年九月庚辰"陞……吉安知府張瑄爲廣東右布政使"②，《提要》稱"瑄爲廣西右布政使"，誤。《南征錄引》又曰："天順七年，廣西諸峒蠻復越過廣東肇、高、雷、廉等府，構土寇爲害。"③《提要》云"構廣東肇、高、雷、連土寇爲亂"，"連"字當係"廉"字之訛。

四、《燕對錄》一卷

《四庫全書總目》卷五三《雜史類存目二》：

> 又考《本紀》弘治十一年二月己巳，小王子遣使求貢，夏五月戊申，甘肅參將楊翥敗小王子於黑山。此書則載六月小王子求貢甚急，大同守臣以聞。已許二千人入貢，既而不來。六月間走回男子報小王子有異謀，內閣具揭帖以聞。證之《本紀》繫求貢於二月，先後差五月。又《本紀》載楊翥敗小王子在五月，則小王子之叛已在五月前矣。而此書載六月間始報小王子有異謀，頗爲不合。考《本紀》載小王子之敗在五月戊申，而六月首標己酉，次標癸亥。戊申距己酉止一日，則五月之戊申乃五月盡日，當六月間內閣揭帖時，或猶不及聞耳。④

《提要》所稱《本紀》指《明史·孝宗本紀》。按《明孝宗實錄》弘治十一年二月己巳日云：

> 迤北小王子久不貢，至是，遣使臣人等六千人至邊，求入貢。許入關者二千人，入京者五百人。⑤

可知遣使求貢在弘治十一年二月。同年五月戊申日云：

---

① 永瑢等撰：《四庫全書總目》卷五三，第477頁。
② 《明英宗實錄》卷三一九，臺北："中央研究院"歷史語言研究所，1962年，第6645頁。
③ 張瑄撰：《南征錄引》，《南征錄》卷首，《四庫全書存目叢書》史部第46冊，第90頁。
④ 永瑢等撰：《四庫全書總目》卷五三，第478頁。
⑤ 《明孝宗實錄》卷一三四，臺北："中研院"歷史語言研究所，1962年，第2353頁。

虜數百騎駐肅州境外之喇哈兀速泉,將入寇。分守右參將楊鬻率千戶田志深調漢番兵迎襲之,虜遁去。鬻等追至黑山,兵備副使李旻亦率衆至,合兵與戰,敗之。①

可知黑山之戰在弘治十一年五月,都與《明史》所載相同。但是此二事與《燕對錄》所記卻並非一事,《提要》强爲牽合,乃致矛盾。《燕對錄》曰:

> 六月,北虜小王子遣使求貢甚急,大同守臣以聞。已(疑脱巳字)許二千人入貢,既而不來。六月,聞走回男子報虜有異謀,內閣具揭帖,臣東陽親書以進,乞會同司禮監及兵部尚書,照成化年例,於左順門詳審。時臣遷在告。②

此處重出"六月"的記事,兩者必有一誤。"北虜小王子遣使求貢甚急"一事,據上文所引《實錄》,乃是弘治十一年二月之事,《燕對錄》此處當是追叙,"六月"當是涉下文"六月,聞走回男子報虜有異謀"導致的文字訛誤。而"聞走回男子報虜有異謀"一事,《明孝宗實錄》弘治十七年六月:

> 辛巳,有自虜中逃回者,報虜有異謀,內閣具揭帖,請會同司禮監及兵部尚書照成化年例,於左順門譯審,是日,上朝退,召大學士劉健、李東陽至暖閣。③

乃是弘治十七年之事。《燕對錄》記載的"六月,北虜小王子遣使求貢甚急"固然有失準確。但是《四庫全書總目》把弘治十一年遣使求貢與弘治十七年入寇混爲一談,則更屬不經。瓦剌小王子在弘治、正德間,屢屢與中國爲難,乞和入寇,都不過是一時權宜之計,弘治十一年的和戰,與弘治十七年的入寇,原本爲風馬牛不相及之事,《提要》不考,妄加牽合,置於一年,又彌縫以"當六月間內閣揭帖時,或猶不及聞"之說,貽誤殊甚。

五、《平播全書》十五卷

《四庫全書總目》卷五四《雜史類存目三》:

> 明李化龍撰。化龍字于田,長垣人,萬曆甲戌進士。歷官兵部尚書,諡襄毅。事迹具《明史》本傳。播州楊氏,自唐乾符中據有其地,歷二十九世、八百餘年。萬曆初,楊應龍爲宣慰使,恃險作亂。詔起化龍巡撫四川,尋進總督四川、湖廣、貴州軍務,進討平之。以其地置遵義、平越二府,因裒軍中前後文牘,編爲是書。前五卷爲進軍時奏疏,六卷爲善後事宜奏疏,七卷爲咨文,八卷至十一卷爲牌票,十二卷至十四卷爲書札,十五卷爲評批、爲祭文。明代用兵,大抵十出而九敗,不過苟且以求息事,而粉飾以奏功。惟平播一役,自出師至滅賊,凡百有十四日,成功頗速。史稱化龍是役,可與韓雍、項宗坪。其出師次第,雖載其大綱,而情形曲折,則不及此書之詳具。錄存其目、亦足資參考也。末有萬曆辛丑四川布政使參

---

① 《明孝宗實錄》卷一三七,第2392頁。
② 李東陽撰:《燕對錄》,《續修四庫全書》第433冊,第348頁。
③ 《明孝宗實錄》卷二一三,第4006頁。

議王嘉謨後序,稱身在軍中,備見行事,蓋所言猶爲實録云。①

按:此書非李化龍撰。光緒十三年王灝刻《畿輔叢書》,《畿輔叢書》本《平播全書》書前王嘉謨《平播全書後序》末有王灝識語説:

> 此書所載之文,不必出李公之手,皆書記吏胥稟命而作。於事之始末、賊之情形,統籌全局,胸有成竹,處處安排,著著中肯。雖非出自李公記事,亦可謂詳明矣。

王氏已灼見書中文字大半"皆書記吏胥稟命而作","非出自李公紀事",但是猶未能考出此書的編者爲誰。明萬曆刻本《平播全書》書前有按察使兼左參議張悌《平播全書叙》:

> 上之二十有八年,御史大夫兼□司馬督府李公率師平播,已馳露布,獻俘闕下。上嘉悦,令從公次第諸文武功及區畫善後事,咸備疏俱上。諸大夫以公經略西南,文告檄書與先後諸疏皆足詔來祀、垂不朽也,以屬守南大參王君編次,爲卷凡十五。②

"王君"就是王嘉謨,萬曆刻本書後王嘉謨《平播全書後序》説:

> 李公既定播西還,因出記數百篇以視嘉謨曰:"此軍中奏檄書記也,可論而存之否?"嘉謨退而序品,踰年書成。③

此"數百篇"之"奏檄書記",都是軍中往來的文書案牘,正如王灝所説,"皆書記吏胥稟命而作",勢必不會都出於李化龍之手。撰寫與編纂都不出於李化龍,僅僅因爲其書歌頌李化龍的戰績就歸之於李化龍名下,未免名實不副。王嘉謨的生平事迹,《萬曆丙戌科進士同年總録》説:

> 王嘉謨,貫豹韜衛,山東濟南府鄒平縣人,順天府學生,字伯俞,號弘岳,治《春秋》。行一,庚申年七月十一日生。④

但是孫承澤《畿輔人物志》卻説"(王嘉謨)父應祥……以嘉靖己未七月生公"⑤,彼此相去一年,孫承澤自述"公没未久鄉人至不能舉其姓氏,余於敬哉王公處得見其遺集,而志其概如此",可知孫承澤所本乃是在王崇簡(字敬哉,一作敬齋)處所見王嘉謨四十七卷之《薊丘集》,其説不應有誤,科舉録常常有所記年歲與實際不符的現象,或許《同年總録》所記"庚申"乃是王嘉謨的官年,而《畿輔人物志》所記"己未"才是他的實年。總之,《平播全書》一書儘管是讚美李化龍平播之功,但是編纂完全出於王嘉謨之手,題爲王嘉謨編,庶幾名實相副。

---

① 永瑢等撰:《四庫全書總目》卷五四,第485頁。
② 張悌撰:《平播全書叙》,《平播全書》,《四庫全書存目叢書》史部第50册,第1頁。
③ 王嘉謨撰:《平播全書後序》,《平播全書》,《四庫全書存目叢書》史部第50册,第796頁。
④ 佚名:《萬曆丙戌科進士同年總録》,明萬曆刻本。
⑤ 孫承澤:《畿輔人物志》卷一〇,清刻本。

四庫提要總集類辨正五則

楊新勛

摘　要：四庫提要總集類之《唐文粹》《宋文選》《宋文鑒》《古文關鍵》和《文章正宗》及《續文章正宗》，在書名、卷數、版本以及提要文字等方面有不實之處。通過匯校四庫所有提要、核實《四庫全書》所收書以及參考文獻等，力圖梳理四庫提要源流，考證事實原貌，對提要不實加以澄清和糾正。

關鍵字：四庫提要；《唐文粹》；《宋文選》；《宋文鑒》；《古文關鍵》；《文章正宗》

　　四庫提要是館臣爲編纂《四庫全書》先後撰寫的各類提要，有分纂稿、匯總提要、刊本提要、庫本提要及總目提要五種類型，內容豐富，是我國古代目錄學的集大成之作，也是此後人們研究古籍、文獻學史和學術史的重要參考，是人們治學的重要門徑。但毋庸諱言，四庫提要在書名、作者、版本及內容等方面存在諸多問題，影響人們的使用。筆者不揣簡陋，就總集類提要撰成辨正五則，期有補焉。

一、《唐文粹》

　　是書，《四庫全書薈要總目》（以下簡稱"《薈要總目》"）言"今依前安徽巡撫臣裴宗錫所上明徐焴刊本繕録，據宋孟琪本恭校"，《四庫全書總目》（以下簡稱"《總目》"）於書名下注"內府藏本"，二説有異。今對其版本可略作説明。

　　《四庫採進書目》著録《唐文粹》有兩種版本：一是《安徽省呈送書目》之"《唐文粹》，一百卷，宋姚鉉編，一十二本"，此即《薈要總目》所言"安徽巡撫臣裴宗錫所上明徐焴刊本"；二是《武英殿第一次書目》之"《唐文粹》一百卷，宋姚鉉編，二十四本"，此即《總目》所言"內府藏本"。

　　《天禄琳琅書目》卷三著録有《唐文粹》北宋臨安孟琪初刻本，原爲蘭陵蕭氏敷教堂所藏，四函，四十冊，無姚鉉《序》，無目録，有闕補，乾隆皇帝御題"是本字畫工楷，墨色如漆，猶見臨安孟琪原雕面目"，鈐"乾隆宸翰""幾暇臨池"二寶，此即《薈要總目》所言"宋孟琪本"。《四庫全書薈要》本《唐文粹》曾據此本校勘，但此本今已不知去向。今存最早版本爲南宋紹興九年臨安府刻本，爲文徵明、錢謙益、季振宜、徐乾學、李盛鐸等遞藏，二十一冊，題名"文粹"，首姚鉉《序》，有目録，應爲北宋本之重校重刻本，已

---

* 作者簡介：楊新勛，男，南京師範大學文學院（江蘇南京 210097），教授，文學博士，主要從事宋代經學與四庫學研究。

刊入《中華再造善本》。《四庫全書總目》卷首的《凡例》曾對《四庫全書》收書版本做出說明:"諸書刊寫之本不一,謹擇其善本錄之;增删之本亦不一,謹擇其足本錄之。"①鑒於北宋本爲殘本,《四庫薈要》《四庫全書》只能以之參校,不會以之爲底本,《總目》所標"内府藏本"並非昭仁殿所藏北宋本。又《薈要》本和文淵閣庫本均無姚鉉《序》,館臣亦無言及,似乎未見紹興重刻本。

　　《薈要總目》言《薈要》本《唐文粹》以安徽巡撫裴宗錫所上明徐焴刊本繕錄。徐焴本刊於嘉靖三年(1524),各標籤題之首俱冠以"重校正"三字,收入《四部叢刊》重印初編本。今以《薈要》本與徐焴本相校,《薈要》本確以徐焴本爲底本,只是於各標籤題删去"重校正"三字。

　　文淵閣庫本《唐文粹》書前提要(以下簡稱"《文淵閣提要》")未言庫本所據底本。今將文淵閣庫本與《薈要》本對校,發現二本雖頗相近,但也有不同,文淵閣庫本並非簡單地謄錄《薈要》本。郭勉愈曾指出徐焴本有不同於紹興本的情況,這並非如葉德輝《郋園讀書志》所言徐焴本是據北宋本重雕,而是據作家別集作了改動,以後各本"或依照徐焴本,或在徐焴本的基礎上作進一步的校改,與宋本之間的差距越來越大"②。郭氏指出的《唐文粹》卷十韓愈《琴操》的徐焴本和嘉靖八年晉府養德書院刻本不同於宋元本的七處異文,《薈要》本和文淵閣庫本也均同徐焴本、晉府本,説明《薈要》本和文淵閣庫本與徐焴本是一個系統,但是又有不同。如文淵閣庫本卷一首篇《含元殿賦》,《薈要》本基本同於徐焴本,也與紹興本、烏程蔣氏密韻樓藏元翻宋小字本相近,只是宋明本"徵考室於周頌,會公卿以發之"之"頌"字《薈要》本作"詩",同《文苑英華》卷四八;而文淵閣庫本則改動多處,如除此處"發"作"落"外(但文淵閣庫本"頌"仍作"頌"),又宋明本之"崿以沈沈"作"愕視沈沈"、"擁棟爲山"作"擁材爲山"、"高卑迭巨"作"高卑迭作"、"階瑩冰級"作"陛瑩冰級",作"愕視""材""陛"同《文苑英華》和《御定歷代賦彙》卷七三,作"作""落"同《李遐叔文集》卷一和《御定歷代賦彙》,説明文淵閣庫本校改的地方更多。又如雖然《薈要》本卷十一目錄最後一篇爲《河之水二章》,但卷内篇名作《河之水二章寄侄老成》,同徐焴本,而與宋元本《唐文粹》作"水悠悠寄侄老成也"不同,至文淵閣庫本卷内篇名改爲《河之水二章》,與目錄一致,同晉府本。當然也有例外的情況,如《薈要》本卷四十六目錄和正文的首篇題目作"讀荀子",同徐焴本,而文淵閣庫本作"讀旬",同紹興本和晉府本;又同卷文淵閣庫本目錄先《工器解》後《人旱解》,而正文先《人旱解》後《工器解》,目錄次序誤倒,同紹興本,但《薈要》本目錄不誤倒,同徐焴本。尤其需指出的是,文淵閣庫本卷十一之盧肇《漢隄詩》無《序》,而宋元明諸本及《薈要》本有,又此卷文淵閣庫本脱歐陽詹《有所恨二章併序》,文淵閣庫本此兩處蓋爲謄錄時遺漏,可謂疏略甚矣。

---

① 永瑢等撰:《四庫全書總目》,北京:中華書局,1995年,第17頁。
② 郭勉愈:《從宋紹興本看〈唐文粹〉的文本系統》,《清華大學學報》2003年第1期,第54頁。

二、《宋文選》

此書翁方綱《分纂稿》、《四庫全書初次進呈存目》(以下簡稱"《初目》")、《文淵閣提要》、文溯閣《四庫全書》書前提要(以下簡稱《文溯閣提要》)、文津閣《四庫全書》書前提要(以下簡稱《文津閣提要》)、《總目》、《四庫全書簡明目録》(以下簡稱"《簡目》")皆用書名"宋文選",除《初目》未提卷數外,其餘皆云三十二卷。《初目》所言與三閣書前提要和《總目》大同小異,所指應爲一書。

《四庫採進書目》著録四庫館共收到三個《宋文選》的本子:《兩淮商人馬裕家呈送書目》有"《宋文選》,三十卷,八本",《浙江省第十二次呈送書目》有"《宋文選》,三十卷,國朝顧宸輯,三十本",《安徽省呈送書目》有"《宋文選》,三十卷,清顧宸編,十本",其中《浙江省第十二次呈送書目》著録本在《浙江採集遺書總録·閏集》著録爲"《宋文選》,三十卷,刊本"。《總目》書名下注"浙江巡撫採進本"蓋因《浙江省第十二次呈送書目》而標記,但實有誤。《四庫採進書目》所著録之本皆三十卷,又《浙江省第十二次呈送書目》《安徽省呈送書目》和《浙江採集遺書總録·閏集》均著録爲清人顧宸所輯,應該説當時四庫館收到的這三個本子相同,是顧宸順治十八年(1661)編輯的一個三十卷本,收兩宋人文章,並不限於北宋。而除《初目》之外四庫各提要均著録此書爲三十二卷,且言"不著撰人姓氏"或"不著編輯者姓氏",又各提要皆言是書專收北宋人文章,則《初目》《文溯閣提要》《文津閣提要》所云是書初爲宋刻傳抄,蓋北宋人輯,後抄出於徐元文家藏宋本。則收入四庫之《宋文選》與顧宸所編輯者僅書名相同,實爲兩書,性質完全不同,《總目》所標未免把兩書弄混。

在此,有必要補充説明一下收入《四庫全書》的《宋文選》的原書名問題。此書宋刻本今存兩部,一藏中國國家圖書館,一藏南京圖書館,十册,均有殘缺,配清影宋抄本,三十二卷,書名爲"聖宋文選全集"。清嘉慶間有仿宋刻本,三十二卷,書名"聖宋文選"。光緒八年又有郯城于氏刻本,三十二卷,書名"聖宋文選"。此外,又有多種抄本,均名"聖宋文選"。可見此書本名"聖宋文選全集",清代之刻本、抄本均命名爲"聖宋文選",而非"宋文選"。《四庫全書》所據本爲自徐元文家藏本抄出者。《四庫採進書目》之《浙江省第四次汪啓淑家呈送書目》有"《聖宋文選》,三十二卷,宋人佚名編,八本",此即《浙江採集遺書總録·辛集》之"《聖宋文選》三十二卷,寫本",《浙江採集遺書總録》注云書前有嘉善柯崇樸《序》,其中云柯氏於康熙乙丑年至京師,因朱彝尊來訪假得是書,知其藏自徐元文家,原本宋刻甚工,然無序紀始末與撰録者姓氏,"卷帙完具"。何焯《義門讀書記跋》又據柯氏《序》知徐元文有此書,柯氏借抄。則徐元文家原藏宋刻本,朱彝尊所有、柯崇樸所見者即自此宋刻本抄出者,書名已易爲"聖宋文選"。《文淵閣提要》和《總目》均引何焯《義門讀書記跋》爲説此書脉絡。可見,四庫館所收此書本名"聖宋文選",本朱彝尊所有自徐元文家宋刻本抄出者,又經柯崇樸再抄,由汪啓淑進獻。抄入《四庫全書》時,因體例原因易名爲"宋文選",遂與顧宸所編本同名。翁方綱《分纂稿》已發現此《聖宋文選》的文獻價值,建議"抄存",《四庫全書》收此書當與翁氏所言有關。雖然四庫館曾收到三部顧宸所編本,但由於《四庫全書》

一般不收同名書或同書的不同版本，所有並未收入《四庫全書》，亦不入存目，不能比較二書，以致《總目》將二書弄混，誤標爲"浙江巡撫採進本"。

此書翁方綱《分纂稿》撰寫最早，雖然只是簡單描述了一下所收文章的內容特點和文獻價值，但其"應抄存之"的斷語直接導致此書收入《四庫全書》，此後各提要也大多沿此撰寫。《初目》參考了何焯言論，並將此書與呂祖謙《宋文鑒》加以比較，對此書的評價更爲客觀深入。《文溯閣提要》與《文津閣提要》相同，只是在《初目》基礎上增加了張邦基《墨莊漫錄》記載《後集》一事，來源也較早。雖然《文淵閣提要》所言校上時間早於《文溯閣提要》和《文津閣提要》的校上時間，但內容卻與相對簡單的《文溯閣提要》和《文津閣提要》不同，而是全同後來的《總目》，當爲據《總目》復抄的撤換稿。

三、《宋文鑒》

《四庫採進書目》著錄四庫館共收集到《宋文鑒》三部：《兩江第一次書目》云"《宋文鑒》，一百五十卷，宋呂祖謙編次，二十本"，《安徽省呈送書目》云"《宋文鑒》，一百五十卷，宋呂祖謙編，二十四本"，《武英殿第一次書目》云"《宋文鑒》，一百五十卷，宋呂祖謙編，三十二本"。《薈要總目》言《薈要》本《宋文鑒》"依前安徽巡撫臣裴宗錫所上明槧本繕錄"，此即《安徽省呈送書目》所云之二十四冊本。《總目》於《宋文鑒》書名下注"內府藏本"，與《武英殿第一次書目》相合。此書國圖有宋嘉泰四年（1204）沈有開新安郡齋初刻嘉定十五年（1222）趙彥適、端平元年（1234）劉炳重修本，明刻本有天順八年（1464）嚴州府刻本《新雕宋朝文鑒》、正德十三年（1518）慎獨齋刻本《大宋文鑒》、嘉靖五年（1526）晉府養德書院刻本《宋文鑒》及明刻本《校正重刊官本宋朝文鑒》等。嚴州府刻本卷首有商輅《序》；慎獨齋刻本卷首有商輅《序》、胡拱辰《序》，書末有胡韶題識；晉府刻本卷首有養德書院《重刊宋文鑒序》、周必大《序》和呂祖謙《詮次札子》，書末有養德書院《題識》，可知此本出於嘉泰本。《薈要提要》只言及商輅《序》，則裴宗錫所上明刊本應爲天順八年嚴州府刻本。然《薈要》本書前只有目錄，而無商輅《序》，《序》當爲館臣所刪。雖然《總目》於《宋文鑒》書名下注"內府藏本"，來源不同於《薈要》本，但是文淵閣庫本《宋文鑒》書前首列商輅《序》，應也是據天順八年嚴州府刻本謄錄，與《薈要》本底本相同，只是一有目錄，一有商輅《序》而已。

《初目》《薈要提要》《文淵閣提要》《文溯閣提要》《文津閣提要》《總目》皆言未知此書爲祖謙原本抑或崔敦詩改本。然自《初目》已據《朱子語類》中言及崔敦詩刪呂陶《論制師服》，而此本仍有此篇，云"則非敦詩改本確矣"。今按：淳熙四年（1177）十一月宋孝宗詔呂祖謙編校此書，後二年書成進，孝宗稱"採取精詳，有益治道"，命周必大撰《序》，並賜名"皇朝文鑒"，然卻因近臣繳奏，命崔敦詩更定，鋟板之議遂寢。不久，祖謙因病歸里，後二年病卒。雖然《宋文鑒》在呂祖謙生前未付梓，但此書卻已以抄本形式在當時流傳，如時人張栻、朱熹均針對呂祖謙定本發表過言論，又葉適稱此書"去取最爲有意，止百五十卷，得繁簡之中，鮮遺落之憾"也是針對呂祖謙定本。[①] 不久建

---

① 葉適：《習學記言》卷三七，清《四庫全書》本。

寧書坊刊刻此本，今有宋麻沙劉將仕宅刻本傳世。稍後，嘉泰四年（1204）新安郡齋刊刻《皇朝文鑒》是第一個官刻本，此本歷嘉定十四年、端平元年兩次修版，後元明兩朝也遞有修補。嚴州府刻本據麻沙劉將仕刻本翻刻，故商輅《序》言"當時臨安府及書坊皆有剜板"①，未提及嘉泰新安郡齋本。《薈要》本和文淵閣庫本又據嚴州府本謄録，則自應言其所出爲吕祖謙原本，非崔敦詩改本。於此，《簡目》言"今所傳者，猶祖謙原稿也"略得其實矣。

又《初目》《薈要提要》《文淵閣提要》《文溯閣提要》《文津閣提要》《總目》《簡目》據李心傳《建炎以來朝野雜記》與商輅《序》"當時臨安府及書肆皆有板"語不合，言"蓋官未刻而後來坊間私刻之"，主於調和，似是而非。據上所論已知，雖然吕祖謙生前無《宋文鑒》刻本，但吕氏卒後不久即有建寧坊刻本流傳，後嘉泰四年又有新安郡齋官刻本，並非無官刻本也。

四、《古文關鍵》

《總目》於此書書名下注"江蘇巡撫採進本"，《初目》《文淵閣提要》《文溯閣提要》《文津閣提要》《文瀾閣提要》《總目》皆云"此本爲明嘉靖時所刊，前有鄭鳳翔《序》"，有關其版本仍需略作説明。

《四庫採進書目》載四庫館共收到三部《古文關鍵》，分别爲：《江蘇省第一次書目》所載《古文關鍵》，二卷，宋吕祖謙著，二本"，《兩淮商人馬裕家呈送書目》所載《古文關鍵》，二卷，宋吕祖謙，二本"，《安徽省呈送書目》"《古文關鍵》，二卷，宋吕祖謙著，二本"，其中《江蘇省第一次書目》所載者，《江蘇採輯遺書目録簡目》云"《古文關鍵》，二卷，前人輯（明嘉靖間刊本）"②。《總目》據《江蘇省第一次書目》注爲"江蘇巡撫採進本"，此本爲明嘉靖間刊本。今存世明嘉靖間刊本有二：一爲嘉靖十一年李成刻本，書前有鄭鳳翔《序》，藏中國國家圖書館；一爲明嘉靖十九年楚府刻本，藏華中師範大學圖書館。此外，尚有一明刻本（以下簡稱"明刻本"），國圖、北大、中央黨校均有藏。今將文淵閣庫本《古文關鍵》與李成刻本、楚府刻本和明刻本相校，知庫本全同李成本，各提要所言"明嘉靖時所刊"實即嘉靖十一年李成所刊，《總目》所標亦是，只是不夠詳明而已。

此外，有關此書版本尚需兩點説明：一是除《簡目》外，各提要皆言"又别一本，所刻旁有鉤抹之處，而評論則同"，由於今存李成刻本、楚府刻本、明刻本行右均有後人圈點，未詳館臣所言所指。然將李成刻本與明刻本相校，就《總論》部分看，兩本相異有八處，其中李成刻本脱文四處，衍文一處，則李成刻本應後於明刻本，且明顯不及明刻本爲優。四庫本以李成刻本謄録，底本選得並不好；而後同治十年《金華叢書》收《古文關鍵》改以明刻本爲底本實爲明見，浙江古籍出版社出版《吕祖謙全集》又以《金華叢書》本爲底本，亦具只眼。

---

① 商輅：《宋文鑒序》，吕祖謙編《宋文鑒》卷首，明天順八年嚴州府刻本。
② 楊按：《江蘇採輯遺書目録》僅言"共二卷，刊本"。

有關此書，各提要皆著錄爲"二卷"，然《初目》《文溯閣提要》《文津閣提要》《文瀾閣提要》《總目》皆引《宋史·藝文志》卷二〇九所載是書作二十卷，《文淵閣提要》誤云《宋志》載是書作"十二卷"，各提要均認爲《宋志》誤增一"十"字。邱江寧在《呂祖謙全集》之《古文關鍵·點校説明》中認爲《宋志》著錄"蓋蔡注本也"①，當是。按：今中國國家圖書館藏有宋刻本《增注東萊呂成公古文關鍵》，署呂祖謙撰，蔡文子注，二十卷。蔡文子無考。是書將呂祖謙批點與蔡文子注均作雙行小字置於正文之下，雖内容完足，但呂氏批點與蔡氏注釋難以區分，又此書韓愈文脱《重答張籍文》和《與孟簡尚書書》，亦不爲善本。

　　《初目》列此書收文"歐陽"之後爲"三蘇"，後引《看諸家文法》中又有"蘇轍"且云"而其文無一篇錄入者"，前後齟齬。有見於此，後《文淵閣提要》《文溯閣提要》《文津閣提要》《文瀾閣提要》《總目》《簡目》皆更"三蘇"爲"蘇洵蘇軾"。江慶柏等整理本《初目》已據《古文關鍵》卷下有"潁濱文"《三國論》《君術》兩篇，認爲"《初目》作'三蘇'是，文淵閣《四庫全書》書前提要等漏列蘇轍"②。楊按：《文淵閣提要》等改"三蘇"爲"蘇洵蘇轍"是爲了使提要前後文邏輯一致，由於只著眼於表面行文的合理，以致與《古文關鍵》一書内容不合。實際上，提要認爲《看諸家文法》所列諸家"其文無一篇錄入者"一語有誤。《古文關鍵》之《總論》先分家論述文法，所論至蘇軾止，之後所論古文家一併歸入《看諸家文法》，其中"曾文""子由文""張文"分別指曾鞏、蘇轍、張耒三家，其文均有收錄，未收錄的是"王文""李文""秦文""晁文"即王安石、李廌、秦觀、晁補之四家文而已。所以，提要始舉爲收文較鮮的作者，應以"蘇洵、蘇軾"爲宜；後言《看諸家文法》應云"王安石、李廌、秦觀、晁補之四家無一篇錄入者"。從各提要這樣的前後論述，正可見出諸提要之間有著密切的因承關係，如果前面的提要有明顯不足，一般就做些局部調整，而不會根據收書内容重新撰寫提要。

　　除《初目》和《簡目》外，各提要皆引葉盛《水東日記》語"宋儒批選文章，前有呂東萊，次則樓迂齋、周應龍，又其次則謝疊山也。朱子嘗以拘於腔子議東萊矣，要之批選議論不爲無益，亦講學之一端耳云云"。認爲"然祖謙此書實爲論文而作，不關講學，盛之所云乃《文章正宗》之評，非此書之評也"。館臣所言非是。今按：自《古文關鍵》之《總論》、各篇解題和文中批點來看，此書確是宋儒批選文章、指導科舉的代表，不只論文，亦關講學，朱熹所評亦是一證。

五、《文章正宗》與《續文章正宗》

　　有關《文章正宗》版本，除翁方綱《分纂稿》言"前代刻本不一，或有變其體例、各歸某家爲卷者，頗失編錄之旨。今應仍照原本重校刊之"外，僅《總目》於書名下注"内府藏本"，版本交代並不清晰。有關此書卷數，《分纂稿》《文溯閣提要》《文津閣提要》作"二十四卷"，《文淵閣提要》《文瀾閣提要》《總目》和《簡目》作"二十卷"，有必要澄清之。

---

① 邱江寧：《點校説明》，《呂祖謙全集》第十一册，浙江古籍出版社，2008年，第2頁。
② 江慶柏等整理：《四庫全書初次進呈存目》，人民文學出版社，2015年，第460頁。

《四庫採進書目》共著録四庫館收集到五部《文章正宗》,分别爲:《江蘇省第一次書目》之"《文章正宗》,二十卷,《續集》二十卷,宋真德秀編,二十四本",《都察院副都御使黄交出書目》之"《文章正宗》,二十四卷,宋真德秀編,二十本",《武英殿第一次書目》之"《文章正宗》,二十卷,《續集》二十卷,宋真德秀編,四本",《江蘇採輯遺書目録簡目》之"《文章正宗》二十四卷,宋資政殿學士蒲城真德秀編(宋本)",①《福建省呈送第五次書目》之"《文章正宗前編》,二十卷,宋真德秀編,十六本。《文章正宗續編》,二十卷,宋真德秀編,八本"。《總目》當據《武英殿第一次書目》注"内府藏本"並言"《文章正宗》二十卷"。然文淵閣庫本《文章正宗》實二十四卷,與《總目》所注並不一致。《四庫採進書目》只有《江蘇採輯遺書目録簡目》著録的《文章正宗》二十四卷,並括注"宋本"。又《天禄琳琅書目》和《天禄琳琅書目後編》均載有宋版《文章正宗》,《天禄琳琅書目》所載鈐'書史之記'印,三十二册,《天禄琳琅書目後編》所載爲季振宜所藏,二十四册,均四函,二十四卷。文淵閣《四庫全書》當據宋版謄録,翁方綱《分纂稿》言"今應仍照原本重校刊之"②,正説明了這一點。《分纂稿》和《初目》於《文章正宗》和《續文章正宗》分撰提要,説明所據二書爲單行本。館臣蓋因見收書中《文章正宗》與《續文章正宗》連刻爲多,抄入《四庫全書》時也將二書相連,併合撰寫提要。《總目》撰者並未核實原書,遂因二書相連、提要合撰的表面現象,據《武英殿第一次書目》注書來源爲"内府藏本",並將卷數誤標爲"二十卷"。雖然文淵閣庫本校上時間爲乾隆四十二年三月,最早,但是其提要内容全同《總目》,當爲撤换後又據《總目》復抄者,因此卷數也誤作了"二十卷",與收書卷數不一致。一個很好的説明就是,後抄的文溯閣庫本和文津閣庫本,校上時間分别爲乾隆四十七年三月和四十九年閏三月,此兩本之書前提要全同,③篇幅只有《總目》提要的一半,但均言"《文章正宗》二十四卷《續集》二十卷",可見直至乾隆四十九年此書提要仍没有大的變動,且卷數不誤。而至乾隆五十一年校抄文瀾閣庫本時,提要已改同《總目》,且言"《文章正宗》二十卷",説明時《總目》初稿已成,《文淵閣提要》抽换約在此時。

　　文淵閣庫本《續文章正宗》緊排《文章正宗》之後,無提要,其提要内容合於之前的《文章正宗》。翁方綱有《續文章正宗》提要稿,言:"晚歲復取並世名儒之作,分議論、叙事二體,稍加題識,未及釐正而德秀卒。咸淳二年,金華倪澄獲德秀手草,釐爲二十卷,其僅有目者則虚置於末,以成宋一代之文章。今此本則明嘉靖二十一年滁陽胡松復取倪本,益以大儒程氏、游氏、朱氏諸疏文續成一編,仍爲二十卷。"核以明刻本和明嘉靖二十一年胡松刻本及所附倪澄《題識》,除翁氏所言分"議論""叙事"二體與實際分"論理""叙事""論事"三類不符外,其餘所言大致相符。實際上,胡松《序》已言"晚歲復取並世名儒之作,分議論、故事二體,稍加題識,其要主於經世,然未及釐正而先生卒",翁氏"分議論、叙事二體"云云正襲自胡《序》。真德秀卒後,倪澄於咸淳年間自

---

① 楊按:《江蘇採輯遺書目録》著録爲"《古文正宗》,宋資政殿學士蒲城真德秀輯",云:"按此書選自周秦迄宋代文章。共二十二卷。宋板。"
② 翁方綱等撰,吴格、樂怡標校整理:《四庫提要分纂稿》,上海古籍出版社,2006年,第357頁。
③ 楊按:文津閣庫本《文章正宗》與《續文章正宗》與文淵閣庫本内容幾乎全同,當據相同底本謄録,也可能文津閣庫本抄自文淵閣庫本,則二書最初的《文淵閣提要》應與《文津閣提要》相同。

梁椅處獲得真氏遺稿之篇目與批點評論處,與鄭圭重衷定成書。書前有鄭圭《序》,云:"先生心周程張朱之學,觀《正宗》筆削可以概見,故其所次,論理爲先,叙事繼之,論事又繼之。"①知《續文章正宗》一書分論理、叙事、論事三類,實出真德秀之意,與《文章正宗》分辭命、議論、叙事、詩賦四類本不同,胡松《序》言分議論、叙事二體不確。書後有倪澄《題識》,云:"索諸集類,人之門目,次叙間有未的,必反覆繹公初意,稍加整比,皆取正於梁公。窮日夜,力繙校。鄭君亦分其勞。凡三月而稿具,又四月而工畢,釐爲二十卷。僅有其目者則虛置於末。一代之文,粲然略備。"②可見,倪澄對一些具體的小的分類和次序可能作了調整,書分二十卷也是出於倪澄之手,倪澄通過調整將僅有存目無文章者列爲卷二十。胡松《序》:"顧卷二十僅有其目,與凡非全書。余復過不自量,取大儒程氏、游氏、朱氏諸疏文續之,以成先生之志。"胡氏又補以卷二十之文。文淵閣庫本正據胡松本謄録,其每卷首頁署"宋真德秀原本""倪澄重編""明胡松增訂"正可證也,只是庫本重又删除胡氏所補程氏、游氏、朱氏諸疏文,恢復爲例目而已。《初目》之《續文章正宗》提要云:"是書僅有叙事、議論,無辭命,末一卷議論之文又缺,僅存其例目,蓋未成之本。"此當承翁稿而來,也沿襲翁稿的分類錯誤,但卻將分卷和末一卷情況無意中歸入了真德秀門下。這就更加不對了。遺憾的是《文溯閣提要》《文津閣提要》《總目》《文淵閣提要》《簡目》言《續文章正宗》皆承《初目》一脈而下,並没有糾正這一錯誤。

本稿投寄貴刊後,匿名評審專家提出了非常好的意見和建議,筆者據之作了修改。謹向評審專家致以衷心感謝!

---

① 真德秀輯:《西山先生真文忠公續文章正宗》卷首,明刻本。
② 真德秀輯:《西山先生真文忠公續文章正宗》後附。

《疇隱居士自訂年譜》版本考略

黃麗娜

摘　要：《疇隱居士自訂年譜》爲丁福保的自訂年譜，單行本有三種版式，分別成書於民國十年、民國十四年、民國二十四年。此書三版刊行歷十八年，有兩次大的改動，呈現一改修訂（民國十四年本）—續編—二改修訂（民國二十四年本）—再續編。一改從民國十年本到民國十四年本，經歷了版式調整、正字、改措辭、刪訂事實、補充體例等大的修訂，體式基本成形。民國十四年本到民國十八年本內容微調，呈現續編形式。經歷二改的民國二十四年本，增加了著者的人世感悟，刪附錄文、不成熟經歷等，內容穩定下來，到民國二十八年本續編了四年。

關鍵詞：丁福保；疇隱居士；自訂年譜；版本考

《疇隱居士自訂年譜》譜主兼著者丁福保，爲民國時期的知名醫家、出版家，創辦《中西醫學報》、醫學書局。生前較爲重視自我回顧和整理，《疇隱居士自訂年譜》爲其中之一，其書各館藏書雖書名、著者同，然版本未詳，今略加考訂。

一、版本情況

經過走訪國家圖書館、南京圖書館、浙江圖書館、上海圖書館等，見版式三種。

第一種版式：四周雙邊，半葉編頁碼，單頁15行，行40字，計三十六頁。見國圖—傳688.135—955[①]，此版流傳較少，記載止於民國十年，以下簡稱北圖傳本。

第二種版式：四周雙邊，半葉編頁碼，單頁15行，行40字，版心：無錫丁氏藏版。上圖藏《疇隱居士自訂年譜》綫普長480005[②]，有葉恭綽藏印，記載止於民國十四年（1925），以下簡稱葉藏本。《疇隱居士自訂年譜》又見於北京圖書館藏珍本年譜叢刊第197冊[③]，與上圖葉藏本版式相同，記載止於民國十八年（1929），此本本文以下簡稱北圖珍本影印本。前者葉藏本與北圖珍本除版式相同外，記載時間有連續性，一個止於民國十四年，一個止於民國十八年。二者在年份重合的記載中，略有變化，詳見本文第二部分。這一版內的差異當爲修訂續編。

---

* 作者簡介：黃麗娜，女，復旦大學古籍整理研究所（上海楊浦 200433），博士生；陝西中醫藥大學人文管理學院（陝西西咸新區 712046），講師，主要從事古籍整理研究。

① 丁福保：《疇隱居士自訂年譜》，民國十年，國家圖書館藏（國圖—傳 688.135—955）。
② 丁福保：《疇隱居士自訂年譜》，民國十四年，上海圖書館藏（綫普長 480005）。
③ 丁福保：《疇隱居士自訂年譜》，北京圖書館藏珍本年譜叢刊第 197 冊。

圖一　北圖傳本　　　圖二　北圖影印珍本　　　圖三　復旦藏本

第三種版式：四周雙邊，版心單魚尾，無錫丁氏藏版，半葉 15 行，行 40 字。與前二種版式最大的區別爲：版心單魚尾，單頁編碼變爲葉，回歸傳統版式。如復旦古籍部藏(481155)《疇隱居士自訂年譜》①，記載止於民國"二十四年(1935)乙亥，六十二歲"，以下簡稱復旦藏本。上圖藏《疇隱居士自訂年譜》②，記載止於民國"二十八年(1939)己卯，六十六歲"。這兩本重合時間內容版式完全相同，后本與前本比照，呈續編形式。兩本後皆附《説文解字詁林》《陶淵明詩箋注》《清詩話》三書的簡介、定價、訂書信息。

二、同一版式内比勘

1. 第一種版式目前僅見北圖傳本。北圖傳本雖版與北圖珍本版式略同，然内容及敘述體例修訂很大，故當區別之。

2. 第二種版式中，經比對，葉藏本與北圖珍本影印本，前者記載止於民國十四年，後者至民國十八年。二本在記載時間和版式有承接關係，然在年份重合的部分里即民國十三、十四兩年，葉藏本從第"一〇一"頁民國十三年起與後者略不同。以葉藏爲底本與北圖珍本影印本比勘，詳情如下：

(1) 字句的推敲和細節的補充完善。

葉藏本頁一〇一："二月，二兒惠康聘黄氏會稽道尹涵之公次女"句，北圖本作"二月，二兒惠康聘會稽道尹黄涵之先生次女爲妻"。"黄氏會稽道尹涵之公"作"會稽道尹黄涵之先生"。

葉藏本頁一〇一：第三行"吳先生所自傳"，北圖本删掉"自"，改爲"吳先生所撰"。

葉藏本頁一〇二：第一行"程雪樓"下，北圖本補"王一亭"；"何"下補"豐林"。

(2) 記事删補。

葉藏本頁一二二"老友顧省臣先生避居醫學書局，先生精於醫，年七十餘，精神矍

---

① 丁福保：《疇隱居士自訂年譜》，民國二十四年，復旦大學古籍部藏(481155)。
② 丁福保：《疇隱居士自訂年譜》，民國二十八年，上海圖書館藏。

爍,論事有深識。"北圖本作"老友顧省臣先生避居醫學書局數月。""先生精於醫,年七十餘,精神矍爍,論事有深識"句删,"數月"後補。

北圖珍本影印本民國十四年的記載除删掉《説文解字詁林》的序文外,另補記十一月十四日,掃墓情形。

（3）删附録序文。

葉藏本頁一〇二"作説文解字詁林序及例言"下附録"説文解字序附録"（頁一〇二至一〇八）、"説文解字詁林後序附録"（頁一〇八至一一五）和"説文解字詁林纂例附録"（頁一一五至一二二）,北圖珍本影印本,皆删。

民國十四年的記載裏,葉藏本附有"文選類詁序附録",北圖珍本影印本删去。

從北圖珍本影印本删節内容看,主要是删去葉藏本附録的刊書序文。推其因或有二,一方面因所序書籍已流布,文獻存世之用已經實現,故删繁就簡。二者丁福保於著作整理,當另有計劃。

（4）删改出書計劃。

葉藏本最後"余擬取爾雅方言釋名……等三十有四種,將各書各字逐條歸類,照《佛學大辭典》體例,編爲一書,以便檢查……"①"余以《六書通》、《篆字彙》等書皆荒陋不堪,譌舛相承,疑誤後學,莫此爲甚。擬編篆書大辭典……"兩段,北圖珍本影印本無,當後删。

3. 第三種版式:上圖藏民國二十八年本在民國二十四年補"是年十一月四日,財政部公布,從本日起,通行紙幣,不許使用金銀硬幣"。此後上圖藏本續編"二十五年"至"二十八年"内容。其中"二十七年"下附有"病愈偶記（附録）"詳述多次開刀傷口不能愈合的情況。

三、不同版式比勘

（一）第一版式與第二版式

擇北圖傳本（頁三六）與北圖珍本影印本（頁九二）比勘,内容多了近兩倍。詳情例舉如下。

1. 正字

如"逈"改作"迥"。化繁爲簡,如"圓"作"元","煙"作"烟"。

2. 改

（1）改稱謂"張尚書"作"張文達公"見附表一。"文達"爲張百熙謚號。張百熙曾官工部、禮部、吏部、户部、郵傳部尚書,1907年逝世。故北圖傳本此段當爲張生前丁福保所寫,北圖珍本影印本確改於之後。

---

① 上圖藏民國二十八年本《疇隱居士自訂年譜》中"民國二十八年己卯,六十六歲"編《群雅詁林》。

附表一

序號	改動類型	北图傳本	北圖珍本影印本
1903，光緒二十九年，癸卯，30 歲。			
（一）	補	頁一一，十一行"癸卯"。	頁二四，五行作"光緒二十九年癸卯，三十歲"。"光緒二十九年""三十歲"。
（二）	改	頁一一，十一行"長沙張冶秋尚書"。	頁二四，五行作"長沙張文達公"。
（三）	改	頁一二，三行"張尚書"。	頁二四，十二行作"張文達公"。
（四）	改	頁一二，九行"張尚書"。	頁二五，三行作"張文達公"。

（2）改避諱，第一種頁三二，四行"魚玄機""玄"缺筆避諱。第三種頁三二，作"玄"。

（3）改措辭。

如北圖傳本頁一二，十一行"上課"，北圖珍本影印本頁二五，五行作"充教習"。

北圖傳本頁一四，三行"室廬"，北圖珍本影印本頁三一，八行作"地產"。

北圖傳本頁一四，七行"月薪"，北圖珍本影印本頁三一，十二行作"此款"。

北圖傳本頁一六，八行"至傳染病研究所"，"所"，北圖珍本影印本頁三四，七行改作"室"，"至傳染病研究室"。

北圖傳本頁一八，九行"料理"，北圖珍本影印本頁三六，十四行作"部署"。北圖傳本頁二八，五行"神經病"，北圖珍本影印本頁八二，六行作"精神病"。

3. 删

（1）删記事。

如：1910，宣統二年，庚戌，37 歲。北圖傳本頁一八，三至四行"屢與伍秩庸先生商榷衛生事宜，提倡素食主義，勸人不吸紙煙"。北圖珍本影印本頁三六，三行，"奉天鼠疫盛行"前，删。

又如 1911，宣統三年，辛亥，38 歲。北圖傳本頁一八，七行"故兒女多化之"。北圖珍本影印本頁三六，十行，"余收藏佛經甚多"句前，删。

（2）行文簡省。

北圖傳本頁一八，十二行"余十年前曾在此處教授算學三年"。"曾"、"處"，北圖珍本影印本頁三七，三行删，"余十年前在此教授算學三年"。

北圖傳本頁一八，十三行"余亦在坐"，北圖珍本影印本頁三七，四行删。

北圖傳本頁三三，五行"即陰曆正月廿二日戌時"，北圖珍本影印本頁八七，九行作"即正月廿二日戌時"（1920，民國九年，庚申，47 歲。）

（3）删印書讀書事。

1914，民國三年，甲寅，41 歲，北圖傳本頁二四，八、九行"又印《少年進德錄》。（此書至民國十年共印一萬六千部。）"北圖珍本影印本頁六三，十一行，删。

1921，民國十年，辛酉，48 歲，北圖傳本頁三六，十四、十五行"惟戒殺編、戒盜編、戒婬編、閱微草堂筆記類編，一切經音義彙編、非數年不能畢業，來日方長。余願無盡,餘俟續記"。北圖珍本影印本頁九二,十四行,删。

4. 補

(1) 同體例。改叙事體例爲年譜體例,見附表二(一)。

(2) 語言的完善。

北圖傳本頁一,十一行"好施予不倦"。北圖珍本影印本頁二,一行作"好施予,始終不倦",","始終"後補,句式完整。

1906,光緒三十二年,丙午,33 歲。北圖傳本頁一三,十二行"歲修二千兩",北圖珍本影印本頁二七,十行作"歲修規銀二千兩","規銀"後補。

附表二

序號	改動類型	北圖傳本	北圖珍本影印本
1874,清穆宗同治十三年,甲戌,1 歲。			
(一)	改	頁二,十三行"福保以同治甲戌"。	頁三,三行作"穆宗毅皇帝同治十三年甲戌,一歲"。
(二)	後補	頁二,十三行"生於無錫書院衖舊宅"。句前	頁三,三行"余以十年六月二十二日亥時",補。
(三)	後補	頁二,十三行"天性甚頓"前。	頁三,三至六行補"是時府君三十三歲,家慈三十八歲矣。時值粵匪初平,各家生理未復。余家有田百餘畝,府君爲童子師以自給。家慈體素虛弱,産後少乳。家又貧,不能常僱乳母。比鄰幸有陳母者,産一女,長餘數月。乳有餘,常以乳余。余老友陳仲英先生之太夫人也"。頁三,七至九行補"案吾國以甲子紀年,由來舊矣。史記年表,紀甲子始於共和之元。且《天官書》有太歲在甲寅,《漢書·高帝紀》有五星聚於東井,是歲爲乙未之文。是古人皆以甲子紀歲也。余仿此,故逐年以甲子紀之"。

(3) 詳事實。

北圖傳本頁二,十行"襲龍雲騎尉世職"。北圖珍本影印本頁二,十五行作"襲龍雲騎尉世職,入祀惠山尊賢祠"。"入祀惠山尊賢祠"。後補。北圖傳本頁二,十三行"生於無錫書院衖舊宅"。句前,北圖珍本影印本頁三,三行"余以十年六月二十二日亥時"補。

1905,光緒三十一年,乙巳,32 歲。北圖傳本頁一三,三行"三月二兒惠康生"。北圖珍本影印本頁二六,七行作"三月初八日子時,二兒惠康生"。"初八日子時"後補。詳家事。

1906,光緒三十二年,丙午,33 歲。北圖傳本頁一三,十二行"十月",北圖珍本影印本頁二七,十行作"十月初八日","初八日"後補。

1908,光緒三十四年,戊申,35 歲。北圖傳本頁一四,六行"三月三兒士康生"。北圖珍本影印本頁三一,十一、十二行"三月十二日子時三兒士康生"。"十二日子時"後補。

(4) 補事實。見附表二(三)。

1902，光緒二十八年，壬寅，29歲。北圖傳本頁一一，五行"赴上海東文學堂肄業"。北圖珍本影印本頁二二，十一行至頁二三，四行"正月，赴上海東文學堂肄業"。後補"二月移居趙師醫寓。……若汀遂以古文辭名於時云"。前删。北圖傳本頁一一，十至十一行間。北圖珍本影印本頁二三，十行至頁二四，四行"……此批"。後補"余夙在先人庇廕之下。……可謂難矣"。述讀《史記·貨殖列傳》"立志治生產，即以是年爲始"。

(5) 附錄序文。

1906，光緒三十二年，丙午，33歲。北圖傳本頁一三，十二、三行間，無附錄"漢魏六朝名家集緒言"一文。北圖珍本影印本頁二七，十二行至十五行；頁二八至三〇；北圖珍本影印本頁三一，一、二行，附錄"漢魏六朝名家集緒言"一文後補。

1916，民國五年，丙辰，43歲。北圖傳本頁二七，十二行"是年書籍之出版"前，北圖珍本影印本頁六七，十一至十五行，頁六八至七九，頁八〇，一至十二行"作全漢三國晉南北朝詩緒言……"(附錄緒言一文)，補。

(6) 補時事。

1908，光緒三十四年，戊申，35歲。北圖傳本頁一四，七行"是年醫書之出版者凡十種"。北圖珍本影印本頁三二，四至六行作"十月十六日，德宗景皇帝龍馭上賓。二十一日，慈禧皇太后亦崩。十一月初九日，宣統皇帝登極。帝爲宣宗室之曾孫，德宗之侄，攝政王載灃之子也。御名溥儀。是年醫書之出版者凡十種"。

1912，民國元年，壬子，39歲。北圖傳本頁一九，一行"四月，……"前，北圖珍本影印本頁三七，九行"二月，宣統帝遜位。袁世凱爲臨時總統"補。

(7) 詳事實。

1913，民國二年，癸丑，40歲。北圖傳本頁二〇，十三行"余性嗜書"前，即北圖珍本影印本頁五八，九行"余性嗜書"前，即頁三九，八行至十五行、頁四〇至五七、頁五八一至八行爲後補"吾聞葉郎園先生曰……讀者勿以爲猶有異同之見也"。補錄葉郎園云治經分古文今文派，并詳述之。錄葉郎園云治經宜有六證，以經證經、以史證經、以子證經、以漢人文賦證經、以說文解字證經、以漢碑證經。治經宜先四知，知源流、存亡、體例、真僞。治經宜先五通，通章句、通校讎、通小學、通大誼、通政事。治經宜知十戒：戒僭妄、戒武斷、戒杜撰、戒割判、戒空疏、戒破碎、戒穿鑿、戒附會、戒攘竊、戒黨伐。又，北圖傳本頁二一，二行"……欲買書數萬卷……"北圖珍本影印本頁五八，十三行作"……欲買書十數萬卷……""十"後補。

1916，民國五年，丙辰，43歲。北圖傳本頁二七，十三行"歷代詩話續編"，北圖珍本影印本頁八〇，十三行作"歷代詩話續編二十八種(《本事詩》唐孟棨著、……《詩鏡總綸》明陸時雍著)"雙行小字列出二十八種詩話書名著者。

1918，民國七年，戊午，45歲。北圖珍本影印本頁八二，一至五行補"繆筱山先生(荃孫)出示宋本《竇氏聯珠集》一册，此爲宋槧精本，其價直千五百元。……後因議價未成而罷。今不知此二書流落於何所矣"。

(二) 第二種版式與第三種版式

第三種版式較第二種内容豐富，第三種版式進一步對第二版式主要進行了增、删、改。現擇第二種版式中北圖珍本影印（計頁九二）與第三種版式中復旦藏本（計葉七五，合一百五十頁）比勘，有如下幾類不同。

1. 增補有三：時事、人生感悟、治學經驗

第一：再次增補時事。光緒二十六年記述中，復旦藏本補"王小航先生曰：……"一大段時政内容。"是年直省有拳匪之亂"段有修改，後"附録廉振聲家傳 桐城吴摯甫先生圈點"。光緒三十二年，復旦藏本中，補都門戰爭時事。删去"漢魏六朝名家集緒言附録"。光緒三十三年下，補"王小航先生又曰：……康有爲與李提摩太書跋曰……"民國後，更是每年加入時事的記述。詳查民國二、三、四等年的自訂年譜記述，皆補時事。

復旦藏本"光緒十七年壬辰，十九歲"下補"是年冬，大雪奇寒，爲數十年中所僅見"。此句第三種北圖影印珍本原無。"光緒三十一年"前加"年假後仍住館内，在都門度歲"。另增記交遊，見附表三（一）。

第二：增補對人事變遷的感慨。

例：較北圖本，復旦藏本葉一〇，四行，光緒二十三年記述在"棄養"後補"年五十六歲"。光緒二十五年記述中，復旦藏本補"余以家貧苦學，有憂生之嗟，故讀《貨殖列傳》以自勵。……"段。

第三：治學讀書經驗的補充

光緒二十四年記述中，第四種補"七月廿四日……"北圖本頁一一左八行前，第四種頁六左半葉左七行補"爲學宜先知門徑，讀經而不知孔書之偽，覽子而不知家語之誣，注混鄭王，學昧朱陸，論史則尹袁諸説，習書則趙宋餘波，奉八家爲文式，推袁趙爲詞宗，以鄉曲之見聞，測聖皇之典册，其爲鄙陋，豈冀開通"。

(2) 删

第一，後删。

删附録，如北圖本頁七"遍於群神附録 己丑江南擬作"，復旦藏本删去。光緒三十二年，復旦藏本中，删去"漢魏六朝名家集緒言附録"。

又例民國十三年的記述中前述："歲初，余患流行性感冒，鼻與喉頭氣管枝同患加答兒（炎症）。而胃又時嘔吐清水。又發寒熱、鼻塞、不通空氣，最爲難過。余不患病久矣，今始知病苦。"後復旦藏本作："歲初，余患流行性感冒，鼻塞，不通空氣。余不患病久矣，今始知病苦。"删患病詳情。

北圖珍藏本記載止於民國十八年，復旦藏本從"十九庚午，年五十七歲起"，略去"民國"二字。

第二，補後又删。參照北圖珍本對北圖傳本的補訂，復旦藏本後又删之内容僅四條，見附表三（一）（二）（三）（四）。

附表三

改動類型	北圖傳本	北圖珍本影印	復旦藏本
（一）前刪後補後又替	頁一一，五行"同人組織文明書局"後。	頁二三，四行"同人組織文明書局"後補"大凡勢力不均之交際，其利常歸強者，其不利常歸弱者，此古今通例也"。	復旦藏本葉十五，刪。補"吳摯甫先生赴日本，道出上海……"，具吳摯甫述《古文辭類纂》刊印舊事。
（二）前刪後補後又刪	頁一三，十二、三行間，無附錄"漢魏六朝名家集緒言"一文。	頁二七，十二行至十五行；頁二八至三〇；頁三一、一、二行，附錄"漢魏六朝名家集緒言"。	葉一七左，十五行後，刪。
（三）後補後又刪	頁二一，十二行"太倉陸君菊生爲余作《近世內科全書序》曰……"句前	頁五九，八至十五，頁六〇一至十四行補"余因派克路新建之住宅，在龍飛馬車行之後……遂辭之而出"。識破售宅所遇設賭騙局。	葉三二左，十三行"太倉陸君菊生爲余作近世內科全書序曰……"前接十二行"行醫刊書書如故"識破售宅所遇設賭騙局事，刪。
（四）同上		頁八二、十行至頁八五、十四行，"《提倡貧民教育芻議》（附錄）"。	葉三七右，十三四行間，原附錄"《提倡貧民教育芻議》"，刪。

（3）改

改字，如"回"作"囘"。第三種頁二一，右四行"紛紛西行搶劫"中"西"，第四種葉十三右，十二行作"私"。改詞"德宗"作"今上"。

改句，第三種頁一八右三行"擬以軍隊圍頤和園，將太后禁居其中，謀洩"句，第四種葉一〇左，一至三行作"朝中守舊黨恨甚，日與太后謀，自始即欲甘心於今上。又新黨說袁世凱以軍隊圍頤和園，袁告榮祿，榮祿告太后，於是"疑後補更詳。

四、結 論

（1）成書時間略考。

第一種版式之北圖傳本，經目驗爲單行本，成書民國十年（1921）。雖丁《自訂年譜》言其《佛學大辭典》曾附錄十年本，《佛學大辭典》開印於民國八年，初版民國十年六月。目前經眼《佛學大辭典》附錄之《疇隱居士自定年譜》皆不是北圖傳本，此本當於早期有流傳，除附錄外當亦有單行本。

第二種版式中，北圖珍本影印本當爲刊印《佛學大辭典》時所爲，修訂成書當在民國十四年（1925）至十八年（1929）。北圖珍影印本首頁第二段尾"辭典行將再版，仍以昔年所刪節者復補入之，亦聊以識吾過也。"另經眼《疇隱居士自訂年譜》各單行本皆無丁福保小像插圖，唯《佛學大辭典》附錄有。北圖珍本年譜叢影印之《疇隱居士自訂年譜》疑擇取《佛學大辭典》附錄本。

第三種版式中，復旦藏本將"辭典行將再版"刪去，"兹仍以昔年所刪節者復補入之……",此後在自述家世前補入對歷年刊書與經歷的追憶,"此書非年譜,乃雜記也。所記皆米鹽瑣碎與少時求學門徑語,及外間不相干之事,且文字隨筆直寫,未經修改,不過草稿而已……追溯六十年中所爲之事,當以説文詁林最爲鉅矣,其次則佛學大辭典、古泉大辭典也。……二十二年(1931)十月福保識",然後回顧旅滬以來三十年,編印各書的情況,以及自身身體瘦弱,所以素食養生的理由,落款"二十四年(1935)十月福保又識"。修定成書時間當不早於此。

(2) 丁福保自訂年譜修訂各版源流。從民國十年北圖傳本到民國十四年葉藏本經内容和體例大調,版式微調,主體基本成形。民國十四年葉藏本到民國十八年本(即北圖珍藏影印本)内容微調,呈現續編形式。北圖珍藏影印本到復旦藏民國二十四年本,改定版式,充實時事,定稿成形。上圖藏民國二十八年本版式、體例皆未變,是對復旦藏民國二十四年本之續編。

至此丁福保自訂年譜歷十八年,三次版行,經兩次内容到版式上大的調整,呈現初稿(民國十年本)——一改修訂(民國十四年本)(修訂續編,民國十八年本)——二改定稿(民國二十四年本)(定稿續編,民國二十八年本)的面貌。

古 籍 書 訊

《杜詩本義　杜詩評律》(《安徽古籍叢書》第二十二輯)

(清)齊翀撰,李霜琴整理,賈東亮編輯;(清)洪舫撰,周到整理,李霜琴編輯。黄山書社2018年12月版。

《杜詩本義》,清齊翀撰。齊翀,字雨峰,婺源人。乾隆二十八年(1763)進士。曾主講山西晉陽書院。後歷任廣東始興、電白、高要知縣,潮州府南澳同知,署嘉應州知州。工詩,同年進士李調元序其集,以爲"專主麗情"。其《杜詩本義》以"賦比興"方式對杜甫七律(149首)進行解讀,探討杜詩本義之所在。本次校點以乾隆四十七年雙溪草堂刻本爲底本。

《杜詩評律》,清洪舫撰。洪舫,又名洪仲,字方舟,號邗上羇人,室名苦竹軒,安徽歙縣人。生活於清順治、康熙年間。《杜詩評律》共選杜甫律詩281首(五言律205首,七言律76首),評解内容主要側重於分析與闡述詩法。此次校點以清康熙刻本爲底本,所選評、引用的杜詩原文,參校以仇兆鼇《杜詩詳注》與楊倫《杜詩鏡銓》。

■校勘與注釋

日本永青文庫藏敦煌本《文選注》正訛*

程亞恒

摘　要：日本永青文庫收藏的敦煌本《文選注》是一個唐鈔本的殘卷，僅存不足五千字。從内容上看，日本永青文庫藏敦煌本《文選注》既不同於李善注，又不同於六臣注，因而具有較高的文獻學和文選學價值。由於受鈔寫者漢字漢語水平的影響，該鈔本文字舛訛頗多，對漢字形體結構、書寫特點及俗字應用的分析可以有效識别這些文字錯誤。

關鍵字：《文選注》；敦煌本；俗字；箋证

日本永青文庫藏敦煌本《文選注》是一個既不同於李善注、又有别於六臣注的《文選》注本，因而具有一定的文獻價值，是文選學研究的重要資料。可惜的是該本僅爲一個殘缺的唐抄本，殘卷僅存237行，約4600字。而且由於抄寫者自身的原因，抄本中出現了不少文字上的問題，本文選取數條敷衍成文，以就教於方家同好。

1. 躬破：徐州收陶謙曾煞操父，操志慾討煞之，往征。不得，遂（被）〔破〕。還到，來習他吕布於下邨，爲布所敗之，盡奪兖州之地，唯有范、東阿及鄄城在（"故躬破於徐方，地奪於吕布"注，第48—50行）。

按：陶謙曾任徐州牧，可見於《華陽國志》《後漢書》《三國志》及《三國志》裴注，抄本"收"字顯系"牧"字之訛，"下邨"又"下邳"之誤。"煞"乃"殺"之俗字，此敦煌本《文選注》多見，敦煌文獻抄本亦然，故不贅述。盡，抄本介於書、書（俗"畫"字）二字之間，當是"盡"字之誤。范，抄本作茫，當是范之俗字"范"之訛。"志慾"即"志欲"，"欲"、"慾"古今字。《説文·欠部》段玉裁注："欲，……古有欲字，無慾字，後人分别之，制慾字，殊乖古義。《論語》'申棖之欲'、'克伐怨欲'之欲，一從心，一不從心。"①朱駿聲《説文通訓定聲》："欲，俗字亦作慾。"②《文選·運命論》"嗜欲將至"六臣本"欲"作"慾"，《朱子語類》卷八十七："有心'慾'字是無心'欲'字之母，此兩字亦通用。"《朱子語類》以"慾"爲"欲"字之母固然不確，然其所謂"此兩字亦通用"則是。又"習"、"襲"二字古同音通用，羅國威先生《敦煌本〈文選注〉箋證》（以下簡稱《箋證》）已經指

---

* 作者簡介：程亞恒，男，九江學院文學與傳媒學院（江西九江，332005），教授，文學博士，主要從事漢語史研究。
① （清）段玉裁：《説文解字注》（第2版），上海：上海古籍出版社，1988年，第411頁。
② （清）朱駿聲：《説文通訓定聲》，臺北：世界書局，1936年，第323頁。

出①,甚是。征,抄本作征,乃俗字。另,抄本"習他吕布"亦於文不暢。據《三國志·魏書·陶謙傳》"興平元年,復東征,略定琅邪、東海諸縣。謙恐,欲走歸丹楊。會張邈叛迎吕布,太祖還擊布"一段文字記載,"他"當是"伐"字之誤。"習伐"即"襲伐",乃"突然襲擊、聲罪討伐"之義,文獻中不乏用例,如《逸周書·文傳》:"《開望》曰:土廣無守可襲伐,土狹無食可圍竭。"《潛夫論·實邊》:"《周書》曰:土多人少,莫出其材,是謂虛土,可襲伐也。"《風俗通義·三王》:"詩云:'亮彼武王,襲伐大商。勝殷遏劉,耆定武功。'"此外,抄本"被還到"亦爲不辭,甚誤。《後漢書·陶謙傳》載:"初平四年,曹操擊謙,破彭城傅陽。謙退保郯,操攻之不能克,乃還。"《三國志·魏書·陶謙傳》:"初平四年,太祖征謙,攻拔十餘城,至彭城大戰。謙兵敗走,死者萬數,泗水爲之不流。謙退守郯。太祖以糧少引軍還。"裴松之注曰:"曹公得謙上事,知不罷兵,乃進攻彭城,多殺人民。謙引兵擊之,青州刺史田楷亦以兵救謙。公引兵還。"《文選》李善注:"《魏志》曰:'陶謙爲徐州刺史。太祖征謙,糧少,引軍還。'又曰:'太祖與吕布戰於濮陽,太祖軍不利。'"六臣注:"翰曰:'操爲徐州刺史(爲)陶謙所破,又與吕布戰於濮陽,爲布所敗而走,故云地奪也。'"依據上文記載,此敦煌本《文選注》很可能與六臣注相同,"被"應該是"破"字之誤。如此,則"還到"當爲一詞,乃"返回"、"回來"之義,習伐吕布是在返回途中發生的事情,此正與史合。《箋證》校作"遂被還,到來……"②,不確。

2. 梁孝:景帝弟,今言日比,戌文家誤("又梁孝王,先帝母昆"注,第69行)。

按:此處抄本作"今言日比戌文家誤",因錯誤較多,句不可讀,故不易斷。《箋證》已指出"日比"二字當爲"昆"字分寫而誤,甚是。然《箋證》又以底本"戌"(實抄作"戌")字因與"弟"的草寫字體形近而訛,"文"與"大"二字形近而訛,"誤"又是"發"字的殘訛③,筆者皆以爲不妥。考敦煌本《文選注》,"弟"通常抄作"弟",從"弟"之字(如梯作梯)亦如此,全書他處不訛而僅此一處訛作"戌",似乎缺乏説服力。實際上,抄本的"戌"是戌的俗字,此處當是"或"字的殘寫,《干禄字書》以弌爲"或"字之通④,蓋其字因殘而近戌,抄者不識而摹畫致誤。此"或"字乃"懷疑"義,《廣韻·德韻》:"或,不定也,疑也",甚是。另,下面的"誤"字雖見於《廣韻》及《龍龕手鏡》等字書,但皆不合敦煌本《文選注》之句意,故當是"誤"字的誤抄字,而"文家"之"文"並不誤。"文家"乃指"文章家",文獻中頗有用例,如《文心雕龍·定勢》:"桓譚稱文家各有所慕,或好浮華而不知實核,或美衆多而不見要約。"又《聲律》篇:"凡聲有飛沈……沈則響發而斷,飛則聲颺不還,并轆轤交往,逆鱗相比,迕其際會,則往蹇來連,其爲疾病,亦文家之吃也。"唐劉蜕《獻南海崔尚書書》:"夫文家之不遇清世,不免操弓矢而擐甲胄也。"唐黃汾《與王雄書》:"夫儷偶之辭,文家之戲也,焉可齎其戲於作者乎?"由上可知,底本"誤"字抄作"誤",實際上是因形近而訛,"誤"字當連上"文家"爲句,"文家誤"是説文

---

① 羅國威:《敦煌本〈文選注〉箋證》,成都:巴蜀書社,2000年,第104頁。
② 《敦煌本〈文選注〉箋證》,第103—104頁。
③ 《敦煌本〈文選注〉箋證》,第112—113頁。
④ 施安昌編:《顔真卿書〈干禄字書〉》,北京:紫禁城出版社,1990年,第65頁。

章家出現了錯誤,意甚明。

再有,按照《史記》的記載,梁孝王實際上是孝景帝的弟弟,如《梁孝王世家》:"梁孝王武者,孝文皇帝子也,而與孝景帝同母……孝文帝凡四男:長子曰太子,是爲孝景帝;次子武;次子參;次子勝。"《韓長孺列傳》:"梁孝王,景帝母弟。"《魏其武安侯列傳》:"梁孝王者,孝景弟也。"然而,《文選》卻引作"又梁孝王,先帝母昆",李善注及六臣注皆謂"昆或爲弟",敦煌本《文選注》的作者意在注明他懷疑是當時的文章家把"弟"誤作了"昆",故原句當爲"梁孝,景帝弟。今言昆,或文家誤"。

3. "屈各"等:無並夷狄部落("屠各、左校"注,第 77 行)。

按:"屈各"乃"屠各"之誤,此乃正文"屠各、左校"注文,顯見是"屠"字訛作了"屈"。另,抄本的"無並"顯然不辭,非有衍、奪,即當訛誤。《箋證》指出:"兼並"底本作"無並",文意全然不通。"無"字疑爲"兼"的誤寫,然而"兼並"在當時尚未見有用例,今姑存以待考[①]。其實,"兼並(并)"一詞出現頗早,先秦時期已見用例,如《墨子·天志下》:"今天下之諸侯,將猶皆侵凌攻伐兼并。"漢代以後仍然沿用,如晁錯《論貴粟疏》:"此商人所以兼并農人,農人所以流亡者也。"《三國志·吳書·孫破虜討逆傳》注引《吳錄》曰:"是時關東州郡,務相兼并以自强大。"《魏書·良吏傳》:"有魏初拓中州,兼并疆域,河南、關右,遺黎未純,擁節分符,多出豐沛。"《隋書·食貨志》:"而帝刑罰酷濫,吏道因而成奸,豪黨兼并,户口益多隱漏。"《舊唐書·王處存傳》:"及匡威得志驕盈,恒欲兼并之,賴與太原姻好,每爲之援。"《貞觀政要·政體》:"朕自平定突厥、破高麗已後,兼并鐵勒,席捲沙漠,以爲州縣,夷狄遠服,聲教益廣。"以上各句皆爲"兼并"用例。儘管"兼并"一詞在文獻中不乏其例,但我們仍然認爲以"兼並夷狄部落"注"屠各等"於文不切。因此,我們懷疑抄本"無並"爲"盡"字之誤,當是"盡"字被抄寫者錯誤地分寫成"無並"二字所致。此處"盡"爲統括副詞,乃"皆"、"都"之義。抄本的"盡夷狄部落"是説"屠各"和"左校"均爲夷狄之種族部落,此注正與史實吻合。《三國志·魏志·袁紹傳》注引《英雄記》曰:"又擊劉石、青牛角、黄龍、左校、郭大賢、李大目、於羝根等,皆屠其屯壁,奔走得脱,斬首數萬級。"又《魏志·鄭渾傳》注引張璠《漢紀》:"且天下之權勇,今見在者不過并、凉、匈奴屠各、湟中義從、八種西羌,皆百姓素所畏服。"《後漢書·公孫瓚傳》"(公孫)續爲屠各所殺"李賢注:"屠各,胡號。"可見,"左校"與"屠各"皆爲古代的少數民族,故"無並"當作"盡"字爲是。

4. 舟從:濞自被煞處,今閏州("而丹徒之刃"注,第 101—102 行)。

按:抄本"舟從"二字當與正文同,"舟"是"舟"之俗字,"從"抄本作從是"徒"字之訛,作"丹徒"方是,皆形近而誤。"煞"是"殺"字的俗體,本書多見,不贅。另,抄本"自被煞處"文意頗爲不暢。《箋證》釋"自"爲卻,並認爲這是一個表語氣轉折的副詞,乃當時的俗語[②],筆者以爲未爲確詁。"自"在唐代雖有表語氣轉折的副詞用法,但此處卻明顯不屬此義。以筆者管見,此處的"自"很可能是"身"字的殘訛。"(某)身……

[①] 《敦煌本〈文選注〉箋證》,第 117 頁。
[②] 《敦煌本〈文選注〉箋證》,第 131 頁。

殺"的説法在唐代文獻中是比較常見的,如義净譯《根本説一切有部毗奈耶雜事》卷三十:"忽於中路,狂賊破營,財物並將,夫身被殺。"又卷三:"今夜必有盜賊來入,勿令財物皆被賊將,或容身命亦遭傷殺。"虞世南《論略》:"公子曰:'宋、齊二代,廢主有五,並驕淫狂暴,前後非一,或身被殺戮,或傾墜宗社,豈厥性頑凶,自貽非命,將天之所棄,用亡大業者哉!'"林寬《獻同年孔郎中》:"一顧深恩身未殺,争期皎日負吹嘘。"另,從《史記·吴王濞列傳》"……於是吴王乃與其麾下壯士數千人夜亡去,度江走丹徒,保東越。東越兵可萬餘人,乃使人收聚亡卒。漢使人以利啖東越,東越即紿吴王,吴王出勞軍,即使人鏦殺吴王,盛其頭,馳傳以聞"及張守節《正義》"《東越傳》云:'獨東甌受漢之購,殺吴王。'丹徒,潤州也。東甌即東越也。東越將兵從吴,在丹徒也"文中可知,正是東越人在丹徒殺了吴王劉濞,所以説丹徒是"濞身被殺處"。

  5. 敬輔,權從兄,有[功]。權欲有天下之志,托權。恐不成,遂遣人將書往魏,送書。舉曹公:"可夾江東,俱並此地。"("孫輔,兄也,而權殺之"注,第128—129行)。

  按:"敬輔"顯系正文"孫輔"之誤,《箋證》是。"有[功]。權欲有天下之志"抄本原作"有權欲有天下之志",其句扞格難通,疑其非有衍、奪即有他誤。《箋證》改作"權有欲有天下之志"①,此爲一説。以筆者管見,前一"有"字下當奪一"功"字,此説於文獻有證。《三國志·吴志·孫輔傳》:"孫輔字國儀,賁弟也,以揚武校尉佐孫策平三郡。……策西襲廬江太守劉勛,輔隨從,身先士卒,有功。策立輔爲廬江太守……"明余寅《同姓名録》卷九《孫輔二》:"吴孫輔,隨孫策襲廬江有功,拜平南將軍,交州刺史。"由此,若非前一"有"字有訛誤,則當以脱一"功"字爲長。另,抄本的"送書舉曹公"不易理解,易使人誤會其意,此不揣固陋,略以述之。《三國志·吴志·孫輔傳》裴注引《典略》曰:"輔恐權不能保守江東,因權出行東治,乃遣人齎書,呼曹公。行人以告。權乃還,僞若不知,與張昭共見輔。權謂輔曰:'兄厭樂耶?何爲呼他人?'輔云:'無是。'權因投書與昭,昭示輔,輔慚無辭。乃悉斬輔親近,分其部曲,徙輔置東。"《同姓名録》卷九《孫輔二》:"吴孫輔……後權出行東治,遣使與曹公相聞,事覺,權幽殺之。"郝經《續後漢書》:"孫輔恐權不能保江東,陰遣人齎書,呼曹操。行人以告。權悉斬輔親近,分其部曲,徙輔置江東。"《文選》李善注及六臣注皆引《典略》,與裴注同。《箋證》校"舉"字爲"與于"②,然"送……與于……"的用法未見於文獻,亦甚爲可疑。筆者以爲此"舉"字乃"言"、"稱説"之義,如《禮記·雜記下》:"過而舉君之諱則起。"鄭玄注:"舉,猶言也。"韓愈《原道》:"不惟舉之於其口,而又筆之於其書。"下文"可夾江東,俱並此地"正是孫輔在信中對曹操所説的内容,釋"舉"爲"言"、"稱説"義動詞,與敦煌本《文選注》原文句意甚合,當是。

  6. 欽三子,一名鸑,一名虎,來降。唐咨亦降。有人勸司馬文王:"何不煞欽二子?"曰:"不可煞,今欲懷來者。"遂於之,遣還故城("欽二子還降"注,第191—193行)。

---

①② 《敦煌本〈文選注〉箋證》,第147頁。

按:"欽三子"誤,下文言"一名鵉,一名虎",知抄本誤"二"爲"三",《箋證》以爲"二"誤作"三"①,甚是。"煞","殺"之俗字。"於之"甚爲不辭,顯系誤抄。《箋證》疑"是"字爲"之"字殘誤,因而改作"是",亦誤②。筆者管見,"於"字實際上是"聽"字之誤。"於"字底本抄作"扵",實際上是"聽"字的草書字形,此處爲動詞"接受""允許"之義。這種意義的"聽"字在文獻中頗多,如《後漢書·呂布傳》:"布不自安,因求還洛陽,紹聽之,承制使領校尉。"《魏書·儒林·劉蘭傳》:"其兄笑而聽之,爲立黌舍,聚徒二百。"《魏書·契丹傳》:"後告饑,高祖矜之,聽其入關市糴。"敦煌本《文選注》前文説"欽二子及唐咨皆來降",此處"遂聽之,遣還故城"正好與之照應,可謂文意暢達。故作"聽"是,而作"於"字非。

7. 人兄無辜,罪而被煞也("父兄不辜"注,第229—230行)。

按:此爲正文"父兄不辜"的注文,故抄本"人兄"當爲"父兄"之誤。另,《箋證》此句校爲"父兄無辜罪,而被煞也",筆者甚覺可疑。"辜罪"上古雖以雙音詞的形式出現,如《尚書·微子》:"凡有辜罪,乃罔恒獲",然而此處"辜"、"罪"二字似乎不當連爲一句。根據我們的調查,"(無)辜罪"的用法未見於唐代文獻,《全唐文》及《陳書》中雖有"辜罪"連用的例子,但均作"泣辜罪己",其中的"罪"皆爲動詞,乃"歸罪"義。因此,敦煌本《文選注》的"無辜罪"可能是有問題的。筆者以爲抄本"無辜罪"的出現可能有兩種情況:一是"罪"字衍,蓋其字本爲"辜"之旁注字,抄本誤入了正文;二是"無辜"爲上句煞尾之詞,"罪"爲動詞,乃"判罪"、"定罪"之義,屬下句。"罪"作動詞的用法唐代很常見,如法琳《對傅奕廢佛僧事啓》:"況佛是衆生出世慈父,又爲凡聖良醫,欲抑而挫之,罪而辱之,不可得也。"白居易《論制科人狀》:"又何忍罪而斥之乎?"此外,劉知幾《史通·惑經》"《春秋》皆承告而書,曾無變革,是則無辜者反加以罪,有罪者得隱其辜,求諸勸戒,其義安在"正可以用來解釋敦煌本《文選注》的"無辜,罪而被煞"。然以上兩種推測似乎皆可通,但由於缺乏其他文獻佐證及版本依據,故暫標點如上,正確與否,尚待能者究之。

8. 孫原,水名。言楔區來歸漢,統領得之("梁孫原"注,第235行)。

按:楪,樑之或体。梁、樑古今字。《説文》、《廣韻》皆無樑字,梁字大約出現在南北朝以後,碑文中亦書作梁、樑、梁、梁、梁。《四聲篇海·木部》:"樑,音梁,棟梁也"。《字彙·木部》:"樑,龍張切,音梁。見釋藏。"《正字通·木部》:作"樑,俗梁字。"關於"梁"的意義,各家所論甚詳,如《漢書·司馬相如傳》顏師古注:"梁,橋也;孫原,孫水之原也。"《文選》李善注:"孫水出登縣。李奇曰:'于孫水之本作橋梁'。"六臣注:"濟曰:'……孫,水名;原,本也。梁,謂作橋於上也。'"《文選》"梁孫原"的"梁"明顯是動詞,乃"架橋"義,而敦煌本《文選注》的"梁區"作爲注文反而晦澀不可明喻,筆者疑其有誤。檢《唐碑俗字録》,知此"區"字實爲"原"字之訛③。"原"俗字又作厡,字形相近,故訛。此處原乃源之本字。清俞樾《群經平議·周易一》"原筮元永貞無

---

① ② 《敦煌本〈文選注〉箋證》,第179頁。
③ 吳鋼輯、吳大敏編:《唐碑俗字録》,西安:三秦出版社,2004年,第26頁。

咎":"原之本義,水泉本也。今俗加'水'作'源',即其字也。故引申之,則有始義。"①孫原即孫水的源頭,敦煌本《文選注》的作者釋爲水名,當是誤釋。抄本"梁原來歸漢"即李奇所謂"于孫水之本作橋梁",也就是"于孫水的源頭築橋而使之來歸漢"之義。

---

① (清)俞樾:《群經平議》,《續修四庫全書》,上海:上海古籍出版社,2002年,第178册,第7a頁。

敦煌文書《張淮深碑》卷背詩校注獻疑[*]

李瑩娜

摘　要：敦煌文書《張淮深碑》卷背詩雖經前賢的多次校改，但由於原文漫漶不清，部分詩歌的録文和注釋仍存在一些問題。從字形、用典、對仗等角度入手，可以發現録文中存在的問題有原文訛寫、後人誤校、不明通假等。由於録文的問題，詩歌内容也引起了一些誤解，主要體現在注釋當中，應予以修正。

關鍵詞：張淮深碑；詩歌；訛寫；誤校；通假

敦煌文書《敕河西節度兵部尚書張公德政之碑》（學界習稱《張淮深碑》）爲雙面書寫，原本斷裂爲多張殘片，後經法國漢學家伯希和、英國漢學家翟理斯、日本學者藤枝晃、中國學者榮新江的不斷努力，已基本恢復原貌。該文書卷背存有十九首詩[①]，其拼合順序大致爲：P.2762v＋S.6973v＋S.3329v＋S.6161Bv＋S.11564v＋S.6161Av[②]。根據楊寶玉的考證[③]，這些詩歌的作者是晚唐越州山陰人張球，抄寫時間上限在龍紀二年（公元890年）[④]。

關於這些詩歌的内容，先後有鄭炳林、邵文實、徐俊、汪泛舟、張錫厚、楊寶玉等多位學者做過研究。其中，鄭炳林校録了當時所能見到的殘片上的詩歌，即除了S.11564v和S.6973v以外的詩歌内容，没有注釋[⑤]；邵文實在鄭書基礎上校改了已有録文，並校録了新獲殘片S.6973v的内容，同時對詩歌進行了較爲深入的解讀[⑥]；汪泛舟曾兩次選録《張淮深碑》卷背的部分詩歌，同時對詩歌的内容進行了校改和解讀[⑦]；徐、張、楊三位學者對《張淮深碑》卷背的所有詩歌都曾做過校録工作，徐書僅有少量

---

* **作者簡介**：李瑩娜，女，復旦大學古籍整理研究所（上海200433），漢語言文字學專業博士生，研究方向爲漢語史。

本文承復旦大學出土文獻與古文字研究中心張小豔教授指正，謹致謝忱。

① 最後一首詩僅殘存少數字。
② 楊寶玉：《敦煌文書〈張淮深碑〉及其卷背詩文重校補注》，《中國社會科學院歷史研究所學刊（第十集）》，北京：商務印書館，2017年，第281—311頁。
③ 學界還有另外兩種意見，張錫厚、汪泛舟等認爲詩歌作者已不可考，鄭炳林等主張作者是張氏歸義軍時期的都僧統悟真。目前受到較多認可的是楊寶玉的意見。
④ 楊寶玉：《〈張淮深碑〉抄件卷背詩文作者考辨》，《敦煌學輯刊》，2016年第2期，第31—38頁。
⑤ 鄭炳林：《敦煌碑銘贊輯釋》，蘭州：甘肅教育出版社，1992年，第131—133頁。
⑥ 邵文實：《敦煌P2762等卷詩集試探》，《文獻》，2000年第1期，第234—243頁。
⑦ 汪泛舟：《敦煌石窟僧詩校釋》，香港：香港和平圖書出版有限公司，2002年，第128頁；汪泛舟：《敦煌詩解讀》，北京：世界圖書出版有限公司，2015年，第7—10頁、第372—400頁。

校記①,張書校記細緻但無注釋②,楊文校記、注釋皆較爲詳盡。楊先生的錄文和注釋後出轉精,在學界影響較大。

《張淮深碑》卷背詩筆迹較爲潦草,部分文字漫漶不清,因此即便經過了學者們的多次校改以及邵、汪、楊三位學者的注解,其中仍存在不少問題。本文參酌前賢意見,對《張淮深碑》卷背詩中《夫字爲首尾》《咏史趙女楫》《贈陰端公》《皈(歸)夜於燈下感夢》《又》五首詩歌的錄文和注釋提出了一些新的見解,以就正於方家。爲求行文清楚,本文在訛寫字後加方括號、通假字後加圓括號注明正字,將學者們存有異見和誤校的字直接改錄於文中。

一、《夫字爲首尾》

1. 天山旅泊思江外,夢裏還家入道墟。

"墟"字,鄭、邵、徐、汪、張皆錄爲"墟",楊寶玉先生認爲"墟"字於文意未安,將其改錄爲"壚",認爲"道壚"指的是道路旁邊的酒壚。按,此處當從多數學者作"墟"。從字形上看,原文形體爲▆,與"墟"字相近。敦煌文獻中"壚"字作墟③,二者明顯不同。從意義上看,"道墟"爲詩人的家鄉,與詩意是相合的。詩歌作者張球是晚唐越州山陰人。越州在南宋以後改稱紹興府。明《紹興府志·疆域卷》卷一:"道墟市在府城東七十里。"明《會稽縣志》中也多次出現"道墟"這個地名④,現在的紹興市上虞區仍有道墟街道。下一句詩爲"鏡湖蓮沼何時摘",其中的"鏡湖"即位於今紹興市的南部,可見詩人的家就在距鏡湖不遠的道墟這個地方,故原詩應錄作"墟"。

2. 紅顏憔悴休脂粉,寂寞楊(陽)臺滿院無(蕪)。

"休"字,鄭、邵錄作"付",徐錄作"沐",張錄作"休",汪錄作"何",楊錄作"沙"。按,應從張先生錄作"休"。古詩中有相似的例子,如:宋劉才邵《次韻梅花十絕句(其十)》:"洗盡殘妝倚玉樓,世間脂粉且休休。""休脂粉"即不施脂粉,宋陳與義《畫梅》:"脂粉不施憔悴盡",與此處詩意相近。

"無(蕪)"字,鄭、邵錄爲"蕪",徐、張、汪、楊皆錄爲"無"。按,當從鄭、邵錄作"蕪","無"字是其省借。荒蕪的院落在古人詩歌中是常見意象,例如:唐元稹《酬樂天得微之詩知通州事因成(其四)》:"荒蕪滿院不能鋤。"宋王十朋《叔父寶印師往(住)》:"故園三徑已荒蕪。"元王哲《滿庭芳·贈友人問題》:"院落荒蕪,庭樹瀟灑。"因此本詩中的"滿院無"實爲"滿院蕪"。

---

① 徐俊:《敦煌詩集殘卷輯考》,北京:中華書局,2000年,第171—179頁。
② 張錫厚:《全敦煌詩(第一編)》,北京:作家出版社,2006年,第3534—3553頁。
③ 黄征:《敦煌俗字典》,上海:上海教育出版社,2005年,第255頁。
④ 參見明萬曆刊本《會稽縣志》第四卷"作邑"、第五卷"謠賦"。

二、《咏史趙女楫》

關於詩題中的"趙女楫",學者們皆以爲是歷史人物的名稱。鄭書録作"趙女婿",無注解;邵文録作"趙女娟",認爲詩歌講述的是趙簡子的夫人趙女娟的故事①;徐書録作"趙女楯(無恤)",認爲"女楯"即詩中"(趙)襄子"的名字"無恤"的音近訛字②;汪書録作"超女婿",認爲該詩講的是王昭君渡江的故事③;張書録作"趙女楫",并引述了徐、汪書的録文;楊文引述了徐書觀點,但表示自己尚無定見。按,應録作"趙女楫",意爲趙女持楫。邵先生指明了典故出處,但録文有誤。

從字形上看,詩題中的楫與碑刻文字中"楫"的異體字楫和楫相近④,同卷《又》中有"舟楫張帆懸魯珪(圭)"一句詩,其中的楫字徐、張、汪三位學者皆録作"楫"。從意義來講,"趙女楫"化用了西漢劉向《古列女傳·辯通傳·趙津女娟》中女娟持楫進説的故事:春秋時期趙國河津吏的女兒名叫娟,她的父親因醉酒耽誤了趙簡子渡河擊楚的戰事,簡子憤怒之下欲殺其父。女娟持楫前來,詳述父親醉酒原因使其得到赦免,並幫助簡子成功渡河。此外,同卷《皈(歸)夜於燈下感夢》中有"長思趙女楫,每憶美人舟"的詩句,古詩對仗中常以"楫"與"舟"相對(見下文)。兩首詩歌用典相同,亦可證此處爲"楫"字。

  1. 襄[簡]子臨川駐馬瞋,衝冠直擬貶船人。

"襄"字,多數學者的録文正確,但没有指出其爲訛寫。按,邵先生觀點正確,這裏應録作"襄(簡)",指的是趙簡子的故事。《古列女傳·辯通傳·趙津女娟》:"初,簡子南擊楚,與津吏期,簡子至,津吏醉卧,不能渡,簡子欲殺之。"⑤古人詩歌中經常出現這個典故,例如:三國魏曹植《鼙舞歌五首·精微篇》:"簡子南渡河,津吏廢舟船。執法將加刑,女娟擁棹前。"宋吕陶《河津女》:"簡子欲南渡,誰人爲撑舟。"可見這首詩的作者誤將簡子記成了襄子,因此原文中的"襄"字應該改作"簡"字。

  2. 固乘有女劍(斂)容皃,今日如何犯逆鱗。

"固"字,鄭、汪録作"因",邵録作"固",徐、張録作"同",楊録作"固(同)"。按,根據字形和詩意,此處録作"固"是没有問題的。

"固"在這裏是個副詞,表示一再、執意的意思,如"固諫"表示執意進諫,"固讓"表示再三辭讓。"固乘有女"即"有女固乘"的倒裝,指的是女娟執意請簡子乘船。在典故中,女娟剛開始提出幫助簡子渡江時,簡子是拒絶的,他説:"不穀將行,選士大夫齊

---

① 《敦煌 P2762 等卷詩集試探》,第 240 頁。
② 《敦煌詩集殘卷輯考》,第 174 頁。
③ 《敦煌詩解讀》,第 373 頁。
④ 參見碑刻文獻"魏故使持節侍中驃騎大將軍儀同三司尚書令冀州刺史江陽王元公墓誌銘"和"唐故處士王君墓誌銘並序"。
⑤ (西漢)劉向:《古列女傳》,北京:中華書局,1985 年,第 165 頁。

（齋）戒沐浴，義不與婦人同舟而渡也。"①在簡子看來，與婦人同舟於戰事不利。女娟聽了沒有氣餒，而是繼續勸諫："妾聞昔者湯伐夏，左驂牝驪，右驂牝靡，而遂放桀。武王伐殷，左驂牝騏，右驂牝騼，而遂克紂，至於華山之陽。主君不欲渡則已，與妾同舟，又何傷乎？"②女娟認爲商湯伐夏、武王伐殷的勝利與雌性戰馬的功勞密不可分，以此暗示簡子不應輕視婦人。最後，簡子欣然聽從了女娟的建議。可見此處作"固乘"更符合故事情節，如果改成"同乘"就失去了其内在意味。

3. 蒸嘗本望煙波静，雲[雩]祀交（蛟）龍有所陳。

按，"雲（雩）祀"，學者們的錄文正確，但没有指出原詩爲訛寫。

當簡子下令殺掉女娟父親時，女娟替父親申訴道："妾父聞主君來渡不測之水，恐風波之起，水神動駭，故禱祠九江三淮之神，供具備禮，御釐受福，不勝玉（巫）祝杯酌餘瀝，醉至於此。"③根據《列女傳》原文可知這兩句詩描述的是女娟父親祭祀的場景。詩歌中用"雲祀"來表示，但是古代並没有"雲祀"這種祭祀，原文當是"雩祀"的訛寫。"雩祀"是古代爲了求雨而舉行的祭祀。《禮記·月令》："乃命百縣雩祀百辟卿士有益於民者。"鄭玄注："雩，籲嗟求雨之祭也。"④唐褚亮等《雩祀樂章·舒和》："鳳曲登歌調令序，龍雩集舞泛祥風。"宋代郊廟朝會歌辭《孟夏雩祀二首（其二）》："龍見而雩，神之來格。"宋劉克莊《夏旱四首（其二）》："蛟潭雩祀稀曾講。"可見，"雲（雩）祀交（蛟）龍有所陳"這句詩正是雩祀儀式的真實寫照。而且，"雩祀"與"蒸嘗"相對。"蒸嘗"指的是秋、冬二祭，"雩祀"指的是求雨之祭，在這裏皆泛指祭祀，於詩意、平仄皆相合。"雲"與"雩"形體相近，故原詩應改錄爲"雩"，"雲"是其形近訛字。

4. 投醪抵[祇]要風帆便，傷桱（？）爲祭九江神。

"投醪"，楊文指出其爲典故，來源於勾踐將酒倒入江中以與百姓共享的故事，後借指軍民同甘共苦⑤。按，此處並非用典，而用的是"投醪"的字面意思，即把酒倒入江中以祭祀江神。古人詩歌中對此多有描寫，例如：唐張籍《相和歌辭·賈客樂》："欲發移船近江口，船頭祭神各澆酒。"宋釋曇穎："深水取魚長信命，不曾將酒祭江神。"

"桱（？）"，鄭錄作"桱"，徐、楊錄作"桱（牲）"，邵、張、汪錄作"牲"。按，錄作"桱"於詩意未安。該字原文作**桱**，錄作"桱"與之形近。但"桱"是個簡體俗字，其正體爲"樫"。故此處不應錄作"桱"，該字錄文暫時存疑。

三、《贈陰端公》

堂前荆樹無因活，閣後寒筇難更逢（蓬）。

"逢"字，學者們的錄文正確，但未指出其本字。按，"逢"是"蓬"的通假字。這兩

---

① ② 《古列女傳》，第 166 頁。
③ 《古列女傳》，第 165 頁。
④ （東漢）鄭玄注，（唐）孔穎達正義，《禮記正義》《十三經注疏》本，北京：中華書局，1982 年，第 1369 頁。
⑤ 《敦煌文書〈張淮深碑〉及其卷背詩文重校補注》，第 298 頁。

句詩相應位置的字意義、詞性皆相對:"堂前"對"閣後","荊樹"對"寒筠","無因活"對"難更逢"。可以推知,"逢"並非逢見之義,而是"活"的近義詞,即茂盛之義。《墨子·耕柱》:"逢逢白雲,一南一北,一西一東。"孫詒讓注:"逢、蓬通。《毛詩·小雅·采菽》傳云:'蓬蓬,盛貌。'"①因此,此處"逢"的本字應爲"蓬"。

四、《皈(歸)夜於燈下感夢》

詩題中的"皈"字,鄭、邵錄作"躾",張錄作"歸",徐錄作"皈(皈)",汪、楊錄作"皈",汪將其解釋爲皈依佛門②,楊表示對其意義暫時存疑。按,應錄作"皈",實爲"歸"的異體字。黃征《敦煌俗字典》:"'歸'字訛變,由隸書而成歸,由草書而訛變爲皈(即'自反爲歸',亦作'皈')。"③詩題中皈的結構即"自反爲歸",又寫作"皈"。"皈(歸)夜"即歸來之夜,這個詞在古詩中較爲常見,例如:宋綦崇禮《次韻國佐二詩(其二)》:"樂飲不泰至,歸夜從深侵。"宋吳文英《賀新郎·陪履齋先生滄浪看梅》:"華表月明歸夜鶴,嘆當時、花竹今如此。"

長思趙女楫,每憶美人舟。

"楫"字,原文寫作揖,學者們或錄作"娟",或錄作"媚""楣""桐"等。按,前賢所錄皆誤,詳見上文。此處"趙女楫"與"美人舟"相對,指趙女所劃的船。"楫"和"舟"相對,這在古人詩歌中非常普遍,例如:南朝徐陵《山池應令詩》:"細萍時帶楫,低荷乍入舟。"唐陸龜蒙《正月十五惜春寄襲美》:"見織短篷裁小楫,挐煙閑弄個漁舟。"唐鄭紹《游越溪》:"漁潭逢釣楫,月浦值孤舟。"唐徐堅《相和歌辭·棹歌行》:"霜絲青桂楫,蘭枻紫霞舟。"唐儲光羲《漁父詞》:"亂荇時礙楫,新蘆復隱舟。"宋王安石《遊土山示蔡天啓秘校》:"漂搖五城舟,尚想浮河楫。"故而此處應當錄作"楫"。

五、《又》

1. 君垂勳業今時重,舟楫張帆懸魯珪(圭)。

"舟楫",徐、張、汪皆錄作"舟楫",楊文受《咏史趙女楫》詩題的影響,誤將其改錄爲"女楣"。按,應作"舟楫"。"楫"字原文作揖,與碑刻文字相同,詳見上文。

"魯珪(圭)",汪泛舟認爲"魯"通"旅","魯珪"指陳述封官授爵之事④,其餘學者皆無注解。按,"珪"與"圭"相通,意爲圭組。"魯珪(圭)"借指官爵。"魯珪(圭)"化用了魯仲連辭官的典故:戰國名士魯仲連因幫助趙國解除包圍,幫助齊國奪取聊城,曾先後被趙國平原君和齊國田單封賞官爵,但是他都拒絕了。魯仲連的故事在後世經常出現在文人們的詩歌作品中,例如:唐釋皎然《苕溪草堂自大曆三年夏新營洎秋及

---

① (清)孫詒讓:《墨子閒詁》,北京:中華書局,1986年,第389頁。
② 《敦煌詩解讀》,第375頁。
③ 《敦煌俗字典》,第140頁。
④ 《敦煌詩解讀》,第385頁。

春彌覺境勝因紀其事簡潘丞述湯評事衡四十三韻》:"吾嘉魯仲連,功成棄圭璧。"唐李白《贈崔郎中宗之》:"魯連逃千金,圭組豈可酬。"明徐禎卿《平陵東行》:"上卿執圭古所侈,魯生棄之若敝屣。"可以推知,這裏的"魯珪(圭)"是古代典故的化用,用以歌頌詩歌主人公在政治上所做出的巨大貢獻。

2. 稱身紅綬銀章貴,奪日光鮮弄馬蹄。

"奪日",鄭、張録作"奪日",徐改作"奪目",楊録作"尞(?)日"。按,應從鄭、張二位學者録作"奪日"。原文"奪"字寫作「奪」。敦煌寫卷中"奪"的俗體字可作「奪」[1],二者形體十分相近。"日"字形體清晰,不需改録。古詩中描寫事物色彩鮮明時經常使用"奪日"這個詞,例如:宋吴芾《續潘仲嚴秋夜嘆》:"烽火照天光奪日,殺氣騰空暗如霧。"明謝肅《射虎行》:"黄質羅黑章,奪日光炳耀。"明湛若水《朱明洞聞松聲衆觀有五色禽之集》:"五色禽來還奪日,主人翁者問如何。"同卷《賀大夫十五郎加官》中有"紫綬金章暎日鮮"一句詩,詩中的"暎日"與此處"奪日"意義相近,皆形容綬章顏色非常鮮亮,簡直可與日光爭輝。

---

[1] 《敦煌俗字典》,第97頁。

敦煌願文文獻校勘*

王洋河

摘 要：敦煌文獻中，願文是數量較大的一個種類，主要用於表達祈福禳灾及表讚頌之願望。當前，願文仍有部分疑難詞尚爲校正，如"矣風"本乃"英風"，"初筭"實應作"初笄"，"擊壞"原應該作"擊壤"，等等。此次共校有12個詞語。

關鍵字：敦煌；文獻；校勘

敦煌願文範圍不僅包括佛教徒撰寫的祈願文，還有與當時百姓生活息息相關的《上梁文》《祝願新郎文》等俗文。敦煌願文經過黃征、吴偉（1995）、曾良（2000）、龔澤軍（2005）、敏春芳（2006）、趙鑫曄（2006、2009）等學者的校釋，已經日臻完善，趨於精准。遺憾的是，自黄征所整理校注的《敦煌願文集》（嶽麓書社1995）出版後，部分訛誤尚未訂正，學界也再無敦煌願文校勘的集大成著作問世。以敦煌願文爲主題的專著只有敏春芳的《敦煌願文詞彙研究》（2013），陳曉紅《敦煌願文的類型研究》（2018）等，前者主要是分析詞彙，後者主要從文本、文學的角度闡述敦煌願文。本文就願文文獻再作校勘。

矣風

《發願文範本等》第四篇《妣》："族嗣矣風，宗高麥伯；温容韶雅，淑禮和柔。勸（歡）四德，穆六親；悦母儀，開婦德。"①

按：該篇抄於 P.2385 寫卷，其中"矣風""宗高麥伯"不知何意，黃征等注曰："原文此兩句句意未明，俟考。"②諸位學者也未就此多作分析。"宗高麥伯"暫存疑，本文就"矣風"略作探討。

核查原卷 P.2385，"矣"作"矣"，此"矣"實乃"英"字之誤。敦煌文獻中"矣"字形，再如 S.6852 想爾注《老子道經》"矣"作"矣"，S.2832《願文等範本》"矣"作"矣"，S.388《正名要録》"矣"作"矣"③。再看"英"字形，如 P.2524《語對》"英"作"英"，S.343《願文

---

* **作者簡介**：王洋河，男，四川大學文學與新聞學院（四川成都 610207），博士，主要從事敦煌文獻詞彙、佛經詞彙研究。

本文爲四川省教育廳人文社科研究項目《中古律部漢譯佛經異形詞研究》（（1987—）漢族，項目編號：17SB0444）一部分。

① 黃征、吴偉：《敦煌願文集》，長沙：嶽麓書社，1995年，第188頁。
② 《敦煌願文集》，第192頁。
③ 黄征：《敦煌俗字典》，上海：上海教育出版社，2005年，第494頁。

範本等》"英"作"㷟",Φ096《雙恩記》"英"作"英",S.2832《願文等範本》"英"作"英"①。由上可見,"英""矣"頗似。再看其他文獻,如《說苑校證》:"吳王曰:'吾聞齊君蓋賊以慢,野以暴,吾子容焉,何甚也?'"向宗魯校:"'吳'舊作'矣'。盧曰:'矣'疑衍,或'吳'字之訛。承周按,《晏子》作'吳',今據改。"②此校甚是,"矣""吳"形近致誤,"吳""英"亦近。可見,"矣""英"之誤。再如《鄭風·叔于田》箋"兩服,中央夾轅者",各本"央"作"失"③。以此也可見,"矣""英"字體相似。

從詞義上看,《漢語大詞典》:"英風,奇偉傑出的氣概;英武的氣概。"如南朝梁沈約《薦沈驎士義行表》:"吳興沈驎士,英風夙挺,峻節早樹。"魏阮籍《詠懷》:"英風截雲霓,超世發奇聲。"唐裴次元《賦得亞父碎玉鬥》:"獨有青史中,英風冠千載。"綜上,"矣風"實乃"英風"之誤。

初筭

《祝願女婿文》:"某氏兩家,秦晉疋也。男年始冠,女有初筭。"④

按:本篇抄於 P.3893 卷。此乃夫妻結婚時祝願女婿的發願文,"疋"乃"匹"。其中"女有初筭"語義不通。

查原卷 P.3893,該卷書寫工整,字體以楷書為主,排列整齊。"筭"寫作"笇",此字乃"筓",是"算"之異體字,的確不誤。張金泉等校勘 S.2053《禮記音》指出,"笇","算"之俗字⑤。其實 P.3893 寫卷"笇"乃"筓"之誤。《説文》:"筓,簪也。從竹,開聲。""筓"又指古代女子成年所行之禮,如《玉篇·竹部》:"筓,女子許嫁而筓。"古代女子十五歲始加筓,稱"初筓",指女子成年。如南朝梁簡文帝《從軍行》:"小婦趙人能鼓瑟,侍婢初筓解鄭聲。"敦煌文獻中,"笇""筓"兩字形近。如:

P.3909 卷《今時禮書本》"筓"寫"笇"。P.2524 卷《語對》"筓"作"笄"⑥。

P.2833《文選音》"笇"作"筓"。P.3562《劉子新論》:"隸首,天下之善笇也,有鳴鴻過者,彎弧擬之,將發未發之間,則問以三五則不知。""笇"作"筓"。

"笇""筓"兩字形體相近,如不細緻辨認,容易誤寫。就 P.3893 卷《祝願女婿文》全文來看,書寫錯誤稍多,如"惟新"寫"推辛","兩衙"寫"兩牙","爰"寫"援"等。"筓"在敦煌文獻中常見,再如《長興四年中興殿應聖節講經文》中"男既壯而有室,女初筓年而從人。"願文"男年始冠,女有初筓"中,"始冠"與"初筓"對舉,表示男女都已成年。

擊壤

《賀雨》:"遙山帶月媚之容,遠樹加豐濃之色;芳草競秀,花蕊爭開;功人懷擊壤之

---

① 《敦煌俗字典》,第 503 頁。
② 向宗魯:《説苑校證》,北京,中華書局,2017 年,第 304 頁。
③ 王念孫:《讀書雜誌》,上海:上海古籍出版社,2017 年,第 2278 頁。
④ 《敦煌願文集》,第 403 頁。
⑤ 張金泉、許建平:《敦煌音義匯考》,杭州大學出版社,1996 年,第 287 頁。
⑥ 《敦煌俗字典》,第 173 頁。

歡,田父賀東皋之咏。"①

按:此乃 S.4474 卷《回向發願範本等》第二篇。其中"擊壞之歡"不好理解,語義難通。根據願文語境,"壞"實應作"壤"。"壞""壤"相似,容易誤寫。"擊壤"最早是堯舜之時,老百姓慶祝天下太平的歡慶活動。如《藝文類聚》第十一卷引晉皇甫謐《帝王世紀》:"(帝堯之世)天下大和,百姓無事,有五十老人擊壤於道。"再如南朝宋謝靈運《初去郡》:"即是羲唐化,獲我擊壤情。"唐張説《季春下旬詔宴薛王山池序》:"河清難得,人代幾何? 擊壤之歡,良有以也。"宋范成大《插秧》:"誰知細細青青草,中有豐年擊壤聲。"

願文《賀雨》"擊壤之歡"指慶祝國家太平之歡樂。《敦煌願文集》中關於"擊壤"語料不止此例,再如 P.2940《齋琬文一卷》中:"某等忝齊元首,仰戴皇猷;擊壤馳歡,何酬聖澤。"②

解未孫者

《尼》:"常禦雲樓,永登香閣;鶯武(鸚鵡)林下,振像王成(城)。度未度人,解未孫者。"③

按:此乃 S.2832 卷《願文等範本》中第四一篇,此句中"解未孫者"語義不通,甚費解。查原卷 S.2832 影像,本句中"解"寫作"孫","孫"寫"孫"。此"孫"應是"解"的誤寫。據原句,兩句對仗應該工整,敦煌願文大多數都是駢偶對仗的句子,此類文章需要在一定場合下高聲朗讀,需要一定的修飾,達到朗朗上口的效果。"度未度人,解未解者"指化度迷惑之人,解救陷於苦難之人。"孫""解"行書相似,造成了錯誤。其他文獻,再如唐《月儀帖》"解"作④,唐懷素《小草千字文》"解"作⑤,宋趙構《洛神賦》"解"作⑥。可見,"解"之行書與"孫"頗似。

倪座

《比丘法堅發願文》:"伏願燈窗不惓,早酬熒雪之功;倪座親登,永演難思之妙法。"⑦

按:此篇抄於 P.2726 寫卷。"倪座"一詞費解,黃征等校曰:"'倪座'義未明,俟考。"⑧其實,"倪座"應作"猊座"。"猊"也稱"狻猊",指獅子。《穆天子傳》一卷有"狻猊"一詞,郭璞注:"狻猊,師子,亦食虎豹。"《漢書·西域傳上》:"烏弋地暑熱莽平其草木、畜產、五穀、果菜、食飲、官室、市列、錢貨、兵器、金珠之屬,皆與罽賓同,而有桃拔、師子、犀牛。"顏師古注云:"師子,即《爾雅》所謂狻猊也。"佛教中,佛祖將自身比作獅

---

① 《敦煌願文集》,第 179 頁。
② 《敦煌願文集》,第 70 頁。
③ 《敦煌願文集》,第 101 頁。
④ 李志賢:《草書大字典》,上海:上海書畫出版社,1994 年,第 1135 頁。
⑤⑥ 《草書大字典》,第 1135 頁。
⑦ 《敦煌願文集》,第 305 頁。
⑧ 《敦煌願文集》,第 306 頁。

子,將自己説法比作獅子吼,又將所坐之位比作獅子座。如《佛祖歷代通載》第九卷:"(佛祖)據獅子座,爲衆演説。聞者讚嘆,信者鄉風,得者如寶,悟者如空。"《華嚴經論》第十卷:"因光見佛者,於此世界,悉見如來坐獅子座,奮衆圍繞,轉净梵輪,入勝法門故。"再如《四明尊者教行録》第七卷:"寒猿野鶴盡念法,猊座無言揚妙音。"《汾陽無德禪師歌頌》下卷:"夫法師者,登狻猊座,廣敷妙義。"綜上,"倪"乃"猊"之誤。

無相煙

《僧尼追薦用語》之《禪師》:"修無相煙,運意大乘;宴嘿林間,圓融惠(慧)日,息百非樹下,則萬□皆空。"①

按:此篇抄於 P.2341 寫卷。該寫卷字體爲行書,字小,卷面稍模糊。"無相煙"難通。黃征校曰:"此句費解,疑有誤。"②的確,此句中有誤字。查看原卷 P.2341 影像,"煙"作"▇",校録不誤。從文意來看,此"煙"應是"因"。"無相"是佛教中概念,指涅槃。丁保福《佛學大詞典》:"無相,謂真理之絶衆相也。又涅槃離男女等十相也。"《無量義經》:"無量義者,從一法生。其一法者,即無相也。"《大般涅槃經》三十卷:"涅槃名爲無相,以何因緣名爲無相? 善男子,無十相故。何等爲十? 所謂色相、聲相、香相、味相、觸相、生住壞相、男相、女相,是名十相,無如是相。故名無相。"一言蔽之,"無相"即無色、聲等十相,它是佛教所追求的至高境界。"因"在佛教中指因由、因緣,如《分别緣起初勝法門經》:"諸能引發後生種子,是其因義。"

"因"在佛教中指因由、因緣,如《分别緣起初勝法門經》:"諸能引發後生種子,是其因義。"如"一因",明《三藏法數》:"一因者,謂聖凡平等之理體也。"《俱舍論》六卷:"一因生法,決定無有。"《瑜伽論》釋曰:"證得一因,即成佛道。"再如"人因",《釋氏要覽》:"人因,(中略)由先造增上下品身語意妙行,故生人道。"即佛教所説六道輪回中成爲人道之原因行爲也。敦煌願文中還有"勝因""福因""芳因""菩提因"等。綜上,"無相煙"乃"無相因"之誤。

□武

《征還》:"某公乃志軒貞秀,神氣逸群;經文髫齒之前,□武冠年之後。掃除一室,有清四海之心;登臨一丘,便懷捧日之志。"③

按:此篇乃 S.5637 卷《亡考妣文範本等》第十六篇。"□"不知何字,黄征等注爲"原文此字僅存左邊的水旁,俟補。"④

查原卷影像,S.5637 卷書寫以行書爲主,字迹稍潦草,□處實爲"▇",墨色稍淡。此字左邊不是水旁,而是絞絲旁,據前後文,該字乃"緯"。此處爲"經文緯武",指習文練武。據《漢語大詞典》,該成語最早現於唐代,本義爲"治理國家以文治爲主,武功爲輔",如唐許敬宗《定宗廟樂議》:"雖複聖迹神功,不可得而窺測,經文緯武,敢有寄於

---

① 《敦煌願文集》,第253頁。
② 《敦煌願文集》,第254頁。
③ 《敦煌願文集》,第244頁。
④ 《敦煌願文集》,第247頁。

名言。"《新唐書·劉蕡傳》:"有藏奸觀釁之心,無仗節死難之誼。豈先王經文緯武之旨邪!"再如明馮夢龍《東周列國志》第七十二回:"有扛鼎拔山之勇,經文緯武之才。"

習扜

《疏文真載》:"奉親者母無齧指之憂,父有琴聲之悦。不求榮禄,養性丘園。志好習扜儒風,與琴書而爲伴。"①

按:此篇乃 P.2044 寫卷《願文範本》第一三篇。其中"習扜"詞義難解。黄征校曰:"'扜',即'打'字,於此義未安。待校。"②

其實此"扜"乃"於"之誤形。"於"之行書體與"扜"相似。如黄征《敦煌俗字典》引 S.6537《十五人結社文》中"於"作"扵",敦煌文獻中,再如 S.223《發願文》"於"作"扵",S.2073《廬山遠公話》"於"作"扵"。黄征《敦煌俗字典》亦收録了部分"於"字形,如"扵、扵、扵、扵、扵"等③。另外,P.2044 寫卷《願文範本》第一三篇《疏文真載》亦有"宫闕起扜祥雲,思赦沾於大國"一句,此"扜"也是"於"之誤④,從與之相對的"沾於大國"一句也可看出。簡言之,此願文"習扜儒風"即"習於儒風"。就字形看,偏旁"方"容易寫作"扌、才、木"等,如 S.2053《禮記音》中,"拖"寫"施"⑤。學者曾良亦指出,"於"或作"拎","方"旁手書寫得如"扌"旁,故二者在古籍中往往相混。⑥

古文獻中,"習於儒風""習儒風"並存,"於"乃虚詞,可省略。類似如唐李百藥《北齊書》:"仍游鄒、魯之間,習儒業。"唐令狐德棻《周書》:"民多蠻左,未習儒風。"《全唐文·進真容贊狀》:"臣幼習儒風,莫能勵己,長從吏役,無所成名。"佛籍中,如《錢塘湖隱濟顛禪師語録》:"南屏山,净慈寺,書記僧道濟,幼生宦室,長習儒風。"《佛祖統紀》第七卷:"世居晉陵荆溪,時人尊其道因以爲號,家本習儒。"《大明高僧傳》第七卷:"釋藴能號慧目,郡之吕氏子也,少習儒博究經史。"

醜掘

《祝願新郎文》:"端正奴拍箜篌送酒,醜掘婢添酥酌觴。細腰婢唱歌作舞,矬短[奴]擎短子食床。每日音聲娱樂,更如北方。"⑦

按:此篇抄於 P.3350 卷。此"醜掘"不好理解。查原卷,"掘"實寫"掘"。不誤。"醜掘"又是何意?

該詞原應是"醜拙"。《漢語大詞典》:"醜拙,指醜陋笨拙。""醜拙婢"指醜陋笨拙的奴婢,本句中"端正""醜拙"及下句的"細腰""矬短"皆是形容奴僕。"醜拙"在其他文獻亦多處使用,如顔之推《顔氏家訓·文章》:"吾見世人,至無才思,自謂清華,流布醜拙,亦以衆矣。"唐張鷟《遊仙窟》:"滄海之中難爲水,霹靂之後難爲雷。不敢推辭,

---

① ④ 《敦煌願文集》,第 156 頁。
② 《敦煌願文集》,第 170 頁。
③ 《敦煌俗字典》,第 513 頁。
⑤ 《敦煌音義匯考》,第 263 頁。
⑥ 曾良:《俗字及古籍文字通例研究》,南昌:百花洲文藝出版社,2006 年,第 73 頁。
⑦ 《敦煌願文集》,第 400 頁。

定爲醜拙。"明蔣一葵《長安客話·碧雲寺》："卓錫泉傍一柳累累若負瘦,形甚醜拙,衆呼瘦柳。"三處"醜拙"皆是指醜陋笨拙。P.3350 原卷將"醜拙"寫作"醜掘",原因在於"掘""拙"兩字相通。如高翔麟《説文字通》："掘,通拙。"《韓非子·難言》："敦祗恭厚,鯁固慎完,則見以爲掘而不倫。"王先慎集解："顧廣圻:藏本今本'掘'作'拙'。"《史記·貨殖列傳》："田農,掘業。"裴駰集解："古拙字亦作掘也。"《漢語大字典》："'掘'通'拙'。"又舉《南齊書·王僧虔傳》："孝武欲擅書名,僧虔不敢顯迹。大明世,常用掘筆書,以見此容。"此"掘"即通"拙"。

塵沙垢或

《願文》："惟願塵沙垢或,承念誦而消除;無量勝因,應如願而霧集。即使十方善事,垂悲願而護持;三世如來,賜醍醐之妙藥。"①

按:S.343,P.2255 兩寫卷均有此篇《願文》。S.343《願文》錯訛、漏字、俗字與 P.2255《願文》雷同。據黃征分析,甲卷抄自乙卷。此"塵沙垢或"語義難通,以訛傳訛。"或"應是訛字。

此"或"原應作"域"。佛籍中多用"域"來指佛教義理中的某一世界、區域。如日本所藏《大般涅槃經道英題記願文》："永鬭苦域,師宗父母、眷屬同學,悉如此契。"②"苦域"指苦難的世界。《佛説多心經吴幸通題記願文》："次爲先靈考妣,神遊浄域之宫。"③P.2341《亡考》："捨不堅身,得金剛體;神遊浄域,識托寶方(坊)。"P.2866《大集經董孝纘題記願文》："藉此善因,願亡考永離三途,長超苦海,超生浄域,成無上道。"④以上"浄域"指彌陀所居之美好浄土。

此願文"塵沙垢域"指充滿污垢、苦難之地。再如《華嚴懸談會玄記》第二卷："至道圓而粹容顯,實際彰而真識浄,然後俯提十地疎海目於寶方,下控三乘挺仙儀於垢域。"《彌勒上生經瑞應鈔》上卷："化身如山,魔不動故,又如須彌,最尊高故,多居穢土,名爲垢域。現丘陵等,名之爲穢,非關有漏。"可見,"垢域"指佛教中所説的穢土。

瓜登

《亡文等句段集抄》第一篇《亡文》："抱痛終身,與命俱盡。隨時奉獻,不以瓜登爲輕。禮薄東牛,而檀(擅)西鄰之美。"⑤

按:《亡文等句段集抄》抄於 P.2323 卷,"瓜登"一詞甚可疑,究竟作何理解? 黃征等未作校釋。此兩字爲形誤字,原字應爲"孤燈"。"孤燈、香燭"等均是向亡者祭奠的供品,該詞在敦煌文獻中常見,如 S.2832 卷《願文等範本》之《亡夫》："帳中寥寥,望孤燈而更切。"有時書手爲省力,省略文字部分結構。此處"孤"徑作"瓜","燈"作"登"。"孤燈"省形在敦煌文獻中很常見,再如北圖 7677 卷《結壇散食回向發願文》中"受我

---

① 《敦煌願文集》,第 3 頁。
② 《敦煌願文集》,第 839 頁。
③ 《敦煌願文集》,第 928 頁。
④ 《敦煌願文集》,第 855 頁。
⑤ 《敦煌願文集》,第 256 頁。

施主花果、净登(燈)、飲食專注供養"①。敦煌願文亦有"登"寫爲"燈"的,如 P.2226 卷《願文》:"然後散沾法界,普施蒼生;俱沐勝因,齊燈(登)佛果。"②

偏旁省略在敦煌文獻中很常見,張涌泉指出,偏旁或增或省,正是俗書的特點,這在敦煌寫本中可以找到無數的例證③。這句話概括了敦煌文獻書寫的特點。省略偏旁部首或是替換筆劃簡單的部件,在敦煌文獻中較普遍。學者景盛軒曾將敦煌文獻中的《大般涅槃經》幾個寫本異體字作了對比研究,其中異寫字類型主要有增筆、减省、變形與移位等④。減省類,如將"濕"寫"漯",將"鍼"寫"針",將"撓"寫"托"等。省略部件類,如將"政"寫"正",將"糠"寫"康",將"聞"寫"門",將"苌"寫"長"。

盤雞炙旌

《祝願新郎文》:"金銀年年滿庫,胡奴槍(檢)校牛羊。斤(筋)腳如(奴)扶鞍接鐙,強壯奴使力耕荒。孝順[奴]盤雞炙旌,讒□奴點醋行薑。"⑤

按:該部分《祝願新郎文》抄於 P.3350 寫卷,該寫卷卷面清晰,書寫尚工整。本句"盤雞炙旌"中"旌"不知何意,黃征等注曰:"'旌'字疑爲借音字,待考。"⑥本句中"旌"確實難解。

查 P.3350 原卷,"旌"實作雉。就文意來看,"旌"在此非借音字,而是形誤字。"旌"實乃"雉"之形誤,該詞應作"盤雞炙雉"。就字形來看,P.2495《莊子三秩郭子玄注》"澤雉十步一啄","雉"作雉。P.2682《白澤精存圖》,"雉"作雉。P.3418《王梵志詩》"續後更有雉","雉"作雉。P.3381《秦婦吟》:"嬰兒雉女皆生棄。"⑦"雉"作雉。S.395《孔子項托書》"雞化爲雉","雉"作雉。可見,"雉"行書體與"旌"相似。"雉"多指野雞。《漢語大字典》:"雉,鳥名。俗稱'野雞''山雞'。鳥綱,雉科。"《急就篇》:"鳳爵鴻鵠雁鶩雉。"顏師古注:"雉有十四種,其文采皆異焉。"《玉篇·隹部》:"雉,野雞也。"《廣雅·釋鳥》:"野雞,雉也。"王念孫疏證:"謂之野雉者,野鄙所畜之雞矣。"《周易·旅》:"射雉一矢亡,終以譽命。"《史記·封禪書》:"野雞夜雊。"裴駰集解引如淳曰:"野雞,雉也。"人們多將"雞、雉"相提並論,如李白《行路難》(其二):"大道如青天,我獨不得出。羞逐長安社中兒,赤雞白雉賭梨粟。"王維《送方城韋明府》:"使車聽雉乳,縣鼓應雞鳴。若見州從事,無嫌手板迎。"再如劉克莊《新勛倅宰松溪》:"麥壟青黃接,花封紫皁催。汝能馴雉否,吾亦割雞來。"敦煌文獻中也有類似語句,如敦煌變文《孔子項托相問書》:"犬吠其主,爲傍有客;婦坐使姑,初來花下也。雞化爲雉,在山澤也。"⑧

---

① 《敦煌願文集》,第 568 頁。
② 《敦煌願文集》,第 317 頁。
③ 張涌泉:《敦煌文獻論叢》,上海:上海古籍出版社,2011 年,第 156 頁。
④ 景盛軒:《大般涅槃經異文研究》,成都:巴蜀書社,2009 年,第 9 頁。
⑤ 《敦煌願文集》,第 400 頁。
⑥ 《敦煌願文集》,第 402 頁。
⑦ 張涌泉《敦煌文獻論叢》對《秦婦吟》作了校勘,張涌泉考證,"稚"在 P3381、S.692、P2700、P3910、S.5477、S.5476 寫卷中均爲"雉",第 196 頁。
⑧ 張涌泉、黃征:《敦煌變文校注》,北京:中華書局,1997 年,第 358 頁。

另外,從字形看,"方、矢"行書體相似,"隹、佳"亦相似。綜上,《祝願新郎文》"盤雞炙旌",實應爲"盤雞炙雉"。

敦煌文獻中,形誤字頗多,學者黃征指出,在敦煌寫本中形誤字極爲常見,形誤字多是書寫者偶然寫錯的字或因文化水準低而沒有正確掌握的字[①]。黃征對形誤字作了整體歸納,認爲異文間的主要關係有以下幾種。一是正字與俗字,如"殺"俗字作"煞"。二是簡體字與繁體字,如"萬"繁體字作"萬"。三是古字與今字,如"然"後起字作"燃"。四是正確字與訛誤字,如"骨"誤形作"胥"。五是草字、隸字與楷字,如草書"指"誤作"拯"。六是避諱字,如以"泉"代"淵",以"理"代"治"等。最後還有合文字,指兩個字合寫作一個字。敦煌願文還有部分詞句未考訂,期待來者作出更好的成績。

古 籍 書 訊

《李宗棠文集·考察日本學校記》(《安徽古籍叢書》第二十八輯)

(清)李宗棠(1869—1923)輯,李興武整理,李媛編輯。全三册,黄山書社2019年2月版。本書是《李宗棠文集》第二種。

1901年,李宗棠受安徽巡撫王之春委派,赴日本考察學務。半年時間,他參觀各地學校,走訪文部省,與日本教育家進行交流,獲得了對日本教育的豐富感性認識,還搜集、購買、整理了有關日本教育的大量書籍、圖表和照片。本書即爲李宗棠對此次考察所獲資料精心篩選、整理的成果。全書共16卷,精選了日本"明治維新"後,從中央到地方,從初等教育到高等教育,共138所各級各類學校(含職業學校、女子學校)的章程、課程、圖表、照片,極具代表性。全書資料翔實,準確可靠,展現了日本近代教育的真實面貌,體現出近代中國有識之士勵精圖治、教育興國的決心和信心。

本書獲得國家古籍整理出版專項經費資助。

---

① 黄征:《敦煌語言文字學研究》,蘭州:甘肅教育出版社,2002年,第45頁。

中華書局點校本《太平寰宇記》校勘札叢*

鄭立勇

摘　要：《太平寰宇記》卷帙浩繁，傳鈔之時屢有錯訛，雖經前賢點校，裨益學人，但仍有訛誤之處。其錯訛之由主要有三：一則爲樂史編纂本身有誤；二則爲傳鈔以至於訛誤，標點者未察之；三則爲標點者不察而誤加標點。今擇其要，以釋其由。

關鍵詞：《太平寰宇記》；校勘；訛誤

《太平寰宇記》，北宋樂史（930—1007）所撰，篇籍浩博，采摭繁富，是繼《元和郡縣圖志》後又一部現存較早、較完整的地理總志。後世史家對此評價甚高，四庫館臣評價曰："蓋地理之書，記載至是書而始詳，體例亦自是而大變。"① 清代樸學大師錢大昕認爲："是書體例雖因李吉甫，而援引更爲詳審，間采稗官小説，亦唯信而有徵者取之。有宋一代志輿地者，當以樂氏爲巨擘。"② 但筆者在閲讀中華書局點校本《太平寰宇記》時，頗感樂史記述或點校有可商之處。對于該書文獻和史事等方面的訛誤，近年來學界也有一些勘誤的文章。③ 上述研究更正了《太平寰宇記》一些訛誤之處，但仍有一些尚未被考校清楚。今摘取其中六例，立論未敢必信其否，姑録之以候通博。

一、《太平寰宇記》卷十九《河南道十九·齊州·章丘縣》曰：

> 臨淄定公墓，在縣西三十里，高三丈，在趙山之陽。公姓房，隋故司隸、刺史，唐徐、泗、江、淮、浙五州刺史，追封臨淄公，謚曰定，即故司空梁文父也。有碑，庶子安定公文，率更令歐陽公書。④

---

* **作者簡介**：鄭立勇，男，暨南大學文學院（廣東廣州 510632），博士生，歷史學碩士，主要從事宋元史研究。
① （清）紀昀等：《欽定四庫全書總目》，北京：中華書局，1965 年，第 596 頁。
② （清）錢大昕：《十駕齋養新録》，上海：商務印書館，1935 年，第 315 頁。
③ 夏振明、胡鳳英《關於〈太平寰宇記〉中"莫愁湖"記載的考辨》，《文教資料》1989 年第 5 期。樓天良《〈太平寰宇記〉蘇州衍文小考》，《中國史研究》2001 年第 4 期。李金堂《關於〈太平寰宇記〉"莫愁湖"條的幾點辨正》，《淮陰師範學院學報（哲學社會科學版）》2001 年第 6 期。張維慎《〈太平寰宇記〉紀年辨誤一則》，《陝西師範大學學報（哲學社會科學版）》2003 年第 4 期。鄧星亮、王斌《〈蜀中廣記〉引〈太平寰宇記〉考辨》，《求索》2012 年第 2 期。周運中《〈太平寰宇記〉的價值和缺憾》，《中國地方志》2013 年第 9 期。劉振剛《點校本〈太平寰宇記〉札迻》，《中國地方志》2013 年第 10 期。劉振剛《讀〈太平寰宇記〉札叢》，《吕梁學院學報》2015 年第 4 期。胡世明《〈太平寰宇記〉所載雲陽縣沿革正誤》，《中國歷史地理論叢》2016 年第 2 期。顔世明《〈太平寰宇記〉勘誤一則》，《書品》2016 年第 4 期。顔世明《〈太平寰宇記〉勘誤一則》，《中國典籍與文化》2017 年第 3 期。陳雪飛《中華書局點校本〈太平寰宇記·淮南道〉勘誤七則》，《鎮江高專學報》2017 年第 4 期。
④ （宋）樂史撰，王文楚等點校：《太平寰宇記》，北京：中華書局，2007 年，第 391 頁。

案：所謂臨淄定公者，即爲房玄齡之父房彥謙。房彥謙之事迹，本不足立傳，然因其子房玄齡之貴，故《隋書》爲之立美傳也。標點本將房彥謙之隋官職"司隸刺史"標點爲"司隸、刺史"，加以隔斷，將司隸刺史一官分爲二官，誤也。《隋書》卷六十六《房彥謙傳》作"司隸刺史"，爲是。蓋人習見司隸校尉、刺史之官也，其司隸刺史一職，《通典》卷三十二《職官十四·州郡上》云："煬帝大業初，復罷州郡。爲司隸臺，大夫一人巡查畿内，又有司隸刺史，房彥謙嘗爲之。"①又《資治通鑑》卷一百八十一《隋紀五·煬帝大業五年》"司隸刺史房彥謙勸道衡杜絶賓客"條，胡三省注曰："隋煬帝置司隸大夫一人，爲司隸臺率。又置司隸刺史十四人，正六品，巡察畿外諸郡。"②故司隸刺史當爲一官也。

《太平寰宇記》言房彥謙之贈官爲"徐、泗、江、淮、浙五州刺史"，其下又言有碑，案其碑即爲《唐故都督徐州五州諸軍事徐州刺史臨淄定公房公碑銘并序》，亦多省稱之爲《房彥謙碑》，今碑文仍可見之，碑文言其贈官爲"可贈使持節都督徐、泗、仁、譙、沂五州諸軍事，徐州刺史"③。又《山左金石志》也載其碑文，其贈官亦爲"可贈使持節都督徐、泗、仁、譙、沂五州諸軍事，徐州刺史"④。由此可知，當以碑文爲證，《太平寰宇記》之"江"字乃爲"仁"之訛，"淮"字乃爲"譙"字之訛，"浙"字乃爲"沂"字之訛也。其房彥謙追封爲臨淄公，乃爲臨淄縣公之省稱也。《太平寰宇記》所謂"梁文"者，即爲房玄齡，其受封爲梁國公，謚曰文也，故有此稱也。

《太平寰宇記》所謂"庶子安定公"者，標點本《校勘記》曰："安定公：'定'，萬本、中大本、庫本并作'平'。"⑤標點者蓋徒據版本之異同，加以校勘之，并未作是非之論，故標點本仍作"安定公"也。案：《房彥謙碑》即爲李百藥之撰文也，其碑側題曰："太子右庶子安平男李百藥撰、太子率更令渤海男歐陽詢書、貞觀五年三月二日樹。"⑥又《舊唐書》卷七十二《李百藥傳》曰："李百藥，字重規，定州安平人，隋内史令、安平公德林子也。……貞觀元年，召拜中書舍人，賜爵安平縣男。……四年，授太子右庶子。"⑦《新唐書》卷一百二《李百藥傳》記載與《舊唐書》同。據此所載，李百藥於貞觀元年賜爵爲安平縣男，四年爲太子右庶子。由上可知，《太平寰宇記》之"安定公"爲"安平男"之訛也，其文又失"右"字，其文應爲"右庶子安平男文"。

二、《太平寰宇記》卷四十五《河東道六·潞州·上黨縣》曰：

藍水。杜甫詩云：藍水遠從千澗落。⑧

樂史言上黨之地有藍水，無誤，《水經注》卷十《濁漳水注》曰："漳水東逕屯留縣

---

① （唐）杜佑：《通典》，北京：中華書局，1988年，第888頁。
② （宋）司馬光撰，胡三省注：《資治通鑑》，北京：中華書局，1956年，第5647頁。
③ 陳尚君輯校：《全唐文補編》，北京：中華書局，2005年，第53—55頁。
④ （清）阮元：《山左金石志》卷一一，南京：江蘇古籍出版社，1998年，第153頁。
⑤ 《太平寰宇記》，第403頁。
⑥ 《山左金石志》，第154頁。
⑦ （後晉）劉昫等撰：《舊唐書》，北京：中華書局，1975年，第2571—2576頁。
⑧ 《太平寰宇記》，第938頁。

南,又屈逕其城東,東北流,有絳水注之。水西出谷遠縣東,謂之爲濫水也。案:所謂濫水即爲藍水也。"①《魏書》卷一百六《地形二上·上黨郡》條下:"有盤秀嶺,藍水出其南,東流入濁漳。"②然樂史言上黨之藍水引杜甫詩爲證,則誤也。

案:"藍水遠從千澗落",出自杜甫《九日藍田崔氏莊》"藍水遠從千澗落,玉山高并兩峰寒"之句,③杜甫所言之藍水乃爲唐時藍田縣之藍水也,"藍水"出商州西北,經藍田山北流入渭;"玉山"乃藍田山之別稱。唐人詩歌之中多有吟誦之,如宋之問《藍田山莊》詩云:"輞川朝伐木,藍水暮澆田。"白居易《遊藍田山卜居》詩云:"朝躋玉峰下,暮尋藍水濱。"司空曙《登秦嶺》詩云:"漢闕青門遠,商山藍水流。"藍田縣之藍水,唐人亦稱之爲藍溪,爲灞水支流,如錢起《酬長孫繹藍溪寄杏》詩曰:"愛君藍水上,種杏近成田。"張喬《藍溪夜坐》詩曰:"藍水警塵夢,夜吟開草堂。"由上可知,樂史見杜甫有吟誦藍水之詩,不知爲關中藍田縣之詩,故將杜甫詩誤作上黨藍水之下也,當誤。

三、《太平寰宇記》卷八十一《劍南西道十·當州》曰:

當州,……二漢、晉、宋并爲蜀郡地,至後周天和元年,雁門郡公紇干略於此討渾胡,因置同昌郡,尋又改爲覃川郡。④

案:樂史言當州爲同昌郡之事,其史料來源於《太平御覽》,《太平御覽》卷一百六十六《州郡部十二·當州》曰:"《後周書》曰:天和元年,雁門公紇干略於此討渾胡,因置同昌郡。"⑤此二者皆有訛誤,即紇干略爲紇干廣略之訛也,其《太平御覽》失一"廣"字,而《太平寰宇記》因襲其誤也。所謂"紇干廣略"者,即爲"田弘"也。案《周書》卷二十七《田弘傳》曰:"田弘字廣略,高平人也。……大統三年,轉帥都督,進爵爲公,從太祖復弘農,戰沙苑,解洛陽圍,破河橋陣,弘功居多,累蒙殊賞,賜姓紇干氏。……又討西平叛羌及鳳州叛氐等,并破之。弘每臨陣,鋒推直前,身被一百餘箭,破骨者九,馬被十矛,朝廷壯之。孝閔帝踐祚,進爵雁門郡公,邑通前二千七百户。"⑥《全後周文》卷十四《周柱國大將軍紇干弘神道碑》亦載之。⑦ 四庫本《北史》卷六十五《田弘傳》言田弘字廣路,其"路"字乃爲"略"字之誤,中華書局本《北史》已改之,由此可證《太平寰宇記》之誤也。

四、《太平寰宇記》卷九十四《江南東道六·湖州·烏程縣》曰:

卞山。《郡國志》云卞和采玉處,非也。周處《風土記》云:卞山當作冠弁之弁。徐陵《孝義寺碑》云:高峼蒼蒼,遥聞天語。山東足有一石簣,高數尺,晉泰康

---

① (北魏)酈道元撰,陳橋驛校證:《水經注校證》,北京:中華書局,2007年,第255頁。
② (北齊)魏收:《魏書》卷一百六《地形二上》,北京:中華書局,1974年,第2467頁。
③ (唐)杜甫撰,張忠剛、孫微編選:《杜甫集》,南京:鳳凰出版社,2014年,第104頁。
④ 《太平寰宇記》,第1637頁。
⑤ (宋)李昉等撰:《太平御覽》,北京:中華書局,1960年,第810頁。
⑥ (唐)令狐德棻:《周書》,北京:中華書局,1971年,第449—450頁。
⑦ (清)嚴可均輯:《全後周文》,北京:商務印書館,1999年,第237—239頁。

中人開之,風雨晦冥,遂止。歷代不知所封。①

案:標點本所載,其徐陵《孝義寺碑》之文,前後不應,非爲一文也。又《太平御覽》卷四十六《地部十一·卞山》引《郡國志》曰:"卞山,卞和采玉處。山東足有一名(石)簣,高數尺。晉太康中,人開之,風雨晦冥,遂止。歷代莫知所封。"②由此可知,《太平寰宇記》言卞山之事引《郡國志》,然後人抄錄過程中,將"山東足有一石簣,高數尺,晉泰康中人開之,風雨晦冥,遂止。歷代不知所封"一文誤置於《孝義寺碑》文之下,遂與前文不合。故此文當應爲"《郡國志》云:卞和采玉處,山東足有一石簣,高數尺,晉泰康中人開之,風雨晦冥,遂止。歷代不知所封。非也。周處《風土記》云:卞山當作冠弁之弁。徐陵《孝義寺碑》云:高峭蒼蒼,遥聞天語"。

五、《太平寰宇記》卷一百二十三《淮南道一·揚州·江都縣》曰:

雷塘,在縣東北十里。煬帝葬於其地。貞觀十八年,李襲譽爲揚州長史,引雷塘水,又築句城塘,以溉田八百余頃,百姓賴之。征拜太府卿。③

案:雷塘,又稱雷陂。樂史言李襲譽爲揚州長史、引雷塘水爲貞觀十八年,《新唐書》卷四十一《地理志五》揚州江都縣條曰:"東十一里有雷塘,貞觀十八年,長史李襲譽引渠,又築勾城塘以溉田八百頃。"④此歐陽永叔承襲樂史之文。然據《舊唐書》卷五十九《李襲志附李襲譽傳》曰:"轉揚州大都督府長史,爲江南道巡察大使,多所黜陟。江都俗好商賈,不事農桑,襲譽乃引雷陂水,又築勾城塘,溉田八百余頃,百姓獲其利。召拜太府卿……尋轉涼州都督,加金紫光禄大夫,行同州刺史。"⑤《舊唐書》李襲譽本傳未言其開鑿雷塘水之時間。而《唐會要》卷八十九《疏鑿利人》曰:"貞觀十一年,揚州大都督府長史李襲譽,以江都俗好商賈,不事農業,譽乃引雷陂水,又築勾城塘,溉田八百余頃,百姓獲其利。"⑥《唐會要》以李襲譽引雷塘水的時間在貞觀十一年,和《太平寰宇記》不同,須考察李襲譽任揚州都督府長史之時間。案《舊唐書》卷三《太宗紀下》曰:"貞觀八年八月壬寅……揚州大都督府長史李襲譽……使於四方,觀省風俗。"可知貞觀八年之時,李襲譽已任揚州長史。又《唐會要》卷三十六《修撰》曰:"(貞觀)十三年十一月三日,揚州長史李襲譽,撰《忠孝圖》二十卷,奏之。"⑦《舊唐書》又曰:"貞觀十五年十一月壬申,涼州都督李襲譽爲涼州道行軍總管,分道以禦之。"⑧由上可知,李襲譽於貞觀八年已爲揚州都督府長史,至於貞觀十三年尚爲長史,後爲太常卿,又爲涼州都督,貞觀十五年爲涼州道行軍總管,則貞觀十八年之時,其必不爲揚州都督府長史矣。故樂史言李襲譽貞觀十八年爲揚州長史,誤矣。

---

① 《太平寰宇記》,第1880頁。
② 《太平御覽》,第225頁。
③ 《太平寰宇記》,第2446頁。
④ (宋)歐陽修、宋祁:《新唐書》,北京:中華書局,1975年,第1052頁。
⑤ 《舊唐書》,第2332頁。
⑥ (宋)王溥:《唐會要》,北京:中華書局,1955年,第1619頁。
⑦ 《唐會要》,第651頁。
⑧ 《舊唐書》,第53頁。

又《唐會要》言貞觀十一年開引雷塘水，而《新唐書·地理志》和《太平寰宇記》俱言貞觀十八年，乃爲歐陽永叔因襲樂史之誤也。李襲譽開鑿雷塘水當在貞觀十一年也。又《太平寰宇記》言李襲譽築句城塘，而以上諸書皆作"勾城塘"，當作"勾城塘"爲是，因字形相近而訛也。

六、《太平寰宇記》卷一百二十三《淮南道一·揚州·六合縣》曰：

石梁溪，西北自滁州清流縣界流入。宋元嘉中，石梁澗中，古銅鐘九口，大小行列引次南向，刺史臨川王獻以爲瑞鐘。①

此言石梁溪瑞鐘之事，亦見於《宋書》和《册府元龜》。案：《宋書》卷二十九《符瑞志下》曰："元嘉十九年九月戊申，廣陵肥如石梁澗中出石鐘九口，大小行次，引列南向。南兖州刺史臨川王義慶以獻。"②又《册府元龜》卷二百一《閏位部·祥瑞》曰："（元嘉十九年）九月戊申，廣陵肥如石梁澗中出石鐘九口，大小行次，引列南向。南兖州刺史臨川王義慶以獻。"③《册府元龜》之記載和《宋書》全同。由此可知，《太平寰宇記》石梁溪之文有訛誤。其"大小行列引次南向"，即爲"大小行次，引列南向"之訛也，此乃前後錯置因誤。"古銅鐘"當爲"出石鐘"之訛也。

而標點者將"臨川"作爲地名加以標注，將"王獻"作爲人名加以標注，誤也。所謂"臨川王"即爲臨川王劉義慶，當時其任揚州刺史，獲九石鐘以獻朝廷也。故《太平寰宇記》之文應爲"宋元嘉中，石梁澗中出石鐘九口，大小行次，引列南向，刺史臨川王獻，以爲瑞鐘。"

---

① 《太平寰宇記》，第2449頁。
② （南朝梁）沈約：《宋書》，北京：中華書局，1974年，第868頁。
③ （宋）王欽若等纂，周勛初等校訂：《册府元龜》，南京：鳳凰出版社，2006年，第2259頁。

車王府藏曲本詞語例釋

龔元華

摘　要：清鈔本車王府藏曲本内容豐富，種類繁多，存有清代戲曲文獻將近兩千多種。這批語料屬於近代漢語末期材料，對研究近代漢語有著不可低估的價值。本文對車王府藏曲本中的七則詞語分别加以辨釋。

關鍵詞：車王府藏曲本；近代漢語；詞語

車王府藏曲本是清代北京蒙古車王府流散出來的大批戲曲鈔本文獻，是中國戲曲文獻史上的重要發現。這批曲本匯集了清代戲曲、鼓詞、子弟書、小説、俗曲、雜曲等文獻，共計兩千多種，卷帙之浩繁、内容之豐富、劇種之齊全都是世所罕見的，正如王季思先生所説"它在近代的發現，將可與安陽甲骨、敦煌文書並提"(《車王府曲本提要·序》)。車王府曲本是鈔本文獻，反映的是有清一代語言文字事實，對近代漢語詞彙研究具有不可低估的價值。以下依據車王府藏曲本語料，擇要選取七則詞語分别予以考釋，或釋其義，或釋其形，以求教於方家。

1. 婆娘

"婆娘"，一般多釋年輕婦女，實則還有老年婦女之意，辭書多無載録。清鈔本車王府藏曲本《興漢圖總講》："生白：那旁有一年邁婆婆，代爲臣前去問來。小生白：先生請了。生白：不勞先生囑咐。呵，婆娘請了。老旦白：客官請了。生白：請問婆婆，這個莊村，可是鬼行莊……生、小生同白：請問婆娘貴姓？老旦白：老身馮氏，乃是姚期之母。"①此處"婆娘""婆婆"不嫌同用，"婆娘"明即年老婦女也。《近代漢語詞典》"婆娘"收有"婆母"②這一義項，勘爲卓識，不過稍局限於丈夫之母。明嘉靖刊本《古本董解元西廂記》卷一："[青山口]：衆鬟簇捧着個老婆娘，頭白渾一似霜體，穿一套孝衣裳，年紀到六旬以上。"③此"老婆娘"即崔鶯鶯之母，既非賤稱，亦無年少，與上舉車王府之例，所指相類，皆有年老婦女之意。

---

* **作者簡介**：龔元華，男，安徽大學文學(合肥，230039)，講師，文學博士，主要從事漢語史、近代漢字、敦煌文獻研究。
本文爲安徽省高校人文社科重點項目"清車王府藏曲本字詞研究"(SK2017A0022)階段性成果之一。
① 首都圖書館編：《清車王府藏曲本》(第三册)，北京：學苑出版社，2001年，第2頁。
② 白維國編：《近代汉语词典》，上海：上海教育出版社，2015年，第1545頁。
③ (金)董解元：《古本董解元西廂記》，上海：上海古籍出版社，1984年，第45頁。

2. 剪絕

"剪絕",《漢語大詞典》《近代漢語詞典》(許少峰)《近代漢語大詞典》《宋元明清百部小説語詞大辭典》《近代漢語詞典》(白維國)等皆有收録,釋義或爲"利索、快當",或爲"快捷、麻利",或爲"爽快、干脆",皆與"快"這一核心義有關。實際上,"剪絕"還有簡潔、簡短義。如清鈔本車王府藏曲本《〈三國志〉一請諸葛》:"備笑介:哈哈,啊,仙童,在下有數言相告,我姓劉,名備,字玄德,乃漢家皇叔宜亭侯,領豫州牧事,現在新野居住;久聞卧龍先生,名如浩月,今日特來拜訪,乞求通禀。童白:哎,我那裏記得許多,你剪絕説罷。備白:如此,你只説新野的劉備特來拜訪先生。"①劉備自我介紹過多,仙童説"剪絕説罷",故後劉備才濃縮成一句,此"剪絕"非利索、爽快等,而是簡潔、簡短的説。"剪絕"此義,非僅見於《清車王府藏曲本》,其他文獻亦有所涉。清刊本《説呼全傳》卷十一第三十七回:"延慶把手一拱,便道:老公公,拜煩禀報一聲。内監道:好糊塗,你也没有名姓兒,又不曉得你来做麽,教咱禀報什麽?延慶道:公公説話不錯,俺名姓兒不用説了,你只講五霸山来的差官要見王爺。内監道:這個話就是了,翦翦絕絕,咱好去禀哩。"②此"翦翦絕絕"亦即簡潔不囉嗦。又清廣百宋齋石印本《小五義》卷十一第五十一回:"直等到巳正的時候,艾虎也是想酒飯,張豹也是覺著餓了,店東方纔過来分付一聲'備酒'。頃刻間,擺列杯盤,飲酒之間,無非閑談,講論了些個買賣的事情。書中須要剪絕,不可重絮。用完了這頓飲,就晌午……"③前言"剪絕",後用"重絮",反義相對,則"剪絕"爲簡潔義無疑也。以上之例皆"剪絕"爲簡潔、簡短義,無快義。

"剪絕"或作"簡絕"。清刻本《紅樓復夢》卷三十六:"柏夫人道:早半晌劉大人親自送了契來畫押,你妹夫瞧見上面寫着'姻伯'二字,心中很喜歡,讚道話也説的簡絕。"④此"簡絕"形容"姻伯"二字,故當爲簡潔義。

3. 短幸

"短幸",辭書不載,實際上即"幸短"之倒文,其義則薄幸、無情義。清鈔本車王府藏曲本《取四郡全串貫》:"黄白:倘若曹兵前来,那時怎了?净白:現有印信在此,何不歸順桃園?黄白:元帥血迹未乾,不作短幸之事,我卻不去。"⑤此事背景是黄忠與關羽對戰,黄忠爲報之前不殺之恩,故意射箭没射中,韓玄懷疑黄忠二心,要斬殺黄忠,被魏延知道後求情不成反把韓玄全家都殺掉,並要歸順劉備,黄忠不願意,故此説"不作短幸之事"。此"短幸"應爲薄情、負心義。明刊本《明脉望館鈔校古今雜劇本·梁山七虎鬧銅臺》第二折:"非是咱下狠心無情短幸,則是要忠義堂更添發憤。宋江云:

---

① 首都圖書館編:《清車王府藏曲本》(第三册),第 69 頁。
② (清)半閑居士:《説呼全傳》,《古本小説集成》第一輯,上海:上海古籍出版社,1994 年,第 555 頁。
③ (清)佚名:《小五義》,《古本小説集成》第四輯,上海:上海古籍出版社,1994 年,第 252 頁。
④ (清)陳少海:《紅樓復夢》,《古本小説集成》第一輯,上海:上海古籍出版社,1994 年,第 1246 頁。
⑤ 首都圖書館編:《清車王府藏曲本》(第三册),第 139 頁。

既是這等,怎生得盧俊義上俺梁山來也。"①"無情""短幸"連文,其義則近。又清鈔本《宋史奇書》第四十六回:"並非我薄情短幸忘結髮,這是勢派逼吾無奈何。雖説此時買妾小,我心中並無斷義把情割。回家後他若省悟歸一處,我還是照常如舊有何説。"②此言丈夫與夫人關係不和,欲要買妾,此"薄情""短幸"亦近義連文。故"短幸"即《漢語大詞典》之"幸短"也。

4. 敗

文獻中"敗"往往後跟所敗之地,或加動詞表示兵敗所逃方向,這兩種情況"敗"字本身還是戰敗之意。值得注意的是,我們在清鈔本車王府藏曲本發現"敗"可以直接加地點表示"往""向"之義。清鈔本車王府藏曲本《取雒城總講》:"任白:且住,好一個諸葛亮,安下埋伏,將俺殺得大敗,這便如何是好;哦,呵呵,有了,我不免將人馬從橋西回城便了;衆將官,兵敗橋西……且住,好個孔明,橋西埋伏弓箭手,若不是俺馬走如飛,險遭不測;衆將官,兵敗橋北。"③此言張任戰敗,先後逃往橋西橋北,故"兵敗橋西""兵敗橋北"非兵戰敗於橋西橋北,而是逃往橋西橋北。又清鈔本車王府藏曲本《取翼州總講》:"超白:龐德、馬岱,我等殺出重圍,今投何處安身?龐白:事到如今,並無別處去投,只得投奔漢中張魯那裏便了。超白:言之有理,衆軍士,兵敗漢中去者。"④此"兵敗漢中去者"亦率兵逃往漢中,非敗於漢中也。以上之用,"敗"明爲"往""向"義。

5. 掌官

"掌官"即掌權之官,與"長官"應屬於同一詞語因理據不同而出現的不同形體,與"服侍""伏侍"相類,今辭書僅收"長官",而無"掌官"。清鈔本車王府藏曲本《六殿全串貫》:"原來是位師父,請問師父到此作甚?生白:掌官聽者,尊掌官,你不必將我細問,我就是雷音寺目蓮僧人,都只爲老娘親陰曹受困,特地到陰城尋找娘親……我母親叫劉氏青提,煩勞掌官與我查詢。"⑤此三處"掌官"義同"長官"。明刊本《虎符記》第三十折:"丑云:官人,前面有个掌官,未免唤他問个消息。末叫云:長官,那里去的?卒云:我奉常元帥將令,打听花將軍消息来的。"⑥前用"掌官",後用"長官",其義則同。

6. 辭糧

"辭糧"猶辭去退出。清鈔本車王府藏曲本《伐齊東總講》:"衆齊跪白:兵丁們禀

---

① (明)佚名:《梁山七虎鬧銅臺》,《脉望館鈔校古今杂劇》本,《古本戲曲叢刊》第4集,上海:上海商務印書館,1958年。
② (清)佚名:《鼓詞鈔本宋史奇書》,《故宫珍本叢刊》718册,海口:海南出版社,2000年,第354頁。
③ 首都圖書館編:《清車王府藏曲本》(第三册),第196頁。
④ 首都圖書館編:《清車王府藏曲本》(第三册),第207頁。
⑤ 首都圖書館編:《清車王府藏曲本》(第四册),第243頁。
⑥ (明)張鳳翼:《虎符記》(《古本戲曲叢刊》初集),上海:上海商務印書館,1954年。

事。八將同白:有話起來講。衆同白:謝將軍。龍白:所稟何事? 衆白:樂元帥軍法森嚴,無罪問斬,兵丁們俱要辭糧。龍白:吓,你們要辭糧麽? 衆白:俱怕軍法。"①兵丁懼怕軍法,要"辭糧",此即退出軍伍。考《欽定大清會典則例》卷一百二十二"兵籍":"其在軍營私逃者,以五日爲期,五日不獲,即照此例議處。至於該管官規避處分,將私逃兵丁以革伍辭糧捏報者,照隱匿不報例議處。"②"革伍""辭糧"連文,其義則近。又《左文襄公全集》卷五十"覆陳移屯實邊摺":"綠營兵丁餉糧雖薄,應名差操之暇,可備雇謀食手藝營生,辭糧退休尚能自食其力。"③"辭糧""退休"連文,其義亦近。據上則"辭糧"即主動辭去行伍,蓋有清以來所用。

7. 孤穸

清鈔本車王府藏曲本《漢陽院總講》:"先生呵,孤代(按:即待)元直恩情重,有何話必不瞞孤穸。"④同上:"與先生同坐在漢陽院,聽孤穸對你表當年,漢劉備生來命孤單,與關張結義在桃園……"⑤前有劉備自稱"孤",後用"孤穸"來指代,則此"孤穸"亦指劉備無疑。一些戲曲文獻中亦多有以"孤穸"指劉備,如元刊本《三國志平話》卷中"曹璋射周瑜":"周瑜藥貼金瘡,釣其左臂言曰:孤穸劉備,負我之恩,被張飛氣我,皆是朱葛也。"⑥或作"孤窮",中華再造善本元刊本《古今雜劇·新刊關目諸葛亮博望燒屯》第一折:"口聲聲道孤窮劉備,休胡道,那一個村莊家生得舜目。"⑦故"孤穸""孤窮"皆可,"窮""穸"近義換用,屬於同一詞語不同書寫形式。有文章指出戲曲指劉備之"孤窮"是生造,爲"孤穸"之訛⑧,亦有文章對此提出批評并認爲"'孤窮'並非生造,'孤穸'倒是生造"⑨。兩文之爭,各執一端,實則"孤穸""孤窮"屬於同詞異形,二者皆可。近代漢語時期這種情況多有所見,甚至有些今天標準詞形在宋元明清時期並沒有定形,可能同時存在共存共用的多個詞形,如今"踩"在宋元以來詞形不定,多達數十個,可作"跴"、"跥"、"蹉"、"踏"、"踹"、"跐"、"跚"等等⑩。

以上所釋詞語,或没有被辭書收錄,或已爲辭書收錄,但其釋義并不完備。車王府藏曲本堪爲俗文學的淵藪,保存了大量口語詞,這些詞語體現出近代漢語的發展情況,以此爲窗口,可以探討近代漢語詞語書寫形式多元化的特點,即同一詞語具備多種不同書寫形體,其内在機制和形成原因值得深入考察。

---

① 首都圖書館編:《清車王府藏曲本》(第二册),北京:學苑出版社,2001年,第83—84頁。
② (清)佚名編:《欽定大清會典則例》(《文淵閣四庫全書》623册),台北:台灣"商務印書館",1982年,第658頁。
③ 楊書林編:《左文襄公(宗棠)全集》(第四册),台北:文海出版社有限公司,1963年,第1993頁。
④ 首都圖書館編:《清車王府藏曲本》(第三册),第477頁。
⑤ 首都圖書館編:《清車王府藏曲本》(第三册),第480頁。
⑥ (元)佚名:《三國志平話》《古本小說集成》第一輯,上海:上海古籍出版社,1994年,第87頁。
⑦ (元)佚名:《新刊關目諸葛亮博望燒屯》(中華再造善本《古今雜劇》),北京:北京圖書館,2005年。
⑧ 詳見蘇宗仁"'孤穸'乎?'孤窮'乎?——京劇音配像〈言菊朋唱段選〉唱詞指疵",《戲曲藝術》1997年第2期。
⑨ 康瑞《說"孤窮"》,《戲曲藝術》1997年第4期。
⑩ 曾良《"甩"、"踩"的歷時來源》,《漢語史學報》十二輯,2012年,上海:上海教育出版社,第143—153頁。

《方城遺獻》《彭姥詩蒐》中的宋佚詩輯考

趙 昱

摘 要：《方城遺獻》《彭姥詩蒐》係清人編纂的兩部地方性詩歌總集，前者收錄太平縣邑自宋至清乾隆年間420位作者的近千首詩歌，後者收錄象山縣邑自宋至清嘉慶、道光年間219位作者的1100餘首詩歌（其間偶有詞作），其中多有不見於其他文獻載錄的內容，對於地方鄉賢詩作的保存、流傳尤爲有功。茲從兩書輯錄《全宋詩》失收之宋人佚詩39首，可爲《〈全宋詩〉補正》利用。

關鍵詞：《方城遺獻》；《彭姥詩蒐》；《全宋詩》；輯佚；總集

一、《方城遺獻》《彭姥詩蒐》的編纂緣起

（一）《方城遺獻》

《方城遺獻》八卷、續刻一卷，清李成經編。方城爲王城山之古稱"方城山"的簡稱①，在今浙江省溫嶺市西北，屬台州市轄境。關於是書之編纂緣由，作者自序稱：

> 太邑界山海間，建置最後。前此有詩，皆統於黃巖，若《英氣集》、《赤城集》所載，……迨《三台文獻》行，邑於是始以詩著。而其書成於嘉靖時，上距立縣未久，亦宜其采錄之寥寥焉。惟萬曆季年林山人子彥《徵獻錄》，乃悉舉前之隸黃巖者，析而歸之，增以平日所聞見、故家所收存，彙刻爲巨集。……經少病邑志不載藝文，思得是書，以補其闕，而板廢不傳。……會咸先生崔泉歸自山左，輒以謀之，先生悉出其平時錄本相示。而先師陳耻齋先生有手輯《存逸錄》十卷，承其孫星棧世兄見寄，經益得廣所未見。兼以陸續收采，由是《徵獻錄》之缺者得補、誤者

---

* 作者簡介：趙昱，男，武漢大學文學院（湖北武漢 430072），特聘副研究員，文學博士，主要從事中國古典文獻學研究。

本文爲教育部人文社會科學重點研究基地北京大學中國古文獻研究中心"十三五"重大項目《全宋詩》失收詩人詩作及專卷彙編"（項目批號：16JJD750004）階段性成果。

① （宋）陳耆卿《嘉定赤城志》卷二〇："王城山在縣南七十五里，石累疊如城。本名方城山，王羲之《遊四郡記》云：'臨海南界有方城山，絶巘壁立。越王失國，嘗保此山。'天寶六年改今名。"《宋元方志叢刊》本，北京：中華書局，1990年，第7册，第7433頁。

得正,並其所未及者,亦得以增而續、合而刻之。計詩千首,爲人四百二十,名下各附以傳,不敢謂此外更無湮没,而一邑之內、七百餘年之人物風雅,亦庶乎其有可考矣。……乾隆五十二年歲次丁未三月,太平後學長山李成經撰。①

太邑即太平縣,明成化五年(1469)分黄巖縣南界置,屬台州府,治所亦在今浙江省温嶺市。這裏人文薈萃,能詩者衆,明時已有《三台文獻録》、《徵獻録》二書,廣搜博采,編録藝文。至清乾隆年間,一方面舊本"板廢不傳",多有缺損,另一方面又經過了近200年,詩人輩出,未曾斷絶,所以李成經決定在前人既成之作的基礎上,增續合刻,囊括自宋迄清420位作者的近千首詩歌,取山名以代縣邑,命曰《方城遺獻》。

全書正編八卷、續刻一卷,卷首爲《方城遺獻序》、"方城遺獻姓氏目録"、"參訂姓氏"。正文卷次內容,按照朝代先後:卷一爲宋人、卷二爲元人、卷三至八爲明人;續刻一卷,先録國朝詩人詩作,次補遺,次釋道閨閣。今有清乾隆五十二年(1787)德馨堂刻本②。

(二)《彭姥詩蒐》

《彭姥詩蒐》十二卷,清倪勘輯編。"彭姥"原爲峰名,依峰而有彭姥村。唐中宗神龍元年(705),"監察御史崔皎奏於寧海縣東界海曲中象山東麓彭姥村置縣"③,始有象山縣,初隸台州,不久改隸明州(今浙江寧波)。這裏"自唐宋以來,風雅代興"(《彭姥詩蒐》卷首趙存洵序),只因"地屬甬東,孤懸海上"、"著述失於兵燹居多"(倪勘《彭姥詩蒐·凡例》)。明清兩朝,鄭千之《四明文獻録》、宋宏之《四明雅集》、張時徹《四明風雅》、楊德周《甬東詩括》、胡文學《甬上耆舊詩》、全祖望《續甬上耆舊詩》等,已將四明藝文萃於一編,象山詩文,亦間有所采。至倪勘之父倪象占輯録《蓬山清話》,"爲邑乘補遺,兼録有邑前輩俞述祖諸人之詩,蓋皆吉光片羽散見於他集者"(《彭姥詩蒐》卷首趙存洵序)。在此基礎上,倪勘更仿元好問《中州集》"以人存詩、以詩存人之例,以次編録其宋元明之軼。而見於《清話》與別集者彙之,其載入邑志藝文古迹而本集尚有可採者增之,又取國初以來已梓、未梓諸集中之膾炙人口者續之。至零篇殘什,亦予附存,都爲一十二卷",前後歷時二十多年,方克成書;又恐"篋衍孤編,仍歸湮没,因即校讎付梓",希望以刻版的形式流存後世④。

全書卷首爲趙存洵序、倪勘《彭姥詩蒐序》及《彭姥詩蒐·凡例》。正文各卷按照朝代先後——卷一宋人詩,卷二元人詩,卷三至五明人詩,卷六至十一清人詩,卷十二釋道詩。卷末則倪勘後學楊月傳跋文一篇。今有清道光七年(1827)刻本⑤。

《方城遺獻》和《彭姥詩蒐》,都是清人輯編的浙江地方詩總集,現已共同影印收入

---

① (清)李成經:《方城遺獻序》,《歷代地方詩文總集彙編》,北京:國家圖書館出版社,2016年,第197册,第3—7頁。
② 書前牌記頁:中間大字書名"方城遺獻",右刻"長山李維三編次",左刻"德馨堂藏板",上方橫刻"乾隆丁未年鎸"。
③ (唐)李吉甫:《元和郡縣圖志》,賀次君點校,北京:中華書局,1983年,第630頁。
④ (清)倪勘:《彭姥詩蒐序》,《歷代地方詩文總集彙編》,第197册,第431頁。
⑤ 書前牌記頁:中間大字書名"彭姥詩蒐",右刻"道光丁亥冬日",左刻"武林邵書稼題"。

《歷代地方詩文總集彙編》(第 197—198 册)。筆者檢覽二書各自卷一載録的宋人宋詩,發現其中多有不見於《全宋詩》者,而這些詩人小傳與散佚詩作,在勾稽人物生平、考察人物交往、辨析材料來源等方面,又皆有所助益。本文分"《全宋詩》已收詩人之佚作"和"《全宋詩》失收詩人詩作"兩部分,前者涉及徐似道、王居安、鄭瀛、丁木、丁石、陳景沂、林昉等 7 位詩人的 12 首作品,依《全宋詩》中所在册頁爲次;後者包括丁朗、蔡鎬、王澄、王浚、項觀古、丁希亮、毛仁厚、徐練、徐照、毛鼎新、林喬年、陳宗、趙文藻、林應丑、王詵、詹會龍、錢延慶、任仲高、錢肅等 19 位詩人的 27 首作品,依《方城遺獻》、《彭姥詩蒐》中的編次爲序,各人之下先撰小傳,再録佚詩,以補《全宋詩》之闕。

二、《全宋詩》已收詩人之佚作(7 人、12 首)

1. 徐似道(47/2519/29099)①

買撫州紙被

好是臨川紙,誰敲作夜冰。造成無縫被,賣與有家僧。短夢疏櫺月,孤禪半壁燈。起來吾自笑,何事髮鬅鬙。(《方城遺獻》卷一)

2. 王居安(51/2736/32212)

丁未廷唱

丹陛傳臚設九賓,獲陪多士造君門。談經已愧登前列,射策何期動至尊。未必熙朝無弊事,從來逆耳是忠言。雲龍風虎千齡會,誓展愚衷報主恩。

奉酬於君實

百年能閲幾番春,寒暑推遷迅若神。世事不平無切齒,人生相與戒亡脣。挽弓尚欲張而弛,尺蠖寧忘屈與伸。多少英雄在方策,長生不死是何人。(以上《方城遺獻》卷一)

3. 鄭瀛(53/2775/32842)

碧沼遺蹤

釣鰲臺下舊池沼,萬柄芙蓉插晴昊。當年我祖樂遨遊,歌管聲中不知老。百年興廢理固然,滄海尚變桑麻田。我來撫景問青壇,水光繚繞花無言。

雙橋秋月

秋江雨歇净如拭,碧天倒浸琉璃色。九關飛下雙玉虹,幻作長橋卧深碧。夜深涼月江上頭,江波萬頃凝不流。我欲跨虹弄明月,長嘯一聲驚白鷗。(以上《方城遺獻》卷一)

按:明嘉靖《太平縣志》卷一稱"宋鄭進士有《八景詩》,曰丹厓古迹,曰碧沼遺蹤,

---

① 括號内數字依次爲該詩人所在《全宋詩》册、卷、頁數,下同,見《全宋詩》(七十二册),北京大學古文獻研究所編,北京:北京大學出版社,1998 年。

曰雙橋秋月,曰四澤曉罾,曰南野暮鎔,曰西崖伏虎,曰官塘競渡,曰葛井涵秋"①,《全宋詩》已據清康熙《太平縣志》卷一、嘉慶《太平縣志》卷二收錄《丹崖》(即"丹厓古迹")、《南野暮鎔》、《伏虎崖》(即"西崖伏虎")、《葛井涵秋》、《官塘競渡》、《四澤曉罾》六詩,《碧沼遺蹤》、《雙橋秋月》二首失收。

4. 丁木(56/2958/35241)

晚 春

青春元不老,景物自相催。新綠換花去,舊山添翠來。跳魚翻絮影,戲蝶戀香茨。閑裏忘遲暮,華巔誰爲栽。

送高九萬遊邊

中年已自惜分違,況是邊頭寒沍時。若向江湖開望眼,只憑風月好吟詩。一時節概多知己,千載功名少定期。幕府故人如問訊,爲言便靜只棲遲。

衰柳辭

依依嫋嫋到陰濃,多少輕煙細雨中。莫向長堤怨搖落,與春爲地是秋風。

春日即事

社前猶自怯單衣,寒閣春光燕未知。寄語群花且寧耐,開時較晚落還遲。(以上《方城遺獻》卷一)

5. 丁石(62/3284/39131)

幽 居

結屋山間深更深,琴僧詩客慣登臨。携壺忼慨花邊醉,策杖從容水際吟。新鑿小池通竹徑,舊存老菊傍松林。鴻來燕去流年改,賴有青山無古今。(《方城遺獻》卷一)

6. 陳景沂(64/3394/40387)

睡 起

山鳥嗚嗚山日長,北窗高卧夢羲皇。覺來推户青雙眼,愁殺桃花飛過牆。(《方城遺獻》卷一)

7. 林昉(72/3745/45168)

送西臺張仲實游大滌洞天

此時仙興發,九鎖訪名峰。下洞晝飛鼠,石池春浴龍。異人花外見,道士酒邊逢。余欲采芳茗,白雲何所從。(《方城遺獻》卷二)

按:此詩已見《全宋詩》册 70 卷 3671 頁 44064 林昉(字景初,號石田,粵人)名下,出宋孟宗寶《洞霄詩集》卷一〇。核《洞霄詩集》,署"三山林昉",當爲林昉(字仲昉,號曉庵、旦翁,三山人)詩。彼處誤收當删。

---

① (明)葉良佩:嘉靖《太平縣志》,《天一閣藏明代方志選刊》,上海:上海古籍書店,1981年,第 17 册,第 15A 頁。

三、《全宋詩》失收詩人詩作（19人、27首）

1. 丁朗

丁朗，字明仲，號温嶠散人，台州黃巖（今屬浙江）人。高宗紹興間浪游江湖，有詩名。卒於錢塘。葉適銘其墓，陳傅良題詩碑陰（《止齋文集》卷二《書黃巖丁明仲墓誌碑陰》）。有詩集，已佚。事見明萬曆《黃巖縣志》卷六。今録詩二首。

上劉信叔岳鵬舉二大帥

出師恢復舊山河，端似淮陰與伏波。忼慨赤心期報國，英雄白手誓降魔。牙旗遠布收兵陣，金甲纔披奏凱歌。賴有中流雙砥柱，三邊次第息干戈。

和陸放翁寄示觀梅

老蝶飢蜂愁不知，嫩寒清曉報新奇。鏡中素面溪頭影，林下仙風竹外枝。春在歲頭開歲晚，人言花早却花遲。年年爲汝供愁絶，怕見參差月落時。（以上《方城遺獻》卷一）

2. 蔡鎬

蔡鎬（1143—1191），字正之，台州黃巖（今屬浙江）人。待時子。孝宗淳熙二年（1175）武舉進士（《嘉定赤城志》卷三四）。初授鹽城尉，詔特用爲武學諭，終武學博士。光宗紹熙二年卒，年四十九。事見宋葉適《水心文集》卷一四《忠翊郎武學博士蔡君墓誌銘》。

山 居

水從白塔流玉環，門對葛洪丹井山。老去腰鎌更垂釣，時與漁樵相往還。（《方城遺獻》卷一）

3. 王澄

王澄，字淵道，號兩山，台州黃巖（今屬浙江）人。汶弟。工唐詩。事見明嘉靖《太平縣志》卷六。

哭從兄周道

把酒休教讀奠文，有才無命可憐君。向來五色江淹筆，今作空山一冢雲。（《方城遺獻》卷一）

4. 王浚

王浚，字深道，號西澗，台州黃巖（今屬浙江）人。汶、澄弟。深爲劉宰器重（《方城遺獻》卷一）。事見明嘉靖《太平縣志》卷六。

感 述

山坪寂寂酒杯寬，世路悠悠始解鞍。百世輪回同過客，十年奔走誤儒冠。振衣曉觸雲濤起，望斗夜禁風露寒。阮籍疏狂成底事，且將長醉倚雲看。（《方城遺獻》卷一）

5. 項觀古

項觀古,字正己,台州黃巖(今屬浙江)人。孝宗淳熙二年(1175)特奏名進士。仕至袁州錄事參軍。事見宋陳耆卿《嘉定赤城志》卷三四、明嘉靖《太平縣志》卷六。

園亭雜咏

喜有疏林息倦翎,學他西蜀草玄亭。庭虛邀月因生白,山曉排雲爲送青。(《方城遺獻》卷一)

6. 丁希亮

丁希亮(1146—1192),字少詹,號梅巖(《方城遺獻》卷一),台州黃巖(今屬浙江)人。從葉適、陳亮、呂祖謙學。光宗紹熙三年卒,年四十七。著有《丁少詹文集》,葉適爲之序,已佚。事見宋葉適《水心文集》卷一四《丁少詹墓誌銘》。今錄詩四首。

次朱晦庵先生見寄武夷精舍雜咏

潭聚戢戢魚,一鉤墜深碧。非若渭濱人,君王不相識。釣磯

禮樂總繁文,何所用吾力。一室事事無,箪瓢挂空壁。寒棲館

輓徐季節先生

何用青錢選,難尋白璧瑕。布衣終一世,環堵僦爲家。節重人深慕,名尊老更加。蒼天果何意,不使鎮浮華。

除夜錢塘客舍呈呂東萊先生

不須千里念家山,鐵石心腸到處安。結得先生燈火分,論文共守一更殘。(以上《方城遺獻》卷一)

7. 毛仁厚

毛仁厚(？—1215?),字及之,台州黃巖(今屬浙江)人。寧宗開禧三年(1207)與杜範發解於州。嘉定八年感疾卒①。理宗寶慶元年(1225),杜範爲其墓表。事見明嘉靖《太平縣志》卷六。

山　行

選勝恣幽討,行行古洞陰。看雲偏有興,得句本無心。漸覺紅塵遠,飜憐石樹深。何須輕舉去,只此是仙岑。(《方城遺獻》卷一)

8. 徐練

徐練,字定夫,台州黃巖(今屬浙江)人。娶宗室趙宰妹,以文鳴於時。事見《方城遺獻》卷一。

夜坐有感寄趙守道進士

霜風蕭蕭枯葉響,綠窗梅影隨燈上。龍腦香熏雲母帳,鳳團茶送仙人掌。東家夜坐雞唱獨,西林月黑猿啼雨。明朝相憶鳳凰臺,臺邊春草青青長。(《方城遺獻》卷一)

---

① (明)葉良佩嘉靖《太平縣志》卷六稱"嘉定己亥歲,……時及之已感末疾",《天一閣藏明代方志選刊》,第17册,第15A頁。然寧宗嘉定間無己亥年,疑乙亥之誤,乙亥即公元1215年。

9. 徐照

徐照，一名烈（民國《台州府志》卷一一六引《存佚録》），字大勝，台州黄巖（今屬浙江）人。似道子。以父蔭授建昌通判。與"永嘉四靈"之徐照（字道暉）非一人。事見《方城遺獻》卷一。今録詩二首。

秋　思

夜雨涼孤枕，秋容澹碧山。人歸山徑早，天放野雲閒。把酒忽望醉，論文時解顔。平生緣底事，坐遣鬢毛斑。

杜甫墳

耒陽知縣非知己，救厄無蹤豈忍聞。若更聲名可埋没，行人定不吊空墳。
（以上《方城遺獻》卷一）

10. 毛鼎新

毛鼎新（1205—1271），字新甫，台州黄巖（今屬浙江）人。理宗淳祐七年（1247）進士。歷西安尉、興國軍教授、浙西提舉茶鹽司，改常平司，遷臨安府學教授，除史館檢閲、史館校勘等。度宗咸淳七年卒，年六十七。著有遺文、文説若干卷，詩若干卷，雜文若干卷，皆已佚。事見宋黄震《黄氏日抄》卷九七《史館校勘奉議毛君墓誌銘》。

登丹崖

勝友群登古洞天，紅塵回首路茫然。蕭蕭石室松風下，一笑和雲共醉眠。
（《方城遺獻》卷一）

11. 林喬年

林喬年，字松孫，號西隱（《方城遺獻》卷一），台州黄巖（今屬浙江）人。理宗端平間建沙埭上下二閘，鄉人稱之。事見明嘉靖《太平縣志》卷二、六。今録詩二首。

題　畫

養高衡門下，眷兹松桂林。於焉信可樂，良士矧幽尋。希聲寄朱絃，欲以清我心。倒屣固所願，賞遇諧知音。

送侄子寅春試

落魄嗟予老，飛騰羡爾先。方攀月窟桂，又買越江船。文際千年運，名齊一代賢。吾兄欣有後，種德豈徒然。（以上《方城遺獻》卷一）

12. 陳宗

陳宗，字正夫，一字正學（宋周密《齊東野語》卷二〇），台州黄巖（今屬浙江）人。堅子。理宗寶祐四年（1256），爲太學生，與黄鏞、陳宜中、林則祖、曾唯、劉黻上書，共攻丁大全，遭削籍編管，時號"六君子"。事見明嘉靖《太平縣志》卷六。

山中吟

千載仙蹤惟片石，百年良友只孤松。道人種種心頭事，都付登山一笑中。
（《方城遺獻》卷一）

13. 趙文藻

趙文藻,字漢章,號梅邊散人(《方城遺獻》卷一),台州黃巖(今屬浙江)人。理宗景定三年(1262)進士。歷邵陽、象山尉,有政聲。恭帝德祐初,謝病以歸。宋亡不仕。事見明嘉靖《太平縣志》卷六。

感 興

屈原水底亡,子推火中滅。水火能没身,那許没名節。世間名節奇,光明同日月。世間名節奇,堅剛遇石鐵。嗟哉大丈夫,梅花傲冰雪。(《方城遺獻》卷一)

14. 林應丑

林應丑,字子寅,台州黃巖(今屬浙江)人。喬年侄。度宗咸淳三年(1267)發解。官兵部員外郎。上疏攻賈似道,引病歸。事見明嘉靖《太平縣志》卷六。今錄詩二首。

題君用侄扇面畫竹

三徑饒風月,從教二仲來。龍孫年長玉,鳳羽日毵毵。試以松煤寫,時隨畫箑開。此君有高節,吾子豈凡材。

題 畫

茅屋山中護紫霞,客邊見畫倍思家。何年投老天台去,竹杖芒鞋踏白沙。(以上《方城遺獻》卷一)

15. 王詵

王詵,字邦正,號石湖,台州黃巖(今屬浙江)人。度宗咸淳九年(1273)舉明經。官廣東提舉常平兼茶鹽使,忤賈似道,謫監軍儲倉。事見《方城遺獻》卷一、民國《台州府志》卷一○六。今錄詩二首。

題兔爲葉西澗丞相

一望東門野草荒,紛紛鷹犬正須防。何如跳入廣寒殿,玉杵聲中搗夜霜。

白石江泊舟

白石江邊夜泊舟,海天空闊雁聲秋。推篷四顧不能寐,風自淒淒水自流。(以上《方城遺獻》卷一)

16. 詹會龍

詹會龍,台州黃巖(今屬浙江)人。高宗建炎初,與弟檜龍同召見,年方五歲,號爲神童。未幾而卒。事見明嘉靖《太平縣志》卷六。

石夫人

亭亭不語立溪濱,四畔無家石作鄰。雲鬢不梳千古曉,蛾眉長鎖萬年春。雪爲鉛粉憑風傳,霞作臙脂仗日勻。莫道巖前無寶鏡,一輪明月照夫人。(《方城遺獻》補遺)

17. 錢延慶

錢延慶,字嗣宗,號雲庵,錢塘(今浙江杭州)人。吳越武肅王錢鏐九世孫。高宗建炎間授會稽丞,不就,僑居台州。紹興二十年(1150),徙居象山,爲此邑錢氏初祖。

事見《彭姥詩蒐》卷一引《錢氏咸淳譜》、民國《象山縣志》卷二二。

遊蓬萊山

攝衣徐步上蓬萊,古徑林深長翠苔。欲訪煉丹人不見,春風依舊碧桃開。(《彭姥詩蒐》卷一)

18. 任仲高

任仲高,象山(今屬浙江)人。度宗咸淳七年(1272)進士(元袁桷《延祐四明志》卷六)。

輓錢心齋先生

幾年湖海慕清風,一旦相過竟不逢。華表淒涼黃鶴怨,丹山寂寞白雲封。苔生斷砌迷新迹,月落空梁想舊容。惆悵往來知識者,誰將劍挂墓頭松。(《彭姥詩蒐》卷一)

19. 錢肅

錢肅,字克敬,號心齋,象山(今屬浙江)人。與王十朋有交(《彭姥詩蒐》卷一引《錢氏咸淳譜》)。

易簀口占

慘淡西風落照微,生平事業是耶非。自維虛度難言了,戰戰兢兢或庶幾。(《彭姥詩蒐》卷一)

四、結　語

有清一朝,數以千計的地方詩文總集不斷涌現,極大地豐富了古代總集文獻的數量和規模。而它們的出現,究其原因,則與前代地方志和地方總集的持續累增,以及編纂者保存鄉邦藝文的自覺意識這兩個方面均有密不可分的關係。以浙江台州黃巖一境為例,地方志方面,宋代的《嘉定赤城志》以降,又有弘治《赤城新志》、嘉靖《太平縣志》、萬曆《黃巖縣志》、康熙《黃巖縣志》、康熙《太平縣志》、康熙《台州府志》、乾隆《黃巖縣志》等一系列志乘,記載了當地的思想學術、文化教育等歷史狀況,其間不乏書籍的著錄、詩文的保存。地方總集方面,前有宋人李庚《天台集》、林表民《赤城集》導其源,後有明人黃孔昭、謝鳴治《赤城詩集》,張存粹《黃巖英氣集》,鄭廷濟、章大器《英氣續集》,共承其緒。及至清乾隆年間,李成經《方城遺獻》便是在這樣淵源有自的深厚文獻積累與文化積澱的背景下問世。

與之類似地,現存象山一地的方志文獻,包括嘉靖、萬曆、康熙、雍正、乾隆、道光、同治、民國《象山縣志》,舉凡八種,代有累增。而更早者諸如南宋前期的《乾道四明圖經》、中後期的《寶慶四明志》與《開慶四明續志》,以及元代中期的《延祐四明志》、後期的《至正四明續志》,其間雖然也有象山縣邑的內容,但這幾部宋元志書著眼的轄域範圍都是整個四明地區,對於象山更為詳細的自然、社會、政治、文化情況,畢竟筆墨有限。至於地方總集,恰如四庫館臣所稱:"輯明州詩文者,宋有《鄮江集》,今已失傳。

王應麟《四明文獻集》,亦復佚闕。至明宋士之《四明雅集》二十家、戴鯨之《續集》六十家、張時徹之《四明風雅》一百二十家,於作者采掇稍廣,而源流未備。鄞嗣嘗撰《甬上耆舊傳》,紀其鄉先哲行事頗詳。文學因即其《傳》中之人,搜錄遺詩,論定編次,而各以原傳系之。"①不過它們集中關注的,仍然是四明這一更廣闊區域的詩文作品,"波及象邑,亦存什一於千百。外此故家藏篋,所遺尚多"(《彭姥詩蒐》卷首趙存洵序)。有鑒於此,倪勷才專門搜輯象山一邑的詩人詩作,編成《彭姥詩蒐》,錢延慶、任仲高、錢肅等小人物的詩歌因而得以隨之傳存。

誠然,無論《方城遺獻》還是《彭姥詩蒐》,其纂輯都非白手起家。仍以李成經編纂《方城遺獻》爲例,當時即有《徵獻錄》、《存逸錄》可資借鑒,這也成爲他"廣所未見"、"陸續收采"的資料基礎。與此同時,他還廣泛參稽了其他相關載籍,考查、分析人物和作品的情況。例如,蔡鎬小傳稱"餘詳邑志",王汶小傳稱"《宋詩紀事》誤作'汝陰人',不知雪溪王銍所序,乃王回子字道原也",項觀古小傳稱"詩見《項氏遺芳集》",陳宗小傳稱"按,《宋史·丁大全傳》此事在寶祐六年,《劉黻傳》又作淳祐十年,而《癸辛雜志》復有六人同劾史嵩之事,記載不同如此",王詵小傳稱"見《英氣續集》"等等,遍涉史傳、方志、筆記、詩文評和已經散佚的《項氏遺芳集》、《英氣續集》;特別是對於厲鶚《宋詩紀事》記錄王汶字號、籍貫、家世、文集之誤,直指其非。同樣地,《彭姥詩蒐》卷一雖然只載錄了五位宋代詩人(陳晉錫、錢延慶、劉熺、任仲高、錢肅)的六首詩作,倪勷在各人小傳之下亦多有考察按斷。例如,陳晉錫小傳稱"晉錫與休錫兄弟俱有文名,今僅存晉錫《三江亭和韻》一首,見袁清容《延祐志》。《蓬山清話》右詩載《乾道圖經》及《延祐志》,故近日厲樊榭鶚《宋詩紀事》本末仍之。邑志不同,乃後人所改,非有別本也",説明輯錄出處;劉熺小傳稱"宋時劉氏登進士者七人,陳氏後,劉氏最盛。……相傳邑東南十五里劉家墺爲劉氏住址,蓋指俣一家言也。俣父遵,……熺、炳、燧、輝、炤,皆遵之孫,並成進士。……熺號東塾,見《錢氏譜》",介紹世係、字號;錢肅小傳稱"《錢氏譜》載王梅溪先生《挽心齋先生》詩一首,考忠文公詩集,無此詩,或先生未存稿也。錢心溪先生云:'心齋先生爲忠文公見知之士,詩意、筆意與忠文公同氣息。'惜所得僅此耳",補充人物交遊並提供王十朋佚詩信息;等等。因此,我們今天重新整理這些詩人詩作,爲《全宋詩》拾遺補闕,同樣也應注意更廣泛地結合別集(如陳傅良《止齋文集》、葉適《水心集》)、方志(如《嘉定赤城志》、嘉靖《太平縣志》)、筆記(如周密《齊東野語》)中的史料內容,綜合旁徵與細讀,力求勾勒呈現並不斷完善其人其事。

最後,歷代總集的常見問題之一,便是人物與作品之間張冠李戴。李成經《方城遺獻》也不例外。最典型者,即劉允濟小傳稱"字全之,淳熙五年進士。教授婺州。歷太常寺主簿、國子監丞、知南劍州提舉福建常平、知溫州。所至有惠政。以中奉大夫提舉崇禧觀。公兄弟四人,三入仕籍,有'新瀆三劉'之稱",而其人名下錄《琴》詩一首:"昔在龍門側,誰想鳳鳴時。雕琢今爲器,宮商不自持。巴人緩疏節,楚客弄繁絲。欲作高張引,翻成不調悲。"實際上,此乃初唐詩人劉允濟之作,《文苑英華》卷二一二、

---

① (清)永瑢:《四庫全書總目》卷一九〇《甬上耆舊詩》提要,北京:中華書局,1965年,第1732頁。

《唐詩紀事》卷一〇、《全唐詩》卷六三皆已收録。李成經在《方城遺獻》中却將它係於南宋孝宗時同名的黃巖鄉賢劉允濟名下，顯然不確。所以，今日利用這些明清地方總集進行宋人宋詩的輯佚，尤其應當對此類原書之誤留心甄别，避免因錯就錯、以訛傳訛。

古籍書訊

《桐城方氏七代遺書》(《安徽古籍叢書》第二十五輯)

为[清]方昌翰輯，彭君華校點，束莉編輯。黄山書社2019年2月版。

《桐城方氏七代遺書》爲清代光緒年間方昌翰所編纂的桐城桂林方氏家族祖先文集。全書包括明善公方學漸《性善繹》《東遊記》《庸言》，文孝公方大鎮《寧澹居奏議》《寧澹居集》《寧澹語》，貞述公方孔炤《職方舊草》《撫楚疏稿》《撫楚公牘》《知生或問》《西庫隨筆》《芻蕘小言》，文忠公方以智《膝寓信筆》《稽古堂文集》，文逸公方中履《汗青閣文集》，副使公方正瑗《方齋小言》《關西講堂客問》《方齋補莊》，主政公方張登《褚堂文集》，共計7代人19種著述。作者方學漸、方孔炤、方以智等，皆爲桐城、安徽乃至中國文化史上的重要人物。全書内容廣泛，涉及哲學、政治、歷史、文學、語言學等多個領域。整理本採用光緒十四年(1888)方昌翰《桐城方氏七代遺書》原刻本爲底本，並廣泛搜羅各種單行刊本進行校勘，具有較高的版本價值和學術研究價值。

本書獲得國家古籍整理出版專項經費資助。

沈德潛集外序文輯考

藍 青

摘 要:沈德潛是清乾隆時期著名的詩學家,著述宏富。人民文學出版社版《沈德潛詩文集》是目前所見搜羅沈德潛作品最爲完備的整理本,嘉惠學林,功莫善焉。然而,沈德潛一生交遊廣泛,所作題贈詩文頗多,仍有不少作品未收入全集。今新輯得沈德潛佚序五篇,並對序文中所涉及的人物、史實加以考釋,這對於沈德潛生平、交遊及其詩學研究皆有助益。

關鍵詞:沈德潛;佚序;輯考

沈德潛(1673—1769),字確士,後更字歸愚,吴郡長洲(今江蘇蘇州)人。乾隆元年(1736)薦舉博學鴻詞科,乾隆四年(1739)進士,累官至内閣學士兼禮部侍郎。沈德潛是繼王士禛之後的詩壇宗主,論詩主"格調説",曾選輯《古詩源》《唐詩別裁集》《明詩別裁集》等,在乾隆詩壇産生了較大影響。2011年,人民文學出版社出版了潘務正、李言先生點校的《沈德潛詩文集》(全4册)①,該書以乾隆間刻教忠堂本《沈歸愚詩文全集》爲底本,校以《歸愚詩鈔》《歸愚詩鈔餘集》《歸愚文鈔》《歸愚文鈔餘集》等多種沈德潛詩文集,並從各種別集、總集、地方志中輯録佚文佚詩四十篇,成爲迄今爲止收録沈德潛作品最爲完備的集子。然而,沈德潛一生交遊廣泛,應酬之文甚多,輯佚殊爲不易,偶有遺珠之憾,實屬難免。近年來,有學者陸續發現了沈德潛的一些佚作②,爲沈德潛研究提供了新的資料。筆者近來覓得沈德潛佚序五篇,現整理如下,以期對沈德潛生平、交遊及其詩學研究有所助益。

(一)《〈苔窗拾稿〉序》

吴友董子九徵,每相見,輒道繼母吴太夫人苦節,謂:"非母氏,幾不能成立。自擯挂家政,葬埋、祭祀、教育、婚娶,凡所以成先君子未竟志者,無弗周也。"又言:"母氏期望過切,今鹵落無成,不能承前人緒業,以慰母氏心,深用愧恨。"又言:"母氏嫻於詩教,左圖右書,如經生。然稱未亡人後,不暇從事簡編,而中有感

---

* **作者簡介:**藍青,女,中山大學中文系(廣東珠海 519082),副研究員,文學博士,主要從事明清文學研究。
  基金項目:國家社科基金青年項目:歷代地域總集編纂史論(14CZW040);中山大學高校基本科研業務費青年教師培育項目:明清之際"西陵十子"詩學研究(18WKPY84)。
① 沈德潛著,潘務正、李言校點:《沈德潛詩文集》(全四册),北京:人民文學出版社,2011年。
② 朱澤寶《沈德潛佚文考釋》,《古籍整理研究學刊》2015年第2期;朱澤寶《沈德潛佚文輯存》,《南京師範大學文學院學報》2017年第3期;侯倩《沈德潛集外詩文輯録》,《寧波大學學報》2017年第6期;林春虹《沈德潛佚序輯考》,《文獻》2018年第2期。

悼,時或托之於言。調膳侍食餘,見母氏手迹,謹錄而誌之,弗敢忘也。"暇日手一編示予,係孫明府代爲鑴刻,用以表微闡幽者。予受而讀之,竟帙,喟然興曰:"是非尋常詩格,藉爲吟風雪、弄花草之具,節母四十餘年苦心,於是見焉,可以風世而厲俗也。"嘗念"二南"之詩,載婦人女子之賢者,只及勤儉不妒,家室和平,憫君子之憂勞,循婦德之和敬,不必有奇節高行,處人世之極難也。而聖人取之,以爲十五國之風首。今節母之見於《詩》者,如《葛覃》《卷耳》《采蘋》《采蘩》之外,凡《白華》之孝、《柏舟》之節、《鳲鳩》之仁,咸具備焉,而謂不足挽末俗而進於敦厚者耶? 惜世無采風之人,不能使之登於天府也。因序而歸之九徵,爲家乘光,俾子孫之念前德者,知諷咏而起敬焉。雍正乙巳仲冬,年家小侄長洲沈德潛拜撰。

按:此序作於雍正三年(1725),見吴永和《苔窗拾稿》卷首,國家圖書館藏清雍正間刻本,卷首另有孫謰、邵坡、徐永宣序,以及潘耒所作傳。吴永和(1655—?),字文璧,江蘇武進人,董玉蒼繼室,著有《苔窗拾稿》二卷。序文中提到的董九徵即吴永和繼子董子翼,字九徵,此文即沈德潛應其請求而作。沈德潛素來重視詩歌的政治道德功能,主張詩歌要"厚人倫、明得失、昭法戒"[①],同時要符合温柔敦厚之旨。此篇序文秉持其一貫主張,肯定吴永和之品格與創作能够"挽末俗而進於敦厚"。

(二)《〈江上怡雲集〉序》

唐陸天隨隱居甫里,時乘扁舟,齎束書,載筆床茶竈,往來湖上,自號江湖散人,後世高其風。丁君濟川家於吉溪,吉溪在松陵南,其先世故有別墅曰"樸園",從祖愚古先生讀書結客於此。君更築江上草堂,門臨平疇,蒭畬萬頃,遥望煙波,淼茫無際,誠水村之勝地也。胸襟浩落,天爵自尊。遇風日清美,携筇行阡陌間,眺風帆出没,魚鳥飛翔,間與負犂驅犢之老話桑麻,課晴雨。倦而退坐堂中,看白雲舒卷,自得乎中,無累乎外,其有道之士耶? 雅好歌咏,爲彭侍講南畇先生甥,得渭陽之傳,其詩不規模前人,而自饒天趣。凡登臨俯仰,往來贈答,與所見魚蟲草木,有動於内,無不形於筆墨,豈天隨子所謂"心散、意散,爲散歌、散咏,以散其志"者歟? 古來《考槃》《衡門》類,皆不樂仕進之作,然微寓悲憤;至後世伯鸞《五噫》、仲禦《小海》,辭尤激烈。何若君獨處具區之濱,無纓冕之繫,跋涉之勞,悠然吟嘯,與漁歌樵唱相和,雖欲不比之天隨不得也。予方葺舊廬鮮溪之上,將退息其間。鮮溪去吉溪不百里,近一葦可航。明年當緑蓑青笠,訪君草堂,讀新詩,相與揚榷風雅焉。乾隆癸酉初冬,沈德潛題於紫陽書院。

按:此文作於乾隆十八年(1753),見於丁廷彦《江上怡雲集》卷首,廣東省立中山圖書館藏清乾隆十九年(1754)江上草堂刻本,卷首另有彭啓豐、潘廷塤序。丁廷彦(1684—?),字濟川,江蘇吴江人。少工吟咏,樂志安閑,不喜奔競干謁。其於詩皆率意爲之,不刻意求工,嘗自言:"我詩不求工,聊以寫意散情,譬之嶺上白雲,只可自怡,不堪贈人。"因名其集曰"怡雲"。沈德潛向來注重詩歌的政教價值,強調詩歌要"以微

---

① 《沈德潛詩文集》第3册,第1515頁。

言通諷諭"①,儘管他亦能肯定山林隱逸之作,但往往要指明作者身在野而不忘政治道德,如評韋應物詩曰:"白香山云:'韋蘇州高雅閑澹,自成一家之體。'言其自然耳。而詩之自然,關乎性情。性不摯,情不深,不能自然也。然摯性深情,惟篤於倫物者有之。"②沈德潛以儒家"篤於倫物"的品格解釋韋應物詩風的"高雅閑澹",可見政治道德價值在沈德潛詩學中的核心地位。此序將丁廷彥比之崇尚自然無爲的陸龜蒙,肯定其心散意散、自饒天趣,這在沈德潛文集中是不常見的。沈德潛提倡溫柔敦厚,要求詩人性情平和,即使所遭不幸,亦要"平心抑志,無幾微憤悶之辭"③,故序文對《五噫歌》《小海唱》之類激憤之作略有微詞,亦體現了其重崇尚和平的旨趣。

(三)《〈草韻匯編〉序》

草書之興也,或以爲草稿之草,或以爲草昧之草,或以爲秦時赴急之書,或以爲漢時簡隨之俗,要其來亦久矣。古文不得不變爲大篆,大篆不得不變爲小篆,小篆不得不變爲隸書,隸書不得不變爲草書,人心之日趨於簡易,此亦古今之勢然也。而學者每以其上非天象所垂、下非河洛所吐、中非聖人所造議之,推其意不至,盡廢一時之制,而返於結繩之世不止,必非通儒之所許也。然其間亦有不得不辨者,世南云"兵無常陣,字無常體",書之有草,本爲刪難省煩而作,而其體以變而益多。漢齊相杜伯度始以草名,其後子玉、伯英標其勝,仲將、休明大其傳,伯玉、幼安擅其妙,逸少、子敬窮其神,伯高、藏真盡其變。若王愔之《古今文字志目》,王僧虔之《論書》,袁昂之《書評》,庾肩吾之《書品》,李嗣真之《書後品》,張懷瓘之《書斷》《書議》《書估》,韋續之《九品書人論》所載者,標新領異,各開生面。於此而欲網羅散佚,考究異同,卓然成一家之書,非窮數十年之功者,不足以與此也。雲間陶子遜亭者,瀟灑拔俗,其書法能直追古人,而尤得草聖三昧。嘗集漢魏迄明草書,依詩韻哀成二十六卷,名"草書匯編"。發凡起例,按部就班,各隨其字之大小摹之,而不敢自爲增損。其用心也勤,其爲學也博。凡夫黝黟黵黜之奇,蚪蟉蜿蜒之勢,聳拔婀娜之狀,凌遽惴慄之容,或如鴉行鵲厲,雉啄兔擲;或如雲集水散,風回電馳。無形不備,無體不該,有爲索靖之所不能狀、竇臮之所不能賦者。嗚呼!可以傳矣。予惟草書之爲道,於無定之中又有一定者焉。其無定者,神明也;其有定者,體制也。得其神明則隨手萬變,無不如志。於是有章草,又有稿草;有今草,又有行草;有狂草,又有飛草。然要而論之,皆合於天地自然之趣,而並非廢棄規矩、徒矜縱放者鄰,故古人嘗謂"真未必合,草未必離",其圓轉得於篆籀,其波折得於分隸,則於保氏六書之義,正有未嘗相戾者。自操觚者流率以狂怪爲長,而於黃伯思因陋就簡之論,不過而問焉,無惑乎草法之失其傳也。若遜亭之辨點畫、窮毫釐,有功後學不淺,其與許慎《説文》、顧野王《玉篇》、徐鍇《繫傳》、郭忠恕《汗簡》、司馬光《類篇》、丁度《集韻》、陳彭年《廣韻》諸

---

① 《沈德潛詩文集》第 3 册,第 1314 頁。
② 《沈德潛詩文集》第 3 册,第 1570 頁。
③ 《沈德潛詩文集》第 3 册,第 1317 頁。

書,誠足相輔而行矣。是編刻未竣而遜亭卒,其友侯子研雲、朱子岡西與同人爲刊成行世。予嘉遜亭之嗜古,而又嘆二君之好事爲不可得也,故樂得而序之。乾隆十九年甲戌孟秋,長洲沈德潜書於紫陽書院。

按:此序作於乾隆十九年(1754),見陶南望《草韻匯編》卷首,天津圖書館藏清乾隆二十年(1755)南村草堂刻本。卷首除沈德潜序外,另有莊有恭序及乾隆十五年(1750)陶南望自序。陶南望,字遜亭,號一簣山人,上海人,能詩文,工書法。《草韻匯編》輯自康熙十五年(1712),至乾隆十五年始成平聲、上聲、去聲三韻二十四卷,作者即逝。其餘入聲韻二卷,系其子陶錕與友人侯昌言等補校完成,並請沈德潜及莊有恭先後爲序,於乾隆二十年刊成行世。是集依清代官韻《佩文詩韻》分韻編次,每韻部中字,先標以楷書,其下輯歷代書家不同草體,俱照原法帖鉤摹,每一草體下皆注明出處。全書取秦代程邈至明代朱克誠凡三百四十一家草書,搜輯之備,網羅之富,堪稱典範。沈德潜論詩持格調説,雖主張以情志爲本,但同時高度重視詩歌的體格聲調,要求學習古人的法度規矩,反對自我作古。其書學思想與詩學主張多有一致,強調草書創作要遵循一定的法度規矩,正如序文所言,"草書之爲道,於無定之中又有一定者",反對"廢棄規矩、徒矜縱放"。沈德潜書學思想的影響雖遜於其詩學理論,然亦是沈氏復古文藝思想之一翼,同樣值得重視。

(四)《〈古劍書屋詩鈔〉序》

國家值休明之運,必有通儒碩德出其文章學問,鋪張宏猷,揚厲偉績,以聲施於來祀,所謂鴻筆之人爲國雲雨者,如唐之燕、許,宋之晏元獻、王元之,明之三楊、蹇、夏是已。吾鄉吳諭德南村先生,賦質自天,學綜今古。未遇時,詩文即已傳播藝苑。既舉孝廉,聖祖仁皇帝巡幸江南,先生獻詩稱旨,召試御舟,書《古劍篇》,以賜隨命至京,侍世宗憲皇帝講讀。旋擢翰林領袖,館閣制草碑文鹹出先生手,纂修御制諸書。降敕批問,援毫立對;賦詩應制,志愜宸衷。睿藻天葩,同炳簡册,而翼翼小心,不言溫樹,退直垂簾,惟參考典籍,揚扢風雅而已。奉使衡文,甄拔臨川李尚書紱等,時稱得士。恩遇日隆,方欲柄用以資調燮,而先生遽成古人,朝野悼之。先是,商丘宋公開府江蘇,采先生詩入《十五子選》中。潜時讀先生詩,清新綿婉,其旨溫以厚,其辭麗以則,循環反覆,而不能休,然終以未見全稿爲憾。今年春,令子矩亭方伯郵寄詩文集囑序,因得讀先生文及通籍以後詩,益極沖和,藻采同於鹹韶之並作、鳳羽之高翔,而忠愛敬慎之意,時溢楮墨間,洵乎其爲德人之言也。使先生而少假歲月,贊綸扉,參密勿,當更有經國大業,比烈燕、許、晏、王、三楊、蹇、夏諸賢者。惜乎位不稱德,經濟未施,僅以文章學問鼓吹軒陛,著作與前賢頡頏,同其才遇而不同其位祿,可慨也。然諷咏之下,聖祖恩禮儒臣之雅,先生遭逢盛代之榮,猶令人想望於無窮焉。乾隆丙子重九日,後學沈德潜謹序。

按:此序作於乾隆二十一年(1756),見吳廷楨《古劍書屋詩鈔》卷首,中國人民大學圖書館藏清乾隆刻本,卷首另有彭啓豐序。吳廷楨(1653—1715),字山掄,號南村,江蘇長洲人。康熙三十五年(1696)北闈舉人,以冒籍黜。後康熙南巡,迎駕於郊,以詩文見賞,賜複舉人,值南薰殿兼侍皇子講讀。康熙四十二年(1703)進士,改庶吉士,授翰林院編修,凡纂修書籍,鹹詳贍精核。康熙四十七年(1708)任江西鄉試正考官,甚得聖心,方欲大用,不幸辭世。吳廷楨博物嗜古,尤工詩文,康熙間宋犖輯其詩入《江左十五子詩選》。乾隆二十一年,其子吳士端將搜集到的作品編次成帙,托沈德潛刪訂爲《古劍書屋集》,凡詩鈔八卷,文鈔二卷,補遺、詩餘各一卷。沈德潛對吳廷楨頗爲欣賞,年選編《清詩別裁集》,因未得見吳廷楨詩集,故從《江左十五子詩選》中録出七首詩,評曰:"猶見王、李遺格。"①可見其對吳氏詩風之肯定。

(五)《〈曲尺軒詩集〉序》

雍正乙卯歲,制府芸書趙公拔餘江南鴻博。翌日,携拙集並徐青藤畫册謁見,乃知命題批卷,悉内幕牧雲顧先生秉筆也,遂得瞻拜風範。是日命酒書室,快論古今,不惟讀先生著作,並文孫東昆,亦於席間窺見其豹霧焉。是時,余年已花甲,東昆兄甫在妙齡,見其吟咏成帙,早决非常器。自後凡謁制府,時得與賢祖孫聚談竟日。不意趙公旌旆北指,爾我天各一方,未得會晤廿有餘年。余謬典儀曹,告歸林下,東昆兄始以選拔出授廣倅,余聞之,不勝太息曰:"若斯人斯才,而僅小試一臠,余滋愧矣。"既而思之,又嘆才、福自古難兼,東昆既奪天地秀氣,萃於詩文,則一官冷落,亦何足惜。余時正欲索觀近藝,以證廿年攻苦,適東昆以《曲尺軒詩集》郵政,余不禁撫今追昔,把卷忘疲,且驚且愕曰:"吾固知東昆之造詣爲不可限也,乃今而知東昆之深造爲不可及也。"唐人詩,無論大家名家,諸體不能兼善。如工部短於絶句,左司詘於七言,劉賓客不工古詩,韓吏部不專近體。吾不知東昆何物爲心,而鎪鏤如此,既得右丞之清腴,復得蘇州之冲淡。時而鞭撻海嶽,駈走風霆,則太白也;時而閶闔開辟,風雨離奇,則少陵也;時而春容雍穆,旨遠音希,則摩詰、東川、司勳、散騎合爲一手也。噫嘻! 吾幾無以量東昆之所詣矣。是造物不欲以高爵厚禄予東昆者,正造物欲以壽世榮名待東昆也。東昆勉乎哉! 余雖耄矣,亦必與東昆馳驟於秦淮漢沔間,而不遑恤也。兹因序於餘,率叙舊好,以弁其集云。時乾隆二十三年,歲在戊寅嘉平上浣,長洲沈德潜歸愚氏拜撰。

按:此序作於乾隆二十三年(1758),見顧夔璋《曲尺軒詩集》卷首,廣東省立中山圖書館藏清乾隆四十年(1775)刻本。《曲尺軒詩集》凡二十四卷,又名《顧東昆詩集》,卷首另有張昂序以及顧夔璋自序。顧夔璋,字樹宸,號東昆,湖北襄陽人,乾隆十八年(1753)拔貢,官安徽廣德州州判。文中所提到的趙芸書即工部尚書趙宏恩,雍正十三年(1735)沈德潜受其拔擢,携詩集並徐渭畫册往趙府謁見,得知命題批卷皆出自趙宏恩幕僚顧牧雲之手。沈德潜對顧牧雲甚爲欣賞,二人在書房把酒論文,席間沈德潜亦結識了顧牧雲之孫夔璋,此後時常至趙府與顧氏祖孫二人聚談。乾隆三年(1738),趙宏恩因受賄被發往臺站效力,由此沈德潜與顧氏祖孫天各一方,二十餘年未見。乾隆二十三年(1758),顧夔璋將詩集郵寄與沈德潜,請爲作序。沈德潜盛贊其諸體兼擅,並以壽世榮名慰之勉之,可見其對顧氏的諄諄之情。

---

① 沈德潜編:《清詩別裁集》下册,上海:上海古籍出版社,2013年,第784頁。

江藩佚文《談階平遺書叙録》輯考

高明峰

摘　要：阮元《儒林傳稿》載録江藩《談階平遺書叙録》，此爲佚文，可供輯補。其價值主要在兩個方面：一是該文乃後人撰寫談泰傳記之憑據，是今人認識談泰算學成就的重要文獻。二是該文體現了江藩與談泰之交遊，有助於我們深入認識江藩乃至清代學人學術精進之所受影響。當然，該文著録談氏論著不全，且多未著卷數，在文獻散亡的今天看來不無遺憾。

關鍵詞：江藩；談泰；佚文；輯考

近日讀阮元《儒林傳稿》，獲睹江藩《談階平遺書叙録》（下簡稱《叙録》）一文，遍檢江藩《炳燭室雜文》《半氈齋題跋》、王欣夫先生輯《炳燭室雜文補遺》、漆永祥先生輯《炳燭室雜文續補》等，均未見收録，可作爲佚文輯存。兹録於下，並略作考釋。

阮元《儒林傳稿》卷二《談泰傳》：

　　談泰，字階平，江寧舉人，官南匯縣訓導。泰博覽勤學，精於天算，得梅氏算學之傳，所著考證經史之書曰《觀書雜識》二十卷。其算術之書有《測量周徑正誤》《周髀經算四極南北遊法》《增補武城朔閏譜》《召誥月日譜》《歲次月建異同辨》《春秋歲次考》《三統曆推》《一歲食限數交食一月終數推》《漢高九年六月晦》《孝文十一月晦》《孝文元年至七年大小餘》《孝文二年五年天正冬至》《靈帝光和元年大小餘》《四分曆譜》《劉宋武帝五年天正冬至》。又著《三統曆譜冬至權度紀略》《天官書節次鬥分辨、分野辨》《操縵卮言正誤》《圓壺周徑積實》《祖冲之疑法辨》《酈内方非十尺辨》《喪服傳溢説》《五服經帶數》等書。又著《古算書細草》十餘事（江藩《談階平遺書叙録》）。①

據阮元《擬儒林傳稿凡例》云："凡各儒傳語，皆采之載籍，接續成文。雙注各句之下，以記來歷，不敢杜撰一字。"②由此可知，《儒林傳稿》之傳記多採自相關文獻，編録而成，如卷一《顧棟高傳》，即是依據鄒一桂《墓誌》和《四庫提要》等材料拼接而成。而此《談泰傳》，全部移録自江藩《叙録》，並非由多條材料接續而成。易言之，阮元是全

---

* 作者簡介：高明峰，男，遼寧師範大學古籍整理研究所（遼寧大連116081），特聘教授，文學博士，主要從事經學文獻整理與研究。

　　國家社會科學基金後期資助項目：江藩集箋注（18FZW032）。

　① 阮元《儒林傳稿》卷二《談泰傳》，《續修四庫全書》影印南京圖書館藏嘉慶刊本，史部第537册，第652—653頁。

　② 阮元《儒林傳稿》卷首，第618頁。

文載録江藩《叙録》作爲談泰之傳記。

江藩《叙録》要旨在著録談泰之著述,故在指明談氏籍貫、職官、學行後,重點羅列其論著的名目。由《叙録》可知,談泰傳承梅文鼎算學,精於天算,著述頗豐。除考證經史之書《觀書雜識》二十卷外,另有《測量周徑正誤》《周髀經算四極南北遊法》《增補武城朔閏譜》《三統曆推》等二十餘種算術之書。這些著述多已亡佚,流傳至今的,僅有《王制田畝演算法解》一卷、《王制井田演算法解》一卷、《禮記義疏演算法解》一卷數種,收録於江寧傅氏晦齋1900年刊《金陵叢刻》中。但憑藉《叙録》,通過其中著録的算學書目,我們得窺談泰算學成就之一斑。

關於談泰的傳記資料,除了江藩《叙録》外,主要見於錢林《文獻徵存録》、李元度《國朝先正事略》、李桓《國朝耆獻類徵》、《清史列傳》等。《國朝先正事略》所載談泰傳,幾乎就是江藩《叙録》的翻版,只是中間省去了從《一歲食限數交食一月終數推》到《劉宋武帝五年天正冬至》等著述名目。《文獻徵存録》除了增補"乾隆五十一年舉人"這一信息外,僅有極個別文字出入。《國朝耆獻類徵》則全文移録《文獻徵存録》所載傳記。相比而言,倒是《清史列傳》擺脱了江藩《叙録》的窠臼,在《叙録》的基礎上,結合錢大昕贈序、《王制田畝演算法解》等叙述,還補充了《禮記源流考》《天元釋例》《桐音館雜文》等論著名目。總而言之,由於談泰著述的大量散亡,江藩《叙録》成爲後人撰述談泰傳記的主要依據,也是今人認識談泰其人其學的重要材料。這是其重要價值之一。

其二,江藩《叙録》也是我們深入認識江藩乃至清代學人交遊和學術演進關係的重要文獻。關於江藩的交遊,閔爾昌《江子屏先生年譜》略有述及,漆永祥《江藩與〈漢學師承記〉》第三章《江藩交遊考》則考訂較詳。漆先生考得師長輩13人,友朋輩64人,弟子及晚輩11人,總計88人。筆者亦曾考述江藩之交遊①,又補得交遊人物173人,惜亦未能考得談泰。今從江藩《叙録》,可見二人之交遊。談泰從錢大昕遊,並得到嘉許:"中法之絀於歐羅巴,由於儒者之不知數也。……予少與海内士大夫游,所見習於數者無如戴東原氏。東原歿,斯學無傳。比來金陵,得談子階平,其於斯學,殆幾於深造自得者。"②江藩亦曾向錢大昕請益,這從江氏《國朝漢學師承記》所用錢氏稱謂可以看出。江氏立傳時,一般於友朋稱"君"或稱其字,於師長稱"先生"或"師",餘則直呼名諱。在江氏《國朝漢學師承記》卷三《錢大昕》一篇中,稱錢氏爲先生,如:"時紫陽書院院長王侍禦峻,詢嘉定人才於王光禄西沚,以先生對。先生,西沚之妹婿也","先生淡薄名利","先生深於經史之學",等等。且對錢氏評價極高,云:"先生不專治一經,而無經不通;不專攻一藝,而無藝不精","東原之學,以肆經爲宗,不讀漢以後書。若先生學究天人,博綜群籍,自開國以來,蔚然一代儒宗也。"當然,江氏畢竟未入錢氏之門,所以在爲錢氏立傳時僅以《錢大昕》名篇,而並未如《余古農先生》《江艮庭先生》《薛香聞師》《汪愛廬師》等篇在姓氏名號之後加綴"先生"或"師"。而戴熙《題鄭堂先生像贊(並序)》云:"阮文達太傅督粵,先生(江藩)曾入幕中,先生精《三禮》,直

---

① 參見筆者《江藩研究》第二章《江藩交遊考索》,北京:中國文史出版社,2015年,第34—96頁。
② 錢大昕《潛研堂文集》卷二三《贈談階平序》,光緒十年長沙龍氏家塾刻《潛研堂全書》本,第9册第15頁。

入竹汀宮詹之室,文達深重之",蕭光襄《題奉節甫先生玉照》云:"竹汀紅豆久薪傳,絶學紹承二漢年。"①則認爲江藩受學於錢氏,並能傳承錢氏之學。

此外,據《清史列傳》卷六十九所收《談泰傳》,談泰與算學名家焦循、汪萊交遊,且"見循所撰《天元一釋》,遂焕然冰釋,謂可與同門李鋭所校《測圓海鏡》《益古演段》相輔而行"。可見談氏與焦循、汪萊及師事錢大昕的李鋭常就算學互相切磋。而江藩與此三人皆關係甚密。江藩與焦循乃同鄉好友,常一起詩酒唱和、讀書論學,時有"二堂之目"。江藩在《國朝漢學師承記》之《汪萊傳》中稱汪氏爲"藩之密友",並云"今之學者,大江以南惟顧君千里與孝嬰二人而已,烏可多得哉"。另據汪萊《衡齋算學》第五册《自序》可知,嘉慶六年,汪萊與江藩嘗共論算學。江藩與李氏亦交誼頗深,自稱"老友",道光三年(1823)刊《李氏遺書》中《漢三統曆》《漢四分曆》《漢乾象曆》三種著述卷末均題署"甘泉老友江藩校",可知江藩於刊行老友著述曾盡校勘之責。此外,江氏《汪萊傳》還記有李氏與汪萊論天算不合之事:"(汪萊)與元和李尚之鋭,論開方題解及秦九韶立天元一法,不合,遂如仇寇,終身不相見。噫,過矣!"更值得注意的是,江藩本人博通經史,旁及九流,亦長於天算之學,且其天算之學得益於汪中等友人的引導、扶助。江藩《國朝漢學師承記》卷七《汪中傳》云:"藩弱冠時即與君定交,日相過從,嘗謂藩曰:'予於學無所不窺,而獨不能明《九章》之術。近日患怔忡,一構思則君火動而頭目暈眩矣。子年富力强,何不爲此絶學?'以梅氏書見贈。藩知志位布策,皆君之教也。"後又與算學名家謝野臣之子身灌交,獲讀毛乾乾之遺書,遂通曉曆算之學,從其所作《天地定位節爲納甲之法解》《釋橢序》等文中可見一斑。在《國朝漢學師承受記》一書中,還生動記載了徐復因羞於不通演算法而奮發圖之,並時常向江藩請益,終於算學大進的事例:"甲寅(1794)省試,與友人江都黄君承吉同寓,黄君詰以《九章》演算法,不能答,以爲恥,典衣購算書歸。時君携婦入城,與藩所賃之屋衡宇相望,薄暮時,即執算書一册來相質問,未及一年,弧三角之正弧、垂弧、次形、矢較諸法,皆能言其所以然矣。"當然,在江藩算學精進之過程中,焦循等好友的切磋是非常重要的,如焦循撰有《釋橢》,江藩即爲之作序。我們雖然沒有更多的材料來證明談泰、江藩彼此間的影響,但從江藩《叙録》所著録談氏論著的名目來看,江藩對談氏其學其書是較爲熟悉的,結合談氏、江藩從游錢大昕,以及二人與焦循、汪萊等天算好友的密切關係來看,談泰、江藩之間的影響當不可忽視。這是江藩《叙録》另一方面的價值。

當然,我們也有必要指出,比照江藩《叙録》和《清史列傳》之《談泰傳》,後者指出了談氏師承與交遊對其學術的影響,譬如從遊錢大昕、與長於天算的焦循、汪萊切磋等;又列舉了衆多與《叙録》相異的著述名目,爲便於參閲,移録如下:《王制田畝演算法解》一卷、《禮記源流考》二卷、《先聖生卒年月日辨》二卷、《三十六字母陰陽辨》一卷、《古今音韻識餘》二卷、《古今樂疑義》三卷、《絲竹考異與人歌譜》三卷、《九宫辨》二卷、《春秋戰國歲次考》二卷、《談氏族考》一卷、《多聞闕疑》六卷、《偶讀漫記》四卷、《歲次月建異同辨》一卷、《明算津梁》四卷、《推步稿》三卷、《天元釋例》四卷、《平方立方表》六卷、《北斗考》三卷、《疇人傳》四卷、《桐音館雜文》四卷以及引申錢大昕從子塘周

---

① 戴熙、蕭廣襄二詩均題於南京博物院藏丁以誠寫真、費丹旭補圖之《鄭堂先生小像》。

徑之說而成之書一卷。比較二者著錄的書目，差異較大，重合者僅有《春秋歲次考》《歲次月建異同辨》等數種，當然，《多聞闕疑》《偶讀漫記》等或許包含在《觀書雜識》內，但江藩《叙錄》未能提及現存的《王制田畝演算法解》《王制井田演算法解》《禮記義疏演算法解》，且所載著述均僅存名目而無卷數，在文獻散亡的今天看來，顯然是有缺憾的。

古 籍 書 訊

《金聲集》（安徽古籍叢書第二十九輯）

（明）金聲撰，常虛懷整理，李霜琴編輯。黃山書社 2019 年 6 月版。

金聲（1589—1645），一名子駿，字正希，號赤壁，徽州休寧甌山（今休寧縣萬安鎮徽光鄉甌山）人。明末抗清義軍首領。金聲治學嚴謹，道德文章備受後人推崇。本書以道光二十八年刻《乾坤正氣集》本《金太史集》九卷爲底本，校以《金正希先生燕詒閣集》（七卷）和《金正希先生文集輯略》（九卷）。金聲古文情感濃烈，風格峭拔，在當時與歸有光齊名，故其在文學史上的地位不容忽視。因清廷文網漸密，其文集被列入禁毀之列，直至清代中晚期始復有刻本面世。本書的整理出版，於明代文學研究以及晚明史的研究均有着重要的學術價值。

王闓運《湘綺樓詩文集》集外文二篇及相關考證*

顏建華　黃遠發

摘　要：《湘綺樓詩文集》爲目前纂輯王闓運作品最全的本子，但限於時間和條件，尚有散佚之作，其後多有補輯。此文即是從繆荃孫稿本中找到王闓運所作《丁稚黃宫保歷山省耕圖》《丁稚黄制府壽序》兩文，乃王氏爲姻親丁寶楨所作，而爲《湘綺樓詩文集》失收，今校訂迻錄於此，以供研究者參考。文章還就王氏與繆氏交往做了一些補充，可証來源之不虛，亦可備文獻之征。

關鍵詞：王闓運　集外文　輯佚　考證

馬積高先生主持整理的《湘綺樓詩文集》是目前收集王闓運詩文作品最全的文本，但限於當時條件，仍不免遺珠之恨。近年來有人開始關注王氏集外佚文的收集，如馮利華整理發表《王闓運佚文一篇》(2009年《江海學刊》第1期)。筆者因爲這段時間從事清代駢文及文獻研究，亦關注及此。近日發現收錄於繆荃孫未刊稿本中有王闓運所作《丁稚黃宫保歷山省耕圖》《丁稚黄制府壽序》[①]兩篇文章，是王闓運爲其兒女親家丁寶楨所作的應酬文字，當是繆氏裒集叢殘以備輯錄的，而爲《湘綺樓詩文集》失收[②]，筆者整理並略作箋釋；並且對相關人物特别是王闓運與繆荃孫的交往以及這兩篇文章的抄寫經過稍作研究，以供大家參考。

一

我們先整理《丁稚黃宫保歷山省耕圖》《丁稚黄制府壽序》兩篇文章，迻錄如下：

丁稚黃宫保歷山省耕圖

嗣皇元二，邦畿亢旱，施及雍豫。大河之所經，咸無麥禾。疆臣守位，或燕燕焉，或憔悴焉，而皆難於發施。山東涵河沸之澤，承九年之蓄，比災最輕。巡撫丁少保疏陳民饑，率屬僚士亟議興發，獨勤其憂，若己饑之，於是朝廷四方始聞其災。

---

* 作者簡介：顏建華，男，長沙理工大學文法學院（湖南長沙 410015），教授，文學博士，主要從事古代文學、古典文獻學研究。

黃遠發，男，長沙理工大學文法學院（湖南長沙 410015），文學碩士，中國古代文學方向。

基金項目：國家社科基金一般課題（編號：12BZW071）階段性成果之一。

① 選自《北大稿本叢書》第八册《江陰繆藝風先生雜著》稿本，天津：天津古籍出版社，1996年，第 757—765 頁。

② 據馬積高《湘綺樓詩文集序》《湘綺樓詩文集》卷首，嶽麓書社，1996年）所稱《湘綺樓詩文集》校點本參考了當時湖南各大圖書館以及四川省社科院圖書館所存刻本、稿本，並且對全書進行了輯佚，用力頗勤。

列省承風,乃議振荒。晉豫流亡,獲軫於天心。而山東終以誠感和,孚合於太淵。神祇效職,中夏澍雨;昊澤滂流,百稼蕃昌。其始先天下而憂,其後先天下而樂。君民之交如彼,天人之應如此。然後巡省農功,鳳駕郊甸。饁饎田畯,大饗賓僚。城南歷山歷下之所由衹也。

上立黃屋,帝媽所祠;下穴爲井,表以聖耕。厥有娥英,泉爲灤原。涌波流杯,歷水悠悠。於是山寺雲構,館宇明噲。俯對大都,墉若仰盂。旁連華椒,百泉融融。遠覽清濟合河之流,遐想齊魯襟翼之雄。

鳴葭雍容,肆筵獻醉。文武之屬佐,師儒之老吏,簪笏而至,曳履而宴者,廿有五人。舊想巨公,明農於里塾;旄期尹傳,揚觶於東序。有從政之暇,有山林之樂。雖衛文桑田,說民魯犖,小大於邁無以逾也。

坐中賓稱言曰:少保昔范東,戎馬生郊,列郡淪胥,鉦鼓之任,殆將十稘。乃息羸鈍,罷橫發,不苛於民而經用有餘,不貸於鄰而戍士耀威。以蘇遺黎,於以安富。黃流懷襄,沈沂昏墊。自河臣不敢言工徑,共工不能鳩僝功。朝野愁嘆,公獨不康。再塞決河,一築長堤。爰初發檄,靈怪夜徙。躬親下楗,九龍扶輿。大造東甿,迄用安和。曹徐群偷,買刀買牛,數世窟奸,蕩廓光明。假牧令以軍政,幾乎淳漢之治。十五年之澤,一日之樂。民吏雖知歌書,而鐘鼎不銘,不其嗛與?

蓋聞古者:甘露五瑞,畫象石闕;翕河屢豐,隆周有圖。髦學高隱之士前貢生張君既豫茲遊,寫於練繒,其年而少保拜命總督四川,遂入對。公卿列曹詢治狀美功成者,聞有圖畫,以爲宜聲於詩人,俾畫工模之。將以紀公讌同時之盛,補齊公出郊之樂,昭東人甘棠之思,以詒之後來。凡與讌者具爵里名字於左方,依漢畫旁題之法。

按:這篇文章寫作時間,從文中"嗣皇元二"意即光緒元年、二年來看,當寫於光緒二年,此時丁寶楨在山東巡撫任上,而後丁調任四川總督。另王闓運與丁寶楨的書札有云:"去冬得幕府書,兼示歷山觀稼之盛,即欲牽綴蕪淺,上頌成功。……今聞持節,欣願趨依。"①

"丁稚黃"即丁寶楨(1820—1886),字稚璜,貴州平遠(今織金)人。少能文,有才略,咸豐三年進士。曾參與鎮壓教軍和苗民起義。後歷任湖南岳州(今岳陽)、長沙知府、陝西按察使,山東按察使、布政使。1867年任山東巡撫,鎮壓捻軍起義。以誅慈禧太后寵信太監安德海,有名於時。1871年指揮修築黃河大堤,避免河水泛濫。1875年在濟南建立山東機器局。次年任四川總督,整頓吏治,改革都江堰水利設施,創辦四川機器局。1885年當英國侵佔緬甸並侵犯中國西藏時,曾籌畫西南邊防。生平史實見《清史稿·列傳》第二百三十四、唐炯《丁文誠公年譜》。著有《十五弗齋詩存》《文存》一卷及《丁文誠公奏稿》。文中稱"宮保"是丁寶楨鎮壓捻軍,加封"太子少保"。

文章以駢體文寫成,對丁氏極盡吹捧之能事,講述文人雅集之樂事,內容不足取,而文字簡省,委婉盡致,可見當時文人的審美風尚,對研究王闓運的駢體文創作亦有參考價值。

---

① 王闓運《致丁親家》第二啓,《湘綺樓詩文集》,長沙:岳麓書社,1997年,第938頁。

丁稚黃制府壽序

蓋聞召分陝右，而南國愛其棠舍；黃登漢相，而潁川私其神雀。豈不以基功之始行化所由，道濟愈閎、光遠彌曜者乎？矧夫詠琫刀於幽館，識袞繡於東都；舊習其威儀，新聞其歌頌。於官保尚書公遇之矣。夫其稟蘭沅之淑至，苞辰象而曜儀；湛澤浹乎岱方，顯光垂於益土。八駿所戾，咸靡乎仁風；二國相徯，來蘇乎慈歲。要其初績爰暨周謨，則頌雁門者惟有洛人，談齊桓者莫如魯國。

公世毓淵德，家起高門，茂實內暎，金聲幼發。翔步鄉校，自陟清華。待之以文儒，期之以著作。俄而桂象蠢動，桐梓連結，連黔府蠻苗相扇而起，至於金陵瓦解，長江波蕩。湖外之軍，不能自救；建岭以北，曾無通驛。牂柯置府，夙仰鄰封；及此多艱，誰能奔命？而乃指困養士，斂絳興師，躬率義徒，出征千里。文武之吏，莫肋其威。毀家紓國，幾何能給？文宗聖哲，舉牘知名。乃眷西顧，如聞鼙鼓。起家授岳州知府，於是海內皆奇其志事矣。

巴邱之戍，戒嚴十載。巳庚之際，鄂帥東征。寇乃蹈我不防，窺我根本；循艾羅之山道，通漢沌之津途。於時驍將偏師，屯防不戢，眂危弗恤。戒彼擾民，直請移軍，毅然誓守。民感公惠，制梃爭趨，未及十旬，眾逾八萬。寇駭其神威，折其狡逞，望風引去，兩湖以安。平臨桒堵，崇通遂複。無焦爛之客，故無煊赫之名焉。奏移長沙，將觀首善。

而西北蜂駭，海水群飛。兩宮憂勤，悉徵先帝之記，不由論薦，超拜陝西按察使。時又選將募士，遠赴山東。湘之民財，固憂不繼。巡撫以公有狀略，不避盤根。輒奏移之濟南，剋期援難。士僅逾百，金不滿萬，人不堪其憂。惟公不撓其忠勇，建旗而往，成軍而戰。齊魯之地，蜚鴻滿野；若禾之莠，不勝其鋤。公吏兵兼治，軍糧並足；不告貸於司農，不乞援於群帥。再遷至巡撫，而未解兵。無征富民之財，未靐武功之爵，竟能豐儲廩，厲鋒棱，守有山嶽之固，戰有奪踔之威。刑德所懷，山川再朗。斯則同時之名帥、天下之元功，遠略或有過之。患貧何其太切也！

逭寇逃氛，屢干畿甸，戊辰之歲，六傳交馳。大帥迭巡，京營倉猝；盜騎斥於趙北，戎火達於甘泉。防禦之師，忽焉在後，臣民危恐，朝官忡協。公投袂而起，不介而馳，惟率一軍，星言倍道。廷議方憂南面之守，已得任邱之章。長城有寄，人心自固。寇深驚怖，莫測其眾，風塵南去，輦轂晏然。平撚論功，進號太子少保，登泰階而尹東夏，躋貳公而翊中興。以爲社稷之臣，故有梁益之命。

夫以兩川陋塞，歷代崎嶇。諸葛患其難治，王言陽因而自免。況其地稱繁富，吏樂貪橫。扇之以廉風，飭之以新政。信惠未及遍，更張未及和；麕裘之謗已聞，褚衣之謠遂遠。公撓清不濁，寵辱若驚，無恤人言，果蒙夫鑒賞。在東撫則兩塞決河，用帑藏數百萬而頌聲興。及爲西督，則一治江堰，支雜銀十萬而彈章至。非夫忠貞之志久孚於聖主，委蛇之度不改於自公。豈不欲保全盛名，遲回晚節乎？故知衛武不虐，由耄學之勤；寒叔有容，爲黃发之彥。行百里者半九十，不足爲元老言也。

今者蓋冬之良辰，揆初之周甲，公子分符遼晉，而孝廉諸弟侍在官所，將徇僚佐之請，介祺福之酒。公以禮抑私，奉公靡暇。前已被召，閱伍遂巡越裔。乘壺之敬，且無由獻；麥封之祝，將擁行轅。民吏之誠，俱懷觖望。

　　闓運以爲言時計功，稱壽擇言，前典所貴也。使者所知，遽伯六十之學；奚斯有頌，魯侯千萬之歲。夫中和宣布，微斯惑其歌咏；齋遺追送，故吏念其清貧。見湘士之推賢，知蜀人之必化。故願略述德美以侑賓筵，何必飲醽醴而後甘，耀玠珠而爲寶。且愛而後祝，頌不忘規，將有驗於斯言，庶亦以慶其惟永爾。

　　按：這篇文章當寫於光緒己卯年，從文中"揆初之周甲"得知是年丁寶楨六十歲。這是一篇壽序文，壽序自明代以後泛濫成灾，凡文集均收集壽序，以至變成判斷文集是否完整的重要依據之一。明代散文大家歸有光文集中此類文字很多，因而深受人詬病。但壽序文以駢體文字寫之，高手往往能够反復周旋揖讓，以掩蓋其内容膚廓和浮泛。這篇文章也是這樣，可以看作王氏爲丁寶楨精心結撰的小傳，亦可備文獻之征。

二

　　下面對相關人事及繆氏所抄的王闓運的這兩篇文章情況進行考辨：一是對王闓運和繆荃孫的交往和關係進行梳理；二是對繆氏所抄王闓運這兩篇文章的情況稍作探討。至於王闓運與丁寶楨關係及交往，因爲他倆係兒女親家，過從甚密，除了王闓運爲之所作兩篇文章外，《湘綺樓詩文集》中還有王闓運寫給丁寶楨的七篇書札以及《湘綺樓日記》中的記載可以參證，這裏不再贅述。

　　關於王氏、繆氏兩人交往及關係，則可以進行進一步的探討。我們從現存他們的詩文集中没有發現酬答文字。這是因爲他們交往並不多，而且兩人年齡有差，雖然他們都曾經在四川生活過很長一段時間，但光緒四年後繆氏就不再去四川，而王闓運光緒六年才應四川總督丁寶楨聘監督成都尊經書院。

　　而關於兩人真實詳細的記録，可以通過他們的日記反映出來。王氏與繆氏均有日記傳世，分别是《湘綺樓日記》和《藝風老人日記》，都是厚厚巨册，所涉及的内容十分豐富，反映了清末民初廣泛的社會生活，也是中國日記史上有數的名作。我們發現在兩人日記中都有關於彼此交往的記載，《藝風老人日記》關於王闓運記載的有九處，《湘綺樓日記》只有兩處。從他倆的日記來看，他們最開始交往在光緒十五年（1889），《藝風老人日記》光緒十五年九月二日云："己未，晴。子紱招往湖南會館訪王壬秋不值。"《藝風老人日記》同年九月三日云："丙午，陰。午後，……壬秋來。"①再查《湘綺樓日記》光緒十五年九月三日云："繆小山昨來，未見。步往百花巷訪之。……小山正寓其處，新進士夫子亦還。談次，醜詆沈品蓮，未知何意。約遊天平。"②兩人日記所載史實吻合，而記載詳略稍有區别。而中間有很長一段兩人日記中没有交往的記載，直到宣統元年再有兩人相會的記録，這已經是二十年後，《藝風老人日記》宣統元年五

---

① 見繆荃孫《藝風老人日記》，北京：北京大學出版社，1986年，第173、174頁。
② 王闓運《湘綺樓日記》第3册，長沙：岳麓書社，1997年，第1583頁。

月二十三日云:"晤王壬秋,年七十八歲。別二十年來,風采如故,真異人哉。"同年五月二十三日記載有"到王園公請王壬秋"的記載①。而同年同日《湘綺樓日記》云:"宣統元年五月廿六日,晴。江南文士開歡迎會,設宴胡園。……代表爲繆小山,昨於雲門(樊增祥)處見,不識之矣。"②兩人感覺已然不同,繆氏記憶清晰而王氏已經模糊。再認真檢閱他們的日記,總體感覺他們關注的事情和興趣不一,顯示出學者和文人的不同。

繆荃孫與王闓運關係如上所述,下面我們再對繆氏所抄王闓運的這兩篇文章情況稍作探究。我們知道,王闓運詩文集其最早的刻本是光緒二十六年蒸陽刻本《湘綺樓文集》八卷,稍後有《湘綺樓箋啓》《湘綺樓詩集》等。這些刊本孫殿起《販書偶記》均著録,所以當時北京琉璃廠書肆應該可以採購。從繆氏本人日記記載來看,繆氏最早接觸《湘綺樓文集》是在光緒辛丑年(1901),《藝風老人日記》這一年關於《湘綺樓文集》記載有四處,表明他在校勘這部文集,而且文集是從俞明震那裏借閱的③。直到光緒己酉年(1909),繆氏拜見王氏,王氏送繆氏自己文集一部,繆氏是年《日記》云:"乙亥,晴。拜曾岳松、徐積余、王壬秋,送壬秋文集一部。"其後又云"況夔生來借王壬秋尺牘"④。從上面的材料來看,繆氏所抄的這兩篇文章真實性應該没有問題。因爲王氏的這兩篇文章刻本未見,所以繆氏很可能是據王氏原稿抄寫。至於抄寫的具體時間,很可能在光緒末年,因爲這段時間他倆有過較多交往,這也是繆氏對王闓運文集遴選、校勘較爲集中的一段時期。

---

① 以上所引均見《藝風老人日記》,第2186頁。
② 《湘綺樓日記》第4册,第2982頁。
③ 至於是全本還是部分,是否是不同版刻則有待進一步探究,詳細資料分別見《藝風老人日記》,第1378、1399頁。
④ 《藝風老人日記》,第2186、2205頁。

格仲簋銘文補考*

馮 聰

摘 要：文章從字形和文獻兩方面將格仲簋的"喪邍(原)"讀爲"桑泉"，即今山西省運城市臨猗縣内的桑泉城。古桑泉城歷史地理位置優越，或爲兵家必争之地。古桑泉城與山西翼城大河口 M2002 號（格仲）墓地相距較近，"桑泉"或是格國領地。

關鍵詞：喪；邍；桑泉；格國

山西翼城大河口 M2002 號（格仲）墓出土的兩件簋銘文相同，記載的均是戎侵犯喪原，格仲率霸國軍隊追擊，獲訊戎首領的事件。李建生先生在《"佣"、"霸"國家性質辯證》中公布了格仲簋的銘文照片，較爲清晰（參見圖三）。銘文如下：

佳(唯)正月甲午，戎捷于喪(桑)邍(原)，格中(仲)率追，隻(獲)訊二夫，或(馘)二，对①揚祖考，畐(福)用乍(作)宝簋。

銘文中的"喪邍"一詞，李建生先生認爲是地名，甚確。但李建生先生解釋道："大河口向南 3 公里（澮河南岸），有一個天然隆起的土堆，當地村民稱之爲'桑古堆'，其附近平原爲桑原。"②"桑原"作爲地名並没有文獻佐證，僅憑當地村民解釋不足爲據。

我們認爲"喪邍(原)"讀爲"桑泉"是今山西省運城市臨猗縣内的"桑泉"。

下面從字形和文獻兩方面進行論證。

（一） 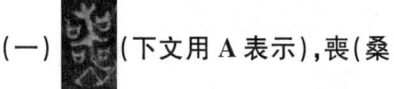（下文用 A 表示），喪(桑)

甲骨、金文中的"喪"有以下諸形：

《合》28200   《合》28996   《合》29050

---

* 作者簡介：馮聰，女，安徽大學文學院（安徽合肥 230039），博士生，主要從事古文字與古文獻研究。
① 李建生：《"佣"、"霸"國家性質辯證》（首發）文后第 16 樓，復旦大學出土文獻與古文字研究中心網 2014 年 12 月 10 日。
② 李建生：《"佣"、"霸"國家性質辯證》（首發），復旦大學出土文獻與古文字研究中心網 2014 年 12 月 10 日。

《集成》2834   《集成》2555   《集成》2837

《集成》2678   （ ）《集成》2841

甲骨文的"喪",分析爲從"口"（或二、三、四、五口）,"桑"聲。金文"喪"之下從"亾",以表死亡。"亾"亦聲。晚周文字"亾"旁或演化爲 △、⊥。①《格仲簠》銘的 A 爲"喪"字,可讀爲"桑"。

（二） 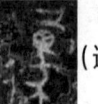（邍）

"邍"字金文字形如下：

《新金文編》193 頁   《新金文編》193 頁

《新金文編》193 頁   《新金文編》193 頁

《説文》："邍,高平之野。"段玉裁注："邍字後人以水泉本之'原'代之。""原"行而"邍"廢。另外,"原"與"泉"相通假。文獻有例證,銀雀山漢簡《孫子兵法·皇帝伐赤帝》："孫子曰：〔皇帝南伐〕赤帝,〔至於□□〕,戰於反山之原……""原"文獻或作"泉",《大戴禮記·五帝德》："黄帝……與赤帝戰於版泉之野。"《史記·五帝本紀》"赤帝"作"炎帝","版泉"作"阪泉",影本注説"反山之原"當即"阪泉"。原字厂從泉,《説文》："原,水泉本也。"《左傳·昭公三年》："滕子原卒。"《公羊傳》"原"作"泉"。

綜上,簠銘之"喪邍"可讀爲"桑泉"。

（三）地望

"桑泉"作爲地名見於文獻。"桑泉"一詞於《左傳·僖公二十四年》、《國語·晉語四》、《後漢書·志·郡國一》、《竹書紀年·襄王》均有記載。關於"桑泉"的地望也有特别的説明,如《左傳·僖公二十四年》："壬午,濟河,圍令狐,入桑泉,取臼衰。"杜注："桑泉在河東解縣西。"解縣在解梁城,其西北方向即爲桑原。高士奇曰："今臨晉縣東南十八里有桑泉城。"清之臨晉縣在今臨猗縣臨晉鎮,其東南方向 18 里爲解梁城,高士奇誤將臨晉鎮東南之解梁城當作了桑泉城。現代學者黄鳴先生從杜注説,定"桑

---

① 黄德寬主編：《古文字譜系疏證》（全四册）,北京：商務印書館,2007 年,第 1923 頁。

泉"於臨晉鎮東北泉杜村附近。① 即今山西省臨猗縣臨晉鎮東北泉杜村附近。

格仲簋銘文中的"桑泉"與"山西翼城大河口 M2002 號（格仲）墓"相距較近。可參看地圖，如下：

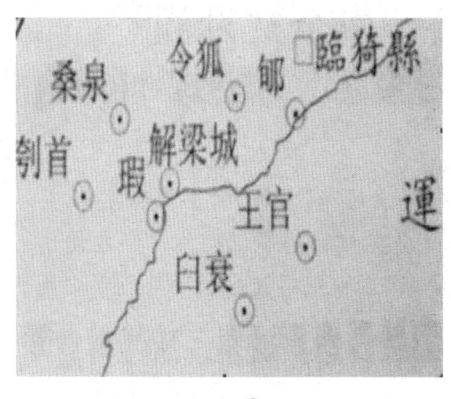

圖一②　　　　　　　　圖二③

《2010 年中國重要考古發現》認爲當時大河口墓群規模不大，並推測其所居城邑和所轄區域也不會很大。④ 從"桑泉"一地的所在位置可以知道，其國家領土應該不僅僅是翼城墓葬區域。山西省的南部在殷商兩周時期一直以來是兵家必争之地，物産豐富，山高水險。根據簋銘的征戰形式來看，"桑泉"亦爲格國所轄。

圖三

附記：拙文蒙徐在國師及蔣偉男師兄提出寶貴修改意見，謹表示感謝！

---

① 黄鳴：《春秋列國地理圖志》，北京：文物出版社，2017 年，第 102 頁。
② 《春秋列國地理圖志》，第 102 頁。
③ 譚其驤主編：《中國歷史地圖集》第一册"西周時期全圖"，上海：中華地圖学社出版，1975 年，第 13—14 頁。
④ 謝堯亭等：《山西翼城大河口西周霸國墓地》，文物出版社，2011 年，第 65—73 頁。

楊伯峻《春秋左傳注》引金文勘誤

劉 光

摘 要：楊伯峻《春秋左傳注》是當代學者研讀《左傳》的重要參考書，具有極高學術價值，其中最突出的體現是對金文材料的廣泛使用。但在使用金文材料上也存在疏誤，文章通過仔細研讀《春秋左傳注》，發現其疏誤之處11條，並對其疏誤的類型及原因進行分析。

關鍵詞：《左傳》；《春秋左傳注》；楊伯峻

楊伯峻《春秋左傳注》[①]是目前通行很廣的一部高水平的《左傳》研究著作。該書一方面大量搜羅前人注釋，作出合理地按斷取捨；另一方面，提出自己的新見，對《左傳》研究有積極地推動作用。

該書相比於前代《左傳》注釋最大的優點是參考了大量古文字材料和考古材料，對金文材料的參考又在其中佔有極高的比重。然而，楊注在引用金文資料時往往出現各種差誤，一定程度上影響了注釋的準確性，需引起重視。

需要特別指出的是，此處的"誤"不是釋讀之誤（限於當時的釋字水平，這種錯誤不可避免）而是指引文出處之誤和關鍵性的釋讀錯誤（指關係到材料性質的那部分釋讀）。筆者不憚其煩，將《春秋左傳注》中所引金文之"誤"，依其在書中出現的順序一一列舉、校正，並對其錯誤類型和原因進行分析，以就教於方家！

一、《春秋左傳注》引金文之"誤"例

1. 隱公元年《經》"元年春王正月"

楊伯峻注曰：

……《愙齋集古錄》有叔皮殷銘爲："隹一月。"敔鼎"正月"作"征月"，極罕見。（第6頁）

按：《愙齋集古錄》所收之篹皆見於是書第十五册，然而並没有"叔皮篹"；" 敔鼎"也不見於《愙齋集古錄》，不知道楊注的依據何在。

---

* 作者簡介：劉光，男，河南大學歷史文化學院（開封 475000），講師，歷史學博士，主要從事先秦史與出土文獻的研究。
本文係國家社科基金青年基金"吳越文字整理與研究"（18CYY037）前期成果。

① 楊伯峻編著：《春秋左傳注》，北京：中華書局，2012年。本文所引該書均出自該版，僅在引文後標注（第×頁），不再一一出注。

2. 隱公二年《傳》"費庈父勝之"
楊伯峻注曰：

　　……王厚之《鐘鼎款識》有庮父鼎。阮元引吴侃叔云："庮父疑即庈父。"（第22頁）

按：楊注引器名有誤。
《鐘鼎款識》此器作"周麻城二鼎"不作"庮父鼎"，引注器名當從原書，而不當自命器名。①

3. 桓公二年《傳》"錫、鸞、和、鈴"
楊伯峻注曰：

　　……商承祚《十二家吉金圖録》載一鈴，通紐高一寸四分，口縱七分，横一寸半分，兩旁有棱。安陽出土。容庚《商周彝器通考》云："器小，疑綴於器上者。"（第88頁）

按：楊注所引全爲容庚《商周彝器通考》文，容書作：

　　通紐高一寸四分，口縱七分，横一寸半分，兩旁有棱。銘一字，陽識，兩面同，安陽出土。《十二家》著録。器小，疑綴於旂上者。②

然復檢商承祚《十二家吉金圖録》對該鈴描述作：

　　通鼻高四·八公寸，面高三·三公寸，口徑横三·五公寸，縱二·四公寸，色灰緑，兩旁有觚棱……③

筆者注：1公寸＝10釐米；1寸＝10分＝3.33釐米。若依此來看，《商周彝器通考》與《十二家吉金圖録》所描述"鈴"之大小，絶不相同，楊注徑用《商周彝器通考》的著録出處，而未審核《十二家吉金圖録》原書，因而致誤。

4. 莊公元年《經》"夏，單伯送王姬"
楊伯峻注曰：

　　……《愙齋集古録》有《揚毁》，銘有"司徒●伯"，●伯即單伯，吴大澂釋爲"留伯"誤。……説詳楊樹達《積微居金文説·揚毁跋》（第156頁）

按：楊注引文其誤有二：
第一，器名之誤。《愙齋集古録》中並没有"揚毁"，《愙齋集古録》所録"毁"在第十五册，計有18件，並無"揚毁"；而應當是十一册之"揚敦"。
第二，楊注曰：吴大澂釋爲"留伯"誤。蓋本《積微居金文説》"吴氏釋●爲留"

---

① （南宋）王厚之：《鐘鼎款識》，劉慶柱、段志洪主編《金文文獻集成》（第九册），北京：綫裝書局，2005年，第200頁。
② 容庚：《商周彝器通考》，上海：上海人民出版社，2008年，第421頁。
③ 商承祚：《十二家吉金圖録》，劉慶柱、段志洪主編《金文文獻集成》（第二十册），北京：綫裝書局，2005年，第259頁。

而誤。①

筆者按：吳大澂並未對"▢"字作出考釋。查《愙齋集古錄》吳氏所作釋文及《愙齋集古錄釋文賸稿》（這本書中，吳氏沒有考釋"揚敦"器），吳氏並沒有釋爲"留"的説法。復檢鮑鼎《愙齋集古錄校勘記》，其曰："▢字闕釋，當即'單'字，非留字。"②

又按：鮑氏明謂吳氏闕釋，其下"非留字"當是鮑鼎言，楊樹達先生蓋誤以爲吳氏説法，楊伯峻又因《積微居金文説》而致誤。

5. 莊公二十七年《經》：秋，公子友如陳，葬原仲

楊伯峻注曰：

　　原仲，陳大夫。……柯昌濟《韡華閣集古錄跋尾乙編》謂原仲爲叔邊父之後。（第 235 頁）

按：楊注所引觀點，見柯書"陳公子甗"注："……原氏或以字爲氏，而即叔原父之後矣。"原書作：《韡華閣集古錄跋尾乙篇》，該器見於乙篇下；③然楊注所引柯書稱《韡華閣集古錄跋尾乙編》，誤。

6. 僖公三十三年《傳》"文夫人斂，而葬之鄾城之下"

楊伯峻注曰：

　　……《貞松堂吉金圖補錄》上十五有會姒乍勝鬲……（第 504 頁）

按：楊注所引書名誤，書名當作《貞松堂集古遺文補遺》，該器見於該書卷上第十五。④

7. 文公元年《傳》：先王之正時也，履端於始，舉正於中，歸余於終。

楊伯峻注曰：

　　……《周金文存》著錄之遣尊、受尊、牧簋，雖有"十又三月"，實乃閏十二月之異稱，不得因此以歲終置閏爲常。（第 511 頁）

按：楊注所謂"遣尊"，見於《周金文存》卷五頁四，其銘文作"唯十又三月辛卯，王在庠"。⑤

遍檢《周金文存》卷五所載之尊，計有 48 件（不含同銘者），並未見受尊；復審 48 件之尊銘，亦未見"十又三月"之文，不知楊注所據爲何？

《周金文存》所載簋皆在卷三，遍檢未見"牧簋"，就著錄而言，當見於薛尚功《歷代

---

① 楊樹達：《積微居金文説》，上海古籍出版社，2007 年，第 87 頁。
② 鮑鼎：《愙齋集古錄校勘記》，劉慶柱、段志洪主編《金文文獻集成》（第十二册），北京：綫裝書局，2005 年，第 506—507 頁。
③ 柯昌濟：《韡華閣集古錄跋尾》，劉慶柱、段志洪主編《金文文獻集成》（第二十五册），北京：綫裝書局，2005 年，第 136 頁。
④ 羅振玉：《貞松堂集古遺文補編》，劉慶柱、段志洪主編《金文文獻集成》（第二十四册），北京：綫裝書局，2005 年，第 335 頁。
⑤ 鄒安：《周金文存》，劉慶柱、段志洪主編《金文文獻集成》（第二十三册），北京：綫裝書局，2005 年，第 263 頁。

鐘鼎彝器款識法帖》①,其銘文作"唯王十年十又三月既生霸甲寅王在周"。

8. 襄公十一年《傳》"晉侯使叔肸告於諸侯"

楊伯峻注曰:

……傳世器有叔向父簋。吳闓生《吉金文錄》卷三云:"此或即晉之叔向,未可知也。"(第 991 頁)

按:傳世器有叔向父簋(《集成》03849—03855)叔向父禹簋(《集成》04242)叔向父爲備簋(《集成》03870),《吉金文錄》所引爲叔向父禹簋,楊注將叔向父簋與叔向父禹簋相混淆。

復檢《吉金文錄》卷三,注云:"以 ![字] 爲肸,肸本後起之字,此或即晉之叔向,未可知也。"②由引文可知,吳蓋誤釋"![字]"爲"肸",故誤將此與晉叔向聯繫起來,楊注取此,亦不妥。

9. 昭公十年《傳》"初,元公惡寺人柳,欲殺之"

楊伯峻注曰:

……一九八〇年北京發現一戈,銘云:"宋公差之所貽(造)柳□戈。""差"即"佐","柳"即此"柳"。(第 1320 頁)

按:楊注所謂"在北京發現"是指 1980 年 4 月,北京銅廠在廢銅堆裏發現的③。

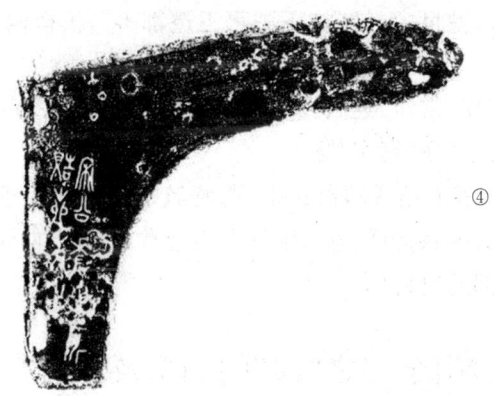

④

其銘文鑄在戈胡部正面,楊注將"差"讀爲"佐"即宋元公,是正確的;銘文"![字]"可隸定爲"茆",讀爲"柳"是正確的(古文字"柳"皆從"卯"聲,此字亦從卯聲)。"茆"下一字不清晰,然據《綴遺齋彝器考釋》卷三〇著錄的另一件宋公佐戈,其銘作"宋公差之所貽(造)不易族戈",由此觀之,"茆"字其下一字當爲"族"。

---

① (南宋)薛尚功:《歷代鐘鼎彝器款識法帖》,劉慶柱、段志洪主編《金文文獻集成》(第九冊),北京:線裝書局,2005 年,第 139—140 頁。
② (清)吳闓生:《吉金文錄》,香港:香港萬有圖書公司,1968 年,第 233 頁。
③ 程長新:《北京發現商龜魚紋盤及春秋宋公差戈》,《文物》1981 年第 8 期。
④ 拓片據吳鎮烽:《商周青銅器銘文暨圖像集成》(第 31 冊),上海:上海古籍出版社,2012 年,第 311 頁。

不易族,方濬益《考釋》認爲當即宋之公族,當可取;①准次,茆族也當爲宋之公族。楊伯峻將此與寺人柳聯繫起來,不可取。

10. 定公四年《傳》"啓以夏政,疆以戎索"

楊伯峻注曰:

……《商周彝器通考》下册著録晉軍缶,銘云:"正月季春,元日己丑。"周正季春三月,正當夏正之正月,可爲明證。(第1540頁)

按:《商周彝器通考》下册並未著録楊注所説的"晉軍缶",查楊注所引"正月季春,元日己丑"之文,知此器容庚先生命名爲"書兄缶",而非楊注所引稱"晉軍缶"。楊注甚誤。

11. 定公六年《傳》"於是乎遷郢於鄀,而改紀其政,以定楚國"

楊伯峻注曰:

……阮元《積古齋鐘鼎彝器款識》有楚曾侯鐘,吳闓生《吉金文録》載其銘文云:"唯王五十六祀徙自西陽"云云,似楚之復都紀南城在楚惠王五十六年,入戰國矣。然《楚世家》云:"楚昭王滅唐。九月,歸入郢。"而不載昭王遷都事。昭王仍都紀南城。(第1557—1558頁)

按:楚曾侯鐘見於《積古齋鐘鼎彝器款識》卷三·一六—一八。②

該器見於《吉金文録》卷二,稱爲"楚王熊章鐘",其釋文有"徙自西陽",③故楊注據此懷疑楚惠王時期有徙都之事,又據《楚世家》認爲"不載惠王遷都事",模棱兩可,不能決斷。

按:楊注所據"徙自西陽"之釋文有誤,當作"返自西陽"。吳闓生所謂"徙",字形作▆,此與楚文字"徙"字形不相類,楚文字"徙"寫作"▆"。

又按:在另一件與此鐘銘文相同的楚王熊章鎛器銘中,對應該字寫作"▆",明顯爲"返"字,由此,可知▆爲"返"字的異構,也應當爲"返",則該釋文應當爲"返自西陽",與遷都、徙没有關係,不能作爲惠王遷都的史料!

二、楊伯峻《春秋左傳注》引金文之"誤"的類型及原因

(一) 楊注引金文之"誤"的類型

將上文所述楊注引金文之"誤"進行歸納,可知其錯誤類型有如下五種類型:

1. 引著録之書名失誤

如莊公二十七年楊注引作《攗華閣集古録跋尾乙編》,其當作《攗華閣集古録跋尾

---

① (清)方濬益:《綴遺齋彝器考釋》,劉慶柱、段志洪主編《金文文獻集成》(第十四册),北京:綫裝書局,2005年,第470頁。

② (清)阮元:《積古齋鐘鼎彝器款識》,劉慶柱、段志洪主編《金文文獻集成》(第十册),北京:綫裝書局,2005年,第103—104頁。

③ (清)吳闓生:《吉金文録》,第136頁。

乙篇》(例5);又如僖三十三年楊注作《貞松堂吉金圖錄補》,而應當爲《貞松堂集古遺文補遺》(例6)。

2. 引青銅器名稱之誤

如隱公二年楊注引稱"盠父鼎",而原書則作"周麻城二鼎"(例2);莊公元年楊注稱"揚毁",而原書則作"揚敦"(例3);襄公十一年楊注將叔向父簋與叔向父與簋相混淆(例8);定公四年楊注引《商周彝器通考》作"晉軍缶",而《通考》原書則稱"書兄缶"(例10)。

3. "無中生有"錯誤

所謂"無中生有"就是楊注所引器不在著錄書中。如文公元年楊注所引"受尊"、"牧簋"皆不見於《周金文存》(例7)。

4. "張冠李戴"錯誤

所謂"張冠李戴"就是明引甲書之文,卻冠以乙書之稱。如:桓公二年楊注本於《商周彝器通考》,而卻冠以《十二家吉金圖錄》之書名(例3)。

5. "關鍵性釋文錯誤"

所謂"關鍵性釋文"即是指此銘的史料性質及價值而言的。楊注這類失誤較多,如:襄公十一年,楊注誤將"禹"釋爲"肸",而又與晉國叔向聯繫起來(例8);昭公十年,誤將"茆"與寺人柳結合起來(例9);定公六年,誤將"返"釋爲"徙",而又誤以爲惠王有遷都之事(例11)。

(二) 楊注引金文之"誤"的原因

結合上文歸納的錯誤類型,筆者將其原因歸結爲如下兩點:

1. 未審核原書

造成前四種類型的錯誤原因主要是未對原書進行審核,而是直接從相關研究成果進行轉述。

2. 過分追求出土文獻與傳世文獻的"合證"與"對讀"

這是產生第五類錯誤的原因。利用出土文獻與傳世文獻合證的"二重證據法"是研究先秦史、先秦文獻的有效途徑。但是這種"合證"、"對讀"是有條件的,只有充分考慮各方面因素基礎上的"二重證據法"才會對解讀文獻有幫助。"過分追求"、"草率行事"都不能得出正確的結論。[①]

後記:本文寫作並非針對楊伯峻先生的"微瑕",也不是否定楊先生在《左傳》研究上的巨大貢獻,而是爲了更加方便學者使用《春秋左傳注》,故草作此文而爲楊先生補苴。特此說明。

本文寫作蒙導師李守奎先生審閱,特此致謝!

---

① 筆者在博士學位論文中,曾對這種現象進行說明,可參劉光:《出土文獻與吳越史專題研究》,清華大學博士學位論文,指導教師:李守奎,2018年,第11—12頁。

清華簡六《鄭武夫人規孺子》選釋三則

高鵬飛

摘 要：學界對清華簡六《鄭武夫人規孺子》的釋讀取得了豐碩的成果，但仍有可繼續探討之處。在當前研究成果的基礎之上，結合傳世文獻及出土資料，並通過對《鄭武夫人規孺子》的文意分析，認爲"毀"當作"拆分"之義，"區區鄭邦"之"區區"，爲武姜對鄭國的蔑稱，"吾先君之所付孫也"的"孫"泛指子孫後代之義。

關鍵字：清華簡；《鄭武夫人規孺子》；鄭國

《鄭武夫人規孺子》現存簡十八支，收録於《清華大學藏戰國竹簡(六)》中，整理者言"竹簡保存情況良好，字迹亦清晰。完整簡長約四十五釐米，寬〇.六釐米。……該篇原無篇題，今篇題爲整理者所擬定。本篇文本當形成於春秋早期，今見爲戰國抄本。"[1]該篇内容包括鄭武夫人追溯先君鄭武公居衛時事，進而對孺子"立規矩"之言，要求孺子三年不知政，這一内容佔全文大半篇幅。除此以外，文末尚有大夫邊父與孺子即莊公基於莊公知政展開的告慰式對話。總體來看，全文内容以記言爲主，文辭古樸且不見於傳世文獻的記載，史料價值較高，晁福林先生言其"對於研究鄭國史及春秋時代的歷史有重要的史料價值。"[2]

整理者對《鄭武夫人規孺子》一文作了很好的釋文與注釋，學者也圍繞其字句以及内容中所涉及的問題撰文論述，成果顯著。筆者在拜讀學習之後，認爲文中部分字句的翻譯仍有再探討的餘地。故撰寫小文，向各位專家學者請教。

一

曰："昔吾先君如邦將有大事，必再三進大夫，而與之偕圖。既得圖乃爲之毀。圖所賢者焉申之以龜筮，故君與大夫晏焉，不相得惡。

原整理者：圖，謀劃，《爾雅·釋詁》"圖，謀也。"乃，楊樹達《詞詮》"顧也，卻也。王引之云：異之之辭。"毀，訓爲敗。句意爲謀劃實施卻失敗了。所，訓爲其。晏，安也。得，訓獲。不相得惡，意云不相互怨恨。[3]

---

* **作者簡介**：高鵬飛，男，東北師範大學歷史文化學院(吉林長春 130024)，2017 級碩士研究生，主要從事先秦史方向研究。
[1] 李學勤主編：《清華大學藏戰國竹簡(六)》，上海：中西書局，2016 年，第 103 頁。
[2] 晁福林：《談清華簡〈鄭武夫人規孺子〉的史料價值》，《清華大學學報(哲學社會科學版)》，2017 年，第 3 期。
[3] 《清華大學藏戰國竹簡(六)》，第 105—106 頁。

按,句中第一個"圖"爲動詞,意爲圖謀,第二個"圖"爲名詞,即君與大夫議論後的結果,第三個"圖"爲動詞,意作與……謀劃。而"毁",整理者所以爲的:"毁,訓爲敗。句意爲謀劃實施卻失敗了。"愚以爲似不確。

首先,從文意上看,後文中的"圖所賢者焉申之以龜筮"中"焉"解釋爲"哪里",該句意爲"謀及賢者,哪里還有在占卜決定呢"。"晏",當指溫柔和睦的樣子。《詩·衛風·氓》:"總角之宴,言笑晏晏。"晏晏,"和柔溫柔的樣子"①,整個句子所記述的是君與大夫和睦的狀態。這樣和睦的場面自然不單是因爲君多次向大夫詢問,也是因爲君與大臣的意見在所得的"圖"中皆有體現,而且所謀劃的事情不能失敗只能是成功。

此外,《左傳·昭公五年》中"毁中軍於施氏,成諸臧氏。初作中軍,三分公室而各有其一。"②以及戰國晚期的《鄂君啓車節》中所載的"車五十乘,歲贏返,毋載金……如馬,如牛如特,屯十以當一車,……以毁於五十乘中"③,皆可將"毁"解釋爲"拆分"之義,其數量沒有發生改變,所變化的僅是存在的形態。以此解釋"既得圖乃爲之毁"的"毁"似乎更爲合理。故,"既得圖乃爲之毁"的句意應是"按照這個計劃再拆分成小點然後逐步實施。"

整句的大意爲:當初我先君武公在國家有大事的時候,一定會多次召大夫前來,與大夫謀劃。謀劃後得出的結果,則一步步實施。和賢者謀劃國家大事哪裏還需要用的著再占卜? 所以先君和大夫都很滿意,關係和睦,不成仇怨。

二

區區鄭邦望吾君,亡不盈其志與吾君之君己也。

按,《左傳·襄公十七年》:"子罕曰:'宋國區區,而且詛有祝,禍之本也。'"④區區,小貌也。《左傳·昭公十三年》"初,靈王卜,曰:'余尚得天下。'不吉,投龜,詬天而呼曰'是區區者而不余畀,余必自取之。'民患王之無厭也,故從亂如歸。"杜注:小天下。⑤

"區區"本身當有貶義似蔑釋爲"小",在這裏武姜稱鄭國爲"區區"一種可能是做爲謙詞,第二種可能則是蔑視武公未立時的鄭國,進而抬高武公的形象,這一點從武姜的人物性格看很有可能。對於武姜其人,愚以爲武姜在家與國之間,似更關心家,對鄭國的關心遠遜於家,由《左傳·隱公元年》"武姜,生莊公及共叔段。莊公寤生,驚姜氏,故名曰'寤生',遂惡之。愛共叔段,欲立之。亟請於武公,公弗許。及莊公即位,爲之請制。……姜氏何厭之有……大叔……將襲鄭,夫人將啓之。"⑥以及該簡文所載的規孺子之事等,皆可見武姜爲事全憑自己喜好。因此,對於在丈夫與鄭國之間

---

① 程俊英:《詩經譯注》,上海:上海古籍出版社,1985年,第111頁。
② 楊伯峻:《春秋左傳注》,北京:中華書局,2009年,第1261頁。
③ 吳鎮烽:《商周青銅器銘文暨圖像集成》(第34册),上海:上海古籍出版社,2012年,第552頁。
④ 楊伯峻:《春秋左傳注》,北京:中華書局,2009年,第1033頁。
⑤ 《春秋左傳注》,第1350頁。
⑥ 《春秋左傳注》,第10—13頁。

做出貶低鄭國且是早期武公未在時的那個貧弱的鄭國而去抬高丈夫這種作爲,似是很有可能的。故,愚以爲文中的"區區"當爲武姜對鄭國的蔑稱。望,期盼也。

盈,原整理者引《左傳·文公十八年》:"不可盈厭。杜注:盈,滿也。"釋爲"滿"。王挺斌則認爲"盈其志"其實讀爲"逞其志"更佳。①

按,愚以爲此處讀爲"盈"解釋爲"滿"之義較爲恰當。試看,"亡不盈其志於吾君之君己也"的主語依舊是"區區鄭邦"因此,稱"鄭邦"滿懷熱情期盼武公爲君,原整理者認爲"君己之君爲動詞,此云鄭國之人擁護武公"。是完全正確的。

　　使人遙聞於邦,邦亦無大繇賻(賦)(敷)於萬民。

使人遙聞於邦,原整理者認爲"武公在衛,故以使人聞知鄭邦大事"。

按,晁福林先生借鑒僖公十五年晉惠公被俘入秦事推測"簡文'聞',原訓爲'知',是正確的。這個'知',應當是令鄭國臣民'知'。'知'什麼呢? 依情理度之,應當是知道他只是暫被衛國羈絆,返回鄭國只是時間早晚的事情。"②愚以爲這一推測是合理的。與上句鄭國民衆在國期盼武公即位爲君相呼應。"邦亦無大繇賻(賦)(敷)於萬民"。王挺斌認爲"頗疑'繇賻(賦)'一詞當直接讀爲'徭賦',指的是徭役與賦税"並引用《韓非子·詭使》:"習悉租税,專民力所以備難充倉府也。而士卒之逃事狀匿附托有威之門以避徭賦,而上不得者萬數。"③爲證。

萬民,《左傳·閔公元年》:"卜偃曰:畢萬之後必大。萬,盈數也;魏,大名也。以是始賞,天啓之矣。天子曰兆民,諸侯曰萬民。今名之大,以從盈數,其必有衆。"④"萬民"嚴謹的講當指諸侯之民,但也並非絕對,似可代指國人。例如《左傳·昭公二十六年》:"至於厲王,王心戾虐,萬民弗忍。"⑤愚以爲"使人遙聞於邦,邦亦無大繇賻(賦)(敷)於萬民"。這一句中"聞"譯爲"知",由後文中常見"知政"一詞,推知"知"又可解釋爲"處理"。"使人遙聞於邦"既當如晁福林先生所言爲告知鄭國人武公會回鄭國,又似是處理鄭國之事即是使鄭國"無大繇賻"。

　　吾君陷於大難之中,處於衛三年,不見其邦,亦不見其室。如毋有良臣,三年無君,邦家亂已(也)(已)!

按,邦,《說文》"國也"⑥,室,家室。意爲:我先君陷於大難之中,在衛地留了三年,不見國,不見家,如果不是有良臣治理國家,三年無君的鄭國,國家就亂了。

何爲大難? 程浩先生認爲:

　　簡文講武公"陷於大難之中,處衛三年,不見其邦,亦不見其室"。比較難以

---

① 清華大學出土文獻讀書會《清華六整理報告補正》,清華大學出土文獻研究與保護中心,2016 年 4 月 16 日,http://www.tsinghua.edu.cn/publish/cetrp/6831/2016/20160416052940099595642/20160416052940099595642_.html
② 晁福林:《談清華簡〈鄭武夫人規孺子〉的史料價值》,《清華大學學報(社科版)》,2017 年,第 3 期。
③ 清華大學出土文獻讀書會:《清華六整理報告補正》。
④ 《春秋左傳注》,第 259 頁。
⑤ 《春秋左傳注》,第 1476 頁。
⑥ [清]段玉裁:《説文解字注》,北京:中華書局,2013 年,第 285 頁。

理解的是,武公身爲鄭國國君,爲何要"處衛三年"。我們認爲,這或與平王東遷成周有關。《左傳》云:"我周之東遷,晉、鄭焉依",鄭國在平王東遷的過程中起到了至關重要的作用。平王東遷初,在成周立足並未穩固,仍然"陷於大難之中"。武公處衛三年,乃是爲了在旁輔佐平王。在武公之時,成周的東北仍爲衛國所控制。按照《鄭文公問太伯》的説法,鄭國到了莊公時期才"北城溫、原","東啓隤、樂",將鄭、衛兩國的邊界推到更往東的河南輝縣附近。因此,武公在鄭衛交界的成周夾輔平王自然可稱"處衛",而簡文中武姜説"自衛於鄭,若卑耳而謀"也可印證這一點。①

李學勤先生認爲"這裏講的武公'陷於大難',當即指西周王朝的覆亡而言。當時桓公死難,武公即位,其間武公曾有三年不在他父親在今河南新鄭一帶建立的國家而居處於衛國。"並推斷武公擺脱處衛三年的困境是在嗣位之處。②

李守奎先生依《史記·鄭世家》爲證認爲"所謂'大難',應當就是此時君父被殺,民人離散,嗣君寄居衛地,鄭國依靠諸大臣執政,安定鄭國,武公在衛參與鄭國治理,只是遠聞遥知而已。"③

晁福林先生則認爲若定鄭武公陷大難的時間是在武公嗣位之初來推斷"可以把簡文所説的'大難'理解爲鄭武公之父死於驪山之難。國君被殺,毫無疑問就是國家的'大難'。若這樣考慮的話,鄭武公居衛的時間,便是在他繼位的前三年"。又考慮從文意出發,大難指武公居於衛,有家不能回。④

按,愚以爲應當注意武姜所言的"陷於大難之中"的主語是"吾君"並不是程浩所説的成周,且在"陷於大難之中"一句後直接言"處於衛三年"可見,武姜所言的"大難"明顯指的是"處衛三年"這一件事。並由後文"自衛與鄭若卑耳而謀。"一句可以明顯感知,武公在衛國的處境並不自由。且當明確文中所説的"大難"是出於一個婦人之口! 武姜所稱的"大難"很可能是指最直觀的鄭武公"處衛三年,有國,有家不能回",似無需外延太多。

至於武公爲何"處衛三年",於傳世文獻無載,因此我們無從得知。晁福林先生由武公"不見其室"並認爲這裏的"室以指家室爲妥"進而這一句爲出發點認爲這裏的"室"爲"武姜"推測"鄭武公娶妻後的十一年到十三年間是他居衛的三年,這才與簡文所言此時鄭武公'不見其室'的説法合拍。鄭武公十一年的時候,他因爲某種原因,如與衛國的戰争而被俘、會盟時被拘、路過衛國時生病等,而被迫居衛三年。"⑤

按,文中的"室"與"邦"相對,當指家室無疑。至於這個"家室"是不是單是"妻室"並且是不是指"武姜"似乎還有待考慮。因此,對鄭武公處衛三年的原因,愚推測似當由於衛國立國之久,衛武公時衛國又相當强盛,而鄭國則剛剛立國,國力較弱,爲尋求依靠,鄭武公可能曾以質子的身份留在衛國。

---

① 清華大學出土文獻讀書會:《清華六整理報告補正》。
② 李學勤:《有關春秋史事的清華簡五種綜述》,《文物》,2016年,第3期。
③ 李守奎:《〈鄭武夫人規孺子〉中的喪禮用語與相關的禮制問題》,《中國史研究》,2016年,第1期。
④⑤ 晁福林:《談清華簡〈鄭武夫人規孺子〉的史料價值》,《清華大學學報(社科版)》,2017年,第3期。

三

君答邊父曰:"二三大夫不尚毋然,二三大夫皆吾先君之所付孫也。吾先君知二三子之不二心,甬(用)曆受(授)之邦。不是然,或(又)稱起吾先君於大難之中?今二三大夫畜孤而作焉,幾(豈)孤其足爲勉,抑無如吾先君之憂何?"

原整理者:孫,《禮記·表記》詒厥孫謀,孔疏:謂子孫。曆,盡也。今,訓爲若。畜孤而作,意云順服君命行事。抑,猶然也。此句是説諸大夫能尊順孺子的意志行事,足以勉勵孺子自己,但仍不能使已故的先君無憂,這是謙詞。①

李守奎先生認爲"不當毋然"字面意思很好懂,意思就是"不應當不這樣",關鍵問題是這個"然"指的是哪種情况。其母武夫人不讓他參政,諸大臣請求他參政,孺子君此時需要抉擇表態。這句應當是對邊父等大臣的勸告,而不是對其意見的贊同。②

按,愚以爲,"不尚毋然"意爲"不用這樣","然"指的是邊父所言的"二三老毋交於死。今君定,龏(拱)而不言,二三臣使(事)於邦,遑遑焉"以及"幾(豈)既臣之獲罪,或(又)辱吾先君,曰是其盡臣也。"兩句,"不用這樣"爲不用"遑遑焉"亦不用感覺辱了先君,莊公並作言語寬慰。

李守奎先生認爲文中的先君如果是指武公,"孫"就不能如字讀,邊父及衆臣不可能是武公之孫。《禮記·學記》:"入學鼓篋,孫其業也。"鄭玄注:"孫,猶恭順也。"後世多作"遜"。孫前一字作"付",疑是肘聲字,讀爲"由",與小篆之"付"是同形字。"先君之所由孫"即先君所遵從的人。③

按,愚以爲"孫"泛指子孫後輩之義,很有可能。二三大夫爲先君之臣無疑,這裏稱"付孫"義爲先君不僅將各位賢大夫留給莊公自己,也留給莊公的後世子孫,是輔佐君主治理鄭國之臣,是莊公對邊父等大夫表達的尊重,這般理解似乎較爲恰當。

---

① 《清華大學藏戰國竹簡(六)》,第108—109頁。
②③ 李守奎:《〈鄭武夫人規孺子〉中的喪禮用語與相關的禮制問題》,《中國史研究》,2016年,第1期。

戰國私璽考釋一則

陳俊安

摘 要:《盛世璽印録》續貳017號璽舊釋爲"大事□"。第二字釋"事"有誤,當改釋爲"敢";第三字當釋爲"依"。"大"可以當做姓氏用字,"敢""依"都在文獻中有作人名用字。從字體風格來看,璽文具有燕系文字的特點。這枚璽印當改釋爲"大敢依",是一枚燕國人名私璽。

關鍵詞:《盛世璽印録》;戰國;私璽;考釋

《盛世璽印録》續貳①017 著録如下一方戰國私璽:

此璽由張宇暉先生提供,材質爲銅,原書釋爲"大事□"。
今按,原書第二字釋"事"誤,當釋爲"敢"字。第三字原文缺釋,當釋爲"依"字。爲了行文方便,我們把此璽第二字標記爲 A,第三字標記爲 B。
金文中的"敢"字或作如下之形:

 小臣守簋(集成 4179)　　　 師望鼎(集成 2812)

 無㠱簋(集成 4225)　　　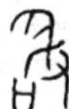 師遽簋(集成 4214)

將 A 與上舉金文的"敢"字相比較,不難發現有兩點差異:一是金文中的"敢"字從"又",A 亦從"又",但在左下加了一斜飾笔。二是字形各個部件的位置發生了變化,金文"敢"字所從"口"形和"手"形部件同在下部,而 A 將"敢"字所從的手形放到了字形的最下面。古文字從又的字,常常在左下加一斜飾笔,遂与"寸"形同。如:

---

* 作者簡介:陳俊安,男,安徽大學文學院(安徽合肥 230039),漢語言文字學研究生,古文字學研究方向。
① 吳硯君:《盛世璽印録》續貳,北京:文化藝術出版社,2017 年,第 25 頁。

付： 包山91　　　　里耶8—1824

寺： 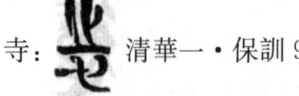清華一・保訓9　　　　清華三・良臣6

戰國文字的形體位置發生變化往往並不影響其字的含義，如：

居： 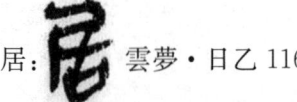雲夢・日乙116　　　　清華一・楚居6

邶： 璽彙3748　　　　璽彙5646

從上舉字形我們可以看出，同一個字的字形，構型部件一樣，但各個部件的位置並不是固定的。

從上面的分析我們可以看出，A與金文的"敢"字構形基本一致，字形變化清晰明了。A當是"敢"字無疑。

戰國文字中的常見的"敢"字寫法作：

郭店・老甲9　　　　上博八・顔10

清華三・芮良夫12　　　　璽彙3715

上舉"敢"字的字形與金文字形相比，從上下結構變成了左右結構，所從的"又"形譌變成了"攴"或"殳"形。古文字中"攴"、"又"兩字在用作表意偏旁時可以通用①。是"敢"字發展演變的另一條脈絡。

與A相同寫法的"敢"字，又見於如下一方燕私璽：

璽彙3294

《璽彙》3294釋文作：□玨。吴振武先生釋爲"敢(嚴)玨(聽)"②，十分正確。湯餘

---

① 劉釗：《古文字構形學》，福州：福建人民出版社，2011年，第335頁。
② 吴振武：《〈古璽文編〉校訂》，北京：人民美術出版社，2011年，第370頁。

惠先生①、何琳儀先生②、黄德寬先生等亦皆釋爲"敢"③。但在讀法上面,我們認爲或可讀爲"闞"。"敢"見紐,談部;"闞",溪紐,談部。聲紐同屬牙音,韻部相同,二字可通。闞作爲姓氏名用字。春秋時齊國有"闞止"④,此璽可讀"闞聽"。"敢"字亦有作人名用字,如《璽彙》0084"張敢",《璽彙》1002"趙敢"等。

B應該分析爲從人從衣省,當是"依"字。

甲骨文中的"依"字作:

 乙 4761 合 6943 賓組　　 前 6.34.1 合 4730 賓組

 前 7.2.3 合 6169 賓組　　 續 1.52.6 合 14316

將B與上舉甲骨文的"依"字相比較,我們可以看到,B與甲骨文的"依"字有兩點不同:一是省去了所從"衣"形的上部,二是所從的人形體發生了譌變。

戰國文字一些字可省去字的上部,稱省頭⑤,如:

官: 璽彙 4347　　 璽徵 14.2 下⑥

裏:  雲夢·封診 82　　 信陽 2.13

被: 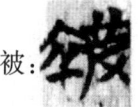 包山 199　　 包山 203

B的所從"衣"字的省簡與上舉字例當屬同一種情況。

璽印中的所從的"人"形常作和B所從相似之形,如:

偞:  璽彙 3775

---

① 湯餘惠:《略論戰國文字形體研究中的幾個問題》,《古文字研究》第十五輯,北京:中華書局,1986年,第71頁。
② 何琳儀:《戰國古文字典》,北京:中華書局,1998年,第1450頁。
③ 黄德寬:《古文字譜系疏證》,北京:商務印書館,2007年,第4032頁。
④ 《戰國古文字典》,第1451頁。
⑤ 《古文字構形學》,第341頁。
⑥ 朱德熙、裘錫圭:《戰國銅器銘文中的食官》,《文物》,1973年12期,第59頁。

危： 璽彙 0118

倚： 璽彙 1232

根據上面的分析我們可以看出，B 字從人，從"衣"省，當是"依"字無疑。

與 B 相似的字形又見於《璽彙》3500：

璽彙 3500

這個字形當是沒有省去上部的"依"字的寫法。《璽彙》3500 原書釋爲"□思"，今看之當釋爲"依思"。"依"是常見的姓氏名用字。隨縣簡"依"，姓氏名。《國語·晉語》四："其得姓者十四人，爲十二姓：姬、酉、祁、己、滕、箴、任、荀、僖、姞、儇、依是也。"秦印中"依"字有用爲人名：楊依。①

先秦有大姓。黃帝史官名"大撓"，夏禹之臣名"大章"。②《通志》、《續通志》之《氏族略》俱收載有大姓。鄭樵注引《風俗通》云："大庭氏之後。"大庭，古天子之號，或謂炎帝時諸侯，或謂即神農氏，其後有大氏。又云："大填、大山稽，並黃帝師；大款爲顓帝師。"皆爲大姓之先。

"大"在古代可以用爲姓氏，"敢"和"依"都可作爲人名用字。如此，此璽當釋爲"大敢依"，是一枚燕國人名私璽。

附記：本文蒙徐在國師、程燕老師、李鵬輝師兄等審閱指正，謹致謝忱！

---

① 《古文字譜系疏證》，第 2855 頁。
② 臧勵龢：《中國人名大辭典》，北京：商務印書館，1980 年，第 19 頁。

■年譜與傳記

清初詩人王攄年表*

吴雅楠

摘 要：王攄(1635—1699)，字虹友，號汲園，太倉州鎮洋縣(今江蘇太倉)人。清代婁東詩派成員，"太倉十子"之一。出身太原王氏家族，終生未仕。長於詩歌，著有《蘆中集》十卷。王攄在清初頗負詩名，是婁東詩派發展中承上啓下的重要詩人。其人生平模糊，故據宗譜、方誌、詩文集等資料考證事迹，以補充清代詩壇史料。

關鍵詞：王攄；虹友；太倉；年譜

王攄(1635—1699)，字虹友，號汲園，太倉州鎮洋縣(今江蘇太倉)人。清代婁東詩派成員，"太倉十子"①之一。著有《蘆中集》十卷。王攄出身簪纓世家，卻布衣終身。才華卓著，交遊極廣，在清初詩壇占重要地位。目前學界對其詩歌的研究極少，其生平事迹也模糊不清。故本文對王攄行年加以考據，以進一步推動其人研究。

崇禎八年(1635)乙亥　一歲

正月初一日，王攄生。曾祖錫爵，祖衡，父時敏，母徐氏。

　　王寶仁《奉常公年譜》八年乙亥："正月初一日第七子攄生。"②

　　王抃《王巢松年譜》崇禎八年："元旦七弟生。"③

　　《王氏世係表》王攄："時敏側室徐碩人出。"王抑："時敏側室徐碩人出(與揆、抃、攄非同母，蓋有兩徐氏也)。"④

按：王攄曾祖王錫爵(1534—1610)，字元馭，號荆石。嘉靖四十一年(1562)進士，萬曆二十年(1592)官拜首輔。祖父王衡(1561—1609)，字辰玉，號緱山。萬曆二十九年(1601)榜眼。父親王時敏(1592—1680)，字遜之，號烟客，晚號西廬老人。官至太常寺少卿，世稱王奉常，清初畫壇"四王"之首。時敏有九子，依次爲挺、揆、撰、持、抃、

---

* 作者簡介：吴雅楠，女，南開大學文學院(天津 300071)，中國古代文學專業博士研究生，主要從事詩詞學研究。

① 清初婁東詩人群，成員有：周肇(1615—1683)、王揆(1620—1696)、許旭(1620—1699)、黄與堅(1620—1702)、王撰(1623—1709)、王昊(1627—1679)、王抃(1628—1702)、王曜升(？—1697)、顧湄(1633—？)、王攄(1635—1699)。

② (清)王寶仁：《奉常公年譜》，《北京圖書館藏珍本年譜叢刊》66册，北京：北京圖書館出版社，1999年，第365頁。

③ (清)王抃：《王巢松年譜》，《叢書集成續編》37册，上海：上海書店，1994年，第793頁。

④ 《王巢松年譜》前附，第789頁。

扶、攄、扻、抑①。王攄爲第七子,與王揆、王抃同母。

崇禎十三年(1640)庚辰　六歲
是年開蒙,與五兄王抃受經於曾繹叔。

《王巢松年譜》崇禎十一年:"從曾繹叔師。"崇禎十三年:"館地在含譽樓上,與七弟俱受經於曾師。"②

順治五年(1648)戊子　十四歲
是年從王抃處換得宅院一所。

《王巢松年譜》順治五年:"余分授大橋兩宅……原分大橋,以其一換與七弟。"③

順治八年(1651)辛卯　十七歲
是年與六兄王扶同補博士弟子員。

《奉常公年譜》八年辛卯:"子扶、攄同補博士弟子員。"④

順治九年(1652)壬辰　十八歲
是年秋完婚,娶妻李氏。

《王巢松年譜》順治九年:"七弟於九月中赴崑山畢姻。"⑤

《奉常公年譜》九年壬辰:"子攄亦於是秋就婚崑山李氏。"⑥

按:王時敏元配即崑山李氏,王攄妻亦出是家。

是年從陸元輔讀書。

陸元輔《陸菊隱先生文集》卷十一《寄王端士書》:"聞捷音後,即寄一札於佩將處,奉賀兼候興居。……弟困守蓬廬,研經涉史,泛及詩歌。與虹友令弟日夕聚首,可謂至樂。但家嚴衰耋乏省,曠職念之耿耿。而又學疏才薄,教導無方,深懷素飽之愧。爲轉達尊先生,來歲另覓師資,弟則浩然有歸志矣。"⑦卷十三《題王生虹友落花詩卷》末署"柔兆涒灘之歲寄月鮮民陸元輔題於善學齋"⑧。

王時敏《西廬詩草》上卷《翼王授經攄兒三易寒暑,與余相得甚歡,明春將赴研德吳門之約,惜別賦贈》⑨。陸元輔《陸菊隱先生詩集》卷三《次韻酬別王煙客先生,

---

① 王挺(1619—1677),字周臣,號減庵。王揆,字端士,號芝廛。王撰,字異公,號隨庵。王持(1627—1658),字平宰。王抃,字清尹,改字懌民,又改鶴尹,號巢松。王扶(1634—1680),字匡令,號砥庵。王扻(1645—1728),字藻儒,號顓庵。王抑(1646—1699),字誦侯。
② 《王巢松年譜》,第793頁。
③ 《王巢松年譜》,第794頁。
④ 《奉常公年譜》,第398頁。
⑤ 《王巢松年譜》,第795頁。
⑥ 《奉常公年譜》,第401頁。
⑦ (清)陸元輔:《陸菊隱先生文集》,《清代詩文集彙編》61册,上海:上海古籍出版社,2010年,第476、477頁。
⑧ 《陸菊隱先生文集》,第494頁。
⑨ (清)王時敏:《王煙客先生集》,《清代詩文集彙編》7册,第600頁。

兼似周臣、端士、異公諸昆仲》《次韻酬別黃攝六先生》《疊前韻留別妻東諸同志》》①。

按：陸元輔(1617—1691)，字翼王，號菊隱，嘉定人。明亡不仕，辦學授經，以氣節聞名。《寄王端士書》是其寫給王摅仲兄王揆的書信，作於王揆中進士（順治十二年秋）後，言說預備明年離婁。《題王生虹友落花詩卷》署名顯示，陸氏順治十三年三月尚在太倉（王摅書齋名善學齋），不久即登程。故王時敏於順治十二年底賦詩贈別，陸氏亦次韻酬答。據"三易寒暑"倒推，王摅應於本年起隨陸氏讀書。

順治十年(1653)癸巳　十九歲

是年長子昭溥生。

　　《奉常公年譜》十年癸巳："七房孫昭溥生。"②

　　王涓等《妻東太原王氏宗譜圖》卷上王昭溥："字曰將，號璞全，太學生。"③

按：王摅有五子，以"昭"字排行，依次爲昭溥、昭復、昭駿④、昭被、昭度。

順治十一年(1654)甲午　二十歲

是年七月與江位初、陸元輔師及兄撰、抃、扶同赴省試。

　　《王巢松年譜》順治十一年："七月望後，赴省試，余同江師、七弟同翼王寓河房劉姓家……三兄六弟各另寓……兄弟四人皆終場。"⑤

順治十二年(1655)乙未　二十一歲

是年次子昭復生。

　　《王巢松年譜》順治十二年："清明到東土完祭掃之事……七弟亦於是月得虞旦侄。"⑥

　　《奉常公年譜》十二年乙未："二月七房孫昭復生。"⑦

　　《妻東太原王氏宗譜圖》卷上王旦復下注："字虞旦，號耕石，康熙甲午舉人。敕封承德郎刑部廣西司主事。有事略。"⑧

　　沈起元《敬亭文稿》卷三《故工部虞衡清吏司郎中王君行狀》："王玨，字天遊，號甘泉，太倉州鎮洋縣人。敕封承德郎刑部廣西清吏司主事。待贈中憲大夫，工部虞衡清吏司郎中。生康熙戊午，卒乾隆己巳。曾祖時敏，太常寺卿。祖摅。父旦復，甲午舉人，敕封承德郎刑部廣西清吏司主事。"⑨

按：王摅次子名昭復，後改名旦復。兩種年譜出生月份記錄有異，未知何是。

十一月陸元輔母喪，往嘉定弔唁。冬日宴飲不絶，有名伶蓮生者，爲王摅所賞。

---

① 《陸菊隱先生詩集》，第 575、576 頁。
② 《奉常公年譜》，第 402 頁。
③ （清）王涓等：《妻東太原王氏宗譜圖》，南京圖書館藏清抄本，第 26 頁。
④ 康熙四十六年(1707)十一月，王摅第三子昭駿與錢寶、一念和尚等在太倉謀劃發動擁立定王的反清起義，事洩被誅，以受僞兵備道銜問凌遲。時王摅已故，王淡、王奕清皆受牽連，昭駿此人亦爲家譜抹除。
⑤⑥ 《王巢松年譜》，第 795 頁。
⑦ 《奉常公年譜》，第 404 頁。
⑧ 《妻東太原王氏宗譜圖》，第 26 頁。
⑨ （清）沈起元：《敬亭文稿》，《四庫未收書輯刊》8 輯 26 冊，北京：北京出版社，1997 年，第 140 頁。

《王巢松年譜》順治十二年:"十一月中,陸翼王丁内艱,余兄弟往練川作弔,讌集連宵……里中有一蓮生亦擅時名,爲七弟所賞。"①

順治十四年(1657)丁酉　二十三歲

是年秋往南京赴省試,落第後南還。經鎮江,登金山,沿途皆有歌咏。

　　王攄《丁酉草》載《登金山寺》②。
　　王攄《蘆中集》卷一《題甘露寺狠石》《登多景樓》《夜歸京口》③。

按:《丁酉草》載《失意南闈悶悶不已,吴子弘人知其憔悴自傷,以詩慰之》有"還家不復生興感,同是劉蕡嘆自傷"之句。此詩選入《步檐集》,題作《白門歸寄吴弘人》④,字句略有不同。

是年王抃赴北闈不第,秋日南還返家。王攄有詩憶之。

　　王攄《丁酉草》載《懌民兄下第南還至中途詩以憶之》。

按:此詩選入《步檐集》,題爲《酉秋聞懌民兄下第南還詩以憶之》⑤。

是年吴偉業鹿樵草堂建成,王攄有詩相賀。

　　王攄《蘆中集》卷一載《吴梅村夫子鹿樵草堂成卻賦》⑥。
　　《吴梅村年譜》:"《蘆中集》按時序編次,其卷一所收詩爲王攄順治十三年(丙申)至順治十七年(庚子)之作,此詩編在第二首,其作時當近於順治十三年,然順治十三年偉業尚在京,故此詩疑爲本年(順治十四年)所作。據此詩,偉業鹿樵草堂當建成於此頃。又,鹿樵草堂即鹿樵溪舍。"⑦

順治十五年(1658)戊戌　二十四歲

是年夏,王時敏邀白林九東園賞芍藥,白氏以詩相貽,時敏父子次韻酬答。

　　《奉常公年譜》十五年戊戌:"夏,邀白州守東園賞芍藥,作詩貽公,公和原韻答之。"⑧
　　王攄《戊戌草》載《東園芍藥盛開,家大人延使君燕賞,次日以詩見貽,次韻二首》。

按:白林九,字登明,太倉知州。

是年九月,王揆赴京謁選,王攄有詩贈之。

　　《王巢松年譜》順治十五年:"端節後,仲兄偕江師謁選入都。"⑨
　　王攄《戊戌草》載《端士兄謁選北行遵家大人韻贈別四首》。

---

① 《王巢松年譜》,第795頁。
② (清)王攄:《丁酉草,戊戌草,乙亥草,庚戌未定草》,國家圖書館藏民國《昆山叢書》抄本。
③ (清)王攄:《蘆中集》,《清人別集叢刊》,上海:上海古籍出版社,1981年,第16、17頁。
④ (清)王攄:《步檐集》,《太倉十子詩選》,《四庫全書存目叢書》384册,濟南:齊魯書社,第874頁。
⑤ 《步檐集》,第874頁。
⑥ 《蘆中集》,第11頁。
⑦ 馮其庸,葉君遠:《吴梅村年譜》,南京:江蘇古籍出版社,1990年,第366頁。
⑧ 《奉常公年譜》,第410頁。
⑨ 《王巢松年譜》,第796頁。

是年十一月,吴兆騫因科場案牽連,全家流徙寧古塔。王攄有詩懷之。

> 王攄《戊戌草》載《讀吴漢槎就訊刑部詩因次其韻》《懷吴漢槎在獄中》。
> 王攄《步檐集》載《懷吴漢槎在獄中二首》①。
> 王攄《蘆中集》卷一《和吴漢槎就訊刑部口占韻》《聞漢槎謫戍寧古塔》②。

按:《戊戌草》與《步檐集》時間相近,所載兩詩相同。《蘆中集》改易較大,《聞漢槎謫戍寧古塔》僅末句保留原句,應是晚歲改作。

是年秋,陳維崧過太倉,吴偉業設宴款待,王攄有詩和其爲徐紫雲題像詩。

> 王攄《蘆中集》卷一《和陳其年題紫雲小影二首》③。

按:該詩前首《和吴漢槎就訊刑部口占韻》,後首《擬唐人送宮人入道》,皆收入《戊戌草》中,應作於是年。

順治十六年(1659)己亥　二十五歲

本年五月杜濬、杜世農父子因戰事困於太倉,與王時敏一家結識。九月返南京,王攄有詩相贈。

> 杜濬《變雅堂遺集》文集卷七《重修隆福寺碑記》:"歲己亥夏五月,余至太倉,館於其地之隆福寺,既而阻兵,不得歸,淹留至四閱月。"④
> 《王巢松年譜》順治十六年:"五月初,忽聞江上之警,京口將軍全軍覆沒,江左皆爲震動。有雲間梁帥戰捷一番,海氛始息。吾鄉旋即安然。杜于皇淹留不歸,有象棋之癖,頻到吾家下棋。自晨至暮,不肯片刻少停,殊可發一笑也。"⑤
> 王昊《碩園詩稿》卷十七己亥《黄州杜于皇阻兵久客婁中賦此二律慰之》⑥。
> 王攄《己亥草》載《贈杜輟耕四首》《秋日杜輟耕、江位初、顧伊人、周翼微、鬱東堂、葉史成、徐東□見過,即事口占兼送輟耕歸白門》。

按:"江上之警"指鄭成功、張煌言是年五、六月間攻入長江,克瓜州、鎮江之事。杜濬(1611—1687),字于皇,號茶村,湖北黄岡人。明亡不仕,隱居南京,以詩聞名。杜世農,杜濬長子,字湘民,又字輟耕。

順治十七年(1660)庚子　二十六歲

是年秋往南京赴省試。

> 王攄《蘆中集》卷一《十五夜對月》:"久客秦淮月,他鄉白下舟。一年惟此夜,萬里共中秋。濩落慚佳節,飄零感散裘。離家圓兩度,吟罷不勝愁。"《舟泊惠山》末句:"尋到松間題壁處,舊遊回首已三年。"⑦

---

① 《步檐集》,第875頁。
② 《蘆中集》,第24、25頁。
③ 《蘆中集》,第24頁。
④ (清)杜濬:《變雅堂遺集》,《清代詩文集彙編》37册,第247頁。
⑤ 《王巢松年譜》,第796頁。
⑥ (清)王昊:《碩園詩稿》,《四庫未收書輯刊》9輯16册,第466頁。
⑦ 《蘆中集》,第40、41頁。

按：據"離家圓兩度"可知王摅於七月十五前已離家赴南京。據"舊遊回首已三年"可知此去省試與前次路綫相同。

是年秋吴偉業編《太倉十子詩選》由顧湄刻成，載王摅《步檐集》一卷。

《王巢松年譜》順治十七年："十子詩已刻成，全是伊人爲政。"①

《太倉十子詩選》吴偉業序末署："順治庚子七夕前二日同里梅村吴偉業題。"程邑序末署："順治庚子初秋白鍾年家弟程邑題於吴門之翼經堂署中。"②

十月七妹病亡，與王時敏、王揆往蘇州展墓。

《奉常公年譜》十三年丙申："八月，七女適張熙。"十七年庚子："女適張熙者，於十月病卒。"③

《王巢松年譜》順治十三年："七妹適張穆文，皆是年夏秋間事。"順治十七年："十月上旬，抵閶關，遇二兄七弟云，吾輩爲展墓在郡，大人已先歸矣，知張家病亡。"④

康熙元年(1662)壬寅　二十八歲

是年三月初與"太倉十子"諸人同赴常熟錢曾之邀，與錢謙益相識，並有唱和。

錢謙益《牧齋有學集》卷十二《東澗詩集》上載《壬寅三月十六日太倉太原王端士、異公、懌民、虹友、瑯琊王惟夏、次谷、許九日、顧伊人、吴江朱長孺、族孫遵王、婿微仲集於小閣，是日敬題煙客奉常所藏文肅公南宫墨卷，論文即事，欣感交並，予爲斐然不辭首作》四首⑤。《蘆中集》卷二載《三月望日錢遵王招集拂水山莊，同馮定遠、錢夕公、鄧肯堂、許九日、王惟夏、次谷、顧伊人、兄芝麈、隨庵、巢松即席分得一東》《十六日牧翁父子招同朱長孺、錢遵王、許九日、王惟夏、次谷、顧伊人、家兄弟集胎仙閣，是日夫子題先文肅南宫墨卷，首倡四律，敬和原韻》⑥。

按：此次雅集，由錢曾發起，初於十四日夕集會於拂水山莊，十五日夕復集於述古堂，十六日集會於胎仙閣。望日有馮班、錢龍惕與鄧林梓作陪，次日錢謙益作東，換成朱鶴齡、錢曾與趙管作陪。

四月初八，錢謙益爲《太倉十子詩選》作序。

《太倉十子詩選》錢謙益序末署"壬寅浴佛日東澗遺老虞山錢謙益序"⑦。

康熙四年(1665)乙巳　三十一歲

是年四子昭被生。

---

① 《王巢松年譜》，第796頁。
② 《太倉十子詩選》，第789、790頁。
③ 《奉常公年譜》，第407、413頁。
④ 《王巢松年譜》，第796頁。
⑤ (清)錢謙益《牧齋有學集》，《續修四庫全書》1391册，上海：上海古籍出版社，2002年，第100、101頁。
⑥ 《蘆中集》，第50—52頁。
⑦ 《太倉十子詩選》，第786頁。

《奉常公年譜》四年乙巳:"七房孫昭被生。"①

《婁東太原王氏宗譜圖》卷上王昭被下注:"字葆光,號櫟埜。康熙丙戌進士,福建龍岩縣知縣,行取主事,有事略。"②

是年三姊丈徐羽明亡故,王摅與王撰、王抃往弔之。

《王巢松年譜》崇禎十三年:"正月下旬,三姊出閣,適徐淡寧姑父次君羽明。"③

《王巢松年譜》康熙四年:"徐羽明物故,余同三兄七弟往弔羽明,雖非橫死,爲受刑而亡亦可算非命矣。"④

康熙五年(1666)丙午　三十二歲

是年秋患癰疽後,復患瘧疾,妻子皆病,困窘難支,未能與衆兄弟赴省試。

《王巢松年譜》康熙五年:"七弟因懸癰之後,復患三瘧,不得與秋試。"⑤

王時敏《西廬家書》丙午一:"七弟下體忽患懸癰,請張會嘉醫治,昨已穿潰,須服人參滋補,苦空囊不易致耳。"丙午二:"七弟患子癰皆由愁鬱所致。"丙午六:"七弟忽患三瘧,已六七伐,有舊患此病者,云最速愈亦須年餘。初尤不覺甚苦,二十伐後,便委頓不支,計期正在臨場之際,多恐不能終局。"丙午七:"我家六子一孫盡得觀場,亦是一時盛事,後次豈能復得?獨七弟懸癰之後,復患三瘧,隨衆至京口,委頓不支而返,今已十餘伐,飲食不進,頗見沉重。我思進場固秀才當事,偏渠此緣極慳,且每次必以臨場奪之,不知造物者何意間之?曾患此症者,皆云必經歲始瘳,後須大服補劑。汝弟貧甚,不辦買參,痊可正未可期,將來必妨歲考,何命運迍蹇一至此也!"丙午八:"七弟三瘧稍輕,但其婦產後病甚,以貧窘不能事醫藥,殊爲可憂。"丙午九:"七弟三瘧復變爲日日瘧,似可望痊,而寒熱愈重,形如枯臘。娘子復以產病幾死,累月奄奄床褥,僅存一息。子女又皆患瘧,一家疾病,醫藥無措,寒衣典盡,瓶無儲粟,真正不免凍餒。逋賦甚多,家中又無一人著力,其撒更甚於三四兩房。"丙午十:"七弟三瘧變爲日日瘧,而寒熱轉重,痊可無期,且一家俱病,婦產中幾瀕危殆,奇窘尤難過日。"⑥

陳瑚《確庵文稿》卷七下丙午《山樓集》載《虹友病瘧口占寄慰》云:"經年不見苦相思,壯士聞遭瘧鬼欺。"⑦

十一月初八,母親徐氏去世,年六十六。

《王巢松年譜》康熙六年:"陳俊亦隨至,出大人手諭,始知吾母果於十一月初

---

① 《奉常公年譜》,第422頁。
② 《婁東太原王氏宗譜圖》,第26頁。
③ 《王巢松年譜》,第793頁。
④ 《王巢松年譜》,第797頁。
⑤ 《王巢松年譜》,第798頁。
⑥ (清)王時敏:《西廬家書》,《叢書集成續編》122冊,第1032、1033、1037、1038、1039、1040、1042頁。
⑦ (清)陳瑚:《確庵文稿》,《四庫禁毀書叢刊》184冊,北京:北京出版社,1997年,第286頁。

八日(按:前歲)長逝。"①

《奉常公年譜》五年丙午:"子揆、抃、攄生母徐夫人以是年十一月八日卒,年六十有六。"②

王時敏《西廬家書》丙午九:"汝母比亦多病,性復多怪,八月杪忽往七房,仍住樓下,此房已屬他人,前後空場,闃無一人。只同一極幼丫頭,止宿其中。現今欬嗽頭暈,少進飲食,每日眠多坐少,景象甚覺凄涼。我時至七房,必勸之仍歸老宅,大家言笑過遣老年,相聚能有幾時,而乃孤寂若此?言之諄諄,終不聽從。性度似亦改常,殊屬可憂。"丙午十:"汝母比亦病甚,住七房已將兩月,咳嗽泄瀉,少進飲食,卧床已久。……其性怪僻變常,總是秋冬之氣,恐非嘉徵。"③

康熙六年(1667)丁未　三十三歲
是年二月起與王揆、王抃爲母守墓五十日。

《王巢松年譜》康熙六年:"二月初九日,抵家撫棺一慟,真不欲生。守墓五十日,二兄七弟晨夕相聚,追念吾母生前,不禁五内崩裂。"④

康熙七年(1668)戊申　三十四歲
是年從三兄王撰處購住宅一所。

《王巢松年譜》康熙七年:"三兄住宅售七弟。"⑤

《奉常公年譜》七年戊申:"子撰以住宅議售七房。"⑥

康熙八年(1669)己酉　三十五歲
是年冬東遷。

《奉常公年譜》八年己酉:"是冬子攄東遷。"⑦

康熙九年(1670)庚戌　三十六歲
是年次子昭復補博士弟子員。

《奉常公年譜》九年庚戌:"次房孫原博、七房孫昭復後改名旦復同補博士弟子員。"⑧

康熙十三年(1674)甲寅　四十歲
是年春過常熟拂水山莊,有詩追憶壬寅舊遊。

王攄《蘆中集》卷二《過拂水山莊登秋水閣感賦》⑨。

按:詩中有"十年已嘆同遊盡"之句,自注:"壬寅春,遵王招飲於此,在坐者定遠、

---

① 《王巢松年譜》,第 798 頁。
② 《奉常公年譜》,第 424、425 頁。
③ 《西廬家書》,第 1041、1042 頁。
④⑤ 《王巢松年譜》,第 798 頁。
⑥ 《奉常公年譜》,第 426 頁。
⑦⑧ 《奉常公年譜》,第 428 頁。
⑨ 《蘆中集》,第 63 頁。

夕公、肯堂相繼徂謝。"此詩前三首爲《挽龔宗伯芝麓先生》《觀鶴尹兄玉階怨、戴花劉新劇》《喜許九日閩歸》,龔鼎孳卒於康熙十二年九月十二日,王抃《戴花劉》雜劇草成於康熙十三年,許旭於耿精忠叛亂(康熙十三年)前自閩幕歸。後首《除夕起用杜句》中有"四十明朝過"句,其後所載皆起康熙十四年,故本詩應系於此年。詩中"十年"乃虚指,實爲十二年。據張慧劍《明清江蘇文人年表》康熙十八年(1679):"常熟鄧林梓客北京死。"①可知鄧肯堂卒於五年後,此時尚在世,恐爲王摅誤記。

本年春夏間有詩悼宋琬。

> 王摅《蘆中集》卷二《哭宋荔裳觀察》②。
>
> 汪超宏《宋琬年譜》康熙十二年(1673):"冬,妻孥寄成都。聞吴三桂叛,成都陷,驚悸以死。"③

按:詩中有"杜鵑聲裏哭詩翁"句,且載於《除夕起用杜句》前,故知應作於甲寅年春夏間。

康熙十四年(1675)乙卯　四十一歲

是年元夕後三日,同周肇、王昊、王曜升及家兄弟宴集於九弟王抑處,分韻賦詩。

> 王摅《蘆中集》卷二《元夕後三日,同周子俶、孝威、王惟夏、次谷、家兄弟集頌侯弟齋,分得晴字》《席上疊前韻送孝威》④。

是年八弟王捿服母喪滿,於端午節後還朝,王摅作詩餞送。

> 王摅《蘆中集》卷二《送藻儒弟還朝》⑤。
>
> 《王巢松年譜》康熙十四年:"八弟服闋,於端節後還朝。"⑥

是年秋往南京赴省試,落第後訪杜濬於雞鳴山。沿途遊覽名山古刹,皆有詩。

> 王摅《蘆中集》卷三《曉起渡江望金山用東坡遊金山寺韻》《登雨花臺用太白登冶城西北謝安墩韻》《遊高座寺》《遊天界寺》《桃葉渡》《中秋秦淮望月用昌黎八月十五夜韻》《留別杜于皇用太白下途歸石門舊居韻》⑦。

按:是歲七月離家赴南京,沿水路北上由鎮江渡江,中秋後返程,與往歲一致。從"一月長干行,素衣忽已緇。同輩豈不榮,心懷紈扇詩"(《金陵將歸用謝康樂初發石頭城韻》)、"五噫已賦身將隱,十上休論願屢違。恐被北山猿鶴誚,匆匆還掩故園扉"(《出龍江關》)等句來看,應爲落第南還無疑。《留別杜于皇用太白下途歸石門舊居韻》有"自君別我金陵去,十餘年來夢江樹"之句,王摅與杜濬自順治十六年(1659)一别,再見已是十六年後。

---

① 張慧劍:《明清江蘇文人年表》,上海:上海古籍出版社,2008年,第812頁。
② 《蘆中集》,第65頁。
③ 汪超宏:《宋琬年譜》,北京:人民文學出版社,2010年,第295頁。
④ 《蘆中集》,第70頁。
⑤ 《蘆中集》,第80頁。
⑥ 《王巢松年譜》,第799頁。
⑦ 《蘆中集》,第90—102頁。

康熙十五年(1676)丙辰　四十二歲

是年春首次入京謀職,未果,八月返家。

> 王攄《蘆中集》卷三《渡河感作》:"一葉危津寄此身,故園櫻笋正芳辰。濁河有浪先驚夜,長路無花易別春是日春盡。望裏鄉關何處是,夢中兒女暫時親。不應拋卻江南好,去客京華十丈塵。"《歸至許墅用羅昭諫東還途中作韻》:"五柳門前舊釣磯,無端入洛與相違。別來羌管愁難聽,夢裏吳山喜竟歸。爲客身遲秋雁至,還家心逐暮帆飛。棄繻有志非吾事,落魄依然一布衣。"①

按:《蘆中集》卷三起乙卯七月,盡丙辰八月。前首位於卷中,應作於丙辰春暮赴京師道中。後首位於卷末,應作於八月返家途中。

北上京師途中過皖,與施閏章相識,有詩唱和。

> 王攄《蘆中集》卷三《登太白酒樓次施愚山督學韻》《游南池次施愚山督學韻》②。

按:據施念曾《愚山先生年譜》康熙十五年丙辰:"歸里門,春遊旌陽……有旌陽《西竺寺》《梓山》詩,《隱龍山記》注云:丙辰三月又有《杪春自旌川還宣城道中即目呈同行吳香爲、張鹿床》。"③可知施閏章是年春在家鄉宣城一帶遊歷。

六月,王士禎爲王攄《據青集》作序。

按:《蘆中集》以《據青集》原序弁於首。中云:"順治中,予與端士同舉禮部,繼又識異公、懌民、藻儒諸子,與余譚藝悉合,獨未識虹友以爲憾。今年夏,相遇京師,握手極歡。出其《據青集》一卷,所謂幽奇悲壯,兩者殆兼之矣。"末署"康熙丙辰六月濟南愚兄士禎序"④。

是年夏於京師結識顧炎武。秋送同鄉友人趙貞赴修武宋君幕府。

> 王攄《蘆中集》卷三《送趙松一之修武》⑤。
>
> 趙貞《蘭懷堂詩集》王攄序:"予入京師,顧寧人先生見予兩人之作,亟稱之以爲可教。方幸得師,而予以無所合,困而歸。松一赴修武宋君中郎之招。先生亦長隱華山,先後散去。"⑥
>
> 趙貞《贈別王七虹友》:"十年不識王郎面,偶到燕都忽相見。"⑦

按:趙貞,字松一,太倉人。著有《蘭懷堂詩集》十卷。

康熙十六年(1677)丁巳　四十三歲

是年重陽,王曜升做東,王攄與周肇、周孝威、王昊、王撰、王抃等八人集準提庵,

---

① 《蘆中集》,第 121、130 頁。
② 《蘆中集》,第 123 頁。
③ (清)施念曾:《施愚山年譜》,《清初名儒年譜》7 冊,北京:北京圖書館出版社,2006 年,第 399 頁。
④ 《蘆中集》,第 3—5 頁。
⑤ 《蘆中集》,第 126 頁。
⑥ (清)王昶:《直隸太倉州志》卷五三藝文二,《續修四庫全書》697 冊,第 121 頁。
⑦ (清)汪學金:《婁東詩派》卷一九,《四庫未收書輯刊》9 輯 30 冊,第 315 頁。

各作《念奴嬌》詞一首。

《王巢松年譜》康熙十六年:"重陽日,子儆、孝威、鴻調、家惟夏、次谷、三兄、七弟暨余共八人,同集準提庵,快聚竟日,次谷爲主人,各有《念奴嬌》詩餘一首。"①

康熙十七年(1678)戊午　四十四歲
是年初召人日吟社,雅集於善學齋。

王攄《蘆中集》卷四《人日招同錢梅仙、費天來、江位初、顧伊人、周懸著、毛亦史、張慶餘、周翼微、吴綿祖、顧商尹、曹九咸、沈台臣小集,兼懷趙松一、家弘導》②。

毛師柱《人日寄懷王虹友諸同學》詩序:"戊午人日王虹友首倡文酒之會,同集爲費天來、錢梅仙、江位初、顧伊人、周翼微、張慶餘、顧商尹、曹九咸、沈台臣及余共十一人。時趙松一客修武,王弘導客都門,即事寄懷各成七古一首。"③

曹延懿《戊午人日同錢梅仙、江位初、周翼微、毛亦史、顧伊人、張慶餘、徐扶令、沈台臣集王七虹友齋話舊,有作兼懷趙松一、王弘導》④。

按:《蘆中集》卷四起於戊午九月盡癸亥三月,此詩作於人日(正月初七),故應將系年提前至正月。

是年春夏間有黃山之行。途經宣城,訪喝濤、石濤、梅清。與施閏章登敬亭山遊覽。

王攄《蘆中集》卷四《廣教寺訪喝公石公二大師》《題梅瞿山黃海浮嵐圖》《別敬亭山用謝元暉韻》《留別瞿山》《晚至天都峰下》《文殊院》《黃海歌》《過蓮華峰》《煉丹台》《光明頂》《登始信峰望石筍矼諸勝》⑤。

王掞《西田集》卷一《虹友兄歸述黃山諸勝兼讀新詩》⑥。

施閏章《學餘堂詩集》卷三十九《同王虹友、徐章仲登敬亭時王將遊歙》⑦。

按:據施念曾《愚山先生年譜》康熙十七年戊午:"夏,詔開博學宏詞科,先生應徵入都……而公卒六月冒暑北行。"⑧可見王攄與施閏章同登敬亭當在六月之前。

康熙十九年(1680)庚申　四十六歲
是年正月,屈人均過太倉,王攄招集善學齋論詩,屈賦詩相贈。

屈大均《翁山詩外》卷一五言古《正月既望太倉王虹友兄弟招同諸子集善學齋中有賦》云:"吁嗟歲庚申,昊天降威疾。"⑨

---

① 《王巢松年譜》,第800頁。
② 《蘆中集》,第131頁。
③ (清)毛師柱:《端峰詩選》七言古,《四庫未收書輯刊》8輯22册,第633頁。
④ 《婁東詩派》卷二一,第350頁。
⑤ 《蘆中集》,第134—155頁。
⑥ (清)王掞:《西田集》,《清代詩文集彙編》168册,第344頁。
⑦ (清)施閏章:《學餘堂詩集》,《四庫全書》1313册,北京:北京出版社,第754、755頁。
⑧ 《施愚山年譜》,第403、404頁。
⑨ (清)屈大均:《翁山詩外》,《續修四庫全書》1411册,第272頁。

王抃《巢松集》卷三《屈翁山過婁上集虹友弟齋賦詩相贈次韻答之》①。

許旭《秋水集》卷一《庚申孟春王虹友招同屈翁山、王端士、異公、懌民、王次谷論詩竟日,次翁山韻》②。

是年六月父時敏過世,年八十九歲。

《奉常公年譜》十九年庚申:"六月七日猶手書徑尺榜額,是夕諸子侍側,坐談娓娓,神氣朗然……至十七日酉時薨於寢病中。"③

《王巢松年譜》康熙十九年:"六月中,吾父見背。"④

是年得顧炎武從華陰寄書。

趙貞《蘭懷堂詩集》王摅序:"明年先生寓書於予有云:獲麟西野,粗成撥亂之書。化鶴東州,未卜歸來之日。先生之志蓋有在也。"⑤

張穆《顧亭林先生年譜》十九年庚申下《與王虹友書》⑥。

顧炎武《亭林文集》卷四《與王虹友書》⑦。

康熙二十一年(1682)壬戌　四十八歲

是年歲暮作詩和徐乾學《喜吳漢槎南還》詩。

按:吳兆騫於康熙二十年(1681)南還,徐乾學設宴歡迎,即席作《喜吳漢槎南還》詩,和者多至數百人。《蘆中集》卷四止於癸亥三月,所錄《喜吳漢槎南還次徐健庵宮贊韻》位於《元夕後二日吳元朗招集真想齋分七虞》前,應爲此年和作。

康熙二十二年(1683)癸亥　四十九歲

本年春吳漢槎自京還鄉探母,至善學齋拜訪,王摅亦回訪,有詩相贈。

王摅《蘆中集》卷四《漢槎歸自塞外見訪》《同顧梁汾舍人飲漢槎寓賦贈十韻》⑧。

王抃《西田集》卷二《虹友兄齋同吳漢槎夜話》⑨。

十月中,家遭火灾,居所皆被燒毁。

《王巢松年譜》康熙二十二年:"十月中,七弟家大樓被火,未辨色時,有家人來報,余尚在疑信之間,亟披衣往視,餘燼未滅,已爲一片瓦礫場矣。七弟而有此大不堪之事,兩先人在泉下不知如何痛心。有一日與迪文相對言之,不覺淚垂。"⑩

---

① (清)王抃:《巢松集》,《四庫未收書輯刊》8輯22册,第422頁。
② (清)許旭:《秋水集》,南京圖書館藏清刻本。
③ 《奉常公年譜》,第446、447頁。
④ 《王巢松年譜》,第801頁。
⑤ 《直隸太倉州志》卷五三藝文二,第121頁。
⑥ (清)張穆:《顧亭林先生年譜》,《續修四庫全書》553册,第585頁。
⑦ (清)顧炎武:《亭林文集》,《續修四庫全書》1402册,第108頁。
⑧ 《蘆中集》,第170—172頁。
⑨ 《西田集》,第351頁。
⑩ 《王巢松年譜》,第802頁。

康熙二十三年（1684）甲子　五十歲

是年初北上京師。

　　按：《蘆中集》卷五起甲子正月，盡丁卯六月。從卷首詩篇來看，王摅正月宴飲於家，隨後《維揚送次谷兄歸里》《過清流關次周孝威韻》《過渚陽留別芝麃兄》，皆爲北上途中所作。且據《蘆中集》卷八《相國寺大殿火》："紺碧前朝寺，當年記一來甲子夏曾至此。"①自注可知，王摅北上曾經開封相國寺。

是年夏集於王士禎寓所，分韻賦詩。

　　　　王摅《蘆中集》卷五《家祭酒阮亭先生招集同人飲寓齋，雨後即事，以韋蘇州"雲淡水容夕，雨微荷氣凉"爲韻，分得雨字、凉字》②。

　　按：詩中有"銜杯方溽暑"句，應作於盛夏。據蔣寅《王漁洋事迹徵略》，康熙二十三年王士禎在國子祭酒任上，十一月十九日離京祭告南海③。

是年作詩賀宋德宜授官文華殿大學士。

　　　　王摅《蘆中集》卷五《賀長洲相公》四首④。

　　　　《清史列傳》卷七宋德宜傳："二十三年，授文華殿大學士，充《政治典訓》、《一統志》總裁官。"⑤

　　按：宋德宜（1626—1687），字右之，長洲人。順治十二年（1655）進士。

康熙二十四年（1685）乙丑　五十一歲

是年二月自京師南還。

　　　　王摅《蘆中集》卷五《出都作》⑥。

　　按：王抃《巢松集》卷四載《乙丑元旦立春兼懷七弟燕遊未歸次隨庵兄韻》⑦，可知元旦時王摅尚未返家，《出都作》中有"蕭蕭一騎潞河東，二月春寒尚朔風"句，應爲二月南還。

返鄉後有越地之行，至八弟王掞浙江學政署中，臘月因病還家。

　　　　王摅《蘆中集》卷五《將之甌江次隨庵兄留別韻二首》《雨中渡江》《將至富陽》《過七里瀨》《東陽曉發》《山行疊前韻二首》《過桃花嶺》《將別甌署用孟襄陽樂成館臥病懷歸韻》⑧。

　　　　《王巢松年譜》康熙二十四年："八弟因兩浙學差，於三月中到家，王命不能久稽，數日即赴任⋯⋯中秋前，八弟貽書次谷，約之去，其時三兄未行，七弟先已進

---

① 《蘆中集》，第315頁。
② 《蘆中集》，第177頁。
③ 蔣寅：《王漁洋事迹徵略》，北京：人民文學出版社，2001年，第286、295頁。
④ 《蘆中集》，第179、180頁。
⑤ 《清史列傳》，北京：中華書局，1987年，第483頁。
⑥ 《蘆中集》，第181頁。
⑦ 《巢松集》，第430頁。
⑧ 《蘆中集》，第185—194頁。

署矣。臘月中,七弟忽患鼻衄,委頓殊甚,買棹先歸。"①

《清史列傳》卷九王掞傳載:"二十三年,補右贊善,提督浙江學政。"②

按:王掞《西田集》卷三載《隨庵兄歸自武林,余將赴東甌,賦詩留別》《暮雨渡錢塘次虹友兄韻》《富陽道中》《過嚴陵釣台》《金華曉發次虹友兄韻》《永康道中疊前韻》《過桃花嶺》《將別甌署用孟襄陽樂成館臥病懷歸韻》等詩,皆同題或次韻之作。可知王摅一路隨王掞過杭州學署、嘉興學署等地主持學政。

是年爲趙貞《蘭懷堂詩集》作序。

趙貞《蘭懷堂詩集》王摅序:"予從舍弟於越,松一自滎陽歸,思先生而不見,見其有似乎先生,如見先生焉,蓋不徒賞文字之工,而深幸絶學之有傳。"③

按:"從舍弟於越"即隨王掞赴浙江學署,是年初趙貞尚客於同鄉顧商尹滎陽幕署,兩人或於越地相見。

本年髭鬚盡白。

王摅《蘆中集》卷五《白鬚》④。

王抃《巢松集》卷四《曹九咸越歸,知七弟鬚頓白,因以自感》⑤。

王撰《揖山集》卷七《余至武林見虹友弟鬚頓白,鶴尹弟聞之,作詩志感,漫次其韻》⑥。

康熙二十五年(1686)丙寅　五十二歲

元旦鼻衄稍瘥,邀王抃過食魚。

《王巢松年譜》康熙二十五年:"新正七弟鼻衄稍瘥,偶得一巨魚,相約共用。"⑦

九月初,王揆夫婦從河北任縣歸,王摅與王抃作東,於鶴來堂觀劇。

《王巢松年譜》康熙二十五年:"九月初,二兄二嫂從任縣歸,余父子入郡迎之,到家即與七弟作主人,適全蘇班到婁,在鶴來堂演雜劇。"⑧

康熙二十七年(1688)戊辰　五十四歲

是年八月爲毛師柱《端峰詩選》作序。

毛師柱《端峰詩選》王摅序末署:"戊辰中秋前十日撰於善學齋。"⑨

---

① 《王巢松年譜》,第803頁。
② 《清史列傳》,第650頁。
③ 《直隸太倉州志》卷五三藝文二,第121頁。
④ 《蘆中集》,第203—204頁。
⑤ 《巢松集》,第432頁。
⑥ (清)王撰:《揖山集》,國家圖書館藏清三餘堂刻本,第14頁。
⑦⑧ 《王巢松年譜》,第803頁。
⑨ 《端峰詩選》,第603頁。

康熙二十八年(1689)己巳　五十五歲
是年八月爲王抃《巢松集》作序。

  王抃《巢松集》王攄序末署："己巳八月三日弟攄拜序。"①

康熙二十九年(1690)庚午　五十六歲
是年九月啓程北上京師。

  按：《蘆中集》卷六起庚午九月，盡辛未十二月。卷首即《泊京口》《發維揚》《至淮上》《入山左境》等一系列紀行詩篇，可知王攄本年秋離鄉北上。

康熙三十年(1691)辛未　五十七歲
是年秋至顧祖榮學幕，歲暮復北上。

  王掞《西田集》卷四《送虹友兄赴顧觀廬侍講幕》②。

  按：《蘆中集》卷六《喜曾耳黃至》云："四月都門別，相逢復此辰。"此詩前首爲《九日署中登高次顧觀廬侍講韻》，後首爲《九月十五夜》，可見王攄本年四月尚在京師，九月已館於顧祖榮侍講署。顧祖榮，字山客，號觀廬，錢塘人。工書法，官至內閣學士。關於顧祖榮署府所在地，王攄有《天雄署中和杜秋興八首》，天雄爲唐代軍名，防地在河北大名一帶，清代爲大名府（今邯鄲市大名縣），位於河北南部。卷末載《定州感作》《至清風店》《至安肅》《自定興至易州》《發長新店》等詩，證明其再次北上。

是年作詩悼周象明。

  王攄《蘆中集》卷六《得周懸著凶問哭之》③。

  按：周象明，字懸著，太倉人。棄科舉，授徒鄉里，吳偉業長子吳暻、王掞長子王奕清皆從其學。康熙三十年(1691)病逝，年五十八。

是年妻子李氏去世。

  王攄《蘆中集》卷六《追哭亡室用杜新婚別垂老別二韻》④。

康熙三十一年(1692)壬申　五十八歲
是年初在京師，與同鄉友人沈受宏聯床論文近一月，有詩互酬，元夕後即歸幕。

  沈受宏《白漊集》卷六《送王虹友赴顧侍講學幕》云："長安客舍一春同，剪燭連床夜夜中。"《虹友至自學幕賦贈四首》其一云："客舍春明別袂分，更無知己可論文。"《重別虹友》⑤。

  按：《蘆中集》卷七起壬申正月，盡六月。《元夕遊燈市用東坡次劉景文上元韻》一詩後即爲《次韻答沈台臣贈行》，此詩即次沈受宏《重別虹友》韻，首句云："聯床將一月，言別最傷神。"沈受宏，字台臣，太倉州人。弱冠以詩受知於吳偉業。

---

① 《巢松集》，第 391 頁。
② 《西田集》，第 372 頁。
③ 《蘆中集》，第 231 頁。
④ 《蘆中集》，第 233 頁。
⑤ （清）沈受宏：《白漊集》，《清代詩文集彙編》167 冊，第 529、530、531 頁。

是年春作詩挽徐元文。

> 王攄《蘆中集》卷七《哭玉峰相公用杜故僕射相國張公九齡韻》①。

按：玉峰相公，即徐元文，字公肅，號立齋，昆山人。徐乾學之弟。順治十六年(1659)狀元，累官刑部尚書、文華殿大學士。康熙三十年(1691)病逝。

是年立秋前復入都。九月遊覽王士禛西城別墅，有所題咏。

> 王攄《蘆中集》卷七末三首《將入都喜作》《立秋用杜立秋雨院中作》《進齊化門》。卷八首篇《題家侍郎阮亭西城別墅十三首》②。

按：《蘆中集》卷八起壬申九月，盡癸酉十一月，可知題咏詩寫於九月。據蔣寅《王漁洋事迹徵略》康熙三十一年，王士禛九月有《與青溝和尚書》，信中言："小兒與諸公唱和西城別墅詩一部附呈。"③王攄之作或亦在其中。

康熙三十二年(1693)癸酉　五十九歲

是年在京應試北闈，九月離京還鄉，十一月抵家。

按：《蘆中集》卷八載《中秋用東坡和子由韻》《榜後示昭復》兩詩，前首中有"來月我將客河汴，月色依然風景變""只恐又被饑驅出，明年此時五羊客"之句。可見王攄在中秋時已決定下月南還，並有明年嶺南之遊的打算。後首應爲榜發後示兒之作。另據《九日》一詩末句："喜插茱萸兄弟共，將歸此席是離殤。"可知王攄確於重陽後南下。卷末《抵家用杜羌村韻三首》、《哭女二首》均作於十一月還家後。

是年臘月上旬爲王撰《揖山集》作序。

> 王撰《揖山集》王攄序末署："癸酉嘉平上浣弟攄載拜謹題。"④

是年輯同鄉後學王時翔等十人詩爲《積薪集》，亦名《婁東後十子詩》。

按：據《明清江蘇文人年表》康熙三十二年(1693)引《古文匯鈔》卷九六⑤。

康熙三十三年(1694)甲戌　六十歲

是年有嶺南之遊，隨行者同鄉友人朱立雲。經越、贛、閩至粵，除夕後北返。

按：《蘆中集》卷九起甲戌五月，盡十二月。卷首載《渡錢塘》《玉山道中》等篇，知王攄此時已離家南下。《渡錢塘》云："榻憶懸徐穉，舟欣共李膺謂朱立雲。"⑥卷十《題朱立雲詩卷》云："憶曾同客粵，吟罷曉鐘聞。"⑦王抃《巢松集》卷五載《懷虹友弟遊粵兼寄朱立雲》⑧。朱立雲，太倉州人，生卒年不詳。唐孫華《東江詩鈔》卷四載《壽朱立雲七十》及《同里朱立雲工書善畫，頗能爲小詩，家貧每居蕭寺，衰年病肺，藥餌無資，余爲致薄少之助，兼作詩書之扇頭以貽之，庶幾同志中有見余詩者，繼聲屬和，或哀其

---

① 《蘆中集》，第254頁。
② 《蘆中集》，第284—291頁。
③ 《王漁洋事迹徵略》，第384、385頁。
④ 《揖山集》，第2頁。
⑤ 《明清江蘇文人年表》，第891頁。
⑥ 《蘆中集》，第323頁。
⑦ 《蘆中集》，第406頁。
⑧ 《巢松集》，第446頁。

憔悴,稍爲援手云》①二詩,可知其曾與唐孫華同客徐乾學幕,亦才高而途窮之士。據毛師柱《溪月禪師招同諸公雨窗雅集次隨庵先生韻同隨庵、鶴尹、汲園、立雲、斐瞻書,又蓬其章暨鶴癯上人》詩中"江山舊迹收吟卷時汲園、立雲甫從粵歸,遊稿甚富"②及張毛健《王汲園先生見訪過賞拙集因呈長句》詩中"牛鬼不教傳僞體,龍文自足振頽風近讀《粵遊集》"③句下小注可知,王攄曾結集此次紀遊之篇爲《粵遊集》,應即卷九所收詩。

是年秋過廣東程鄉縣,爲友人曹延懿《蓬庵詩集》作序。

王攄《蘆中集》卷九《曹九咸招同李瞻航、藍公漪、金子翔、杜錦來、張魯斂、朱立雲飲湖山》《中秋夜九咸招同公漪、立雲署中玩月,即以留別,用東坡和子由韻》《十六夜舟泊梅州城外,同藍公漪、李際青、朱立雲月下小酌疊前韻》④。

曹延懿《蓬庵詩集》王攄序:"今年秋,余客遊嶺表,揖讓甫畢,出一編以示讀之。"⑤

按:曹延懿,字九咸,太倉州人,程鄉縣縣令(今屬廣東梅縣治)。據上引諸詩可知,王攄等於中秋前在曹延懿府衙盤桓數日,節後即留別。序言當作於不久之後。

是年秋在廣州與屈大均、陳恭尹、梁佩蘭交遊,有詩奉酬。並送薛熙赴乳源幕府。

王攄《蘆中集》卷九《九日薛孝穆招同寧澳公、陳端木、湯儀吉、劉管分、葉蒼崖、朱立雲、吳方來、屈天之飲屈氏騷聖樓,分得歸字》《屈翁山招同薛孝穆飲古丈夫洞草堂》《送孝穆赴乳源幕疊前韻》《梁藥亭太史以詩送行賦答》《留別屈翁山》《答陳元孝贈別次原韻》等詩⑥。

陳恭尹《獨漉堂詩集》卷六《送王虹友歸太倉》。⑦

王瑛《憶雪樓詩集》卷下《小春入夜招諸同人集寓齋,送薛孝穆赴乳源幕,用家虹友韻》⑧

按:據《九日》詩,王攄重陽時已至廣州。《留別屈翁山》云:"嶺南臘月盡,桃李皆華滋。歸帆挂江潯,行矣增淒其。"可知其至歲末方北返。陳恭尹,字元孝,初號半峰,晚號獨漉子,又號羅浮布衣。梁佩蘭,字芝五,號藥亭、柴翁、二愣居士,晚號鬱洲。薛熙,字孝穆,常熟人。曾從汪琬學。《明清江蘇文人年表》康熙三十二年(1693):"常熟薛熙編《明文在》一百卷。客廣州,爲屈大均所著《翁山文鈔》十卷加評。所著《秦楚之際遊記二卷》,由屈大均加評,在廣東刊行。"⑨可與王攄詩句"楚客已同餐菊慣向寓屈氏騷聖樓,虞卿真見著書成所選《明文在》方梓成"、"問所從得力,薛子孝穆相切劘"互相發明。

---

① (清)唐孫華:《東江詩鈔》,《清人別集叢刊》,上海:上海古籍出版社,1979年,第5、13頁。
② 《端峰詩選》,第699頁。
③ (清)張毛健:《鶴汀集》,《四庫未收書輯刊》8輯22冊,第584頁。
④ 《蘆中集》,第344—350頁。
⑤ (清)王寶仁:《婁水文征》,廣陵古籍刻印社據道光有餘齋刊本影印,1991年。
⑥ 《蘆中集》,第353—365頁。
⑦ (清)陳恭尹:《獨漉堂詩集》,《續修四庫全書》集部1413冊,第91頁。
⑧ (清)王瑛:《憶雪樓詩集》,《四庫禁毀書叢刊》集部150冊,第275頁。
⑨ 《明清江蘇文人年表》,第891頁。

康熙三十四年(1695)乙亥　六十一歲

是年春抵家,有詩悼徐乾學。

> 王攄《蘆中集》卷十《哭玉峰司寇》,首句云:"公已遊泉下,余方度嶺頭於廣州得公凶問。"①

按:《蘆中集》卷十起乙亥正月,盡丁丑六月。徐乾學死於康熙三十三年,王攄於廣州得訃聞,次年抵家後作詩悼之。

康熙三十五年(1696)丙子　六十二歲

是年二月七日召集吟社諸同人聚蘇州獅子林,用蘇軾和秦觀韻相互唱酬。

> 王攄《蘆中集》卷十《招杜讓水及諸同人,集獅子林梅花下,用東坡和秦太虛韻》②。
>
> 毛師柱《端峰詩選》載《二月七日王汲園招集獅子林觀梅,用東坡和秦太虛韻》③。
>
> 張毛健《鶴汀集》卷三《王汲園先生招集獅子林梅下,喜同杜讓水先生暨同社諸君子,用家伯端峰次東坡和秦太虛梅花韻》《再集獅子林,戲用前韻呈隨庵、汲園諸先生》④。

按:毛師柱《端峰詩續選》卷四《晚秋獅子林小集》末句云:"忽焉十載過,鬢影空鬑鬑丙子二月汲園曾招集於此"⑤。可將此次雅集系於是年二月。

是年除夕前王揆去世,有詩悼之。

> 王攄《蘆中集》卷十《哭芝廛兄》⑥。
>
> 王抃《巢松集》卷六《忍翁疊前韻見示再和二首》其二:"新年興在吟芳草,令節心傷戴縞冠甫遭仲兄之變。"⑦

康熙三十六年(1697)丁丑　六十三歲

是年初與黃與堅唱和不絕。

> 王攄《蘆中集》卷十《次和忍翁除夕元旦韻二首》《和忍翁見予兄弟和詩疊前韻二首》《和忍翁臥疾用東坡和子由病酒肺疾韻》《次和忍翁小樓韻二首》《和忍翁見實君、亦史、憲尹和詩疊前韻二首》《和忍翁見位初、台臣曆所和詩疊前韻二首》《和忍翁見憲尹及余和詩疊前韻》⑧。

---

① 《蘆中集》,第377頁。
② 《蘆中集》,第381頁。
③ 《端峰詩選》,第637頁。
④ 《鶴汀集》,第586、587頁。
⑤ (清)毛師柱:《端峰詩續選》,《四庫未收書輯刊》8輯22冊,第737頁。
⑥ 《蘆中集》,第389頁。
⑦ 《巢松集》,第450頁。
⑧ 《蘆中集》,第390—399頁。

康熙三十七年(1698)戊寅　六十四歲

是年夏《蘆中集》付梓。

　　王摅《蘆中集》自序末署:"戊寅夏五王摅識。"①

是年秋患肺疾,咳血北上京師,途中遇王抃,匆匆話別。

　　王抃《巢松集》卷六《北歸抵里河幹遇七弟入都》:"片刻言難盡,三秋念豈忘。衰年偏病體時七弟偶患肺疾,遠道只空囊。"②

康熙三十八年(1699)己卯　六十五歲

是年自京南歸,五月初一抵家,夏秋間身體稍有好轉,冬至夜間病故。

　　王抃《巢松集》卷六《喜七弟抵家病減》《哭虹友弟》。《哭虹友弟》詩序云:"戊寅秋,七弟爲都門之游,爾時偶患咳血,力疾而行。余亦甫從北歸,於河幹相遇,匆匆言別。客歲蒲月朔始抵家,形容雖覺憔悴,然猶言笑如常,眠餐不減。夏秋間似有起色,心竊甚慰,所以有《喜七弟病減》一詩,不意長至之夕竟成永訣。"③

　　毛師柱《端峰詩續選》卷二己卯《哭汲園》二首④。

　　沈受宏《白漊集》卷八《哭王虹友》五首⑤。

是年冬編選同鄉女詩人王慧《疑翠樓詩集》四卷。

　　《疑翠樓詩集》,常熟朱雲集妻王慧撰。其弟王吉武跋云:"初新城西樵先生有《然脂集》之選,廣征閨秀詩文,姊早年諸作曾爲郵寄,採録最多,己卯冬掇拾前後存稿得數百篇,屬汲園叔選定,兹又數年,念一生苦心,不忍終棄,因付剞劂。"⑥

　　其弟王吉武跋云:"初新城西樵先生有《然脂集》之選,廣徵閨秀詩文,姊早年諸作曾爲郵寄,採録最多。會先生早逝,未得成書爲悵。厥後篇什益富,閉置篋衍,未敢質諸通人,惟汲園叔見而嘆賞之,殘沍渝墨,久而不無散佚,己卯冬掇拾前後存稿得數百篇,屬汲園叔選定。時叔疾寖劇,披帙甚喜,病中朱黃塗乙,點勘極細,共選三百餘首,釐爲四卷。論次甫畢,而叔已不起。今手其稿,遺筆宛然,亦可爲悲感也。兹又數年,念一生苦心,不忍終棄,因付剞劂。"⑦

---

① 《蘆中集》,第6頁。
② 《巢松集》,第453頁。
③ 《巢松集》,第456頁。
④ 《端峰詩續選》,第717頁。
⑤ 《白漊集》,第553頁。
⑥ 《直隸太倉州志》卷五四藝文三,第138頁。
⑦ (清)王慧:《凝翠樓詩集·跋》,天津圖書館藏清光緒二十三年(1897)重印本。

鄒漢勛年譜

張秀玉

摘　要：清後期漢學家鄒漢勛生於嘉慶十年，湖南新化縣人。幼時學業穎異，二十歲時纂成《六國春秋》；深研漢學，著《讀書偶記》；三十三歲補府學弟子員；三十五歲時，助鄧顯鶴校刻《船山遺書》，兩年内陸續刊成；四十一至四十六歲，陸續纂修《貴陽府志》《寶慶府志》《大定府志》《興義府志》《安順府志》。咸豐元年因事入獄，旋被釋；是年中鄉舉。咸豐二年會試報罷，返程時爲魏源《書古微》作圖。咸豐三年，赴南昌、廬州與太平軍作戰。十二月廬州城破，死難，年四十九歲。鄒漢勛於方志學頗有建樹。

關鍵詞：鄒漢勛；方志學家；漢學家；年譜

嘉慶十年（1805）乙丑　一歲

字叔績，號績父，又號叔子，湖南新化縣高坪羅𬭎村人（今邵陽隆回縣）人。

先世江西泰和，後遷新化。高祖鄒思晉，字康侯，廬墓三年，以孝稱。曾祖鄒養蒙，字聖功。祖父鄒睿，字進思，號近齋。嫡祖母劉氏、祖母曾氏。父鄒文蘇，字望眉、望之，號景山、眉山，幼穎異，年十二附郡學讀書，次年補廩膳生員，多次應舉不第，築古經堂授學鄉里，長於考據典物，力尊漢學，談心性以朱子爲圭臬。鄒文蘇親自教諸子，皆有成。鄒文蘇生於乾隆三十四年二月二十八日，卒於道光十一年六月二日。原配劉氏，繼配吳氏。劉氏生長女，嫁拔貢生慈利縣教諭邵陽歐陽佶。吳氏名瑚珊，爲新化名宿吳蘭柴（建軒）季女，自幼得父教誨，通輿地學並通詩詞。吳氏生子六人，鄒漢勛排行第三。漢勛長兄漢紀，縣附學生員，娶歐陽氏。二兄漢潢，娶羅氏。四弟漢嘉，縣附學生員，娶劉氏。五弟漢章。六弟漢池，娶李氏，繼娶章氏。吳氏生二女，長許配捐職衛千總同縣歐陽康，早卒；次適寶慶府學廩膳生員同縣艾文雋。漢勛娶彭氏，子二，繇、遲；女一，許劉氏。

鄒漢勛《學藝齋文存》卷六《例授修職郎候選訓導貢生顯考眉山府君行述》；馬少僑《清代輿地學家鄒漢勛》；李鵬連《鄒漢勛與晚清方志學》。按，清光緒九年鄒代鈞刻鄒叔子遺書本《學藝齋文存》卷六《例授修職郎候選訓導貢生顯考眉山府君行述》稱："府君諱文蘇，字望之，自號眉山。"而同書《學藝齋文存》卷八之《追憶賦》稱其父"景山君"。2007年蘭州大學李鵬連碩士論文《鄒漢勛與晚清方志

---

* 作者簡介：張秀玉，女，安徽省社會科學院歷史研究所（安徽合肥230051），副研究員，文學博士，主要從事歷史文獻學研究。

本文係國家社科基金一般項目"桐城派稀見文獻整理與研究"（16BTQ046）階段性成果。

學》載鄒文蘇"字望眉,號景山",兩存之。

嘉慶十二年(1807)丁卯　三歲
始辨識方向。

　　鄒漢勛《學藝齋文存八》之《追憶賦》:"半六歲而授方名。"

嘉慶十三年(1808)戊辰　四歲
誦讀《論語》。

　　《學藝齋文存八》之《追憶賦》:"誦一論而過三期。"

嘉慶二十一年(1816)丙子　十二歲
讀完《書》《詩》《易》《禮》四經。

　　《學藝齋文存八》之《追憶賦》:"《書》難盤誥之篇,《詩》畏雅風之倅。《易》迷六九之陰陽,《禮》涵再三之般避。……畢四經而逾十二。"

嘉慶二十四年(1819)己卯　十五歲
延塾師景山君課《左傳》及其他經史,漢勛學業穎異。長兄漢紀於《左傳》鑽研最深。

　　《學藝齋文存八》之《追憶賦》小字注:"十五六,家君延塾師課左氏句度而受訓詁,質疑難於先兄,蓋通左義矣。伯氏於左氏功最深,著有《左氏地圖說》,又能自昧爽至亭午背誦全傳二十萬言一過,實平生所罕覯也。""景山君課勛輩,每於鋪時集講堂或庭院,貫究經史,發數疑義,令勛輩各出己見決擇。如其事有未見,輒指受在某書,或令伯仲轉曉,二三日中再問,黨昏庸急縱,一問不能答,即受撲責。一日合出,公輒漢議大禮、議東漢東晉廟制,發一大疑問,勛所條說,頗中景山君意。"

嘉慶二十五年(1820)庚辰　十六歲
協助長兄漢紀編《左氏地圖說》《博物隨抄》,又助仲兄漢潢編《群經白物譜》。

　　馬少僑《清代輿地學家鄒漢勛》。

道光二年(1822)壬午　十八歲
得咯血病。著手編著《六國春秋》。

　　《學藝齋文存八》之《追憶賦》小字注:"十八遘咯血病。""十八九撰《六國春秋》,朝夕編討,日錄六七千言。伯氏見而賞之,曾爲予錄數紙以志欣愉。景山君見之,始召鈔胥以節其勞。"

道光四年(1824)甲申　二十歲
《六國春秋》纂成。

　　《學藝齋文存八》之《追憶賦》:"取材乎左氏遷劉,折衷於群經子史。考疊賞而招僑,兄頻欣而擘紙……年方冠而書成。"按,馬少僑《清代輿地學家鄒漢勛》稱

"道光五年,鄒漢勛二十歲,《六國春秋》成書"。實際及冠應爲二十歲,即道光四年。

道光六年(1826)丙戌　二十二歲
深研漢學,著《讀書偶記》。

　　楊軍昌《鄒漢勛與清代貴州四府名志》。

道光七年(1827)丁亥　二十三歲
作《歲日》詩。

　　《學藝齋詩存一》之《歲日》:"爆紙歡五液,幽人不能寐。聊復攝衣巾,出門共迎歲。稷雪封脆蕊,盈盈一尺絮。行行踏脆雪,□□飲雙屐。雞鳴以爲朔,冥冥不能眛。山川皆闃爾,餘光照屋鷗。山民相娛樂,但自對妻子。我聞玉關烽,風物正此似。"

道光八年(1828)戊子　二十四歲
作《元日》詩。

　　《學藝齋詩存一》之《元日》:"乙生三及戊,故是添年期。強從柏酒飲,中心已悵而。我生厪如此,廿四已風弛。蘊璞無足惜,永懷在來兹。經術既不茂,勛庸亦可知。没世名不稱,究亦關所施。縱不展宏才,要當具偉奇。刺促不稱意,徒焉守涓微。"

道光十一年(1831)辛卯　二十七歲
長兄漢紀、母吳氏相繼辭世。

　　《學藝齋文存六》之《例授修職郎候選訓導歲貢生顯考眉山府君行述》:"末年居曾大安人憂,既又亡兄漢紀、吳孺人相繼棄世。"

五月,兄弟漢潢、漢嘉、漢章、漢池、妹一人染疫,由父陸續治癒。

　　《學藝齋文存六》之《例授修職郎候選訓導歲貢生顯考眉山府君行述》:"府君素善病,今上道光十年十一年間,病少減,不孝漢潢等方幸慶,而是時鄉里連歲灾疫。不孝漢潢、不孝漢嘉、不孝漢章、不孝漢池、女弟娩皆染疾彌旬。府君故善醫,皆以次診治就痊,時疫亦息,而府君勞矣。"

父鄒文蘇治癒諸子後,越月病,病二日卒。時六月二日。

　　《學藝齋文存六》之《例授修職郎候選訓導歲貢生顯考眉山府君行述》。

居高平山中讀書,開始著《讀書偶識》。

　　馬少僑《清代輿地學家鄒漢勛》;左宗棠《鄒叔子遺書序》:"窮年兀兀,静對一編,不與世俗接,心精一縷,獨追古初。"

撰《流民》詩。

　　《學藝齋詩存一》之《流民》題注:"歲在重光,荊方縣邑大水。沔陽之田夏淹其稻,秋汨其莜,民流之四方者萬計。厚資之士不或振焉,作此閔之。"按,歲在重光,即太歲在辛,而此詩下一年爲壬辰,推測《流民》於是年。且是年水患,因以有大疫。

道光十二年(1832)壬辰 二十八歲
作《尋梅用東坡松風亭下梅花盛開原韻》。

《學藝齋詩存一》之《尋梅用東坡松風亭下梅花盛開原韻》:"冰肌玉骨江上村,暗香馥馥引吟魂。卻怪寒鄉風信晚,二月始伴參橫昏。清姿皎皎雪輝壁,素質亭亭月滿園。但欲塵埃難比並,那知冷冽非春溫。等閑桃李作妖豔,遊蜂舞蝶弄朝暾。崇晨不語工搖曳,何異息女愁荆門。羨爾孤鞦真絶世,師雄畢竟是浮言。豈有天上玉妃子,肯泛人間瀲灩尊。"

作《高平水上限五字之作》。

《學藝齋詩存二》之《高平水上限五字之作》:"久與溪山結舊盟,高平曾記魏時名。虹梁影向煙雲落,蜾室聲疑霹靂鳴。戲水一雙鳶欲墮,迎風無數草還傾。我非夢鳥雕蟲客,搦管先愁氣未橫。"

道光十三年(1833)癸巳 二十九歲
著《讀書偶識》成,自序之。

鄒漢勛《鄒叔子遺書七種》《讀書偶識自叙》(嶽麓書社 2010 年蔡夢麒校點本,篇名爲校點者所加):"予結髮就傅,讀一書輒置書盈案,資其左驗,必旁通曲征,有得於心然後釋。乃復性多遺忘,昔日所得,有尋思數日而始復悟者。於是識之篇簡,裒然成卷,非敢云著述,亦匪藉以求知於人,但記此心之得失爾。"

與友別,贈答詩。

《學藝齋詩存二》之《次韻李子木見別》:"歲莫客愁深,李子行歸去。展軨顧敝廬,期予讀書處。逝將理經史,不怕青袍誤。出入知不遠,但爲多暇故。搜討儻勤渠,才豈終婦孺。世人知高爵,語輒失機趣。謂予矻矻者,風聲必難樹。吾徒已遺名,矧又未日莫。"

道光十五年(1835)乙未 三十一歲
以學藝爲齋名,作《學藝齋記》請唐叔兑作銘。唐叔兑復以其半予草堂請漢勛作記,記作於十月。叔兑爲其字,同邑梅溪人,未知其名。

鄒漢勛《學藝齋文存六》之《學藝齋記》:"勛既以學藝名齋,有過而請者曰:子當明道,奚以藝自卑也?勛曰:藝奚卑哉!僕方有愧於藝,學之而恐不至也。"《唐叔兑半予草堂記》:"勛既以學藝名齋,而欲有銘焉,高第、達官、才人之文力弗能得,亦恐其文之弗得予懷也,爰求同類於梅溪之滸,得一民焉。唐者其氏,叔兑其字。謂才人也,曾無鄉曲之名;謂達官也,曾無一命之榮;謂高第也,曾不隸於璧與璜。……勛欣其同也,乃詣而請銘。叔兑既銘,乃使勛記其半予草堂。……道光十有五年十月己卯學藝人鄒漢勛記於新康學署。"

鄧顯鶴聘漢勛校刊《船山遺書》。

楊軍昌《鄒漢勛與貴州四府名志》將漢勛校《船山遺書》係於是年。

道光十六年(1836)丙申　三十二歲
與丁取忠交。取忠字肅存，號果臣、雲梧，長沙人，生員，精數學。

鄒漢勛《學藝齋文存》卷五《長沙丁果臣數學拾遺叙》："余與果臣交十有五年矣。果臣之爲人，篤誠而學專精，於道多所窺，於藝亦未嘗遺。……咸豐改元閏月二十又七日日中鄒漢勛叔績叙。"

八月，鄧顯鶴《蔡忠烈公遺集續編》編成，書由鄒漢勛搜輯，陳坡、胡鈞、沈道寬、方炳文助刊。

鄧顯鶴《南村草堂文鈔》卷二《蔡忠烈公遺集續編序》。

作詩二首贈答子復先生。

《學藝齋詩存二》之《道光丙申客寧鄉學署方著穀梁春秋釋例適辱子復先生寄詩因賦長句謝之》："吾家舊傳久無師，挽近摛經互釽離。齊學淵源緣識讀，古文授受有浮辭。荒殘幾卷深微意，付與何人子細思。近聖穀梁多義例，根無學海決危疑。""蕫治煨殘分内事，何期縟藻遞詩筒。夢中作賦從唐勒，楚國傳經列子弓。文學由來分徑路，搗謙端爲愧愚蒙。餽貧更願求多種，諫諍名臣舊姓洪。"

道光十七年(1837)丁酉　三十三歲
參加府學秋試，學使蔡春帆以《三江彭蠡東陵考》《九江考》命題，所答詳博，得賞識，補府學弟子員。

李元度《國朝先正事略》本傳。

與丁取忠同在城南書院，師事賀熙齡。賀熙齡字光甫，號蔗農、柘農，湖南善化（今長沙）人，嘉慶十九年進士，歷任翰林院編修、河南道御史、湖北學政、山東道御史，歸鄉後任長沙城南書院山長。

《學藝齋文存五》之《長沙丁果臣數學拾遺叙》："道光丁酉，余與果臣同事蔗農師於城南，往來最密。"

道光十八年(1838)戊戌　三十四歲
就讀長沙城南書院。

善化知縣方炳文是年卒於都門，受其弟方桂森之子海涵之托爲之作傳。作傳之年未知，姑係於方炳文卒年。炳文字雲石、梅丞，其先江西浮梁人，遷湖廣之興國州，嘉慶二十四年舉人，道光六年進士，歷酃縣、寧鄉、善化知縣。

《學藝齋文存六》之《善化知縣方君事略》。

道光十九年(1839)己亥　三十五歲
正月十三，自藍田買舟返湘，十九日到長沙，駐城南，作書寄家。春初，應鄉前輩鄧顯鶴之約,在長沙共校刊《船山遺書》,結識左宗棠於碧湘宮。

《學藝齋文存八》之《城南家書》。羅正鈞《左宗棠年譜》道光十九年。鄧顯鶴《船山著述目録書後》:"道光己亥寓長沙……以校讎之役屬吾邑人鄒漢勛。其後二年,次第刊成《周易内傳》十二卷、《周易大象解》一卷、《周易稗疏》二卷、《考異》一卷、《周易外傳》七卷、《書經稗疏》四卷、《考異》一卷、《尚書引義》六卷、《詩經稗疏》五卷、《考異》一卷、《詩廣傳》五卷、《禮記章句》四十九卷、《春秋稗疏》二卷、《春秋家説》七卷、《春秋世論》五卷、《續春秋左氏傳博議》二卷、《四書訓義》三十八卷、《四書稗疏》二卷、《考異》一卷大凡十八種,都百五十卷。"

邵陽重修龍神火神劉猛將軍廟落成,爲之作記。道光四年邵陽郡伯翟公發起捐輸以作重修之資,得錢二千多緡,至道光十五年,由經營及捐輸共得八千多緡,遂得開工。道光十六年春開工,十九年夏落成,費近萬緡。設正殿奉火神,有土神祠、財神閣、龍神廟、龍神殿,左右二閣奉大士及劉猛將軍。

《學藝齋文存六》之《邵陽重修龍神火神劉猛將軍廟記》。

鄉試報罷。擬在長沙校勘鄧顯鶴所托三種船山著作後返鄉,閲左宗棠所作《輿地圖》大半。

馬少僑《清代輿地學家鄒漢勛》。《學藝齋文存八》之《長沙家書》:"弟在此間,殊少歡趣,本擬場後即歸,須遲至此,已爲滯留。近湘皋先生又送到王船山先生所撰《周易内傳》《周易外傳》《禮記章句》三種,使之讎校。名儒之書,奧誼時存,真可淑身定性,但其書多至數十卷,須一月程始可校畢,當到十月初,方理歸棹。"按,此信中言"知好中唯長沙凌荻舟中式矣,新化僅中楊篤厚一人",楊篤厚中式於道光十九年,因得此信係年。

道光二十年(1840)庚子　三十六歲
四月十七,到會城,致書鄧顯鶴商議刻《船山遺書》事宜。

《學藝齋文存八》之《致鄧湘皋學博書》:"月之十七,始到會城,即奉讀手書。於校刊事宜,惓惓啓誨,惶感交並。……又此書總名當曰《船山遺書》,或以爲疑於張船山,然此船山在其前百餘年,不可避後而改前,九也。"小字注:"道光廿年四月。"

道光二十一年(1841)辛丑　三十七歲
正月九日鄧顯鶴卒。顯鶴字子振,號雲渠,先世自江西泰和遷湖廣新化,顯鶴之兄。鄧顯鶴爲寧鄉學官時,顯鶴即居寧鄉學舍,居十二年歸里,歸一年而卒,年六十八。著《春秋目論》二卷、《説詩囈語》十卷、《文集》八卷,另有《史漢目論》未成書。若干年後,漢勛爲之作傳。

《學藝齋文存七》之《貤贈修職郎優行縣學生鄧先生傳》。按,傳中載顯鶴之子琮爲道光二十四年湖南鄉試舉人,是以此傳當在之後。

道光二十二年(1842)壬寅　三十八歲

上巳,次羅研生韻作《喜遷鶯》詞二首。

《鄒叔子遺書七種》附詩餘《喜遷鶯》:"綠深晴樹。漸庭藥影闌,園鶯聲住。無計傷春,多情懷遠,坐對滿城飛絮。慣把韶華暗放,那得年光如故。算舊好,肯錦書重訊,芳心遥赴。　堪訴,頻夢到,方沼綠漪,難記零星數。指點寒山,招邀澹月,依約夢中情趣。細數從頭別離,苦憶賞心詞句。念此際,只影遥天外,清塵誰步。""人間秋賦。早一例讓人,銷除濃霧。別潤春融,前塍波暖,閑看一雙飛鷺。脱手針氈鉛槧,關心蘭幃杯箸。便此後,歲歲長如此,何曾相戲。　無憀,扃静室,爻系玩餘,更起披繁露。而我參差,歲華如水,身後幾曾能慮。料無復蠅頭傳,空枉卻蛾眉妒。願難副,但消閑覓計,安心尋處。"

道光二十三年(1843)癸卯　三十九歲

以經解受知於學使張振之,補廩膳生員。

　　馬少僑《清代輿地學家鄒漢勛》。

道光二十五年(1845)乙巳　四十一歲

由賀長齡推薦,貴陽知府周作楫延聘至貴陽修訂《貴陽府志》,對原蕭琯稿修潤删正,並另撰《循吏傳》《貴陽耆舊傳叙》《貴陽文藝傳叙》《貴陽分星説》《貴陽沿革》等卷目,歷兩年定稿成書。

　　楊軍昌《鄒漢勛與晚清貴州四府名志》。

應寶慶知府黄宅中之約,與鄧顯鶴同修《寶慶府志》,是志一百四十三卷。作寶慶志局與採訪紳士條例,統一其鄉里、山川、氏族、書籍、人物、科目等收録登載規範。

　　馬少僑《清代輿地學家鄒漢勛》。《學藝齋文存八》之《寶慶志局與採訪紳士條例》。

十月五日,爲新化縣建火神廟作記。新化縣數十年無火神廟。道光二十年縣内兩罹火災,縣令胡公輸紳商之財購地庀材以建,李澤原、晏貽琳董其事,數月落成。

　　《學藝齋文存六》之《新化建火神廟記》。

道光二十六年(1846)丙午　四十二歲

應貴州各地聘,修貴陽、大定、興義、安順四府府志。正月,因修志之役,一家數人同寄寓東山。正月十五,家人歡聚,鄒漢勛倚聲填詞。所修四志五年而成,共二百三十六卷。

　　馬少僑《清代輿地學家鄒漢勛》。楊軍昌《鄒漢勛與貴州四府名志》。《鄒叔子遺書七種》附詩餘《花心動》序:"丙午首春,以修郡志之役,一家數人同寄東山。元夕,叔明、季深展枰對弈,阿琦、阿秀按譜倚聲。予出入二座,裴回滿院。遥望春燈,一東一西,忽起忽滅。悵觸初心,用填舊闋。"

九月四日作《興義十八先生墓碑銘》。十八先生即南明孫可望所殺永曆帝之臣,墓在興義府西教場，漢勛碑銘詳考被戮始末及十八人之名氏。

《學藝齋文存六》之《興義十八先生墓碑銘》。

江都知縣周際華卒，爲之作傳。周際華初名際岐，字石藩，先世祁陽人，後遷貴築。際華年十四爲縣學生，嘉慶三年中舉，六年成進士，歷内閣中書、遵義府教授、輝縣知縣，又歷官汲縣、陝州、高淳、興化、江都等地。後引疾歸，卒於家，年七十四。著《省心錄》《共城從政錄》《海林從政錄》《家蔭堂詩稿》《感深知己錄》《一眴錄》等。子項、顎、灝皆爲進士。

《學藝齋文存七》之《江都縣知縣周君傳》。

四月，濟南同知陳炳極卒，爲之作傳。陳炳極，字傑峰，初名元春，貴築人，嘉慶五年舉人，十六年進士，歷内閣中書、大定府教授，知上杭、沙縣、霞浦等縣，後赴臺灣爲知縣，因功擢濟南同知，二年後以病歸，主講正習書院七年。

《學藝齋文存七》之《濟南同知陳君傳》。

道光二十七年（1847）丁未　四十三歲
冬，大定知府黃宅中延聘至署，續修《大定府志》。歷時兩年成書，共六十卷，七十餘萬字。

楊軍昌《鄒漢勛與貴州四府名志》。

道光二十八年（1848）戊申　四十四歲
答覆魏源三湘之問。

據李鵬連《鄒漢勛與晚清方志學》的考證。

道光二十九年（1849）己酉　四十五歲
安順知府常恩受聘漢勛纂修《安順府志》，郡人吴寅邦協助。

楊軍昌《鄒漢勛與貴州四府名志》。

道光三十年（1850）庚戌　四十六歲
正月，開修《安順府志》。因興義知府張鍈之聘參與修改《興義府志》，因急於參加鄉試，未完成而辭行。張鍈另聘朱蓮生襄助續修，至咸豐三年完成，共七十四卷。

楊軍昌《鄒漢勛與貴州四府名志》。

撰成《五韻論》。

《鄒叔子遺書七種》龍汝霖《書後》："撰《五韻論》，成在卒之前三年，爲最後。"

咸豐元年（1851）辛亥　四十七歲
四月十一日，因事被邵陽縣令逮入獄。寶慶知府黃文琛得鄧顯鶴書，到邵陽救其出獄。漢勛當夜亦上書自訴，次日提釋昭雪，遂出。黃文琛，字海華，湖北漢陽人。

鄧顯鶴《南村草堂詩鈔》卷二四《可哭二首》。王闓運《鄒漢勛傳》："初，漢勛之爲諸生也,過邵陽。邵陽令固驕庸,以事收之入獄。事頗亟,自院司以下皆不能道地。會太守至郡,念所以出之。時五月,俗重五日節,太守開宴,僚吏耆老人士畢至,太守虛上坐,遣人持紅紙書名,稱'頓首',詣邵陽獄迎鄒先生。於中無鄒先生,唯有囚,太守即迎囚,囚即鄒先生。於是獄吏大驚,出漢勛。"李元度《國朝先正事略·鄒叔績先生事略》:"先生居黔五載,歸里而有邵陽之獄。初,族中有枉死者,令不爲申理。諸生某爭於縣庭,先生隨衆往觀,令並執而幽之,將中以法。湘臯力救之,事得解。"弘征《鄒漢勛咸豐元年繫獄事考》。《湖南文征》:鄒漢勛《獄中上黄海華太守書》《致湘臯先生書》《獄中上黃海華太守書》《上譚鐵簫郡伯書》(皆未收於《學藝齋文存》)。

獄中作詩謝友。

《學藝齋詩存二》之《獄中謝三學諸友》:"不甘污下策難前,抱牘空山歲復年。昆弟望休誰願戚,友朋多義更祈全。傷心六行蒙無睦,慚愧諸君任己先。甚勿建幡成盛舉,九華嘉頌默爲傳。"

出獄作詩答謝施救者知府黄文琛。

《學藝齋詩存二》之《謝黃海華郡伯》:"翛然絶迹古梅城,不受風塵半點驚。親愛每教勤有業,盡傷何詎哭無聲。舊經篇已多聞義,群從雛原後執兵。孟博無言橫見逮,深紉詩老爲持平。"

六月,《安順府志》修成,共五十四卷,依次爲序、職名、凡例、目錄、天文志、地理志、營建志、紀事志、經制志、職官志、人物志、列女志、藝文志。

楊軍昌《鄒漢勛與貴州四府名志》。

是年中鄉舉。閏八月二十七日,爲丁取忠《數學拾遺》作序。

馬少僑《清代輿地學家鄒漢勛》。鄒漢勛《學藝齋文存》卷五《長沙丁果臣數學拾遺叙》。

在南昌遇龍汝霖,所撰之書,汝霖錄副本而存。光緒三年,汝霖以之校刊爲《鄒氏遺書五種》,即《讀書偶識》《五韻論》《顓項曆考》《永寧紅崖刻石釋文》《文詩集》。

《鄒叔子遺書七種》龍汝霖《書後》。

咸豐二年(1852)壬子　四十八歲
赴京應會試,報罷。返程經江蘇,訪魏源於高郵,參訂魏源所著《書古微》,爲其書繪制唐虞天象、璇璣內外、玉衡三建諸圖。

馬少僑《清代輿地學家鄒漢勛》。魏源《書古微例言下》:"鄒君漢勛,曾爲余代繪《唐虞天象總圖》、次《璇璣內外之圖》、次《玉衡三建》,皆建北方,定子位,分平旦。夜半、初昏及中星用事,分繪各圖,於金陵付梓。而江陵告變,圖版皆毀於兵燹,鄒君又殉節於廬州,有天喪斯文之痛,謹泫然記之!"

咸豐三年(1853)癸丑　四十九歲

歸長沙,聞弟鄒漢章被太平軍圍於南昌,與江忠源率軍赴南昌。南昌圍解,由江忠源保知縣,留營參贊軍務。十一月赴廬州防守,遷直隸州同知。十二月太平軍破廬州,被殺殉國。

> 王闓運《湘綺樓文集》卷五《鄒漢勛傳》:"廬州援絕,圍急,軍多逃亡。或懼,勸同走。漢勛不應。俄報城陷。"

著《讀書偶識》《易象隱義》《春秋穀梁傳釋例》《廣韻表》《貴州沿革表》《水經移注記》等共二十多種,未定稿著作數十種藏於家,生前未刊,同治二年毀於兵火。遺書四百卷。生平事迹見王闓運《湘綺樓文集》卷五《鄒漢勛傳》、李元度《國朝先正事略》本傳、《清史稿》、《清史列傳》、《清代樸學大師列傳》、李景僑《鄒叔績先生年譜》、馬少僑《清代輿地學家鄒漢勛》、《近代輿地學奠基人鄒漢勛》、李鵬連《鄒漢勛與晚清方志學》等。

其孫鄒代鈞稱其所著書已脫稿者三十種,共四百餘卷,同治二年皆毀於太平天國戰火。光緒五年將幸存各書繕寫後送酒泉由左宗棠校定,並由左出資刊刻。光緒八年刊成七種,左宗棠命名爲《鄒叔子遺書》。光緒九年左宗棠爲之作序。

> 鄒代鈞《刻書緣起》、左宗棠《鄒叔子遺書序》。

介以律己 和以待人[*]
——儒官施愚山側記

彭君華

摘 要: 施閏章(1619—1683),號愚山,清代安徽宣城雙溪人。順治六年(1649)進士,歷官順治、康熙兩朝。施愚山是清代詩歌史上有特色、有影響的重要詩人、文壇宗匠,與山東人宋琬並稱"南施北宋"。他的人品、官品,在當世即已獲得很高的聲譽,頗受名家、大家如王士禛、沈德潜、紀昀等的推崇。結合其爲官經歷和相關資料不難看出,施愚山恪盡職守、尊賢重教、仁慈愛民、守身如玉,不愧"清官"之譽。

關鍵字: 施愚山;嚴於律己;寬以待人;清正廉潔;修身齊家

施愚山(1619—1683),名閏章,字尚白,一字屺雲,愚山爲其號,晚年又號矩齋。清代安徽宣城雙溪人。施愚山是清初著名詩人、文壇宗匠。《清史稿·文苑·施閏章傳》記載:"閏章與同邑(高)詠友善,皆工詩,主東南壇坫數十年,時號'宣城體'。"内容樸實,風格清静。施愚山秉持現實主義原則,主張詩歌創作應該"本之有物,即事命篇,意主獨造"(《詩原序》),尤其要"憫時事""移人情",反映社會現實,反映人生。施愚山與山東宋琬並稱"南施北宋",頗受當時詩壇名家、大家如王士禛、沈德潜、紀昀等人的推崇。有《學餘堂文集》二十八卷、《學餘堂詩集》五十卷等著作傳世。而就在生前,他的人品、官品,也同樣獲得很高的聲譽,其流風餘韻對後世産生了深刻的影響。

施愚山三歲喪母,鞠養於祖母吴氏;八歲喪父,由其叔父教育成人。其高祖志和、曾祖民悦、祖父鴻猷,三代均爲秀才。祖父字允升,號中明,治理學,師從陳履祥、鄒守益、焦竑,著有《中明子集》。愚山於明崇禎九年丙子(1636)考中秀才,時年18歲。入清,於順治三年丙戌(1646)應江南鄉試,以第十八名中舉,時年28歲。順治六年己丑31歲,以第一百九十二名考中進士。兩年後,33歲正式開始了他的仕宦生涯,歷官順治、康熙兩朝,先後任職刑部湖廣司主事、山東學政、江西參議分守湖西道;晚年舉博學鴻詞,改翰林院侍講,參編《明史》,轉翰林院侍讀,65歲卒於任上。

一、出使廣西

順治八年辛卯(1651)秋八月,皇帝成婚;九月,派遣使者大赦天下。當時還没有專使,施愚山以刑部湖廣司主事身份奉命出使廣西,因爲偏遠,所以往返時間定爲一

---

[*] 作者簡介:彭君華,男,安徽省古籍整理出版辦公室(安徽合肥230039)編審,主要從事地方文獻研究與整理。

年。當時,天下初定,水陸兩途驛站還不完備,使者要自備干糧,走走停停。翌年三月才到達桂林,宣布詔書,謁見定南王孔有德。此後,要等待收齊各郡簽發奉到詔書的收據,才能返程繳差。桂林當時没有使館,因而他遵從孔有德之命,借機遊覽兩廣。沿灕江順流而下,歷經陽朔、蒼梧、肇慶、廣州。秋七月,返至平樂,李定國軍攻佔桂林,孔有德戰敗自殺,官吏或死或逃,浮屍蔽江。施愚山慷慨自請,誓死不辱使命,在友人的幫助下,終與死神擦肩而過。取道東歸,又罄其所携,盡歸蒼梧守將,滿足其覬覦之望,而僅以身免。所在山澤盗賊出没,愚山把詔書、文件裹在破衣裹,隱姓埋名,混迹於商人隊伍,直到韶州才算獲得安全。

二、任職刑部

順治十二年乙未(1655),施愚山任刑部廣西司員外郎。其同鄉好友高咏所撰《施愚山先生行狀》記述道:"公之讞獄也,雖比律精切,必以引經斷獄爲法,再四以求律外之意,以謂如是則生者死者可兩無憾。故劉公(按,指刑部尚書劉昌)於諸司事嘗復看詳,於公則否。用是益自發舒,所全活至數百人,而大奸亦無得漏網者。"《江南通志》評其曰"讞决明敏"。關於施愚山判案,其學生蒲松齡在小説集《聊齋志異·胭脂》中,講述了一則情節曲折離奇的故事。東國名士宿介因平素放縱而被捲入一宗殺人案件,已經屈打成招,所謂鐵案如山,只等秋季問斬了。聽説學使施愚山賢能稱最,又且憐才恤士,於是呈狀控其冤枉。施愚山審查卷宗,反復凝思,拍案稱冤,請求重審。尋繹綫索,抽絲剥繭,網羅了一干嫌疑人,假托神言,利用心理戰拘出真凶毛大,避免了李代桃僵,也成全了胭脂和鄂秋隼的情緣。故事可能出於虚構,但絶非空穴來風。作者評論所謂"人皆服哲人之折獄明,而不知良工之用心苦",也正好驗證了《行狀》所述和《江南通志》所評。

三、山東學政

順治十三年丙申(1656),朝廷選拔主管一省科舉考試的學政官,經皇帝主持考試,合格者7人,施愚山名列第一。秋季,施愚山奉命督學山東,感嘆道:"吾家以理學孝友三傳,而皆困諸生,今吾忝一第,抗顔稱師,敢負吾君以負吾祖、父乎?"(《施愚山先生行狀》)因爲他早已馳譽文壇,山東士子争自磨礪,希望得到他的指導和賞識。施愚山教育士子先行後文,通經學古,崇雅黜浮,地方風氣爲之一變。直到順治十七年庚子(1660),前後5年在山東學政任上。

1. 表彰先賢

施愚山到任一年之内,先後修葺了儒家"亞聖"孟子廟、孔子高徒閔子騫祠;拜謁了鄒平伏生墓,表彰其於秦火後存續今文《尚書》的文化功績;爲宋代理學家孫復、石介修復祠堂,樹碑紀事;尋訪明代文學"前七子"領袖邊貢之後,尋找明代文學"後七子"領袖李攀龍墓並勒文以記,爲二人各安排一名奉禮生專司祭祀。

一時間,修舉廢墜,東國之士喜笑顏開,以爲頓還鄒魯舊觀。施愚山曾經教導諸生:"道之不明,《詩》《書》之澤衰也;澤衰則教化風勸不行,士不通今好古而俗學盛,雖文章之士罕矣。古之人不得已而求之碑碣冢壁之間。使夫以今視昔,而有所感奮興發於中,抑亦教之次與。"(《施愚山先生行狀》)

2. 獎掖後進

順治十五年戊戌(1658),蒲松齡以縣、府、道第一的好成績補博士弟子員,即成爲秀才。後來,他回憶道:"愚山先生吾師也。方見時,余猶童子,竊見其獎進士子,拳拳如恐不盡;小有冤抑,必委曲呵護之,曾不肯作威學校以媚權要。真宜聖之護法,不止一代宗匠,衡文無屈士已也;而愛才如命,尤非後世學使虛應故事者所及。"(見《聊齋志異·胭脂》附記)

施愚山在學政任上,曾先後刊刻地方士子文選《海岱人文》兩集,最後作了一篇總序合而論之:

> 或曰:"美哉!泱泱乎《大風》也哉!"或曰:"此非傳世之文也,何太自苦爲?"是不然,君子居其位則思其職。官以校士爲職,吾勉其所爲者而已,何憚勞焉?且士懷瑜抱璞,憔悴伊吾,惟恐不見知於人;而人亦庸衆遇之,搖搖乎不敢自信也。拔而張之,鏤其文而行之,其人忻然自幸其學之有益,進而不已,而人亦相與嗟賞之,興起於學,以抑佻達而厲廉恥,不爲無助。連城之璧,無求於卞和氏,而屢獻益勤,至抱而泣諸野。身之不恤,而惟恐璧之不見知於人,此其心即卞和不自解也,所以爲璧知己也。
>
> 雖然,人不易知,知人亦不易也。閭章固陋不敏,安知無懷瑜抱璞、戴仁履義之士,覿面失之者乎?而徒沾沾於鏗鋭之文乎?夫知人之明,吾不能學也,不敢不盡其心。上之求下也以實,而下之應舉也以文。文者,實之表也。君子聞人之言,必觀其行。吾與諸生切劘言行,見文者稍有徵矣。其進於是者,將以諸生之言卜之也。

明確袒露了其勸勉士子向上向善、精進不已的良苦用心。

在其爲自己的《觀海集》所作自序裏,有如下申述:

> 集以"觀海"名者,山左之所作也。山左故海國,又孔、孟聖賢之里,所謂觀於海者難爲水,游於聖人之門者難爲言也。詩文凡若干篇,刪者十之三四,同志之所論定也。
>
> 余才不逮古人,學不足爲人師,硜鄙迂闊,達道曠官之慮,憂讒畏譏之意,三年惴惴,未嘗一日釋諸懷。憔悴疲瘵,抑鬱抱痾,蓋難一二爲人告語也。

施愚山之憐才愛才,同樣見稱於其同鄉好友。清初著名詩人、畫家梅庚在《學餘全集跋》中有言:

> 予少孤失學,十歲始入鄉塾,故時時竊好爲詩,家世父慮有妨舉業,恒禁切之。愚山先生,鄉先達,以文章行誼名海內,一見亟稱賞,引爲忘年交,有作輒以

視予,即於千里外,緘封往復,相可否如面談。或質以所業,一字未安,亦必攻摘其瑕,循循善誘,改而後已。夫以是服習先生者,歷久而不能忘也。……所謂"仁義之人,其言靄如"也。

3. 執法不苟

學政一職,爲國掄材,關乎政治興替,更直接關乎千萬士子的前程,無疑是個要職、"肥缺",所謂"學使一席,近代已成金穴。即以伯夷處之,人必目爲盜蹠"(施愚山《寄金長真書》)。"天下眈眈虎視,毛舉而髮刖者無虛日……竊以爲執法則人怨,悖理則天怒。與其干怒於天,毋寧受怨於人"(施愚山《上傅相公書》)。他是這麼説的,也是這麼做的。安丘劉相國書來有所屬,先君不應,客曰:"過福係此,何固爲?"先君曰:"徇一請,失一士。吾寧擠此官,不忍獲罪於名教。"(施彥恪《施氏家風述略續編》)蒲松齡所論"不肯作威學校以媚權要",誠非虛譽。

四、分守湖西

順治十八年辛丑(1661)秋,施愚山出任江西參議,分守湖西道,自此直至康熙六年丁未(1667)秋季,在任共7個年頭。高咏《施愚山先生行狀》所載頗爲詳盡。

1. 撫恤燠休,以教爲治

湖西道下轄臨江府(大致包括現在的清江、新淦、新余和峽江)、袁州(今宜春市)、吉州(今吉安市),當時只有臨江相對安寧可駐,袁州、吉州有李自成、左良玉等軍隊作戰,殘毀殆盡。袁州幾乎沒有土著,有的都是外地流民,他們占籍自耕,結成堡寨,擁有武裝,各屯聚居數萬人,號稱"麻棚",成爲逃犯藏匿的淵藪。施愚山因勢利導,發布公告加以曉諭,把他們整編爲保甲,用政令加以約束。

吉州的文昌、折桂兩鄉,明朝多出貴族豪門,戰亂後依恃險要地勢自成一統,拒繳皇糧國税。地方官抓到他們頭人,準備殺一儆百。施愚山曉之以法,赦而縱之,使各勢家豪吏感恩戴德,紛紛完納租賦,也讓全體百姓得以保全。

當時,中國的西南方,清軍與農民義軍、南明軍隊鏖戰正酣,清政府徵繳軍糧急如星火,百姓被逼過急便揭竿而起。上司把催徵欠賦的難題交由施愚山解決,施愚山於是創作《勸民急公歌》,聲淚俱下地向屬吏和民衆宣講。又走遍轄區的崇山峽谷,深入瞭解百姓的艱難窘境,寫下《湖西行》《彈子嶺》《大坑嘆》《竹源坑》等詩篇,真實地再現民不聊生的社會現實,藉以告誡他的長官和同僚。讀者感泣,把他比作唐代任過道州刺史、創作了著名的現實主義詩篇《舂陵行》的詩人元結。百姓們不煩催逼,踊躍繳納積欠。如此一年之後,人民可以安居樂業了。施愚山一意與民休息,屬吏公差便不能作威作福、魚肉鄉里了。又多次平反冤案,訟簡政平,施愚山每天只需要上午到衙門處理一下公務。

轄境之内,施愚山重學興教。在袁州重建了昌黎書院。在吉州修建了景賢、白鷺等書院、講堂,奉祀王守仁、鄒元標、羅洪先諸位先賢。王守仁(1472—1529),字伯安,别號陽明，浙江紹興府餘姚縣（今屬寧波餘姚）人，心學集大成者，是有明一代影響最大的哲學家，曾經擔任過廬陵（在吉州境內）知縣。鄒元標（1551—1624），字爾瞻，號南皋，吉安吉水人，明代東林黨首領之一。萬曆五年（1577）進士，直言敢諫，先後冒犯了宰相張居正和萬曆皇帝，兩次遭到貶謫，居家講學近三十年。天啓年間，又因魏忠賢亂政求去。卒後特謚忠介。羅洪先（1504—1564），字達夫，號念庵，吉安吉水人，明嘉靖八年（1529）狀元，畢生致力於地理學、地圖測繪研究。他精心繪制的兩卷《廣輿圖》，是我國歷史上最早的分省地圖集，在世界地圖繪制史領域佔有一席之地。道地的廬陵名人還有大文豪歐陽修、大義士文天祥等等。施愚山感嘆："吉州是文章節義之邦，讀書人不奮發有爲，責任在地方官！"於是，天天和秀才們一起在書院裏講學。

聽他講學者，不僅限於學生，百工百姓，也無論年長年輕，凡施愚山所到之處，都奔走相告，如同趕集。徐乾學所作施愚山詩文集序中記載：有新淦籍兄弟兩人不和，聽講之後，把臂大哭，跑到施愚山面前請罪。廬陵秀才有同父異母兄弟爲家産分割發生紛爭，聽講之後，干戈頓時化爲玉帛。

施愚山又尋訪境內名山勝水和前賢遺迹，飲酒賦詩，優遊逍遥，引得原本高蹈遁世之士也漸漸走出來，願意親近施愚山了。所謂："端人正士，得與優遊講論道德；而詩豪酒俠，亦時笑語往復，相與酢主而酬賓。"（汪懋麟《祭施愚山侍讀文》）

在施愚山的詩歌中，也有關於講學的反映。《鷺洲講會歌》序寫道："西江講學之會，吉州最盛，中輟者四十年矣。予以癸卯十月修復舊事，布衣野老皆許以客禮相見，會者近千人。"有教無類，感動一方，盛況空前。

從施愚山的《白鷺洲書院講義》中，我們可以看出他是如何教導學生的：

> 學者首辨志，志必向道。今日自受句讀時，大則志科第，小則志青衿，是未出門先迷其所往矣。富貴不可必也，爲第一等官，何如爲第一等人？孔子言"四十五十而無聞，斯不足畏"，其無聞者，言未聞道也。"朝聞道，夕死可矣。"道之不聞，且死不得。……載道者，德也。……孝弟爲根，忠信爲主。……仁耕義耨，自然生發收穫。然須從暗室、屋漏中提防。修省一事、一念，求可對天地鬼神，方能操存勿失，所謂先立其大者，而非僻之心無自入矣。……

> 士先器識而後文章。古人通一經，則生平文章、政事胥出其中，言實學也。今人誤以咿唔八股爲讀書，於聖賢學問、古今興亡治亂狀如煙霧。……夫專從五言七字學詩者，詩必不工；專從八股學文者，文必不大。權輿於經傳子史諸書，得其大意，則學有本原。間取唐、宋諸大家之文以充其氣，則曲折如意，八面受敵矣。早知窮達有命，悔不十年讀書。……

> 夫人無骨則仆，屋無柱則傾，樹無根則萎，文無質則蘼，君子於是乎有憂患矣。

其《寄沈耕巖札》（四）有言：

> 近在青原講學，諸子固請要領。不得已，而名之曰"存誠"。孔子之主忠信，曾子之貫以忠恕，《大學》曰"誠意"，《中庸》曰"至誠"：皆是物也。司馬溫公以誠

教人,從"不誑言"始。

據施愚山次子施彦恪所撰《施氏家風述略續編》,袁州、臨江、吉州民間有溺殺女嬰的習俗,施愚山爲此專門創作《戒溺女歌》加以曉諭:"勸君莫溺女,溺女傷天性";"殺女還殺子""殺女還殺妻""殺女還自殺";"有女莫愁難遣嫁,裙布荆釵是佳話";"男耕女織衣食豐,何如骨肉圓完聚";"人命關天況骨肉,莫待回頭淚滿衣"。設身處地,通俗明白,多方開導。對於貧困家庭,施愚山與地方官一起商討,捐資幫助他們贍養女嬰;同時,發布政令,嚴禁溺嬰,每月的初一、十五反復申明。七年下來,很多女嬰得以存活,地方風俗也爲之一變。

康熙六年丁未(1667)秋,朝廷決定裁撤各地道使。"公以奉裁當去,三州之賢士大夫及諸生徒相與謀曰:'公將成行矣,奈何?'急釀金建龍岡書院,彌月而成,群奉講學三日而後去,以終公志,且遂以祀公。少司馬梅公李先生爲文記之曰:'以此爲公去思碑,不大愈於世之侈談宦績以諛其官長者乎'?"離任之日,民衆夾道相送,綿延清江上下幾十里,灑淚泣別,一直送到鄱陽湖,遇上漲水,船小而輕,人們於是爭相凑錢,爲施愚山購買石膏壓船;又把清江改名爲使君江,以作永久紀念。據毛奇齡所撰《誥授奉政大夫翰林院侍讀加一級施君墓表》,施愚山過湖之後,連吃飯都成了問題,只好把小船賣了,這才得以到家。真正是七年爲政,兩袖清風!

2. 忠言讜論,爲民請命

李元鼎所作施愚山詩文序謂,施愚山"撫三郡之衆,力之所及者,殫於事;力之所不及者,痗於心。爬梳薅櫛於簿領之間,不以爲勞"。

康熙三年甲辰(1664)秋,施愚山入朝覲見皇帝,曾經上陳一疏——《題請爲遵諭敬陳荒墾爲裕賦之源而除荒又蘇困之要請照地方情景酌量時宜以豁明累事》,沒有刊行:

> 竊惟足國足民者,乃帝王經邦之訏謨;而權重權輕者,乃循吏安民之良法。欣逢皇上親理萬幾,悒悒愛民,廣開言路,洵端本澄源之美化、千古喜報之奉會也。今日諸臣言安民之策、裕富之謀,已詳且切矣。臣何敢摭拾套語,以混睿鑒?謹就職言職,試舉臣所守湖西道之地而言之。
>
> 湖西三郡,惟臨江最疲;臨轄四縣,惟新喻最困,而新淦次之。新淦已經查勘,止有荒糧千餘石,現在分別開墾,可以漸次成熟。獨是新喻一縣,瘡痍未起,病入膏肓,自戊子年來遭兵燹之後,廬燼民散,或相連十數里,或數十里,無非蔓草封丘,只覺爨煙斷絕。前經按臣笪重光題蠲荒糧共一萬五千七百零七石一斗,惟望陸續墾種,以圖生聚。無奈十年內水旱災祲無歲不有,荒逃愈甚。撫臣於康熙二年巡歷臨、袁,取道喻郊,見其延袤數十里田盡荒蕪,廬皆瓦礫,檄臣查議,臣謹條報六條。撫臣因題委臨江府同知查勘,臣得而督催之。據查得新喻縣原額荒熟共糧七萬二千二百零二石三斗。除蠲荒之外,尚有五萬六千五百零乙石有奇。最慘者,災傷迭見,民難耕作。又,除逐圖勸墾田地共一千六百五十八石七斗外,實查出逃絕新荒共五千四百一十三石六斗,俱經册報,無從著落開墾。且

額賦難虧，有司惟知按圖盈索。嗟此孑遺，因荒累熟，因逃累存，非相繼逃竄，即相繼疲絕。似此景況，若不至新荒與舊荒連阡，彼絕與此絕接踵而不已也。

臣目擊心酸，又不敢擅文申請題蠲，以悖每年開荒之例。今幸隨對揚之班，瞻天顏於咫尺，復遵頒諭陳言，謹抒愚忠。切見新喻縣所最重者莫過於民命；重視民命，即所以重視額賦。況此癃瘠細氓，熟田尚虞再荒，若勒其開墾，是螳臂當車，不惟力不能勝其任，且驅之立就冥路，究何益於田賦也？伏乞皇上廣好生之德，敕諭撫臣再行確查，或暫時除荒，俟其喘息稍定，徐議招墾碩畫，庶賦可裕而困可蘇，而恩澤流於萬里矣。

後附《新喻縣田地錢糧數目單》：

原額田地塘共一萬四百貳十頃七十七畝五分三釐六毛，山在外，該糧共七萬二千二佰零貳石三斗有奇。內除原報荒蕪田一千九百九十二頃七十七畝九分二釐一毛，該糧一萬五千七伯一石一斗。餘實在田地塘共八千四佰廿七頃九十九畝六分一釐五毛，該糧五萬六千五百一石零。

共墾過原荒田地二百一十五頃六畝八分九釐八毛六絲五忽。

又墾過新荒田地共六佰三十四頃五十畝四分八釐八絲零。

又查勘出無主逃絕新荒田地共七佰八十二頃六十三畝二分六釐八毛七絲二忽四微六纖。

又有《殘衛僉造無丁漕艘勢難足額事疏》，應該也是同時所上：

竊惟糧運首賴漕艘，造船例係屯丁；每年按籍僉造，考成責在軍廳。利害切身，誰敢怠緩？惟是江西四衛八所，各處荒殘，大非昔比，袁州為最。袁自元末明初鎮將歐普祥召兵萬餘，佔據其地。洪武三年投順，將所招之兵編□於遠衛城守，編六千戶於本衛屯田管運。其時，家戶殷富，計船有一百一十隻。至故明末季，兵荒頻仍，流亡相繼，船漸缺額。

自我朝定鼎，遍搜軍籍，僅餘殘丁一百九十六名，鰥寡孤獨廢疾之人均在數內。有衛無丁，船缺殆盡。節年拮据，朋造一十九隻。後又奉文足額，無處搜括，於一百九十六名內挑選身家稍給者僉為獨造。共計前後新舊有二十二隻，額數四不及一。而屯丁筋力已枯，每至僉造漕船，環集哀號，或鬻妻子以充費，或棄家室以遠逃。田荒屯廢，額追屯糧銀數，無可追呼，該衛官役且將俸薪工食賠補屯糧，以完考成。何況漕艘重務，可責之鳩形鵠面之殘丁乎？此時，按籍取盈，束手無策。

總之，此一役也，頻年輓運，兄亡弟累，父死子拘，一造動費千金，稍修亦需百兩。船料雖給官□，而承造工費不貲。以原額屯丁六千戶編造之漕船，責之今存一百九十六戶之殘丁，多寡難易相去天淵，民力既竭，官法將窮。

臣伏見皇上力圖修省，視民如傷，不敢不直陳疾苦。為今之計，莫若將現造之船責令承運，其餘各散軍暫時修養。俟其招集生聚，再圖僉造，勿拘額數。則殘衛不至盡空，而漕運後效可睹矣。

前疏之"切見新喻縣所最重者莫過於民命；重視民命，即所以重視額賦。況此癃瘝細氓，熟田尚虞再荒，若勒其開墾，是螳臂當車，不惟力不能勝其任，驅之立就冥路，究何益於田賦也？"後疏之"此一役也，頻年輓運，兄亡弟累，父死子拘，一造動費千金，稍修亦需百兩。船料雖給官□，而承造工費不貲。以原額屯丁六千戶編造之漕船，責之今存一百九十六戶之殘丁，多寡難易相去天淵，民力既竭，官法將窮"，情之急，言之切，其民胞物與、無所顧忌之情狀聲色畢現。確乎如毛奇齡撰《誥授奉政大夫翰林院侍讀加一級施君墓表》所稱道者，"生而仁讓，於物不忍"。

五、修身齊家

施愚山在給友人、家人的信札裏，多有其爲官甘苦、律己誡子之言，從一個重要側面反映了他修身齊家的真摯情懷。

> 今天下民窮網密，急在軍需，以催科爲上考，即伊、周、稷、契之才，徇碌則不可，行道則不能，亦當束手失志矣。不佞按部徵宿逋，稍見成效，當事或以爲能。然取民間賣兒鬻女之文以免督過，中夜思之，未嘗不淒然泣下。古之逸民，所以潔身高臥，自放於山巔水涯之間，老死無恨者，蓋爲此也。（康熙元年《復胡山人札》）

> 貸金糴穀，爲屬吏受累，固是苦事，增後來佳話矣。州縣衝疲，猝難應命，然人心不死。得黃金千億，不如留一片墮淚碑。（康熙元年《與王願五札》）

> 比聞下車刻厲自守，爲之喜不寐。惟介以立身，和以及物，收士氣於離析之日；徵徭期會，則推赤心置父老腹中。呼號告誡，可愕可涕，必有翕然回應者。輿頌既歸，慎勿以情傲人，則上下豫附，事無棘手矣。僕行之已效，不敢不以告執事。（康熙元年《與柏建平札》）

> 災傷之餘，慮有叵測。催科固急，撫恤宜先。即不能免鞭撻，亦當示以哀矜不得已之情，則民之怨者希矣。惴惴杞憂，附布不盡。（康熙元年《復萬安李札》）

> 今之吏有難言者：省會煩苦，寢食於奔走，難一也。法嚴限迫，讞決多欽案，稍不當則生利害，難二也。兩台諸司，或輕重異同。吏以刻爲明，懦則過於仁，果則過於義。上下剖析，血脈貫通，而折衷於情法之平，難三也。其要在在乎耐煩忍辱，介以律己，和以待人，寬以恤下，敬以事上，恕以宅心，詳以議獄。如是而不濟者，未之有也⋯⋯介甫行新法，康節門人多不樂在位。康節聞而止之曰："正賢者盡力之時。使民寬一分，便受一分之賜。"此言良可三復。（康熙元年《與李經伯書》）

> 或謂吉故腴壤，不妨小爲活計。自顧老寡婦，半生苦節，髮黃齒落矣，義不以秋毫自污。或以爲廉，或以爲拙，牛馬任呼，無所不可。民窮賊急，憂在地方耳。（康熙二年《與半山札》）

以上六札都是施愚山分守湖西初期所作，未經刊行。施愚山的爲官心得、從政方法、爲政準則、政績觀念、人格操守等等，都比較具體而系統地從中體現出來。即使在四百年後的今天看來，也絕不陳腐，而且具有頗爲現實的借鑒意義。爲官之要，在於

"耐煩忍辱,介以律己,和以待人,寬以恤下,敬以事上",真正可以銘之座右。

　　命爾淳,歸讀書,勿違予言。爾幼屢病,毋比頑童。爾學未成,毋遂遊戲。爾父薄宦不足恃,毋怠毋傲。爾無以饋獻親交,毋過人飲食,毋私受絲粒,寧拙毋巧。毋觀博弈,毋捫戰轟飲,毋入茶酒肆,毋見倡優。毋有疑而不問,毋以小寵辱爲忻戚。人或有責備,毋咈言;或待爾有加禮,毋敢當。孝弟謹信,毋須臾忘。審若是,爾雖離父母二千里,猶膝下也;不然,即朝夕孺慕戀戀,猶之疾視爾父母也。寧使人服爾爲賢子弟,毋目爾爲貴介公子。雖終身布衣,榮於科第文繡萬萬矣。夫素絲一染,不可復白;童心一失,不可復得。吾未老而衰矣,汝臨發,吾不遑食,書此爲訓。汝忍忘乎?爾淳念之。(康熙三年甲辰四月廿六日《書扇示淳》)

　　康熙三年甲辰(1664),施愚山在湖西任上。其長子彥淳時年 17 歲,省親後即將回宣城老家讀書。分別在即,爲父情有不堪,食不下咽,耳提面命之外,又在扇面上寫下如上一篇文字以贈,以爲訓誡,未見刊載。其中共使用了 17 個"毋"字、1 個"勿"字、1 個"無"字、2 個"不可"等 20 多個否定副詞,開列出一份負面清單,殷殷告誡長子種種不可爲之事,望其努力葆有純潔童貞,做一個施家"賢子弟"。

　　今我雖薄宦,世事日難,吉少危多。汝輩一切收斂,止作窮賤寂寞想,切勿與人争利惹禍,是尋常保守身家俗計,尚算不得理學家傳規矩。宜使人濃我淡,人喧我静,使人若忘卻地方有此詞林,方是我家子孫。倘説情只顧逐利,不問陰騭風化,則狗彘不食矣!(《試鴻博後家書十四通·九》)

　　我前書屢言要極意收斂,只當我家不曾作官,地方不覺有此鄉紳,乃是好消息。汝輩書紳志之!不是愛此一官,正愛一生品行也。(《試鴻博後家書十四通·十四》)

　　康熙十七年戊午(1678),施愚山被舉薦參加博學鴻詞科考試,十八年獲中,授翰林院侍講,入史館纂修《明史》,時年 61 歲。按,翰林院在明代以後爲養才儲望之所,負責修書撰史、起草詔書、爲皇室成員講經讀史、擔任科舉考官等。其品次不高,但地位清貴,是成爲閣老重臣以至地方大員的踏脚石。翰林學士集中了當時知識分子精英,是社會中地位最高的士人群體,非常有臉面。施愚山打從江西裁缺,賦閑居家十年,叔父年事已高,自己身體欠佳,宦情已越來越淡薄,被推舉參試鴻博,實出勉强。參加皇帝主考之後,有人要他適當做些打點,他以"官高一級,即人品減一等"爲戒,婉言謝絶(梅文鼎《施氏家風述略續編書後》)。對照以上兩封家書,一再要求家人"一切收斂"、"極意收斂"、"只當我家不曾作官,地方不覺有此鄉紳",千萬不要替人説項、争利惹禍,依然歸結到"不是愛此一官,正愛一生品行也"。這跟其江西任上所言"得黄金千億,不如留一片墮淚碑"二語正相合拍。

　　2019 年,適逢施愚山誕辰 400 周年,增訂版《施愚山集》已經出版。重讀施愚山詩文,簡單梳理一下新輯資料,本文試圖從一個側面對於作爲官人的施愚山提要鈎玄,力圖大致描述出他的一個基本輪廓。這在廉政勤政建設全面深入、社會風氣持續向好的當下,應該不失爲一件有意義的事。

■皖籍文獻專題

方苞經學著作提要十種*

方盛良

摘　要：該文對方苞經學著作十種主要内容、版本和特點等依次勾稽提要，可備相關研究之需。

關鍵詞：方苞；經學著作；提要

一、《朱子詩義補正》

《朱子詩義補正》八卷，清乾隆三十二年(1767)高密單作哲刻本，北京大學圖書館有藏。兩册，凡二百一十四頁，頁十八行，行十九字，小字雙行同。四周單邊，花口，單魚尾，版心刻有"詩義補正"、卷次及頁碼。框高19.6釐米，寬27.2釐米。該著爲方苞針對朱熹《詩集傳》所撰的補正之作，全書依《詩經》篇次有選擇地進行解説，每篇不列經文，以所論詩篇篇名爲題，題後即爲論述文字，共解《詩》二百二十九首。卷一至卷三解説《國風》九十二首，卷四至卷五解説《小雅》七十首，卷六至卷七解説《大雅》二十九首，卷八解説《頌》三十八首。無序無跋。

該著自乾隆三十二年初版後，復經蕭穆手抄再傳，蕭氏《敬孚類稿》卷五《跋方望溪先生〈朱子詩義補正〉》記曰："《朱子詩義補正》，先生門人高密單作哲曾爲編次，刊於家塾。咸豐初年，邑人戴孝廉鈞衡刊先生文集，合肥徐孝廉子苓曾寄單氏原刻本，屬爲重刊，以資用不足而罷。吾友徐君宗亮家有藏本，丙寅夏，乃得借觀之。……是書既未顯於世，因録副本，他日當托同好者重刊之，與所著《三禮》、《春秋》等經解並傳焉。"此外，蕭氏跋語列舉此書解説詳盡之處，贊之"皆屬有見"，並稱"其他所解，簡略而不失之疏漏，博辨而不遁於支離，信有功於《詩》學矣"。

光緒三年(1877)，南海馮焌光據蕭穆手抄本重梓該著，此版安徽省圖書館有藏。四册，頁十八行，行十九字，左右雙邊，花口，單黑魚尾，版心鎸有"詩義補正"、卷次及頁碼。内封題"朱子詩義補正八卷"，背刻"光緒三年春三月南海馮氏重刊"。書根題"詩義補正"。框高19.8釐米，寬28.2釐米。卷首有光緒二年孟夏沅陵吴大廷序，卷尾有光緒三年三月馮焌光跋。吴氏序稱該著"《國風》一篇，《邶鄘至曹檜十二變風》一篇，《王風》一篇，皆是書宏綱大旨，餘則章解句釋，亦間及名物訓詁，大意承用朱子之

---

* 作者簡介：方盛良，男，安徽大學文學院(安徽合肥 230039)，教授，文學博士，主要從事清代文學研究。
　基金項目：國家社科基金一般項目"桐城派經學與文學研究"(13BZW083)。

説而不甚取小序。蓋自宋鄭樵迄於元明，説《詩》者之流派大抵然也，然於《集傳》義有未安，亦不曲從。……而小序有必不可易者，《遵大路》《風雨》《采薇》諸篇亦間取之"。馮氏跋語爲蕭穆所代筆，跋贊此書"取義至精，高出近世説《詩》諸家之上，子朱子可作，亦必爲之心折"。

《續修四庫全書》收有該著初刻版影印本，列於經部第62册。《續修四庫全書總目提要》評"是書雖名補正朱子，實補朱子者甚少，托名而自爲己説也，實亦折衷《集傳》《小序》之間"。

二、《禮記析疑》

《禮記析疑》四十八卷，文淵閣《四庫全書》本，列於經部第128册。該著爲方苞就陳澔《陳氏禮記集説》所撰辨析之作，卷次與《禮記》篇次大體相同，間有出入，依次爲：《曲禮》《曲禮下》《檀弓》《檀弓下》《王制》《月令》《曾子問》《文王世子》《考定文王世子》《禮運》《禮器》《郊特牲》《内則》《玉藻》《明堂位》《喪服小記》《大傳》《少儀》《學記》《樂記》《雜記上》《雜記下》《喪大記》《祭法》《祭義》《祭統》《經解》《哀公問》《仲尼燕居》《孔子間居》《坊記》《表記》《緇衣》《奔喪》《問喪》《服問》《間傳》《三年問》《深衣》《投壺》《儒行》《冠義》《昏義》《鄉飲酒義》《射義》《燕義》《聘義》《喪服四制》。卷首有方苞自序。

方苞於自序言及此書成因：自明代以來，《禮記》之傳註列於學官者唯有《陳氏禮記集説》，學者未能心饜。康熙五十一年(1712)、五十二年，方苞在獄，其篋中惟有陳書，因而悉心視之。甫觀之，若皆可通，及切究其義，則多未審者，因就所疑而加以辨析。方氏認爲陳氏所著不足之處蓋因"《禮經》之散亡久矣，群儒各記所聞，記者非一時之人，所記非一代之制，必欲會其説於一，其道無由；第於所指之事、所措之言無失焉，斯已矣。然其事多略舉一端而始末不具，無可稽尋；其言或本不當義，或簡脱而字遺，解者於千百載後意測而懸衡焉，其焉能以無失"(自序)。其認爲"注疏之學，莫善於《三禮》，其參伍倫類，彼此互證，用心與力，可謂艱矣。宋元諸儒因其説而紬繹焉，其於辭義之顯然者，亦既無可疑矣，而隱深者，則多未及焉"。古書之藴，非一士之智、一代之學所能盡，後人繼前人所闕之正確途徑，可；若以己得瑕疵前人，而忘其用力之艱，則非當。方氏言是編"義得於《記》之本文者十五六，因辨陳説而審詳焉者十三四"(自序)。方苞出獄後，校以宋人衛湜《禮記集説》，去除此書同於舊説者，他書則未暇遍檢。其於自序明言此因治經求其義明即可，非必説由己出。

四庫館臣評方苞此書"融會舊説，斷以己意"，"其論至爲明晰"，多有所見，"足備禮家一解"，然《考定文王世子》一篇於經文多有删削，"不效采儒所長，而效其所短"，是又其弊也，不足爲訓。(《四庫全書總目》卷二十一)

是書另有清康熙至嘉慶年間桐城方氏刻《抗希堂十六種》本，北京師範大學圖書館、安徽省圖書館、天津圖書館等有藏；有清光緒二十四年(1898)瑯嬛閣刻《抗希堂十六種全書》本，首都圖書館、河南大學圖書館、揚州大學圖書館等有藏；有清三多齋刻本，河南大學圖書館有藏。

三、《儀禮析疑》

《儀禮析疑》十七卷，文淵閣《四庫全書》本，列於經部第 109 册。該著旨在舉《儀禮》之可疑者詳加辨正，卷一《士冠禮》，卷二《士昏禮》，卷三《士相見禮》，卷四《鄉飲酒禮》，卷五《鄉射禮》，卷六《燕禮》，卷七《大射儀》，卷八《聘禮》，卷九《公食大夫禮》，卷十《覲禮》，卷十一《喪服》，卷十二《士喪禮》，卷十三《既夕禮》，卷十四《士虞禮》，卷十五《特牲饋食》，卷十六《少牢饋食》，卷十七《有司徹》；依《儀禮》十七篇逐一舉文加以細心體認，對可疑處加以辨析，無疑處則不錄經文，對義理的闡述多合乎經義。

方苞晚年自言治《儀禮》十一次，用力甚勤。蘇惇元《清方望溪先生苞年譜》"十四年己巳先生年八十二歲"條記："秋七月，《儀禮析疑》成。先生以此經少苦難讀，未經倍誦，恐不能比類以盡其義。又世所傳惟《注疏》及敖繼公《集說》二書，其《永樂大典》中宋元人解說十餘種皆膚淺無足觀，國朝惟張稷若、李耜卿各有刪定注疏，間附己意，發明甚少。先生大懼是經精蘊未盡開闡，而閉晦以終古，故七十以後，晨興必端坐誦經文，設爲身履其地、即其事，而求昔聖人所以制爲此禮、設爲此儀之意。雖卧病，猶仰而思焉。有心得，乃稍稍筆記。十餘年來已九治，猶自謂積疑未袪，乃十治，早夜勤劬，迄今始成。"書中存有大量校勘内容。四庫館臣稱此書"瑜多於瑕"（《四庫全書總目》卷二十）。

此外，是書另有清康熙至嘉慶間桐城方氏刻《抗希堂十六種》本，北京師範大學圖書館、安徽省圖書館、天津圖書館等有藏；有清光緒二十四年（1898）瑯嬛閣刻《抗希堂十六種全書》本，首都圖書館、河南大學圖書館、揚州大學圖書館等有藏；有清道光間刻《抗希堂十六種》本，北京師範大學圖書館有藏。

四、《周官集注》

《周官集注》十二卷，文淵閣《四庫全書》本，列于經部第 101 册。該著集諸儒之說以詮時傳《周禮》，卷一卷二爲"天官"，卷三卷四爲"地官"，卷五卷六爲"春官"，卷七卷八爲"夏官"，卷九卷十爲"秋官"，卷十一卷十二爲"冬官"。卷首依次有康熙五十九年（1720）十一月方苞《周官集注・原序》以及《總說》《條例》。

據《條例》所言，方苞認爲時傳《周禮》非記禮之文，所記皆"六官"程式，後儒因《漢書・藝文志》將《周官》五篇列於禮家，遂誤稱其爲《周禮》，其實《周禮》已然散亡，若《儀禮》十七篇乃其支流。此書欲還其舊，故名爲《周官集注》。該著仿朱熹《集注》體例，"凡承用注疏及掇取諸儒一二語申合己意者，皆不復識別。全述諸儒及時賢語，則標其姓字。正解本文者居前，總論居後，不分世代爲次"。凡注疏及諸儒之說似是而非者皆爲辨正，"于先鄭及注疏皆分標之，諸儒舉姓字，若主是說者多，則曰舊說"。有"推極義類，旁見側出者，以圈外別之。或前注通論大體，而中有字句應辨析者，辭義奇零，無可附麗，雖正解本文，亦綴於後，或以圈外別之"。"字義已詁者不再見。制度名物之詳見他職及諸經者，曰'見某篇'。一字具二義，則各詁本文下"（《條例》）。是編直指《周官》本義,於諸儒取後世政法與《周官》比證而有所發明者不爲採錄,其深切治體者,則略舉數端,方氏言此舉是爲"以著聖人經理名物之實用,俾學者勿徒以資文學也"(《條例》)。

朱熹既稱《周官》"遍布周密,乃周公運用天理熟爛之書",又謂"頗有不見其端緒者",故學者疑之。而方苞認爲《周官》一書於"人事之始終,百物之聚散,思之至精,而不疑於所行,然後以禮、樂、兵、刑、食貨之政,散布六官,而聯爲一體。其筆之於書也,或一事而諸職各載其一節以互相備,或舉下以該上,或因彼以見此。其設官分職之精意,半寓於空曲交會之中,而爲文字所不載。迫而求之,誠有茫然不見其端緒者,及久而相説以解,然後知其首尾皆備而脉絡自相灌輸,故嘆其遍布而周密也"。"是經之作,非若後世雜記制度之書也,其經緯萬端,以盡人物之性,乃周公夜以繼日窮思而後得之者。學者必探其根源,知制可更而道不可異。有或異此,必蔽虧於天理,而人事將有所窮。然後能神而明之,隨在可濟於實用"(自序)。四庫館臣評此書曰:"訓詁簡明,持論醇正,於初學頗爲有禆。"(《四庫全書總目》卷十九)

是書另有清康熙五十九年(1720)桐城方氏抗希堂刻本,安徽省圖書館有藏;有清光緒二十四年(1898)瑯嬛閣刻《抗希堂十六種全書》本,首都圖書館、河南大學圖書館、揚州大學圖書館等有藏。

五、《周官辨》

《周官辨》一卷,清乾隆七年(1742)刻本,華東師範大學圖書館有藏。一册,凡四十四頁,頁十八行,行十九字,小字雙行同。左右雙邊,花口,版心鎸有書名及頁碼。框高20.1釐米,寬28釐米。是書分"辨僞""辨惑"二門,其中"辨僞"二篇,"辨惑"八篇,每篇斷以方苞己見,篇末系以諸家評語。卷首依次有雍正三年(1725)四月龔綏《周官辨·原序》、乾隆七年(1742)三月顧琮《序》、方苞《自序》及《周官辨》目錄,目錄頁刊"桐城方苞望溪著"混同顧琮用方訂。

據顧琮《序》可知,該著成於康熙五十二年(1713)秋冬之間。是時方苞方得赦出獄未久,於京師蒙養齋供事。徐元夢時叩《周官》疑義,方苞詳爲辨析。顧琮與河間王振聲謂"筆之於書,然後可久",方苞有感,浹月成《周官辨》一卷。

方苞認爲"凡人心之所同者,即天理也。然此理之在身心者,反之而皆同。至其伏藏於事物,則有聖人之所知而賢者弗能見者矣。昔者周公思兼三王以施四代之政,蓋有日夜以思而苦其難合者,以公之聖而得知如此其艱,則宜非中智所及"(《自序》),故《周官》晚出,群儒多疑爲僞。宋程、張、朱篤信《周官》爲真,此蓋因三子之心幾與周公爲一,故能究知《周官》之精蘊而得其運用天理之實。"然三子論其大綱未嘗條分縷析以辨其所惑,故學者於聖人運用天理廣大精密之實卒莫能窺,而幽隱之中猶若有所疑畏焉。蓋鄭氏以漢法及莽事詁《周官》,多失其本指,而莽與歆所竄入者實有數端,學者既無據以別其真僞,而反之於心,實有所難安,其惑至於千數百年而終莫能解"(《自序》)。方苞"閲《漢書》見此經爲衆所瑕疵者皆與莽之亂政同符,乃辨其爲劉歆所增竄者凡十餘事"(龔綏《周官辨·原序》),折以理之至是而合其心之同然,去是經之蠹蝕。其於《自序》言此舉因其懼學者幸生程、張、朱三子之後，而於《周官》之義猶信疑交戰於胸中，使周公之竭其心思以法後王者將蔽晦以終古，故不得已而爲之辨正。龔綏序稱方苞此書將使群儒於《周官》無所疑，"爲天下國家者，可舉而措之"，並贊方氏功不在程朱之下。顧琮序則將方苞此書與《喪禮或問》並舉，稱"自有二書，然後喪禮之所以然、五官之本然與莽、歆所增竄昭然若黑白之不待辨而分"。

此書最初的版本爲雍正三年河北龔綏刻本。自龔綏卒，此書流傳愈希，顧琮惜之可助流政教，便對書中尚未辨證處予以辨證，重校而錄之，序跋評語依舊，於乾隆七年再版；《續修四庫全書》收有該版影印本，列於經部第 79 册。《續修四庫全書總目提要》稱方苞"於清初漢宋兼采之風漸行之際，持門户之見信宋而疑漢，尊程朱而疑經詆鄭，視康成之注爲悖道賊經之説，故其《周官辨》與宋胡安國、胡宏、包恢之論一脉相承，實爲有清一代禮學歸鄭前之佹敖餘者。"此外，是書另有清雍正三年(1725)桐城方氏抗希堂刻本，安徽省圖書館有藏；有清光緒二十四年(1898)瑯嬛閣刻《抗希堂十六種全書》本，首都圖書館、河南大學圖書館、揚州大學圖書館等有藏。

六、《周官析疑》

《周官析疑》三十六卷，附《考工記析疑》四卷，清康熙六十年(1721)陳鵬年、雍正九年(1731)朱軾、乾隆八年(1743)周學健等遞修本，華東師範大學圖書館有藏。十二册，凡七百四十六頁，頁十八行，行十九字，小字雙行同。左右雙邊，花口，單魚尾，版心鐫有書名、卷次及頁碼。内封題"望溪講授""周官析疑""抗希堂藏板"。框高20.9釐米，寬28.2釐米。該著爲方苞對《周官》逐節爬梳以析所疑而撰成，卷一至卷七爲"天官"，卷八至卷十五爲"地官"，卷十六至卷二十四爲"春官"，卷二十五至卷三十爲"夏官"，卷三十一至卷三十六爲"秋官"。卷一首刊"海寧陳秉之(即陳世倌)高安朱可亭(即朱軾)臨桂陳榕門(即陳宏謀)同訂"；卷二首刊"湘潭陳滄洲(即陳鵬年)高安朱可亭臨桂陳榕門同訂"；卷八首刊"臨桂陳榕門漳浦蔡聞之(即蔡世遠)新建周力堂(即周學健)同訂"；卷九首刊"高淳張彝歎(即張自超)漳浦蔡聞之懷寧劉古塘(即劉捷)同訂"；卷十六首刊"臨桂陳榕門高安朱可亭宿松朱字緑(即朱世文)同訂"；卷十七首刊"新建周力堂漳浦蔡聞之安州陳廷彦(即陳德榮)同訂"；卷二十五首刊"安州陳廷彦高淳張彝歎臨桂陳榕門同訂"；卷二十六首刊"臨桂陳榕門同里劉古塘新建周力堂同訂"；卷三十一首刊"湘潭陳滄洲高淳張彝歎新建周力堂同訂"；卷三十二首刊"安州陳廷彦同里劉古塘青陽徐詒孫(即徐念祖)同訂"。卷首依次有乾隆八年七月顧琮《序》、陳世倌《周官析疑·序》、雍正十年八月朱軾《周官析疑·序》及《周官析疑·目錄》。

此書承《周官辨》而來，成書緣由與其同："《周官》爲群儒所疑幾二千年，雖程朱篤信而無以解衆心之蔽，以其中悖天理而逆人情者實有數端也。望溪方先生讀《王莽傳》，忽悟皆莽之亂政，而劉歆增竄聖經爲之端兆以惑愚衆，每事摘發爲總辨十篇，胅後何休、歐陽修、胡氏父子，凡訾議《周官》者無所開其喙。予與先生供事蒙養齋，徐公蝶園及二三君子公事畢輒就先叩所疑。每舉一條，先生必貫穿全經，比類以明其意。……予蚤之豁胅心開，與二三君子勸先生筆之於書。"(顧琮《序》)方氏旋爲五官之説凡三十六卷,康熙六十年陳鵬年刻"天""地"二官,雍正九年朱軾刻"春""夏"二官未終,方苞南歸,周學健、程崟嗣事而終。

方苞自言"嘗考諸職所列,有彼此互見,而偏載其一端者,有一事而每職必詳者,有略舉而不更及者,有舉其大以該細者,有即其細以見大者,有事同辭同而倒其文者,始視之若樊然淆亂,而空曲交會之中義理寓焉。……余初爲是學,所見皆可疑者,及其久也,義理之得,恒出於所疑,因錄以示生徒,使知世之以《周官》爲僞者,豈獨於道無聞哉,即言亦未之能辨焉耳"(《方苞集》卷四《周官析疑序》)。陳世倌認爲"漢儒注經博,而流於雜;宋儒解經約,而探其原",鄭玄尊奉劉歆,"句解字析,惟務徵引以實之,其於制作之心源未嘗契而神會;程、張、朱三子則直遡道德之統宗而明其爲運用天理爛熟之書。一博一約,得失昭然"。而方苞"讀書由博歸約,宜其與程張朱之議論相合",且方氏"所辨有更補先儒所未及者"。並贊方苞"讀書功深,卓然出一己之特見",能别黑白而定一尊。(陳序)朱軾序稱"《周禮》雖列群經,而學士能通其讀者蓋寡",自方氏此書出,大典精義將炳若日星。顧琮言"後之學者讀四書畢,即宜殫心於此",由此則"讀經之灋、治政之方皆可以得其門徑矣"。

至若《考工記析疑》四卷則爲"冬官",顧琮《序》稱《周官析疑》合《考工記》爲四十卷,蓋本非兩書,因不欲以河間獻王所補與經相混淆,故各爲卷目。

《續修四庫全書》收有此版影印本,列於經部第 79 册。《續修四庫全書總目提要》稱是書"其旨基於宋學,就《周官》所立職官之義、屬官之職掌等加以考辨,揚宋而抑漢,力詰鄭注;又苞乃力詆經文,蓋其徒見王莽、王安石之假借經義以行私,故思思然預杜其源,其立意不爲不善,而不知弊在後人之依托,不在聖人之製作"。此外,此二書合刊本另有清康熙至嘉慶年間桐城方氏刻《抗希堂十六種》本,北京師範大學圖書館、安徽省圖書館、天津圖書館等有藏;有清光緒二十四年(1898)琅嬛閣刻《抗希堂十六種全書》本,首都圖書館、河南大學圖書館、揚州大學圖書館等有藏。

七、《春秋通論》

《春秋通論》四卷,文淵閣《四庫全書》本,列於經部第 178 册。全書按類排比分篇,凡四十篇;每篇内按以類相從的原則分章,共一百章。卷一七篇,計二十二章,依次爲:"王室伐救會盟"三章,"王使至魯,魯君臣朝聘於王"三章,"天王崩葬"二章,"王室禍亂"二章,"逆后歸王姬"一章,"戰伐會盟"三章,"會盟"八章;卷二九篇,計二十五章,依次爲:"戰伐"八章,"魯君即位薨葬"二章("子卒"附),"諸侯見弑見殺"四章,"討賊"一章,"吴楚徐越"二章,"滅國"四章("遷國邑、降國邑、取邑"附),"諸侯奔執歸入"二章,"執諸侯大夫"一章,"納君大夫世子"一章;卷三九篇,計二十八章,依次爲:"殺大夫公子"三章,"大夫奔"一章,"外大夫叛復入"一章,"諸侯兄弟"四章,"遷國"一章,"齊桓城三國"三章,"内大夫卒"二章,"内夫人"九章,"内女"四章;卷四十五篇,計二十五章,依次爲:"魯滅國取田邑,齊取魯田邑""内圍邑""諸侯伐魯""歸田""蒐狩""城築""内歲祲有年""内灾""内毁作""魯君臣如列國,諸侯來,諸侯如,外大夫來""内外平"各一章,"書爵、書行次、書名"五章,"書人""隱、桓、莊三世大夫書系、書族、書名"

各一章，"通例"七章。

該著成於康熙五十四年（1715）至五十五年，是時方苞衰病日滋，代州馬珩南、河間王振聲趣其曰："凡子所云，皆學者所未前聞也。子老矣，設有不諱，忍使是經之義蔽晦以終古乎？"（《春秋直解·後序》）方氏有感，因而撰成此書。

方苞認爲《春秋》爲孔子所作，而義貫於全經，"譬諸人身，引其毛髮，則心必覺焉。苟其説有一節之未安，則知全經之義俱未貫也。又凡諸經之義，可依文以求，而《春秋》之義，則隱寓於文之所不載，或筆或削，或詳或略，或同或異，參互相抵，而義出於其間。所以考世變之流極，測聖心之裁制，具在於此，非通全經而論之，末由得其間也"（《方苞集》卷四《春秋通論·序》）。"比事屬辭，《春秋》教也。先儒褒貶之例多不可通，以未嘗按全經之辭而比其事情耳"（《通例》）。因憂群儒以曲艱之説蔽蝕《春秋》本義，方苞本《孟子》"其文則史""其義則某竊取之"貫通《春秋》全經，以比事屬辭之義分疏《春秋》條理，甄辨其孰爲舊文，孰爲筆削。

四庫館臣稱方苞"於二千餘載之後，據文臆斷，知其孰爲原書，孰爲聖筆，如親見尼山之操觚。此其説未足爲信。惟其掃《公》《穀》穿鑿之談，滌孫、胡鍥薄之見，息心靜氣，以經求經，多有協於情理之平，則實非俗儒所可及"（《四庫全書總目》卷二十九）。朱軾稱《春秋》之真面目，自此書問世而始出，"如親見孔子口授其傳指。治《經》者挈是爲綱領，則全《經》皆順。疑者，謗者，無所置其喙矣"（《清代經部序跋選》）。

此外，是書另有清康熙至嘉慶年間桐城方氏刻《抗希堂十六種》本，北京師範大學圖書館、安徽省圖書館、天津圖書館等有藏；有清光緒二十四年（1898）瑯嬛閣刻《抗希堂十六種全書》本，首都圖書館、河南大學圖書館、揚州大學圖書館等有藏；有清抄本，湖南圖書館有藏。

八、《春秋直解》

《春秋直解》十二卷，清乾隆刻本，上海辭書出版社圖書館、安徽省圖書館有藏。上海辭書出版社圖書館館藏木頁十八行，行十九字，左右雙邊，花口，單魚尾，版心鐫有書名、卷次及頁碼。框高 20.5 釐米，寬 28 釐米。該著依《春秋》經文逐句闡釋，爲方苞次子方道興所編録，由方苞門人余焌、程崟、劉敦雛校。卷一《隱公》，卷二《桓公》，卷三《莊公》，卷四《閔公》，卷五《僖公》，卷六《文公》，卷七《宣公》，卷八《成公》，卷九《襄公》，卷十《昭公》，卷十一《定公》，卷十二《哀公》。卷首依次有方苞、程崟《春秋直解·後序》、佚名《序》（缺頁）及方苞《自序》。

方苞認爲屈折經義以附傳事，爲諸儒之蔽；執舊史之文爲《春秋》之法，爲傳者之蔽。若舍傳，則經義遂不可求，作經之志荒。"舊史所載事之煩細及立文不當者，孔子删而正之可也。其月、日、爵次、名氏，或略或詳、或同或異，册書既定，雖欲更之，其道無由，而乃用此爲褒貶乎？於是脱去傳者諸儒之説，必義具於經文始用焉，而可通者十四五矣。然後以義理爲權衡，辨其孰爲舊史之文，孰爲孔子所筆削，而可通者十六七矣"。其始治《春秋》，求之傳注而樊然淆亂，按之經文而參互相抵，"及其久也，然後知經文參互及衆説淆亂而不安者，筆削之精義每出於其間"（《自序》）。

自其因憂群儒以曲艱之説蔽蝕《春秋》本義而作《春秋通論》，又懼蒙士茫然不知其端緒，於是取傳注之當者並己所見更爲此書，節解句釋，"使每事而求之知舍是則義弗安、説不貫，然後曲説之蔽不攻而自破"（佚名《序》）。凡《春秋通論》所載悉散見於此書而不復易其辭，方苞於《後序》明言"爲此非將以文辭耀明於世也，大懼聖人之意終不可見焉耳。其義非學者所習聞，復變易其辭，使反復以求其端緒，曷若辭之複而易熟於目哉"？

《續修四庫全書》收有該版影印本，列於經部第 140 册。《續修四庫全書總目提要》稱方苞"解《春秋》，頗有宋學風氣，又時雜考據於其間，亦可爲學風變革之占也。《春秋通論》分門類而專論大義，此《直解》則隨經文而爲注解，較《通論》爲尤詳，二書宜參互觀之"。此外，是書另有清康熙至嘉慶年間桐城方氏刻《抗希堂十六種》本，北京師範大學圖書館、安徽省圖書館、天津圖書館等有藏；有清光緒二十四年（1898）瑯嬛閣刻《抗希堂十六種全書》本，首都圖書館、河南大學圖書館、揚州大學圖書館等有藏。

九、《春秋比事目録》

《春秋比事目録》四卷，清康熙嘉慶間刻《抗希堂十六種》本，北京師範大學圖書館、安徽省圖書館有藏。兩册，凡一百七十頁，頁十八行，行十九字，四周雙邊，花口，單魚尾，版心鐫有書名、卷次及頁碼。是書取方苞《春秋通論》中事同而書法互異者分類彙録，凡八十五類，卷一下列十五類，諸如"王室伐救""王室會盟""王使至魯，魯君臣如京師"等；卷二下列七類，諸如"魯君如列國""魯臣如列國""諸侯來"等；卷三下列三十四類，諸如"魯滅國取邑田""外滅國""外取內邑田"等；卷四下列二十九類，諸如"魯君即位薨葬""魯夫人""內女"等。卷首有乾隆九年（1744）十二月混同顧琮《春秋比事目録·序》。

顧琮於序中詳述此書編撰之因曰："昔人苦《儀禮》難讀，良以事多複疊，辭語相類，彼此前後易至混淆，《春秋》亦然。望溪先生既爲《通論》以揭比事屬辭之義，而讀者未熟於三傳，旋復檢視事迹以求其端緒，重費日力，乃與先生商別其事爲八十五類，俾從學者編次，而先生訂正焉。"又言方苞本程子"春秋不可每事必求異義，但一字異義必異焉"撰《春秋比事目録》成，曲得《春秋》精蕴。學者若欲觀《春秋通論》，宜先取此書，"每類於事通而書法互異者反覆思索，心困智窮，始展《通論》，按節而切究之，然後其義刻著於心，久而不忘"（顧琮《序》）。

《四庫存目叢書》收有此版影印本，列於經部第 139 册。此外，是書另有清乾隆九年（1744）桐城方氏抗希堂刻本，南開大學圖書館有藏；有清光緒二十四年（1898）瑯嬛閣刻《抗希堂十六種全書》本，首都圖書館、河南大學圖書館、揚州大學圖書館等有藏。

十、《左傳義法舉要》

《左傳義法舉要》一卷,附《方氏左傳評點》二卷,清光緒十九年(1893)金匱廉泉刻本,安徽省圖書館有藏。分上中下三冊,每卷各一冊。上冊爲《左傳義法舉要》,凡三十八頁,頁二十行,行二十一字,小字雙行同。左右雙邊,黑口,版心中鐫書名、頁碼,下鐫"金匱廉氏校刊"六字。內封題"左傳義法舉要""附平點二卷",牌記刊"光緒癸巳杜嗣程署"。框高15.7釐米,寬20釐米。該著爲方苞門人北平王兆符、歙縣程崟據方氏晚年口授《左傳》文法之講稿整理而成,共六篇,依次爲"齊連稱管至父弑襄公""韓之戰""城濮之戰""邲之戰""鄢陵之戰""宋之盟"。每篇正文下有短評,文末系以總評,以闡述《左傳》行文義法。卷首有雍正六年(1728)八月程崟所作序一篇。

據程崟序可知此書輯録經由:王兆符嘗以其父王源發揮《左傳》之語質之方苞,謂其父與方氏爲兄弟交,且論學相持,治古文並宗左史,爲何方氏未曾舉其父之說以爲鵠的。方氏言"凡所論特爲文之義法耳,學者宜或知之而非急也。且左氏營度爲文之意,衆人不知而子之先君獨悟者十之三,其中屈折左氏之文以就己說者亦十之三"。旋從王兆符之請,爲生徒講授"韓之戰""城濮之戰""邲之戰""鄢陵之戰"四篇,後又增"宋之盟"及"齊無知之亂"。每授一篇,必爲之講授傳指。程崟謂自方氏以前二千餘年儒宗文師不聞擬疑及此,遂與王兆符請爲輯録成書,書成後方氏曾爲之點竄所録之失其指者。程崟稱細閱此書"然後知明於四戰之脉絡,則凡首尾開闔,虛實詳略,順逆斷續之義法更無越此者矣。觀於'宋之盟'而紛頤細瑣包括貫穿之義法更無越此者矣。觀於'無知之亂'而行空絶迹諸法之奇變,爲漢以後文家所不能窺尋者具見矣。在先生以爲學者不急治務,而在文章之家則爲瀹發心靈之奧府"(程崟序)。苟能盡心於此,則大遠於俗學。

是書另有清康熙至嘉慶年間桐城方氏刻《抗希堂十六種》本,北京師範大學圖書館、安徽省圖書館、天津圖書館等有藏;有清光緒二十四年(1898)瑯嬛閣刻《抗希堂十六種全書》本,首都圖書館、河南大學圖書館、揚州大學圖書館等有藏;有民國二年(1913)張氏《榕園叢書》本,中國國家圖書館有藏;有民國七年(1918)國立瀋陽高等師範文學專修科刻本,該本易名爲《陳、方評點左傳義法舉要》,於程崟序後另有陳衍序一則,文末總評於"方批"之後增入"陳批"。

劉大櫆詩文佚作輯補

汪孔豐

摘 要：吳孟復先生整理的《劉大櫆集》，是收錄劉大櫆詩文作品較爲完備的通行本。但在筆者經眼的三種不同版本的劉大櫆《小稱集》中，有一些詩文作品不見於《劉大櫆集》。其中，刻本《小稱集》中有 1 篇古文，7 首古詩；上海圖書館藏鈔本《小稱集》有 18 首五言古詩；臺北"國圖"藏鈔本《海峰小稱集》有 4 首律詩。以上失收詩文的發現，有助於豐富和深化我們對劉大櫆的生平經歷、思想觀念、文學創作等方面的認知與理解。

關鍵字：劉大櫆；《小稱集》；佚作；桐城派

1990 年，上海古籍出版社出版吳孟復先生整理、點校的《劉大櫆集》。此集是以徐宗亮編刻本爲底本，校以劉繼邢丘重刻本，並以縹碧軒刻本、日本翻刻本參校。它是目前較爲完備的通行本。自此之後，學界研究劉大櫆及其所屬桐城派，多依賴於此書。應該説，這本書的出版確實方便並推進了桐城派研究相關工作的開展，與此同時，它也容易造成劉大櫆詩文作品盡在於斯的錯覺。近年來，筆者在訪書過程中，曾經眼三種不同版本的劉大櫆《小稱集》①，細讀之下，發現一些詩文作品竟然不見於《劉大櫆集》，也不見於此書所參校的諸刻本。兹特抉發並整理出它們，以供同好鑒賞和研究。

一、刻本《小稱集》中散佚詩文

此書現藏於南京圖書館和天津圖書館，一册，是一部以文爲主、略收詩歌的詩文集刻本。集中《明分》一文未見於《劉大櫆集》；詩僅有《題穆西林雜擬宋元山水八幅》，副題依次爲《黃鶴山樵丹臺春曉》《黃子久夏山》《倪高士疏林平遠》《荆關合作》《趙承旨翠壁丹楓》《巨然煙浮遠岫》《梅道人煙江疊嶂》《李營丘寒林煙景》，其中《梅道人煙江疊嶂》見於《劉大櫆集》，其餘 7 首失收。兹錄如下：

明分

江海山林閑放之士，居下訕上以爲傲，世之人不之察也，而相與高之。嗚呼！

---

* **作者簡介**：汪孔豐，男，安慶師範大學文學院教授，文學博士，碩士生導師，安徽大學文學院博士後。主要從事桐城派與明清文學研究。

國家社科基金青年項目"文化家族視域下的桐城派研究"（13CZW051）；中國博士後科學基金第 61 批面上資助項目（2017M612048）；安徽省博士後基金資助項目（2017B243）。

① 關於這三種《小稱集》的版本情況及其文獻價值，可參見拙作《三種稀見劉大櫆〈小稱集〉及其文獻價值》（《文學遺產》，2018 年第 4 期）。

此君臣之義所以不明於天下歟？

且夫勢之出於不得不然者，必皆爲天之所使，是故分非人之所能爲也。天也，乾坤定，則卑高陳；卑高陳，則貴賤別。位處於上，非人之故欲貴之也，其勢高，則仰而望之矣；位處於下，非人之故欲賤之也，其勢卑，則俯而視之矣。據泰華之懸崖，登嵩高之絕壁，耳目之所及，手足之所憑，莫不遠絕於人。呼之，聲非加疾也，而聞者遠；招之，臂非加長也，而見者遠。幽谷之中，垔井之下，缺甓之底，耳之所聞，目之所見，手足之所加施，不能盡咫尺，其勢隘也。

是故先王之制，天子祭天地，以其有天下也；諸侯祭其封內之山川，以其有國也；大夫祭五祀，以其有家也；士祭其先，以其勢未能有其一家，而於其先人則猶能推誠心以格之也。天子七廟，諸侯五廟，大夫三廟，適士二，官師一，而庶人則無廟。非先王於人之祖考，故爲是厚薄隆殺也。以眇然卑賤之庶人，而欲崇祀乎天地、山川、五祀與其遠不可知之始祖，則雖以仁孝誠敬如孔子其人者，可以知之而不可以行之，何者？勢不足以及之，神明不歆餐也。期之喪，自庶人達乎大夫，大夫降而天子諸侯則無有，以爲親不足以敵其貴也。是故自天子而下，其位遞卑，則其勢遞降，而其力之所及者遞狹。自庶人而上，其位遞高，則其勢遞隆，而其力之所及者亦遞廣。

今以州縣城隍溪谷之神，威靈能爲禍福，而或慢無禮於其神像之前，一旦狂惑病瘋，若神降之譴者有之。長吏坐於法堂之上，呼叱役夫皂隸之人，拘以黑索，則威靈散去，禱之不復應。且夫人，氣之陽者也；神像之神，氣之陰者也。陰陽以盛衰迭爲勝負，庶人之陽，不足以當城隍溪谷神之陰；城隍溪谷神之陰，又不足以當法吏之陽。法吏之法，非法吏之所得而有，天子之法也；天子之法，非天子之所得而私，天之法也。郊野頑梗之愚民，犯法抵罪，長吏施以三尺之刑，則終身落托，不復能自振拔。天之道，栽培而傾覆，彼其人，既已爲天之所覆矣。

今夫天，昭昭在上也；今夫地，噩噩在下也，其於生物之功同，而人之不宜褻瀆之、宜畏事之者一也。乃人之於天，祀以馨香，而儒者有知之人，不敢直三光而遺矢溺。若夫地，則爲圃者鋤之，爲農者耕之，爲井者掘之，求珠玉者鑽之，築宮室垣牆者畚鋪而移之，矢於是，溺於是，而曾不以爲褻瀆無禮。地之勢處下，不得不然耳。

人有先貧賤而後富貴者矣，而方其貧賤之時、富貴之幾，伏而未發，則其勢未歸於我，而不可以預爲其事。不及其時而爲其事則僭，僭則無禮，無禮則天必譴之，故曰："以吾從大夫之後，不可徒行也。"非孔子之不欲徒行，而徒行則不可也。故曰："居是邦，不非其大夫。"非以其邦之大，夫能以其威迫脅乎我也。

古者未嘗委贄爲臣，則不敢枉道以從人，故士之不見諸侯，非以爲傲也。孔子之事君，衆皆拜上，而孔子獨拜乎下。孔子之於當時列國卿大夫，恂恂然，莫不退讓逡巡而有禮也。天下之達尊三：齒也、德也、爵也。三者各自爲升降，而不相妨礙者也。士之齒與德，不足以屈王公大人之爵，王公大人之爵，亦不足以屈士之齒與德。故曰有其一。惡得慢，其二也。

昔者厲王欲止謗，而召公諫之，以其謗之必不在士君子也。夫謗之出於國人，庸何傷？子產不毀鄉校，仲尼以爲賢，亦非以彼儒者之宜圖議國政也。曰孟子謂"説大人則藐之"者異乎此。夫孟子徒以當時阿諛苟合者,屈節於王公大人之前而耻之,且其言固賢者之言,而非聖人之言也。

黄鶴山樵丹臺春曉

嗚呼！麓臺老人不復作西林爲麓臺門人,楚水吴山俱冥寞。西林筆力回萬牛,人間又見真黄鶴。爪指所到森銛鍔,太阿出匣光紛錯。矮昂盈盈三寸間,崖谷陰幽氣磅礴。怪石危峰虎豹蹲,松枝竹葉蛟龍攫。野狐顧盼雄千鬚,山鬼睢盱挺一腳。人家茅屋傍溪縛,瀑布千尋檐際落。赤日忽聞雷雨喧,青天俄見雪霜皭。絶壁無階不容踏,何處憑虚結高閣。舉頭上手摘星辰,低身下視飛鳥雀。溪傍一條横略彴,流水桃花紛綽約。撑舟渡此即仙源,豈信長生有仙藥。西林快筆如斧斨,運斤真盡鼻上堊。提携馬夏等兒曹,丹青不數河陽郭。我亦難忘在邱壑,胡爲困守長蕭索。急爲歸家理芒屩,衣制青蓑笠卷箬。十日裹糧足大嚼,白飯冷淘兼不托。乘風去去隨鵾鷃,上睄青冥下廖廓,肯待清秋入廬霍。

黄子久夏山

長松萬壑濤聲吹,飛鳥不鳴杜德機。人家住在山南陲,紺色蒼顔紛陸離。階前減汨走流水,檐際嫖姚横樹枝。咄嗟畫手誰辦此？富春老人黄大癡。黄大癡,手提大筆何淋漓！白龍騰躍甲燦燦,朱虎跳踉毛彪彪。元氣藴蓄春葩折,逸態瀟灑神仙姿。嗟哉我生已後時,古人不見吁其悲。眼前突兀光芒出,夥頤西林今得之。

倪高士疏林平遠

我家住在龍眠山,茅堂碧水流彎環。壁間古畫倪老作,短幅不盈方尺間。别來三載空名利,堁塔揚風塵滿鼻。馬蹄隆隆殊未休,回首鄉關如夢寐。西林此意何處來,老筆鑱天天爲迴。江南雲物宛在眼,卻見茅堂清晝開。遥岑一抹堆螺子,古木槎枒枯欲死。叢篁怪石净懷抱,草亭静插乾坤裏。倪老遠意寄渺茫,西林亦復窮幽荒。兩忘作者與述者,細觀疑以郭注莊。昔人已邈不可慕,想見昔人棲隱處,我獨胡爲苦馳騖？西林有幸不辭勞,扁舟共訪横林去。

荆關合作

誰家結廬高崖顛,雲中雞犬聞喧闐。誰家結廬高崖半,長嘯一聲風凄然。紺石蒼藤各蒙密,青峰紫蔓紛糾纏。流霞絢爛散文綺,急瀑琮琤揚管弦。山川世多有,畫手難具全。荆浩關仝古不朽,我朝再見西林賢。縱横大筆擬合作,一手能兼人所專。何時蔔築定須傍此好林泉,居與兩家相接連。吸風飲露不火食,乘鸞附鳳凌蒼煙。一飛飛出瀛海外,再飛飛上大羅無極九重天,豈與人世爲周旋。

趙承旨翠壁丹楓

我生南國山水陬,岩壑綺互雲木稠。衡嶽廬阜接天峙,瀟湘洞庭兼海浮。大江千里走西蜀,天臺秀絶横東甌。羅浮雁蕩富崖谷,武夷屈曲旋蝸牛。名山屐迹憇未周,夢中時作凌雲遊。振衣千仞發長嘯,一聲驚起魚龍秋。但見青天晃蕩九萬里,赤日下照滄海流。蒼煙九點足下起,修羅兜率皆浮漚。西林何處得此意,使我發狂大叫生旅愁。白雲紅樹風颼颼,淵然而静與心謀。生不願封萬户侯,但得仙杖九節時,挂到此山山頂頭。

巨然煙浮遠岫

亂山合沓羆虎蹲，疏林過雨殘日矄。晚煙蒼蒼起絕壑，春水活活流孤村。村旁茅屋定誰縛，應是舉家來避秦。他時漁子足迷惑，君看桃花紅滿源。

李營亞寒林煙景

石骨鑱天廉似觚，樹枝屈鐵勁不枯。長林窈窕帶絕壑，營亞山水今古無。西林善摹李公筆，墨花噴薄秋蕭瑟。曾爲我作讀書圖，此圖不同差仿佛。幽人葺茅據佳勝，日晚寒煙起蘿徑。煙外蒼蒼岫色高，煙中漠漠溪流淨。西林筆力無不宜，宋元八幅皆離奇。吾徒羅生嗜文雅，朝披夕覽忘其疲。手摰此冊請我題，我才萎薾慙退之。強而後可爲之辭，譬如剜肉生睡肌。李杜光焰何能希，羅生羅生空爾爲。

二、抄本《小稱集》佚詩

此抄本《小稱集》藏於上海圖書館，一冊，是一部僅存五言古詩的殘抄本。其文字面貌，與前面所述刻本《小稱集》迥異，也與《劉大櫆集》中詩作多有差異。茲專門檢出《劉大櫆集》中所缺詩作：

雜詩①

路逢兩少年，招邀過酒保。沽酒共歡譁，意氣相傾倒。浮萍生水中，纏綿固其道。不見巢居子，深山遂終老。

愁思夜不寐，攬衣循東廂。仰見高空月，掩抑無晶光。其旁衆星列，三五粲成行。小大有定分，晦明忽改常。我欲決浮雲，引手提天綱。踟躕力不足，嘆息沾衣裳。

感懷②

梧桐挂落月，的皪如鮫珠。吹燈向暗壁，俛首思唐虞。嬴秦繼周統，聖法無留餘。茫茫二千載，流波相灌輸。漢文用黃老，而況李趙徒。嗟哉興王佐，不復知古初。身生三代後，閏位迭乘除。仲尼終老死，天運固何如。收聲反涕淚，勿用泣霑裾。

飲酒③

朝日與夕月，千古相代生。惟有人命促，一去永無形。白骨埋斷隴，豈知春事榮。如何在世日，有酒不肯傾。膏火自煎炒，紛紛利與名。

---

① 此抄本首頁首行以"路逢兩少年"詩句起始，未見詩題，明顯殘缺，其後14首詩首句依次爲"翩翩遊俠子""菉葹牆上草""生命如朝露""愁思夜不寐""豫章生高嶺""三月河堤道""高岡有梧桐""秋月照梧桐""有客自南國""東風蘋末來""旋舟涉湘浦""雨餘天色好""南山有文豹""東家有好女"，除了"愁思夜不寐"詩外，其他13首詩都見於《劉大櫆集》卷十一《雜詩十四首》。顯然，這一組詩詩題應爲《雜詩》，"路逢兩少年""愁思夜不寐"兩詩屬佚詩。

② 抄本中《感懷》組詩8首，其中"振衣登金臺""浮世不可處""義士有本性""白雲像華蓋""久客鮮壯志""弱冠負勇氣"6首詩見於《劉大櫆集》卷一一《感懷六首》，"方朔乃太歲"一詩見於《劉大櫆集》卷一三，以《懷古》爲題；"梧桐挂落月"一詩屬佚詩。

③ 抄本中《飲酒》組詩共計6首，其中5首見於《劉大櫆集》卷一一《飲酒五首》，"朝日與夕月"一詩屬佚詩。

雜感①

貴賤雖有等，芳穢更無門。蕙蘭鮮愛惜，蕭艾竟相珍。泰山尚覺小，培塿自稱尊。彼蒼何夢夢，默然無一言。餘將拂衣去，姑射逐神人。吸風兼飲露，天外共飛翻。

客程發淮北，迢遞向揚州。垂楊何毿毿，不聞煬帝遊。泥沙視錦繡，人民等蚍蜉。行宮方共飲，西閣已見收。長城不復守，汴河空自流。寂寞雷塘下，惟餘土一抔。

雜興②

昊天煦萬物，最貴爲斯人。國家盛休養，然後稱繁殷。一朝禍變作，膏血遍荆榛。誅夷既非暴，覆育亦非仁。有晨斯有夕，大運如環循。嗟彼平世士，乃獨見陽春。

昔者魯仲尼，生在定哀時。車轍遍列國，汲汲將何之。雖有高第子，但給家臣資。下學而上達，舉世莫我知。所以欲浮海，又欲居九夷。從今可逝矣，中路勿狐疑。

唐虞稱元凱，二代頌伊周。至哉帝王業，輔弼賴前修。天運有隆替，人事漸乖偷。月盈則必食，河水詎西流。丙魏既不作，姚宋亦罕儔。吁嗟後來者，勿爲一身謀。

秦皇北備寇，適吏築長城。征徒役士卒，四海爲之傾。城高屹萬丈，松柏鬱青青。至今飲馬窟，白骨相枝撐。秦皇不復見，流涕爲沾纓。

斯人本一體，但各有分形。誰能一體內，淡漠不關情。我欲騎黃鶴，乘風忽上徵。天門高無極，與世隔重扃。庶使兩耳靜，不聞愁嘆聲。

相彼首陽山，樓桑何陸離。狐兔交橫走，鴟鶚比翼飛。中有伴狂士，長歌行采薇。有粟足充腹，遑知人代非。豈爲矜譽聞，槁餓令人悲。吾將學通達，高節謝夷齊。

上帝垂紱冕，雍容居紫清。忽覺宮殿隘，臺沼事經營。逼迫走二曜，鞭笞驅六丁。東山伐怪石，西海取文檉。珊瑚作欄檻，瑪瑙爲簷楹。下民盡歡躍，仰見玉樓成。瑤池速王母，日夕共飛觥。樂哉良晏會，延年千萬齡。

昆丘有化人，玉色方兩瞳。貽我今光草，粲粲如芙蓉。服之生羽翼，聳身入雲中。下視九州內，一一非人容。跂行而蠕動，仿佛皆沙蟲。潸然流涕泗，山海邈千重。

少年不曉事，結習在詩書。焚膏每繼晷，高歌唐與虞。自負帝王略，庶幾聘良圖。揭來適於越，章甫目爲迂。道逢冶遊子，疑是籍闃徒。鵝冠復貝帶，傳粉

---

① 抄本中《雜感》組詩共計15首，其中"汴和有良璞""悠悠華池水""白日出榑桑""九州雖雲廣""李斯相秦皇""幕地張罝羅""晨朝遇匠石""破獍善食父""荒郊郭門外""隆冬禦敗絮"10首見於《劉大櫆集》卷一二《雜感十一首》，"弱年不知命""仗策遊嵩少"兩詩見於《劉大櫆集》卷一二《客遊三首》，"草木正黃落"一詩見於《劉大櫆集》卷十三《雜詩二首》，"貴賤雖有等""客程發淮北"兩詩屬佚詩。

② 此組詩共計23首，有7首見於《雜興八首》，2首見於《書懷二首》，1首見於《雜詩》，餘13首皆不見，屬佚詩。

共歡娛。誓將從之去,相與厯天衢。

南國有異鳥,舉翮摩蒼天。忽與炎飈遇,吹我向幽燕。塞垣盛殺氣,安得久留連。欲歸無伴侶,欲往路迍邅。低頭對弋者,勿更控鳴弦。

燕王築金臺,請從郭隗始。駿骨重千金,良馬豈不至?四時有推移,盛業固難繼。皎皎倉浪天,浮雲忽相蔽。已矣何斯言,棄置復棄置。

左丘既失明,馬遷刑亦宮。杜甫至餓死,李白魚腹中。乃知操觚士,造物固不容。何況兩足民,彼此隔心胸。戈鋋對面起,誰能保其終。古來共如此,無獨怨途窮。

三、抄本《海峰小稱集》中四首佚詩

抄本《海峰小稱集》藏於臺北"國家圖書館",一冊,是一部僅存五言古詩的詩集殘鈔本。此集中有《鄖城早春次韻》《荊臺咏古》《鄖陽懷古》《净樂宮》4首佚詩不見於《劉大櫆集》。依次布列如下:

鄖城早春次韻
好春依舊入,濁酒奈新停?共和歌皆白,相看眼自青。有情思折柳,無智可移瓶。三户遺民在,前聞不欲聽。

荊臺咏古
樓臺軒豁楚天長,多難逢春倍自傷。水合三江成澤國,山分五嶽鎮南荒。一時鬼窟稱君長,千古神州待我皇。欲繼唐宗收偉績,諸公誰是郭汾陽?

鄖陽懷古
犬牙交錯四州分,淵藪逋逃自古云。楚敗麇師防渚地,金求宋割永興軍。雷封山勢星辰近,龍滾灘聲日夜聞。爲報流民勤作息,莫矜險阻入狐群。

净樂宮
誅求豈惜困黎民,愧作惟思媚鬼神。殿閣恢宏豐城市,丹青煒麗逼星辰。只言日月長光照,誰料河山變劫塵。借問雷公能發怒,爲何隱忍及斯晨?

以上4首詩的創作時間能够推斷出來。劉大櫆在乾隆十九年(1754)入於湖北學政陳浩幕府①,這期間,他曾多次追隨學使陳浩視學湖北境内多處州縣,途中寫下了《荆州道中次韻奉酬學使陳公》《荆州送別迮四耕石》《鄖中》《襄陽道中次韻》《鹿門山次韻》《均州晚泊》《望武當次韻》《鄖陽道中》《鄖陽眺望》等詩篇。這4首佚詩也應當是在此期間所作,它們與前面諸詩一起呈現了劉大櫆晚年遊幕湖北時的所見所聞與所感所想。

總之,以上失收詩文的發現,有助於豐富和深化我們對劉大櫆的生平經歷、思想觀念、文學創作等方面的認知與理解。同時也提醒我們,重新整理劉大櫆詩文集還有一定的必要。

---

① 《劉大櫆集》附錄二吳孟複《劉海峰簡譜》,上海,上海古籍出版社,1999年,第619頁。

陳用光藏姚鼐手札考釋

盧 坡

摘 要：陳用光藏姚鼐手札今見五十六通，約一萬四千字，其中與劉大櫆、周興岱、陳松各一封，與陳守詒兩封，與王芑孫三封，餘四十八封爲與陳用光尺牘。將手札與傳世《惜抱軒尺牘》刊本對比，得姚鼐佚文一篇，異文百餘處，手札所存留之作書時間對於考訂姚鼐生平尤有助益。

關鍵詞：姚鼐；手札；考釋

陳用光藏姚鼐手札今見56通，約14000字，其中與劉大櫆、周興岱、陳松各1封，與陳守詒2封，與王芑孫3封，餘48封爲與陳用光尺牘。將手札與傳世《惜抱軒尺牘》刊本對比，得姚鼐佚文1篇，異文百餘處，手札所存留之作書時間對於考訂姚鼐生平尤有助益。今加以整理，以還姚鼐尺牘原貌。

陳用光(1768—1835)，字碩士(又作石士)，一字實思，新城(今江西黎川縣)人。《桐城文學淵源考》載陳氏"嘉慶辛酉進士，官禮部左侍郎。師事舅氏魯九皋、姚鼐，皆受古文法，從鼐最久，師説尤爲篤信"[1]。著有《太乙舟文集》八卷、《太乙舟詩集》十三卷等。陳用光嗜書法，喜收藏名人尺牘，並作序跋，今其集中存有《惜抱軒尺牘序》《王述庵與蓉裳尺牘書後》《題楊忠愍公墨迹卷》《袁簡齋尺牘跋》等。就尺牘而言，陳用光與姚鼐來往最多，今《太乙舟文集》卷五即存陳氏與姚鼐尺牘12封，《惜抱軒尺牘》則收姚鼐與陳用光尺牘百餘通。據《惜抱軒尺牘序》可知，"先生自定其文極嚴，尋常應酬之作，雖他文皆棄去，其尺牘皆無存焉者。用光自侍函丈以來，二十餘年中，凡與用光者，皆藏弆而潢治之，爲十册。因更訪求之與先生有交遊之誼者，寫録成帙。而先生幼子雉及門人管同復各有録本。余皆録得之，乃成八卷"[2]。可以説，正是有賴於陳用光的"護惜先生文字"，才使得《惜抱軒尺牘》流傳至今，成爲姚鼐甚至桐城派研究的重要資料。

《惜抱軒尺牘》最早的刊本由陳用光編輯、陳氏學生郭汝驄刊刻於道光三年

---

* 作者簡介：盧坡，男，安徽大學文學院(安徽合肥 230039)，講師，文學博士，主要從事清代文學研究。
本文係安徽大學博士科研啓動經費項目"桐城派尺牘研究"(J01003275)、安徽高校人文社會科學研究項目"姚鼐尺牘輯存編年校釋"(SK2019A0029)階段成果。
本文係國家社會科學基金重大招標項目"清代文人事迹編年彙考"(13&ZD117)階段成果，安徽大學博士科研啓動經費項目"桐城派尺牘研究"(J01003275)階段成果。

① 劉聲木：《桐城文學淵源考》，合肥：黄山書社，2012年，第153頁。
② (清)陳用光：《太乙舟文集》卷六，清道光二十三年孝友堂本。

(1823)。後楊以增延請高伯平重爲校勘,手寫上版,"字體混穆,使此書益可欽玩"①,楊氏刊本內封牌記"咸豐五年九月刊成",書口鐫"海源閣",故稱海源閣本。此後又有長沙本,"顧皆依用陳編,別無增輯"②。桐城徐宗亮刊刻《惜抱軒尺牘補編》,皆出陳編之外,但因經兵燹,輾轉抄撮而成,稍顯零亂,其學術價值不能比肩正編。蓋因《惜抱軒尺牘》能示學人以門徑,光緒三十四年(1908),廣智書局以鉛字排印;宣統元年(1909),文明書局以此書與《尤西堂尺牘》《方望溪尺牘》三種合刊之;宣統二年(1910),國學扶輪社刊印;1927年新文化書社刊印,加以新式標點,但無陳用光序及郭氏跋語,內容也有所減少,似爲滿足一般讀者閱讀之需。在這衆多的版本中,以海源閣本"尤精雅可貴",故文明書局廉泉即以海源閣本重摹刊印。陳用光藏姚鼐手札爲姚鼐尺牘之原貌,具有較高的文獻、版本乃至書法美學價值,雖早已公諸學界③,卻因字迹難辨,不見利用,茲試與海源閣本《惜抱軒尺牘》對比釋讀④,辨識如下:

  1. 久未啓候,昨得舍弟信來,云三老伯自歸家後,起居甚好,但不喜入城耳。城中誠無佳處,然樅陽亦頗塵囂,三老伯居之,果能適意耶? 朝夕何以自給? 聞在徽州時有足疾,今已愈未? 鄉間亦復有可與共語者不? 鼐於老伯忽忽不見,遂二十年。偶一念及,令人心驚。自少至今,懷没世無稱之懼,朝暮自力,未甘廢棄。然不見老伯,孰與證其是非者? 鼐於文藝,天資學問,本皆不能逾人。所賴者,聞見親切,師法差真。然其較一心自得、不假門徑、遽然獨造者,淺深固相去遠矣。猶欲謹守家法,拒斥謬妄。冀世有英異之才,可因之承一綫未絶之緒,倔然以興。而流俗多持異論,自以爲是,不可與辨。此間聞言相信者,間有一二,又恨其天分不爲卓絶,未足上繼古人,振興衰敝。不知四海之內,終將有遇不耶? 鼐丙戌年春,曾有兩字奉寄,並詩一册呈乞閱定者;前歲在武昌,作《奉懷》詩並書,均未知達不【否】? 近作詩文頗多,聊録數詩紙後,老伯可觀鼐才力進退也。老伯詩文集中,愚見亦有數處欲相商者,此非見面【面見】不可詳悉。其本子、款式、雕刻俱不佳。他日有意謀爲老伯另刻也。自家伯見背之後,鼐無復意興,此間尤無可戀。今年略清身上負累,明年必歸。杖履無恙,從此長相從矣。因便略陳不盡。

  二月二十三日,上海峰三老伯大人,通家姪姚鼐頓首。
  老伯所選放翁七律已令人抄一本見寄。

按,劉大櫆(1698—1780),字耕南,一字才甫,號海峰,安徽桐城人,"桐城三祖"之一。早年抱"明經致用"之志,但屢試不中,曾官黟縣教諭。著有《海峰詩文集》《論文偶記》等。陳用光言:"用光所録先生尺牘皆歸田後札也,惟此爲官京師時書。其手迹存伯昂編修處,用光以《墨池堂帖》一部易之。並標入吾十卷中。茲取以冠篇首云。"

---

① (清)梅曾亮:《姚姬傳先生尺牘序》,見梅曾亮著,彭國忠、胡曉明校點《柏梘山房詩文集》,上海:上海古籍出版社,2012年,第379頁。
② (清)徐宗亮:《惜抱軒遺書三種序》,見《惜抱軒遺書三種》,清光緒乙卯徐氏刊本。
③ (清)姚鼐撰、陳用光輯、孫陞甫收藏:《惜抱軒手札》,1936年商務印書館本。
④ 正文爲姚鼐手札原稿,經筆者辨識,輔以標點,以【】標識海源閣本與手札不同之處。

此手札與海源閣本有出入:"不"被改作"否";"見面"被改作"面見";海源閣本無"老伯所選放翁七律已令人抄一本見寄"。

2. 聞去冬述職入都,今歲始歸,今想旌麾已返陳郡矣。遥想興居,當增佳勝。冀擢任江南,庶再奉言笑耳。弟近狀亦粗遣【適】,但暗添衰憊,惟自覺知。吾兄與賤齒正同,其健快或猶勝蒲柳姿耶? 令郎世台本將入都,道【途】中聞停科場之信,今擬偕弟且赴江寧讀書。弟甚愧其志,懼薄劣不能爲之益耳。兹因其遣家人問省左右,附候近祉,不具。

約堂二兄大人,愚弟姚鼐頓首,三月朔日。

按,陳守詒(1731—1809),字仲牧,號約堂。官至陳州知府。陳用光之父。姚鼐爲陳守詒作壽文兩篇(《陳約堂六十壽序》《陳約堂七十壽序》),又作《中憲大夫陳州府知府陳君墓誌銘並序》。此札與海源閣本有出入:"遣"被改作"適";"道"被改作"途";海源閣本無"約堂二兄大人,愚弟姚鼐頓首,三月朔日"。

3. 使至,接讀惠書,敬審起居萬福爲慰。又知二世兄簽掣第一,榮授甚速,尤爲可喜。至於近時任官,當新故接續之交,多有不易辦理之處。吾兄當小耐之,亟欲擺脱而去,恐未易言也。江南官場亦甚窘。趙觀察至,將署中家小盡遣還里以免累,亦良苦矣。賤狀尚如往昔,承賜多儀,愧謝愧謝。今因使還,附呈拙書四幅,不足云清玩,聊以見千里面目而已。漸涼惟珍重,不具。

約堂二兄大人,愚弟姚鼐頓首。

按,陳用光言:"先生與用光書最多,今分爲三卷,而以家門數書冠其首。"海源閣本,姚氏與陳守詒書九通,陳氏藏札今僅見以上兩封。海源閣本無"約堂二兄大人,愚弟姚鼐頓首"。

4. 久未奉書,想動定佳好。鼐去歲爲冶亭先生邀來江寧,遂居此兩載。衰敝之狀,亦日夕漸增,但尚能行步飲食耳。下月擬歸里度歲,明年當不免更一來也。體中近復何似,一切尚未減昔者不? 鼐刻詩文集,計尊處當已得之。今增《試帖》一卷,聊寄請正。兹有程魚門編修之子瀚,已捐雙月縣丞,兹來京欲圖仕進,機會恐亦未易。想篤念年誼,憫其孤立,彼在都進退事宜,或當蒙指教之益耳。因其行便附候,不具。

東屏賢友,九月廿二日,姚鼐頓首。

按,周興岱(1743—1809),字冠三,號東屏,四川涪州(今重慶)人。乾隆三十六年(1771)進士。累官户部侍郎。此札與海源閣本有出入:海源閣本無"東屏賢友,九月廿二日,姚鼐頓首",補"與周東屏"爲題。

5. 十月二十四日,姚鼐頓首奉書鐵夫先生侍史:昔桓譚有云【言】:"凡人忽近而貴遠。"以鼐之不才,又於今世,固所謂"禄位容貌,不能動人"者,而先生獨盛稱之,見【載】諸文集。是其取捨遠異【無"異"字】乎流俗之情,而鼐獲不棄於賢哲,有不待乎後世之子雲也,豈非幸哉! 舉世滔滔,知己寧可再遇! 而相去四五百里,無因緣一見。久欲奉一書於左右,而忽忽未及爲。昨賢子至,乃承賜書先之，展誦喜躍不可勝，而又以自慚其疏惰也。冬寒惟興居萬福！先生文章之美，曩得大集，固已讀而慕之矣；今又讀碑記數首，彌覺古淡之味可愛，殆非今世所有。夫古人文章之體非一類，其瑰瑋奇麗之振發，亦不可謂其盡出於無意也；然要是才力氣勢驅使之所必至，非勉力而爲之也。後人勉學，覺有【其】累積紙上，有如贅疣。故文家【章】之境，莫佳乎平淡，措語遣意，有若自然生成【加"者"字】，此熙甫所以爲文家之正傳，而先生眞爲得其傳矣。詩之與文固是一理，而取徑則不同。先生之詩，體用宋賢，而咀誦之餘，別有韻味，由於自得，非如熙甫文佳而詩則平淺者所可比也。至如【於】尊書亦殊妙，所寄冊當裝以爲世寶，【固】不復奉還。略論其欣仰之意，聞之以爲有當否乎【無"乎"字】？鼐今歲在江寧過臘，歸期尚未能決。昔年嘗一游蘇州，極思其風景，若再獲東來，一瞻容儀，則大快平生矣。但不知得果此緣否？賢子在此，且當時得通書。【率復】不具。

按，王芑孫（1755—1817），字念豐（又作灃），號惕甫，一號鐵夫，又號楞伽山人。長洲（今江蘇蘇州）人。乾隆五十三年（1788）召試舉人，官華亭教諭。工書法。著《碑版廣例》《楞伽山房集》等。此札不見於《惜抱軒尺牘》，收入《惜抱軒詩文集》中，文字與上海古籍出版社《惜抱軒詩文集》有出入："有云"被改作"有言"；"見諸文集"被改作"載諸文集"；"遠異乎"被改作"遠乎"；"覺有累積紙上"被改作"覺其積累紙上"；"文家之境"被改作"文章之境"；"自然生成"被改作"自然生成者"；"至如"被改作"至於"；"不復奉還"被改作"固不復奉還"；"有當否乎"被改作"有當否"；"不具"被改作"率復不具"。陳用光於此札後補："辛未十月杪接到惕甫錄記。"

6. 聞近極【無"極"字】用力於經學，甚善甚善。鄙著《九經説》《三傳補注》，今各以一部承教，或於高明亦少有啓發處否【不】？

鼐再拜。

按，此札與海源閣本有出入："極用力"被改作"用力"；"否"被改作"不"；海源閣本無"鼐再拜"，補陳用光"辛未歲杪接到惕甫記"。

7. 去歲承賜書，付石琢堂攜來。琢堂以寄賢子於靖江，今歲賢子見寄，乃得讀之。具審近履，忻快忻快。而謙抑之懷，益使人欽佩。夫學問之事，天下後世之事，非自亢者所能高，亦非自抑者所能下，然則先生之用意，不亦善乎！其於鼐則推許誠過。鼐於文事粗識門徑，而才力不足盡赴其識。譬諸李翺、皇甫湜，豈不欲爲退之之文耶？而才不能赴其所識。鼐是以更望之【諸】年少者。假令更有韓、歐之才出，而世第置吾於獨孤及、穆修之倫，則吾心所大快矣。先生亦以爲然乎？久雨，春寒不可耐，唯【惟】珍重千萬。企望來年杖履入江寧，得一面談耳。

姚鼐頓首，鐵夫先生侍史，壬申三月十一日。

按，此札與海源閣本有出入："之"被改作"諸"；"唯"改作"惟"；海源閣本無"姚鼐頓首，鐵夫先生侍史，壬申三月十一日"。

8. 姚鼐頓首，秋麓大兄足下。曩得見於江寧，又遇杭州途中，仰睹丰采卓越，固心以謂必非恒士矣。其後鼐歸安慶，絕不得見。承足下以書及詩垂寄，又失不達。今石士編修録以予鼐，乃獲讀之，然後知足下果異人也。書辭才氣沛然，有決河奔驥之勢，使人喜愕，反復誦不能已。其論旨高大，與古君子通立言之要，顧鼐淺薄不足以副所言耳，然豈可謂足下以內外辯爲文是非之説，非天下至言哉？詩於文差有不逮，然其高致尚非今時作詩者所逮也。才人者，天下之公器也。以足下夐望高步，欲繼永叔魯直，招四海而掩一世之俊，其才將可以濟其所志，此天下之士，非江西之士矣。鼐德業無稱，文章褊陋，加頃年耄疾，何足有進於足下？雖然，承足下殷懃下問，而闕然弗答，不敢也。今夫梗梓豫章，幽生深谷，則無人知其美，積歲月之久，上枝幹雲霓，下幹蔽列駟，卒爲天下巨材。生道途之近則易見取於人，而摧折之患亦至。今者足下已至京師，名列吏部，其才美見知於人易矣，而卒求所以養成其材者，必待歲久而後大。竊有愚願，願無急於人知，厚培其本，勿受世之摧折而已。冬寒，珍重千萬。庶幾早晚得近闕南來一見，以慰衰暮之思。不具，姚鼐頓首。

按，陳松，號秋麓，江西鄱陽人。曾作《題金陵管異之〈寒燈課讀圖〉》一関。其子陳方海、陳宇爲文私淑桐城，與劉開、姚瑩等友善，陳方海作《劉孟塗傳》。陳用光《送陳秋麓還官安慶序》稱"我宗秋麓負異才，嘗質其文於姬傳先生。亟稱之，而顧惜其方得官不得竟其學，與之書，勉以勿受世摧折之患"。此札即爲姚鼐復其書。所載不見各本《惜抱軒尺牘》。

9. 久未得消息，懸念之至。使至乃甚慰。然念碩【石】士方欲以文字自適，而當摒擋官舍諸煩瑣之事，可謂違才易務矣。然處之正須細心寧耐，此中即是學問也。聞習之之亡，使人痛悼。近來才志之士，天使之得成就者何其少耶！夢樓所閱詩稿及植之詩，今寄來，朱筆則鼐記也。夏間新城寄來府報一封，今並寄。山木文且將印本付來足，其板旱路難帶，擬携至桐城，俟遣人迴江西，過桐取去可也。鼐詩補刻五卷，十卷之半，甫付之，候【俟】刻畢再寄。謝蘊山升廣西撫，胡雒君自不能同去，不知作何行止。夢樓大病背疽，今收口尚未盡，病中仍晝夜危坐持誦，亦殊學道之功矣。衡兒未考教習，留京無事，或將歸也。此聞。

碩士世兄，鼐頓首，九月望日。外收用銀賬一紙。【九月望日己未】

按，此札與海源閣本有出入："碩士"被改作"石士"；"候"被改作"俟"；海源閣本無"碩士世兄，鼐頓首，九月望日。外收用銀賬一紙，補"九月望日己未"。

10. 新年，想侍奉增祉。差至得書，祗悉一切。《荀子》及蘑菇【菰】、杏仁收訖，謝謝。去冬十月惠書已至，而十一月書則未得也。所論《道書》《河圖》之旨，極佳。至如荀子得用【加"於"字】世，則【無"則"字】未知所就何如，此非吾儕所敢臆斷。若古禮，"朝必君臣皆立，無有坐者"，吾《論語説》中已辨之矣。坐朝蓋起於戰國之佚君，而荀子乃不能辨此與？乘六馬，皆春秋至戰國中間變易之事。其間書傳至少，無由斷爲誰始耳。所須與石君先生書，未知本意，想在十一月書中，今姑自以意作一書與之。【缺此句】至都，有鼐同鄉新改部之汪崇義，及歙新庶常鮑雙五，皆佳人，而於鼐素交。不及一一作書，宜往晤之，爲鼐致意可也。鼐詩有補入鐫者，今以一部奉寄。《古文辭類纂》，且以鈔者寄來【去】，尚有未畢之本也。

山木先生文,似無容【庸】更作序,但以鼐志銘刻入其集内足矣。習之有石士哀詞【辭】,其人已盡,若欲埋銘,亦以石士言之爲有情,可以有佳文。自鼐言之,終是疏也。胡雒君乃隨謝中丞至廣西。持衡已至浙江,此時在會稽看縣考卷。若【無"若"字】畢後,或在浙作館,或歸里,尚未得其的信。鼐二月底赴江寧,別後亦作數篇文字,然無甚佳處。又鈔不及,今以有本者奉寄。尊大人前請安,不另具啓。春雪寒甚,草草奉復。不多及。

　　前所寄文一册並繳。石士世兄,鼐頓首,正月廿二日。【正月廿二日庚申】

按,此札與海源閣本有出入:"菇"被改作"菰";"得用世"被改作"得用於世";"則未知"被改作"未知";海源閣本缺"所須與石君先生書,未知本意,想在十一月書中,今姑自以意作一書與之"一句;"寄來"被改作"寄去";"無容"被改作"無庸";"哀詞"被改作"哀辭";"若畢後"被改作"畢後";海源閣本無"前所寄文一册並繳。石士世兄,鼐頓首,正月廿二日",補"正月廿二日庚申"。

　　11.【自入】春來惟動定佳勝。孫庶常家足【加"力"字】來,得書,略知近狀。鼐亦尚如舊態。今年尚在皖,此時尚在家未往耳。衡兒竟以盤費不給,不能赴公車矣。石士去年考差,文佳甚。今年會闈,或當與分校耶? 甚望甚望。鐵夫不逮梅崖,誠然誠然。墓表自與神道碑同類,與埋銘異類。神道碑有銘,似墓表用銘亦可通,然非體之正也。吾謂文章體制,當準理決之。不得以前賢有此,便執爲是。如贈序中用"不具某頓首"與書同,此顏魯公、蔡明遠序體也。直當斷以爲不是耳,安可法之耶? 今年吾鄉有作聚珍板【版】者,擬將《經説》及《五七言近體詩鈔》皆另印出。當於秋冬間可奉寄。劉明東縣試得前卷,必入泮矣,伊今在郡。方植之在六安宋牧處館。【缺此句】珍重,不多及。

　　碩士編修,鼐頓首,二月十六日。【乙丑】

按,此札與海源閣本有出入:"春來惟動定佳勝"被改作"白入春來惟動定佳勝";"家足來"被改作"家足力來";"聚珍板"被改作"聚珍版";海源閣本無"方植之在六安宋牧處館"一句,又無"碩士編修,鼐頓首,二月十六日",補"乙丑"二字。

　　12. 正月奉寄一書,必已達,入夏想清佳也。鼐今年已至皖矣,而四月爲冶亭制軍遣人固邀來金陵,今既至矣,卻便因此思買宅爲金陵人耳。衡兒亦隨來此,欲爲謀一小館,卻未易得也。劉明東已入泮,方植之今在六安教徒,俱平安。鼐現在刊刻未刻之時文。其餘所訂之書,亦便思因居此,一切更刻一定本,當陸續辦之。今年榜眼徐頲者,佳士也。石士曾與之談乎? 馬彌甥與館選,想必時見,諸事教之。京師豈能免酬應之繁,當自不廢閉門誦讀之趣然。安得更接對一快晤耶? 漸熱,珍重千萬,餘不具。

　　石士編修,鼐頓首,五月廿三日。

按,此札與海源閣本有出入:海源閣本無"石士編修,鼐頓首,五月廿三日"。

　　13. 前月有一字奉寄,想已達也。暑熱,近狀佳否? 甚念甚念。鼐粗適。此間諸使君有修江南通志之意,欲俾鼐主之。然年老力憊,茲事體大,殊以爲懼耳。

印成鼐文集五部,並與徐直卿及舍彌甥、馬瑞辰書乞分致,其文集亦望以一部送直卿處也。婺源黃君名輝來京候補縣令,如有可爲關注之處,望爲留意,此書即托其帶來。【缺此兩句】餘續報不一【一一】。

　　石士編修,鼐頓首,六月廿三日。

　　按,此札與海源閣本有出入:海源閣本無"印成鼐文集五部,並與徐直卿及舍彌甥、馬瑞辰書乞分致,其文集亦望以一部送直卿處也。婺源黃君名輝來京候補縣令,如有可爲關注之處,望爲留意,此書即托其帶來";"餘續報不一"被改作"餘續報不一一";海源閣本無"石士編修,鼐頓首,六月廿三日"。

　　14. 連得數書,具悉近況爲慰。竟欲出京南來,吾固欣與碩【石】士相見,以解思憶之情矣。然爲碩【石】士計之,亦有難者。若祇是一身携兩僕至此,則便於吾處住可矣,何必買屋。若携家而來,計家口不少,豈三百金之宅所能容耶?又不知碩【石】士此時,已將分授產業已費去無一存耶?抑尚留少許,差足爲生計乎?此間住家,約須有二千金。置【買】一田一宅,乃可粗爲常居之策。然度碩【石】士有二千金,亦當且留京,以待乙【丁】卯,或得一差,不須急爲出京之謀矣【無"矣"字】。以此思之,須更熟議,不可造次,令進退難也。吾則定居於此,今已買一田供食米。明年衡兒携其婦來,且住書院,緩緩置屋。大抵買屋亦得千金乃穀耳。近狀大抵平安,略報不具。

　　碩士編修,八月廿五日,鼐頓首。

　　按,此札與海源閣本有出入:"碩士"被改作"石士"(四處);"置"被改作"買";"乙卯"被改作"丁卯";"之謀矣"被改作"之謀";海源閣本無"碩士編修,八月廿五日,鼐頓首"。

　　15. 所寄來詩文,皆有可觀。文韻致好,但説到中間,忽有滯鈍處,此乃是讀古人文不熟。急讀以求其體勢,緩讀以求其神味,得彼之長,悟吾之短,自有進也。詩以五言爲佳,見寄三首及爲陶怡【意】雲題圖之作,皆極善,此是興會到故也。七言嫌落俗套,無新警處。蓋碩【石】士天才,與此體不近,不必强之。大抵其才馳騁而炫燿者,宜七言;深婉而澹遠者,宜五言。雖不可盡以此論拘,而大概似之矣。吴蘭雪前歲曾有一文字,鼐爲閲過,並有一書與之。其書係衡兒付曾運使,看來蘭雪似不曾接著也。此番所寄來之文,吾因碩【石】士與之至好,便同學徒文一例抹閲,亦孟子所云"有人之患者"矣,一笑。大抵作詩古文,皆急須先辨雅俗,俗氣不除盡,則無由入門,況求妙絶之境乎?此間作古文有荆溪吴仲倫,作詩有江寧管同,又梅總憲有一曾孫,忘其名,才廿一歲,似異日皆當有成就者,亦視其後來功力何如耳。吾時文尚未刻完,殆須至歲暮乃成,名《惜抱軒外稿》。

　　鼐又拜。

　　按,此札與海源閣本有出入:"陶怡雲"被改作"陶意雲";"碩士"被改作"石士"(兩處)。

　　16. 前聞碩【石】士有出京南來之意,鼐以爲其計非是,故作書奉止。今亦竟不見南來,是其止決矣。然究不知在京如何住下也,甚念甚念。鼐在此平安。至修志之説,恐不免爲空言耳。此日有司窘乏,欲如顔原矣,何暇及此。而省志非各郡縣志悉成之後,不能爲也。陳君其松,良爲異才。其文筆殊不易見,深以數年之功,可以成一家數。以爲知縣,"賊夫人之子"矣。況今日州縣安可作之官耶?【缺此句】鼐近來作文字甚少,終是有衰態。時文十一月當刻成,又刻試帖詩一小卷,年内並可奉寄耳。衡兒已迴家,雄兒當來此伴度歲,尚未至。今正寂如僧房矣。既無人共語,亦不復能讀書,默坐終日。朝食則飯,晡食則粥,其脾衰亦似簡齋之暮年。正以無厚味之傷,故不似其常泄瀉耳。已寒,惟珍重。

碩士編修,十月廿八日,姚鼐頓首。

按,此札與海源閣本有出入:"碩士"被改作"石士";海源閣本無"況今日州縣安可作之官耶",又無"碩士編修,十月廿八日,姚鼐頓首"。

17. 前月作一書,付陶世兄將以奉寄,未發而得九月廿六日寄書。乃知前奉寄之書及閲過石士所爲文,及蘭雪之文,俱未接著。然今當必接著矣。頃寄《與小峴書》及《山木志文書後》皆佳。然有未調適處,故爲竄改。昌黎云"詞不足,不可以成文",理是而詞未諧,故是病也。至進册頁之文,以爲翰林文字自可,但不能高古耳。須知真翰林之文,如《典引》《貞符》《滄州過闕上殿疏》,皆不易到也。決意南來故佳,然閒居何以治生乎?必須求一書院。吾見今項日求書院者之多,此地建尊經書院,黄右軍甫居之,而劉青垣侍郎已告制軍欲據之矣,然則【缺此句】反不如官之不争也。修志必不能開局,但祇【空】言耳。衡兒已抵家,雄兒已來。雄兒今年又生一子矣。吾此數日内,盡取所藏法書名畫賣之,欲得千金,於此購一宅也。今年南中寒早【蚤】,京師或更冷耶?朝夕珍重,不具。

石士編修,姚鼐頓首,十一月七日。

按,此札與海源閣本有出入:海源閣本"求書院者之多"後無"此地建尊經書院,黄右軍甫居之,而劉青垣侍郎已告制軍欲據之矣,然則";"祇言"被改作"空言";"寒早"被改作"寒蚤";海源閣本無"石士編修,姚鼐頓首,十一月七日"。

18. 新歲想動定佳好,鼐亦略如故狀。但相別又增一年矣,可勝思耶!去冬兩書,由陶三哥處奉寄者,諒必至。臘底吾兩兒皆有事迴家,書院中乃僅一孫與一堂侄相依度歲。固是岑寂,而清静亦可喜也。偶作經說兩篇,寄來閲之。南中冬春間異寒,北方恐更甚【重】。希加珍重,餘不具。

石士編修,姚鼐頓首,正月初二日。【丙寅】

按,此札與海源閣本有出入:"更甚"被改作"更重";海源閣本無"石士編修,姚鼐頓首,正月初二日",補以"丙寅"二字。

19. 得立春日書,具審近狀。入今歲來,體中得大健耶?甚念甚念。正月初,鼐有一書,付廬江胡君穋奉寄。今聞彼乃逗留淮上,不知此書爲寄到否?石士近所作文氣【字】駿邁勝往時,誠是進也。更盡力爲之,自更有勝處。詩不必廢,但所重在此耳。鼐時文刻成,且寄兩部,諒索者必多,須後便可也。臧君所索文,俟少遲作得,並復其書。至修志事,茫然無期,恐不可冀矣。鼐居此平安,卜居之謀,亦尚未可定。丹徒左蘭城有一書奉寄,並其集,今寄來。【缺此句】餘不一【一一】。

石士編修,二月十日,鼐頓首。

按,此札與海源閣本有出入:"所作文氣"被改作"所作文字";海源閣本無"丹徒左蘭城有一書奉寄,並其集,今寄來"一句;"餘不一"被改作"餘不一一";海源閣本又無"石士編修,二月十日,鼐頓首"。

20. 漸入夏,想安好。前所寄時文兩部,當已至耶?鼐近平安。衡兒已就江浦一小書院,歲脩百金。至此間買屋事,尚未定也。與宣城張惺齋及吳舍親兩書,乞爲【無"爲"字】分致。珍重,餘不具。

碩士編修,鼐頓首,三月十六日。

按,此札與海源閣本有出入:"乞爲分致"被改作"乞分致";海源閣本無"碩士編修,鼐頓首,三月十六日"。

21. 連得兩書,具知安好爲慰。鼐在此亦平安也。送集正一【無"一"字】序甚佳,風味疏淡,自是好處。從此做深,或更入古人奇妙之境。然不可强爲,反成虛驕。大抵石士之才,與《學古錄》爲類者,茲亦足以名於後世矣。保送道長之事成否?其得失實無甚關係耳。所寄令叔行狀已至,鼐老憊,倦於筆墨,賢從兄弟未嘗來求,亦可不作矣。《經説》今增成十六卷(主皮説前寄此本未補入),今寄存石士處,或死後爲刻之。已夏,珍重,不具。

石士編修,姚鼐頓首,四月十二日。

按,此札與海源閣本有出入:"送集正一序"被改作"送集正序";海源閣本無"主皮説前寄此本未補入",又無"石士編修,鼐頓首,四月十二日"。

22. 前月寄書至,具審安好爲慰。鼐此間亦平安也。所寄之文,乃不爲佳。有一篇以鄙見略竄改之,或差勝耳。近江寧有管同秀才,其古文殊有筆力。其人貧甚,在河南作館。寄數文來,今時中所希見。其年廿六,異日成就,未可諒【量】耳。微覺腹中書卷不足,濟以學問,不可當矣。有李生取吾試帖刻之,今以一卷五部【無"五部"字】奉寄。往有刻試帖者,列吾名數首,乃非鼐所作也。今年江西數省禾麥並豐,極可慶慰。但淮揚又苦淮溢昏墊,爲甚可哀憫耳。吾所收藏翰墨,已半歸曾薲谷。今但有其半矣,行亦斥去。世間蓄聚,能及四五世者鮮矣。近隨園夢樓插架之軸,皆不知歸於何處,令人悲慨。轉不若身在散之之爲佳也。前所寄《經書【無"書"字】説》已達未?竊謂説經,古今自有真是非,勿循一時人之好尚。如近年海內諸賢所持漢學,與明以來講章諸君,何以大相過哉?鼐所愧者,功不沉密,不能專治一經。然每於一經內,有一二條之論,自當爲後之專治一經者所采用。姑存此書,以待其人耳。在都見秦小峴、汪鋭齋、吳蘭雪【無"吳蘭雪"字】諸君,希爲道【致】候,試帖可爲各送一部【缺此句】,不及一一作書也。朝夕珍重,不具。

石士編修,姚鼐頓首,五月廿七日。

按,此札與海源閣本有出入:"未可諒"被改作"未可量";"一卷五部奉寄"被改作"一卷奉寄";"《經書説》"被改作"《經説》";"汪鋭齋、吴蘭雪諸君"被改作"汪鋭齋諸君";"希爲道候"被改作"希爲致候";海源閣本無"試帖可爲各送一部",又無"石士編修,姚鼐頓首,五月廿七日"。

23. 入夏,頻得書,具知安好。頃令妻舅魯君來,近狀得聞益詳,所苦政在清貧耳。然實無術,節嗇而已,安能量出而爲入耶?諸文時有佳處,時患語繁拖沓。大抵簡峻之氣,昌黎爲最,更當於此著力也【無"也"字】。鼐老病時有,然不至甚。寂寞無可與語者,殊使人悶悶耳。秋熱猶可畏,珍重珍重。

碩士編修,姚鼐頓首,七月廿三日。

按,此札與海源閣本有出入:"於此著力也"被改作"於此著力";海源閣本無"碩士編修,姚鼐頓首,七月廿三日"。

24. 魯君來説碩士近頗勤學書,故奉寄小楷法帖一册。外與秦京兆、吴掌坊書,並希爲分致。

鼐又拜。

按,此札與海源閣本有出入:海源閣本無"鼐又拜"。

25. 八月内有一書付康茂園方伯帶入都奉寄,已達覽否【未】?今年寒至倍早,體中佳否【不】?吾因畏此寒,遂輟歸計,俟明年七月乃迴家耳。頃見吴中王鐵甫【夫】集中有《跋惜抱集》一篇,此君乃未識面之人,而承其推許,使人有知己之感。其論鄙作所最許者序事之文,甚愛《朱竹君傳》,而不甚喜考證之作。愚意謂以考證累其文,則是弊耳;以考證助文之境,正有佳處,夫何病哉?鐵甫【夫】必欲去之,亦偏見耳。其文章不愧雅馴,亦今之奇士矣。吾前作《禮親王傳》,有數事托吾鄉吴禮部爲考詢的確,而未至,見時望爲一問之也。有信祇寄江寧,不必寄桐城也。餘不具。

石士編修,十月廿三日,姚鼐寄。

按,此札與海源閣本有出入:"否"被改作"未";"否"被改作"不";"鐵甫"被改作"鐵夫"(兩處);海源閣本無"石士編修,十月廿三日,姚鼐寄"。

26. 十一月有一書奉寄,當已達。歲行盡,念石士近況佳不?歲事未至甚窘迫乎?殊念殊念【殊念】。鼐近作《禮親王傳》,録一本與石士閲之,似尚可。《道園學古録》中文,以較韓、歐,便覺遠在,況子長乎?然祇可如此做去,若勉强作漢人,則反成明人之僞體矣。又近刻試帖題跋,鼐自謂所論書理,有勝前賢處。都中近日書家有誰?今寄四本,以聽石士之轉送也。鼐此間平安,買宅未可得。前月老妾已【無"已"字】來,便住書院耳。珍重,餘不具。

與吴舍親一書,希即造送。石士編修,鼐頓首,十二月十日,鍾山書院。

按,此札與海源閣本有出入:"殊念殊念"被改作"殊念";"老妾已來"被改作"老妾來";海源閣本無"與吳舍親一書,希即造送。石士編修,鼐頓首,十二月十日,鍾山書院"。

  27. 春來連得兩書,具知佳勝。去冬長郎納婦禮成,欣賀欣賀。一二年間,當【無"當"字】可抱孫矣。鼐在此略如故狀。惟精神乏竭,至不宜看書,又無人與言,殊覺日寡味耳。衡兒已赴江浦館。觀兒在此,行迴家去換雉兒來也。石士所寄來文字,亦自可存,但非妙耳。此等題文字,本難以得妙也。祝先生《禮記注》,妥當。但取古本移其次,總不是。魏文貞公之書不傳者,以其移古次,而人不遵之也。況後學乎?《郊特牲》中之《昏義》,乃《儀禮》後記,真是《禮記》矣。若《昏義》《冠燕義》諸篇,鼐疑是后氏《曲臺記》耳,非周人所記。今以此爲主,而反以周人之禮記附其後,豈爲當乎?陳集賢之注,誠未爲佳。然今匆匆爲一書便欲勝彼,恐尚未易言耳。又注書之體欲簡嚴,勿與人爭辯。爭辯是疏,非注矣。世有注《禮記》,義明瞭於陳而文少於陳者,斯乃不刊之書,而陳注乃可廢矣。覃溪【谿】先生勸人讀宋儒書,真有識之言。夫漢儒之學,非不佳也,而今之爲漢學乃不佳:偏殉【徇】而不論理之是非,瑣碎而不識事之大小,曉曉聒聒,道聽塗說,正使人厭惡耳。且讀書者,欲有益於吾身心也,程子以記史書爲玩物喪志。若今之爲漢學者,以搜殘舉碎人所少見者爲功,其爲玩物不彌甚耶?黃石齋注經,鼐所未見,其學乃陽明之學也,恐其注亦祇是此義耳。吾今年邀方植之來課孫學文,書院中略可談者,惟此耳。劉明東館於望江師令處,不知其學得有成否也?徐直卿兄弟知已入都,石士見未?吾寄法帖題跋於吳與之,彼當未接著也。餘寒,惟珍重。

  與敝同鄉吳敦愚禮部書煩轉致。石士編修,姚鼐頓首,二月廿一日。【丁卯】

  按,此札與海源閣本有出入:"當可抱孫"被改作"可抱孫";"覃溪"被改作"覃谿";"偏殉"被改作"偏徇";海源閣本無"與敝同鄉吳敦愚禮部書煩轉致。石士編修,姚鼐頓首,二月廿一日",補"丁卯"二字。

  28. 接正月書,具知近狀清佳爲慰。吾去冬及今春,兩次有奉寄書。內皆有鄙撰文字,及與吾鄉吳禮部書,石士發書時故未達,今已達耶?遠道【路】書每苦滯,但又恐失脫耳。賓之不愧苦心力學,但不能大超越耳。久之功深,自有真得,今不可強也。其文已略爲評閱,今寄繳。吾今年晝食夜眠,似無異去歲,而精神則大減矣。甚思對石士一談,不知天假之緣,石士便得江南一差否乎?今年方植之在此教吾長孫,此兒十六歲,亦開筆作文矣。植之頗苦善病,不能極力於學問,此天限之也。楊蓉裳駢麗之才,亦自可貴。住此稍近,時與晤言,但所尚故不同耳。小峴侍郎,已居要職。知其好學,志必不頹,第恐無暇晷矣。都中更有新出英俊者乎?《惜抱軒稿》兩部奉寄。已熱矣,惟珍重,不具。

  石士編修,姚鼐頓首,四月廿二日。

  按,此札與海源閣本有出入:"遠道"被改作"遠路";海源閣本無"石士編修,姚鼐頓首,四月廿二日"。

29. 作一書,求未得能爲寄至石士者,而得石士三月朔見寄之書,具知近【無"近"字】狀平安,欣忭欣忭【欣抃欣抃】。所寄文閲之,果勝於舊。氣加開爽,詞簡而達矣。《名位》一篇,乃未見佳。漢人之文,如《論衡》乃不足道。謂蔡伯喈秘其書,此是【乃】越中僞造之詞【辭】,伯喈何至貴是書?其言奇者乃悖,平者則陋【其言平者則陋,奇者乃悖】,奈何欲擬之乎?名、位俱聖人所輕,"不患無位","莫己知"是也。於二者稍存優劣,理皆不足。茅鹿門嘗言作文須佔地步,如石士此論,所佔地步不高矣。夫"四傑"誠不足貴,然亦其不幸耳。吾見世有器質輕躁而致位卿相且壽考者矣,天道詎可必【必可】知耶?吾此月脱一左車,餘如故。《惜抱軒稿》因紙厚,寄書者不能將,後寄,不具。

石士編修,(姚鼐(以章代名))頓首,五月十一日。

按,此札與海源閣本有出入:"近狀平安"被改作"狀平安";"欣忭欣忭"被改作"欣抃欣抃";"此是"被改作"乃";"之詞"被改作"之辭";"其言奇者乃悖,平者則陋"被改作"其言平者則陋,奇者乃悖";"詎可必知"被改作"詎必可知";海源閣本無"石士編修,(姚鼐(以章代名))頓首,五月十一日"。

30. 久未得消息,甚念甚念。秋涼來,想佳適【勝】耶?所寄來文字,無甚劣亦非甚妙。蓋作文亦須題好,今石士所作之題,內本無甚可説,文安得而不平也?歸震川能於不要緊之題,説不要緊之語,卻自風韻疏淡,此乃是於太史公深有會處。此境又非石士所易到耳。文家有意佳處,可以著力;無意佳處,不可著力,功深聽其自至可也。鼐秋間因酬對應試者之勞,遂病數日,今已愈。然嘆老翁不復堪事也。今年河道艱阻,京師百物必愈貴,居者愈難,石士不至甚憊耶?若便南歸,亦未易謀一安居之策。人生如浮舟江海,聽其所至,非智力所能與矣。已涼,惟珍重千萬【無"千萬"字】,餘不具。

石士編修,姚鼐頓首,八月晦日。

按,此札與海源閣本有出入:"佳適"被改作"佳勝";"珍重千萬"被改作"珍重";海源閣本無"石士編修,姚鼐頓首,八月晦日"。

31. 前月得一書,陶意雲至,又得一書,具審秋來近狀佳好爲慰。此番寄來文字,勝於已前所寄,足見功力精進也。字句微繁處,已爲節刪。大抵作文,須見古人簡質惜墨如金處也。近時文運極敝,天乃不使知文者當文衡。石士諸差不與,亦何怪乎?鼐八月小有脾胃之病,今已愈矣。今年祇在此過年,明年小留,至下半年擬辭去。買宅此間,計未易遂,不若歸沒仍在故鄉矣。想石士春闈後必謀歸策,或便至此一晤耶?京居苦難以【於】爲資,然歸後又何以爲計,此不可不思一長策。南京作居,殊不易言耳。承寄鹿筋、蘑菇【菰】俱至,謝謝。所寄《程長史集序》是鼐作,非僞也,但不爲妙耳。老年精神已憊,作文潔淨而已。力量殊遜壯時,固其理也。墨八【二】匣,硃一【二】匣,共一包,寄充文案之用。已寒,珍重不具。

石士編修,姚鼐頓首,十月七日。

按,此札與海源閣本有出入:"難以"被改作"難於";"蘑菇"被改作"蘑菰";"墨八匣"被改作"墨二匣";"硃一匣"被改作"硃二匣";海源閣本無"石士編修,姚鼐頓首,十月七日"。

32. 前月有一書,附綴標上奉寄,當已達也。南中冬乃甚暖,未知京師【中】何如,想動定佳耳。鼐適作一同年墓誌,頗自喜,今以稿寄老弟閱之。大抵作金石文字,本有正體,以其無可說,乃爲變體。始於昌黎作《殿中少監馬君志》,因變而生奇趣。文家之境,以是廣矣。聞明年開科之事已決,果爾,安知石士不南來奉差,與吾得一見乎?楊蓉裳已奉其太夫人柩歸無錫,云明年尚來此。鄙狀平安。日惟珍重,不具。

石士編修,姚鼐頓首,十一月七日。

按,此札與海源閣本有出入:"京師"被改作"京中";海源閣本無"石士編修,姚鼐頓首,十一月七日"。

33. 前書所稱都中數賢,皆生平所未識【見】。船山、蘭雪、伯申雖不識,而嘗見所著作。吳、顧、二陳,均未睹其所作。衰病欲盡之年,固樂聞海內之有賢俊耳。大抵所貴在有真逾人處,而不必其同途。詩佳則取詩,文佳則取文,經學、史學、天文、數算、地理、小學,即四六時文,皆可愛。但欲其精,不必其多。能兼者自佳,不能兼亦何害?如伯申之小學實可貴,其餘藝或是弩末,亦可勿論矣。李安溪【谿】雖未是真道學,而所論義理自可取,而侈言文章,乃殊可笑。戴東原言考證豈不佳?而欲言義理,以奪閩、洛【洛、閩】之席,可謂愚妄不自量之甚矣。執此理以論前人,即以是裁斷今時名士,當亦不甚遠耳。吾無由盡見後來君子,聊爲石士一暢言之,想亦有取於鄙言耳。

鼐又拜。

按,此札與海源閣本有出入:"未識"被改作"未見";"李安溪"被改作"李安谿";"閩、洛"被改作"洛、閩";海源閣本無"鼐又拜"。

34. 新年惟增福慶。陶三哥入京,寄一書,必已達。得十月石士寄書,知近貧甚。又當嫁女,無以爲策,痛損節而已。邢楚才【材】書已寄去,未有迴信。彼以田爲生,江南去秋大不收,恐不能相濟耳。鼐患脾疾,久不得愈,餘粗如故。一切近狀,兒衡【衡兒】至當詳言之。所寄來文二篇,不及去歲所寄者,一是胸趣不暢時所爲,一是題本無文字可發揮也。作文尋題目,亦是要事。鼐衰老,學無進處,近頗收拾筆記,其成書之多寡,則以死之日爲斷耳。吾書略以經、史、子、集爲分。又先伯父姜塢【隖】先生,生平不爲論著,止是記所得於簡端,不能成書,欲並以入鼐筆記之內,覬可因以流傳也。衡兒此來,但欲其挑教職而歸,餘無所冀。若侄孫瑩,則尚能有志讀書,差可望其振屬耳。想必俱來見也。略報,餘不具。

石士編修,姚鼐頓首,正月十七日。【戊辰】

按,此札與海源閣本有出入:"邢楚才"被改作"邢楚材";"兒衡"被改作"衡兒";"姜塢"被改作"姜隖";海源閣本無"石士編修,姚鼐頓首,正月十七日",補"戊辰"二字。

35. 得去臘書，知平安。又知鼐從陶意雲奉寄之書尚未達也。鼐近亦平安，欲歸里便不出，但須賣去江浦所置之田，以爲歸資，而今乃未得也。京師貧況，誠亦難處，然南來安能遂救貧哉？且淹留以待機會。今歲或得一差遣，以少解困憊也。所寄來文字，大旨得之，而時有鈍筆、不快人意處。大抵文字須熟乃妙，熟則利病自明。手之所至，隨意生態，常語滯義【意】，不遣而自去矣。數文鼐筆閱尚未竟，後寄來。今寄《惜抱軒外稿》兩部，可查收。惟珍重不具。四月朔。

石士編修，鼐拜。

按，此札與海源閣本有出入："滯義"被改作"滯意"；海源閣本無"石士編修，鼐拜"。

36. 文二首已閲過，今寄。但加芟削爾，然似意足而味長矣。陳無己以曾子固删其文得古文法，不知如【無"如"字】鼐差可以比子固乎？花木之英雜於蕪草穢葉中，則其光不耀，夫文亦猶是耳。

四月五日，鼐又拜。

按，此札與海源閣本有出入："如鼐"被改爲"鼐"；海源閣本無"鼐又拜"。

37. 陶意雲家送來二月十三日書，具悉近祉。文一首，亦祇是尋常文境。文之出奇怪，惟功深以待其自至。卻又須常將太史公、韓公境懸置胸中，則筆端自與尋常境界漸遠也。九江之説，疑以荆、揚分域，似是。然安知禹時江分爲九不在荆州界乎？【然安知江分爲九禹時不在荆州界乎？】此事尚於經學不甚要，且姑兩存其説可耳。安溪【谿】於考證之學疏矣，其説誠不分明，亦不足與辯也。鼐次子已來，小子未返，亦正同在此耳。

四月六日，鼐又拜。

按，此札與海源閣本有出入："然安知禹時江分爲九不在荆州界乎"被改作"然安知江分爲九禹時不在荆州界乎"；"安溪"被改作"安谿"；海源閣本無"鼐又拜"。

38. 前一書付陶三哥處奉寄，想已達覽。頃動定佳否？鼐此間平安。衡兒乃挑得知縣，殊非鼐所喜。令伊以改近，須守候都中，查本省迴，乃掣簽。今有一書寄之，望即確付與之。設伊出京向河南去，不過月餘必迴京，俟其至與之。設石士出差，便托交陶三哥亦可也。内係要信，須的當也。偶寫一對聯奉寄，張之壁間，以當長見可耳。惟珍重，不具。

石士編修，姚鼐頓首，五月廿六日。

按，此札與海源閣本有出入：海源閣本無"石士編修，姚鼐頓首，五月廿六日"。

39. 前寄一書並對聯，當已達。暑候又苦多雨，北方或不爾。動定佳好耶？鼐自羸弊，脾胃不寧，减食，尤不宜看書，不知得凉後當愈否【不】。今年本欲歸，因出門後，所住兩間之屋又與一堂侄婦作房，須爲另覓一屋與住，乃讓出與鼐；又此地置數畝之田，須賣出作歸資。今皆不得急切，恐尚未能迴家也。碩【石】士子已成家，固爲可喜。而用度增大，不知窘況近稍愈不？前有一家書存碩【石】士處，今兒衡【衡兒】擬不入都，遣一長隨李順來取【無"取"字】前書，望付之。珍重，餘不多及。

碩士編修，鼐頓首，閏月廿八日。

按，此札與海源閣本有出入："否"被改作"不"；"碩士"被改作"石士"（兩處）；"兒衡"被改作"衡兒"；"來取前書"被改作"來前書"；海源閣本無"石士編修，姚鼐頓首，閏月廿八日"。

40. 昨聞石士得河南試差，欣慰之至。今歲典試者較佳，文風其將一正乎？鼐近平安，八月擬歸家。雪香侍郎來，必携有寄札，然鼐恐不能待其出闈矣。兹因楊蓉裳先生【無"先生"字】之行草寄，餘不具。

石士編修，姚鼐頓首，七月廿八日。

按，此札與海源閣本有出入："楊蓉裳先生"被改作"楊蓉裳"；海源閣本無"石士編修，姚鼐頓首，七月廿八日"。

41. 前月楊蓉裳去，作一書，想石士出闈時必見之矣。河南人士不易得，然亦必有異才，想精心求之，當有得人之快也。計九月底使車可返，雖云勞心，而所樂為，精神宜加健耳。鼐於九月二日登舟迴家，縱有再至之事，亦是明年。石士如有書見寄，付在【無"在"字】工部舍彌甥馬獻生，可達桐城也。譚蘭楣所求碑文，已作與之，石士書中說有蘭楣自為詩文，卻未至也。石士志文可用，微繁耳。必欲簡峻，莫若更讀荆公所為，則筆間自有裁制矣。叙事之文，為繁冗所累，則氣不能流行自在，此不可不知也。雪香侍郎當於九月底入都，鼐留此書，付楊藩臺交與之，諒必達。鼐近惟目較昏，晚食必粥乃消，餘尚如故，略報不具。

石士編修，姚鼐頓首，八月廿六日。

按，此札與海源閣本有出入："付在工部"被改作"付工部"；海源閣本無"石士編修，姚鼐頓首，八月廿六日"。

42. 昨江寧楊方伯將碩【石】士六月廿【二十】七日托鍾溪【谿】侍郎携來書寄至桐城，並所作文，碩【石】士意不滿所作文，是也。然文亦要好題發之，今祇是壽序等題耳，固亦難得好文字矣。鍾溪【谿】竟不得【能】相值，似亦是緣不應會耶？鼐於九月二日在江寧上船，十二日到家，今粗平安，可慰懷念。惟目昏多淚，不宜看書。凡人不能静坐，須以讀書寫字自遣者，亦是心不寧貼【帖】，無胸中真樂故也。鼐近深覺平生愛溺文章，於自【自己】本分事，全乏功【工】夫。今雖欲自勉，薄收桑榆之效，其可得乎？碩【石】士近喜《三國志》，此等史學，固不可少，然須知文章考證者外，更大有事耳。鼐於《漢書》《後漢》舊略有筆記，今年為蘇州王渭匯川取去，今尚未見還。還後，便寄碩【石】士矣。要之，此無甚關係，近時學者乃以此等為絕大事，是不識輕重者耳。碩【石】士果便能歸否【不】？鼐明歲或尚往鍾山，歸帆當相過晤耶？

碩士編修，鼐頓首，十一月廿八日。

按，此札與海源閣本有出入："碩士"被改作"石士"（五處）；"廿"被改作"二十"；

"鍾溪"被改作"鍾谿"(兩處);"不得相值"被改作"不能相值";"寧貼"被改作"寧帖";"自本分事"被改作"自己本分事";"功夫"被改作"工夫";"歸否"被改作"歸不";海源閣本無"碩士編修,姚鼐頓首,十一月廿八日"。

43. 得九月十二日在漢口見寄書,具悉平安。計今抵家久矣。鼐冬初奉寄一書,諒亦達矣。卜兆大事已定未?甚念甚念。明年乃他謀乎,抑仍往漢上也?鼐居此如常。衡兒尚不得署事,旅居蕭然,雄兒下血之證交冬必大發,以是愁心耳。所【無"所"字】寄文一本,愚意頗不甚喜之。石士力所能至,當不止此,須大事畢後更進功耳。夫文章一事,而其所以爲美之道非【非一】端,命意立格,行氣遣詞【辭】,理充於中,聲振於外,數者一有不足,則文病矣。作者每意專於所求,而遺於所忽,故雖有志與【於】學,而卒無以大過乎。凡衆故必用功勤而用心精密,兼收古人之具美,融合於胸中,無所凝滯,則下筆時自無得此遺彼之病也。江寧此數日內雪甚大,寒如燕中,老翁殊以爲苦。不知江西亦若此否?然明年麥秋,則大可望矣。率寄珍重,不具。

石士編修,姚鼐頓首,臘月十六日。

按,此札與海源閣本有出入:"所寄文一本"被改作"寄文一本";"道非端"被改作"道非一端";"行氣遣詞"被改作"行氣遣辭";"有志與學"被改作"有志於學";海源閣本無"石士編修,姚鼐頓首,臘月十六日"。

44. 令叔至江寧,接兩手書,具審近祉。度石士於里中事摒擋一定,固當北行,便過江寧,想相對必在三月矣。企望企望。所商起文注明慈母,此似可不必。適子於撫養之庶母奉之若母,然此是私情。若服制則有正禮,禮以義起,加厚亦不過功緦耳。功緦服之親,豈起文時所必敘明者乎?又聞大葬事,因起塋舊瘞藏之物變壞,故不用,固是。然又恐其山地非劣而結塋處所定穴誤,則尚未可棄。此更須明眼決之耳。鼐近尚平安,但精神極短,不復能讀書矣。積雨數十旬,春寒猶厲,殊使人悶悶。江西或不似此耶?前數日韋管家過此,已寄一書。茲因令叔處歸足之便,更寄一信。相晤日近,不復多及。

石士編修,姚鼐頓首,二月十日。【壬申】

按,此札與海源閣本有出入:海源閣本無"石士編修,姚鼐頓首,二月十日",補"壬申"二字。

45. 書至,知石士改官御史,甚可喜。讀所陳奏,意佳甚。而閱邸抄【鈔】,知聖人采取所言,著之詔命,此尤爲儒生之幸,爲喜尤無喻也。其一不見抄【鈔】者,必詔示之軍前,此殆專閫者所不樂聞。然臣子陳言,爲國而已,餘亦曷足計哉?鄙狀尚如曩昔。承寄參、紙,佳甚。紙已作書矣,參尚未服也。雪香侍郎昨有書來,明春必可見之。劉明東決意在家讀書,不肯就幕,此其志亦甚善矣。江南尚未得雪,想北方必嚴寒。惟珍重千萬,餘不具。

石士道長,姚鼐頓首,臘月四日。

按,此札與海源閣本有出入:"抄"被改作"鈔"(兩處);海源閣本無"石士道長,姚鼐頓首,臘月四日"。

46. 方官保北方水利事,詢之保巖,亦不能盡其詳。至永定河,乃無定河也。祇可因時疏塞,不能爲一法爲永久之制。故余不詳其歲治之法,其奏疏皆因時之法,載之則不可勝載矣。鼐又拜。

按,此札與海源閣本無不同。

47. 新年惟動定多祉。去臘連得兩書,略知近狀。所作經藝及與英煦【英煦齋】書,皆佳甚。前日,令侄赴都,吾小兒雉正病甚,不及作書。今其病雖未痊,而稍減矣。其餘事則皆平安。令侄目見,自詳説也。今歲有一小孫讀經於此,吾自課之,亦聊以自娱也。春闈碩士【無"碩士"字】或當分校。文風衰極,此士習人心之徵也,豈不可憂? 能使反正,良爲佳耳。然恐闈中同心者,未易得也。江南大雪,甚宜二麥。未知北方何如? 軍旅之後,所冀豐年而已。今日晴霽,就窗日裁此書。略報,珍重不具【一一】。

碩士道長,友生姚鼐頓首,正月晦日。【甲戌】

按,此札與海源閣本有出入:"英煦"被改作"英煦齋";"碩士或當分校"被改作"或當分校";"珍重不具"被改作"珍重不一一";海源閣本無"碩士道長,友生姚鼐頓首,正月晦日",補"甲戌"二字。

48. 前月一書,付緞標奉寄,當已達【加"也"字】。近想佳好。鼐居此平安。雉兒得下血症,頗危矣。鼐偶閲一女科書,有云"山茱萸能固經",乃用當歸、白芍入地黄湯内,重用萸肉,服之得效,今漸健矣。此殊可幸也。《疑年録》三部寄來,石士自留一部,其餘分寄鮑覺生及吾家伯昂,乞爲轉致,各有書也。江南大雪後,春寒甚厲,未知北方何如也。率候不具。

石士道長,姚鼐頓首,二月十一日。

按,此札與海源閣本有出入:"已達"被改作"已達也";海源閣本無"石士道長,姚鼐頓首,二月十一日"。

49. 前月一書,並《疑年録》奉寄,當已達。去歲十一月承寄書,並賈農部書,今乃至,遠道【路】沉閣如此。今復其書,煩轉付。魯賓之來會試否【不】? 復其書,亦煩轉寄新城也。耄老荒忽,閲人文字,草略舛謬,望兩君之見諒耳。起居近想佳勝。陳言切至,如獲用,不亦善乎? 此地孫淵如摹刻宋版《古文苑》,今以一部奉寄。春寒,珍重不具【一一】。

碩士道長,姚鼐頓首,閏月十七日。

按,此札與海源閣本有出入:"遠道"被改作"遠路";"否"被改作"不";"珍重不具"被改作"珍重不一一";海源閣本無"石士道長,姚鼐頓首,閏月十七日"。

50. 屢得書,具審佳勝。知分校禮闈,想必得佳士也。天下非無可爲之善策,而得爲之者難。讀所寄道園文,使人嘆息。碩【石】士亦姑存此嘉猷,以俟爲之者可耳。雪香侍郎内任,吾遂不能與一見,似相遇有數存,兹可悵也。今托璧其謙柬,稍遲作書候之【加"也"字】。近人才衰耗,吾鄉張阮林,好學之士而不壽,真可惜也。夫爲學不可執漢宋疆域之見,但須擇善而從。此心澄空,自得恬適。鼐時以此語學者,亦頗有信向吾說者。但其人才力不能宏大,又多以境遇艱窘,不能專肆力於學,故人才不見振起,茲爲可悵耳。所寄古文、時文皆足存,而興會皆不能極妙。漸熱,珍重不備。

石士道長,姚鼐頓首,四月廿四日。

按,此札與海源閣本有出入:"碩士"被改作"石士";"候之"被改作"候之也";海源閣本無"石士道長,姚鼐頓首,四月廿四日"。

51. 作前書待便未發,得閏二【三】月十一日手書,具審安好。送楊童兩序皆佳,與集正書亦切於事。言自貴有益於事耳,豈徒爲文章之美哉!近世所重祇考證、詞章之事,無有精求義理者。言尚遠之,而況行乎?吾在此勸諸生看朱子《或問》《語類》,而坊間書賈至無此書,意欲俟少寇按臨時,勸其鐫板【版】頒學。惜其內任去此,此後殆未可語此事。若石士在京中遇相知出爲學政者,勖以此事,或尚可也。虞伯生文去震川甚遠。其才識皆不逮歸,但詩字雜藝勝之,又是元前於明人,故翰墨家重之耳。宋拓《廟堂碑》,夢想欲見之物也。未見而爲跋,固不可也。不知此生尚與此帖有一見之緣乎?南中缺雨,田禾可慮,而糧艘不可行,此亦今時之憂也。率報不具。

石士侍御,四月廿八日,姚鼐頓首。

按,此札與海源閣本有出入:"二"被改作"三";"板"被改作"版";海源閣本無"石士御史,四月廿八日,姚鼐頓首"。

52. 目昏甚,畏作字,故久不奉書也。碩【石】士近想佳好,聞京師此夏多【無"多"字】疾疫,宅中俱安嘉耶?春闈得有佳士可稱者否【不】?雪香入都,得免迴避乎?鼐交秋瘧痢並作,幸旋愈,精神殊不健。江南自三月至今不得雨,早遲禾俱無收,極可憂慮。吾本欲今年還家,值此早荒,將無以爲策,故且逗遛耳。鼐近年已艱於作文,偶有筆記於他書,所論不足言。獨於《尚書》,似實有發明處。今將《尚書》一卷奉寄,皆補《九經說》所未及者。碩【石】士存覽之。相知中亦有留心經學可共論者乎?今日微涼,病後略草寄,餘不具。

碩士道長,姚鼐頓首,七月八日。

按,此札與海源閣本有出入:"碩士"被改作"石士"(兩處);"多疾疫"被改作"疾疫";"否"被改作"不";海源閣本無"碩士道長,姚鼐頓首,七月八日"。

53. 連日兩得手書。一爲石士出闈時所寄,並伯昂畫扇後題詩二首,風格佳甚。此一事遂爲藝林佳話,老翁得之,可謂至寶矣。一爲七月初十日寄書,所言徐君湘潭尚未至。鼐近況平安。中秋夜三子亦【無"亦"字】得一孫,此差可喜。今歲江南奇荒,故欲歸而不得。至此間主人,但非至契耳,而禮貌尚不失。吾自思歸,本非因彼之故,此傳之者失實也。今年江蘇、安徽被災甚重,而辦殊無策。蓋藩庫既不充,不能官賑【振】,必求之於富家,而世之甘毀家紓難者,能有幾人?

其間官吏及民，各有情弊，千端萬緒。又其甚者，乃有絕不報災，不請放免徵稅，則其爲害於生民，有不知所底者已。此其最可悲嘆者也。昨日此間，始得一雨。或可種麥，此差可喜。草此略報，餘不具。

　　石士賢友，八月廿三日，姚鼐頓首。

按，此札與海源閣本有出入："三子亦得一孫"被改作"三子得一孫"；"官賑"被改作"官振"；海源閣本無"石士賢友，八月廿三日，姚鼐頓首"。

　　54. 作前書未發，徐東松至，乃得七月初十日手書。東松又述近況甚詳，欣慰欣慰。東松居此一宵，略閱其文，誠有才氣，亦佳士也。其年三十二，甚可用功，將來成就未可限，安知不突過吾輩乎？石士於應務紛冗中，曾使此心澄空，甚佳甚佳。久久純熟，古賢何不可到也？前所寄古文，今閱畢寄還。大抵正有餘而奇不足。此不必勉爲奇，祇益求【求益】其醇厚即自貴耳。古人不云善用其短乎？南中旱荒，當此財匱之時，尤難展布而吏之才能，而實心憂民者，亦希見其人。群黎之瘁，彌可傷耳。餘續報不具【一一】。

　　碩士御史，姚鼐頓首，九月四日。

按，此札與海源閣本有出入："益求"被改作"求益"；"不具"被改作"不一一"；海源閣本無"碩士御史，姚鼐頓首，九月四日"。

　　55. 得去歲十月兩書，具悉佳勝。新年當增福也。御史改翰林，於舊制不可謂降官。而石士得此，但以自訟，豪無怨尤，真君子之用心也，吾何間然？是冬之寒最甚，耄年殊不能堪。今目加昏矣，餘尚如舊。去冬十月得一曾孫，此差可喜。衡兒題補泰興，今尚未赴任，亦不知其堪勝否【不】耳。去歲寄筆記《尚書》一卷，想收到。今將《X》一卷寄來，可同裝一册。【所】言未必盡當，但使石士知吾耄不敢廢學耳。江南饑饉之後，民生殊不佳，不知今年天心轉移何如也。令祖外集刻成，誠所願讀。至於仁人用意之至，後得永繼而無失，此固亦未易言耳。略報，惟珍重不具。

　　石士編修，姚鼐頓首，正月廿四日。【乙亥】

按，此札與海源閣本有出入："否耳"被改作"不耳"；"言"被改作"所言"；海源閣本無"石士編修，姚鼐頓首，正月廿四日"，補"乙亥"二字。

　　56. 五月二日所寄至，並得所作之詩及韓理堂文，讀之甚可喜。知處近況，極善自遣，此最佳。人生悠悠，了不容以私意擬度也。詩則【作】寄伯昂者爲最善。五言詩每欲押強韻，輒不能妙。此處唯涪翁爲獨勝。此天賦，不可強學也。理堂果深於理境，文筆則苦有區廇，無縱橫超妙處，此亦是天限之，第賢於他人之猥陋耳。胡侍御真讀書人，其言謹質，知必君子。南北如此人，未易見也。夫説經有數條之善，足補前賢所未逮，則易；專講一經，首尾無可憾，則甚難。胡侍御今所爲者，古今所難也。竊謂生朱子後，朱子已注之經，但當爲之疏，而朱子誤處，不妨正之，用范寧注《穀梁》之法。如此，則體謹小而意閎大，賢於自注一書也。其餘如陳澔、蔡九峰之書，有大力者，直可另注廢之耳。蓋彼之足自存者實少也。暑熱,略報,餘不具。

碩士編修,姚鼐頓首,七月六日。筆記二卷並寄閲。

按,此札與海源閣本有出入:"詩則"被改作"詩作";海源閣本無"碩士編修,姚鼐頓首,七月六日。筆記二卷並寄閲",補陳用光自書"此七月六日書,及八月而先生病矣"。

古 籍 書 訊

《方以智全書》(《安徽古籍叢書》第二十九輯)

[明]方以智撰,黄德寬、諸偉奇主編,彭君華等編輯。黄山書社2019年6月版。

方以智(1611—1671),字密之,號曼公,又號龍眠愚者、藥地等。他出身桐城望族,青年時代即立下"坐集千古之智"的學術志向,後遂貫通儒釋道三教,兼擅考據、音韻、文字、文學、物理、史地、書畫諸學,堪稱與黄宗羲、顧炎武、王夫之等並肩的百科全書式學者。方以智壯年親歷明清易代,避難嶺表;暮年返鄉,又迫於時勢,遁入空門。可貴的是,顛沛流離、生死存亡之際,他始終著述不輟。《方以智全書》的編撰即爲其現存著述的一次系統全面的搜輯與整理,内容包括哲學類著作《易餘》《東西均》《象環寤記》《藥地炮莊》《性故》《一貫問答》《青原愚者智禪師語錄》《冬灰録》;博物類著作《通雅》《物理小識》《醫學會通》《内經經絡》;史學類著作《廬墓考》;語言學著作《四韻定本》;文學類著作《博依集》《永社十體》《膝寓信筆》《流寓草》《瘴訊》《瞻旻》《浮山文集前編》《浮山文集後編》《浮山此藏軒別集》《流離草》《虞山後集》《浮山後集》(含《無生囈》《借廬語》《鳥道吟》《信叶》《建初集》)《合山欒廬占》《五老約》《正叶》《藥集》《禪樂府》,共35種,約三百萬字。本次整理,廣泛搜羅海内外尚存的各種版本,細緻標點,精心打磨,致力于將方以智作品全集奉獻給學界和世人。

本書爲國家古籍整理出版重點規劃項目、國家出版基金資助項目。

漢賦篇目辨正與補遺

程 維

摘 要：古今賦集與目錄中有不少錯誤與疏漏。在嚴可均、馬積高、費振剛等所編總集及萬光治、程章燦、蹤凡等所撰論文的基礎上，鉤沉典籍，考辨真偽，得存目6篇，又作篇目辨正12則，或証作者之訛誤，或考篇目之紕繆，或理賦題之紊亂。

關鍵字：漢賦；篇目；辨正；補遺

漢賦之搜集與整理，前輩學者成果甚豐。清嚴可均《全上古三代秦漢三國六朝文》"鴻篇巨制，片語單詞，罔弗綜録"[①]，搜得漢代賦作258篇，古代總集無出其右者。今人費振剛主編《全漢賦校注》，輯得漢賦及存目319篇[②]；馬積高主編《歷代辭賦總匯》，輯得漢賦及存目535篇（包含部分歌詩）[③]。又有程章燦《先唐賦存目考》[④]、萬光治《漢賦今存篇目叙録》[⑤]《漢賦存目補遺與辨證》[⑥]、蹤凡《嚴可均〈全漢文〉〈全後漢文〉輯録漢賦之闕誤》[⑦]等論文補輯出漢賦存目數十篇，並考證出古人誤收、誤認之篇目8篇。以上研究，厥功甚偉，筆者涉獵文獻時，間作篇目正訛12則，又得存目5篇，集成一文，以求教於方家。

一、篇名辨正

1. 劉向《雁賦》

明焦竑《焦氏類林》引劉向《雁賦》曰："順風而飛以助氣力，銜蘆而翔以避矰弋。"[⑧]明胡應麟《詩藪》雜編一、清張玉書《佩文韻府》卷七之七亦載。

---

* 作者簡介：程維，男，安徽師範大學（蕪湖 241000），講師，文學博士，主要從事漢魏六朝文學研究。
本文係全國高校古籍整理項目（1704）、國家社科基金重大項目"辭賦藝術文獻整理與研究"（17ZDA249）的階段性成果。

① （清）嚴可均：《全上古三代秦漢三國六朝文·序》，《續修四庫全書》本。
② 費振剛：《全漢賦校注》，廣州：廣東教育出版社，2005年。
③ 馬積高：《歷代辭賦總匯》，長沙：湖南文藝出版社，2014年。
④ 程章燦：《先唐賦存目考》，《文獻》，1989年第3期。
⑤ 萬光治：《漢賦今存篇目叙録》，見《漢賦通論》，成都：巴蜀書社，1989年。
⑥ 萬光治：《漢賦存目補遺與辨證》，《四川師範大學學報》，2014年第1期。
⑦ 蹤凡：《嚴可均〈全漢文〉〈全後漢文〉輯録漢賦之闕誤》，《文學遺產》，2007年第6期。
⑧ （明）焦竑：《焦氏類林》卷七，明萬曆十五年王元貞刻本。

案：所引二句實本劉向《説苑·談叢》："一言而非四馬不能追，一言不急四馬不能及。順風而飛以助氣力，銜葭而翔以備矰弋。"①明代以前，無賦之名。明楊慎《丹鉛總録》引之曰："劉向賦雁云'順風而飛以助氣力，銜蘆而翔以避矰繳。'"②後人遂以之爲賦。又，劉安《淮南鴻烈解》有"夫雁順風以愛氣力，銜蘆而翔以備矰弋"③；《抱朴子外篇》有"蜂蠆挾毒以衛身，智禽銜蘆以捍網"④；宋蔡卞《毛詩名物解》引《抱朴子》曰"雁銜蘆而捍網，牛結陣以卻虎"⑤。由此，"順風"二句疑爲漢晉之俗語。

2. 揚雄《秦王賦》

清楊守敬《日本訪書志》卷八叙録日藏《遊仙窟》一書曰："又引范泰《鸞鳥詩序》、孫康《鏡賦》、揚子雲《秦王賦》，皆向所未聞者。"⑥楊氏於"揚子雲《秦王賦》"後自注曰："此當有誤。"

案：清鈔本張鷟《遊仙窟》引"揚子雲《秦王賦》"曰："茹芝英以解饑，飲玉醴以樂渴⑦。"此當爲"揚子雲《太玄賦》"之誤。揚雄《太玄賦》曰："茹芝英以禦餓兮，飲玉醴以解渴。"⑧蓋傳抄之訛。

3. 桓譚《集靈宮賦》

《文心雕龍·才略》："桓譚著論，富號猗頓。宋弘稱薦，爰比相如。而《集靈》諸賦，偏淺無才。故知長於諷論，不及麗文也。"⑨《古文苑》載："後漢桓君山有《集靈宮賦》，見《藝文類聚》。"⑩宋王應麟《玉海》亦載："《藝文類聚》：'後漢桓君山有《集靈宮賦》。'"⑪

案：清吳卓信《漢書地理志補注》引桓譚《集靈宮賦序》云："華陰集靈宮，武帝所造，欲懷集仙者王喬赤松子，故名殿爲存仙，端門南向，署曰望仙門。"⑫是知《集靈宮賦》即桓譚《仙賦》之别稱。

4. 李尤《平硯賦》

清曾樸《補後漢書藝文志並考》："嚴目輯存賦五、銘八十六、七一。案：《書鈔》百十二引《平硯賦》，……嚴失采。"⑬清姚振宗《隋書經籍志考證》："曾氏《補後漢志》曰：《書鈔》百十二引《平硯賦》。"⑭

案：此爲以訛傳訛之説。李尤有《平樂觀賦》，清光緒十四年萬卷堂刻本《北堂書

---

① （漢）劉向：《説苑》卷一六，明萬曆丙子楊美益刻本。
② （明）楊慎：《丹鉛總録》卷二六，明嘉靖刻本。
③ （漢）劉安：《淮南鴻烈解》卷一九，《四部叢刊》景鈔北宋本。
④ （晉）葛洪：《抱朴子内外篇》卷四八，明《正統道藏》本。
⑤ （宋）蔡卞：《毛詩名物解》卷一〇，清《通志堂經解》本。
⑥ （清）楊守敬：《日本訪書志》卷八，清光緒刻本。下句引文同。
⑦ （唐）張鷟：《遊仙窟》卷三，清鈔本。
⑧ （宋）章樵：《古文苑》卷四，《四部叢刊》景宋本。
⑨ 范文瀾《文心雕龍注》，北京：人民文學出版社，1962年，第699頁。
⑩ 《古文苑》卷一八。
⑪ （宋）王應麟：《玉海》卷一〇〇，元至元六年慶元路儒學刻本明遞修本。
⑫ （清）吳卓信：《漢書地理志補注》卷一，清道光刻本。
⑬ （清）曾樸：《補後漢書藝文志並考》卷八，清光緒二十一年刻《常熟曾氏叢書》本。
⑭ （清）姚振宗：《隋書經籍志考證》卷三九之二集部二之二，《師石山房叢書》本。

鈔》：“李尤《平樂觀賦》云：'方曲既設，秘戲連叙。戲車高撞，馳騁百馬。連翩九仞，離合上下。'”①清文淵閣《四庫全書》本《北堂書鈔》載：“李尤《平觀賦》云：'方曲既設，秘戲運奇。馳騁百馬，連翩九仞，離合上下。'”②光緒本《書鈔》據影宋本校訂，較善；《四庫》本爲内府所藏明常熟陳禹謨校刊本，多有增删與訛誤。《四庫》本所引賦題脱“樂”字，賦文亦稍有出入。曾氏蓋依托《四庫》本統計，並誤記"觀"爲"硯"。

5. 李尤《七疑》《七難》《七款》《七嘆》

程章燦《先唐賦輯補》：“疑《七難》《七疑》《七款》本爲一篇，傳寫生訛，未詳孰是。”③

案：《七疑》《七難》《七款》，連同《七嘆》，實爲一篇，因字形相近而訛。

《藝文類聚》卷五十七載傅玄《七謨序》曰：“昔枚乘作《七發》，而屬文之士若傅毅、劉廣世、崔駰、李尤、桓驎、崔琦、劉梁之徒承其流，而作之者紛焉，《七激》《七興》《七依》《七疑》《七説》《七蠲》《七舉》之篇，通儒大才馬季長、張平子，亦引其源而廣之。”④據此，李尤所作者，《七疑》也。明梅鼎祚《西晉文紀》卷十引《御覽》所載《七謨序》作：“《七激》《七興》《七依》《七款》《七説》《七蠲》《七舉》。”⑤是知《七疑》《七款》實爲一篇，字訛而已。

又，《藝文類聚》有李尤《七款》曰：“梁土青黎，盧橘是生。白華緑葉，扶疏各榮。……金衣紫里，班白内充。”⑥徐堅《初學記》引李尤《七嘆》曰：“梁土青麗，盧橘是生。白華緑葉，扶疏冬榮。”又曰：“金衣素裹，班理内充。滋味偉異，淫樂無窮。”⑦是知《七款》《七嘆》實一文也。

又，李善注《文選》卷四引李尤《七嘆》曰：“龍黿水處。”卷五十九又引李尤《七難》曰：“猛鷙陸嬉，龍黿水處。”⑧是知《七嘆》《七難》亦爲一篇。

由此，《七疑》《七難》《七款》《七嘆》本是一篇，而唐時已訛亂紛紛，故無善本可據。清梁章鉅《文選旁證》卷四十六注李尤《七難》曰：“'難'當作'款'，各本皆誤。”⑨不知何據。

6. 桓麟《七説》、桓彬《七説》《七設》《七誤》

《後漢書》本傳載桓彬“著《七説》及書凡三篇”；本傳注又引摯虞《文章志》曰：“（桓）麟文見在者十八篇，有碑九首，誄七首，《七説》一首，《沛相郭府君書》一首”；⑩《北堂書鈔》數引桓彬《七設》；《太平御覽》又列桓彬《七誤》之文。亂亂紛紛，莫衷一是。

王先謙《後漢書集解》引侯康曰：“本傳注引摯虞《文章志》，稱彬父麟著《七説》一首，《藝文類聚》卷五十七亦載桓麟《七説》，則《七説》爲麟所著無疑，其子不應蹈襲其

---

① （唐）虞世南：《北堂書鈔》卷第一一十二，清光緒十四年萬卷堂刻本。
② （唐）虞世南：《北堂書鈔》卷第一一十二，清文淵閣《四庫全書》本。
③ 程章燦：《先唐賦輯補》，《魏晉南北朝賦史》，南京：江蘇古籍出版社，2001年，第338頁。
④ （唐）歐陽詢：《藝文類聚》卷五七雜文部三，南宋紹興本。
⑤ （明）梅鼎祚：《西晉文紀》卷一〇，清文淵閣《四庫全書》本。
⑥ 《藝文類聚》卷五七雜文部三。
⑦ （唐）徐堅：《初學記》卷二八果木部，清光緒孔氏三十三萬卷堂本。
⑧ （唐）李善注：《文選》，中華書局，1977年，第76、813頁。
⑨ （清）梁章鉅：《文選旁證》卷四六，清道光刻本。
⑩ （南朝宋）范曄：《後漢書》，中華書局，1965年，第1261、1260頁。

名。《類聚》引傅玄《七謨序》,有桓麟,無桓彬。而《御覽》卷五百九十引《七謨序》則有麟,又有彬,名在劉梁之下。《類聚》引《七謨序》,有《七激》《七興》《七依》《七疑》《七説》《七蠲》《七舉》諸篇,以後文觀之,則《七激》傅毅作,《七興》劉廣世作,《七依》崔駰作,《七疑》李尤作,《七説》桓麟作,《七蠲》崔琦作,《七舉》劉梁作。《御覽》引《七謨序》無《七興》《七疑》,蓋傳寫者脱漏。而《七舉》之下,乃多《七誤》。則《七誤》必桓彬所著,而本傳訛爲《七説》也。"王氏案:"'七誤'猶之'七激''七疑',本非訛字。況《藝文類聚》亦引作傅玄'七謨序',序既不訛,'誤'字自無由訛。仍以侯氏之説爲得之。蓋章懷注既以《七説》屬桓麟,則彬傳必非本作'七説',而準以《類聚》之不及《七誤》,因亦不數桓彬,正足爲彬作《七誤》之證也。"①

案:侯康之論較合情理。摯虞《文章志》早於《後漢書》,《文心雕龍》《藝文類聚》《北堂書鈔》《太平御覽》諸書又數載桓麟《七説》,則《七説》爲麟所著無疑。

然侯氏以《七誤》爲桓彬所著,王先謙繼而斷定"七誤"之"誤"非訛字則非。王氏曰:"序既不訛,'誤'字自無由訛。"《類聚》所引《七謨序》並無《七誤》,而《御覽》録此賦,何由稱其不訛?《御覽》之前皆無《七誤》之著載,《御覽》之後亦未有著録者,單文孤證,何以言之鑿鑿?且《御覽》成於衆手,卷帙又巨,後人校之不易,訛誤難免。

竊以爲,"七誤"當爲"七設"之訛也。其一,《書鈔》數引桓彬《七設》,且有殘文數十字。其二,桓麟《七説》亦有殘篇。而此兩殘篇,絕非一文。桓麟《七説》:"香萁爲飯,雜以粳菰。散如細蚳,搏似凝膚。"②桓彬《七設》:"新城之秔,雍丘之粱。重穋代熟,既滑且香。精稗細麵,芬麋異糇。"同叙飯食之香且細。桓麟《七説》:"蒸剛肥之豚,炰柔毛之羜。"桓彬《七設》:"剛鬣奉豕,肥腯云羊。"皆鋪陳祭祀之豬羊。意近而句不同也,此二文不同篇之證。

綜上,則桓麟有《七説》,桓彬有《七設》,二者不同文。"七設"或作"七説""七誤",皆誤。

7. 王粲《漳水賦》

萬光治《漢賦存目補遺與辨證》:"《漳水賦》,王粲作。已殘。《水經注·漳水注》云:'漳水又南,逕當陽縣;又南,逕於麥城東。王仲宣登其東南隅,臨漳水而賦之曰:"夾清漳之通浦,倚曲沮之長洲"是也。'曾樸《補後漢書藝文志並考》卷十云:'案《水經注·漳水注》引(王粲)《漳水賦》。嚴失采。'"③

案:《漳水賦》爲《登樓賦》之别稱,非另有其賦也。漳水爲王粲登樓之所臨,王粲《雜詩》:"北臨清漳水,西看柏楊山。"宋歐陽忞《輿地廣記》載:"沮水、漳水皆東南流入於江,而麥城在二水間,王粲於此登樓而賦。"④宋李曾伯《通江陵别帥》:"龍山落帽,孟嘉之醖藉猶存;漳水登樓,王粲之文章具在。"⑤又,王粲《登樓賦》曰:"夾清漳之通浦,倚曲沮之長江。"是知非别有《漳水賦》。

---

① (清)王先謙:《後漢書集解》,中華書局,1984年影印版,第449頁。
② 《全上古三代秦漢三國六朝文·全後漢文》卷二七。下三則同。
③ 《漢賦存目補遺與辨證》,第107頁。
④ (宋)歐陽忞:《輿地廣記》卷二八,清《士禮居叢書》景宋本。
⑤ (宋)李曾伯:《可齋雜稿》卷六,清文淵閣《四庫全書》本。

二、作者辨正

1. 劉向《麒麟角杖賦》《行過江上弋雁賦》《行弋賦》《弋雌得雄賦》

程章燦《先唐賦輯補》稱劉向有此數賦:"《編珠》卷三《補遺·服玩部》:'《劉向別傳》有《麒麟角仗賦》。'今佚。《北堂書鈔》卷一百三十三、《太平御覽》卷七百十、《事類賦注》卷十四引劉向《別錄》亦言有此賦。""《太平御覽》卷八百三十二引劉向《別錄》:'(向)有《行過江上弋雁賦》《行弋賦》《弋雌得雄賦》。'按:三賦今並佚。"姚振宗《漢書藝文志拾補》亦稱:"劉向《別錄》曰:向有《芳松枕賦》,有《合賦》,有《麒麟角杖賦》,有《行過江上弋雁賦》《行弋賦》《弋雌得雄賦》。"①

案:《北堂書鈔》《太平御覽》諸書言此數賦爲《別錄》所載,而未直言劉向所作。劉向《別錄》爲目錄之書,載篇甚富。雖未著明作者,亦不可逕視爲劉向作。《隋書·音樂志》載"向《別錄》有樂歌詩四篇"②,此四篇顯非向作。宋蔡夢弼《杜工部草堂詩箋》箋注杜甫《麗人行》曰:"劉向《別錄》有《麗人歌賦》。"③據《文選》李善注、《事類賦注》《藝文類聚》載,其文爲"善雅歌者魯人虞公"所作。故而《麒麟角杖》四篇賦亦不可歸爲劉向。

又,《行過江上弋雁》《行弋賦》《弋雌得雄》三篇,所賦者爲同一事。一人因一事而作賦多篇,且賦題相近,漢未有之。且過江弋雁,其事甚微,爲此三作其賦,不合於情理。此三篇當非一人所有。

2. 黄香《責髯奴辭》

《責髯奴辭》一篇,《古文苑》以爲黄香作。宋王楙《野客叢書》亦持此意見:"魯直《次炳之玉版紙詩韻》曰'王侯須若綠坡竹',注:王褒《髯奴詞》曰:'離離若緣坡之竹,鬱鬱若春田之苗。'按《古文苑》所載,《髯奴詞》乃黄香所作,非王褒也,褒所著者《僮約》耳。"④

清朱亦棟《群書札記》駁此論曰:"考徐堅《初學記》,王褒有奴號'髯奴',嘗有辭責其須曰:'我觀人須,離離若綠波之竹,鬱鬱如春田之苗。若子髯既亂且赭,枯槁禿瘁,曾不如犬羊之毛。'又王褒《僮約》:王子淵從成都女子楊惠買夫時户下髯奴便了。則《須髯奴辭》正王褒所作,不得以《古文苑》作黄香而駁之也。"⑤清孫志祖《讀書脞錄》卷七亦持此論:"《文心雕龍·書記篇》云:'王褒《髯奴》則券之楷也。'李善《東京賦》注引王褒《責髯奴文》,與劉勰合,非《僮約》之誤。《古文苑》晚出,不足據也。"⑥嚴可均《全上古三代秦漢三國六朝文》亦將此篇置王褒名下。

---

① 《先唐賦輯補》,見《魏晉南北朝賦史》,第390頁。
② (唐)魏征等:《隋書》,北京:中華書局,1973年,第288頁。
③ (宋)蔡夢弼:《杜工部草堂詩箋》卷四,《古逸叢書》覆宋麻沙本。
④ (宋)王楙:《野客叢書》卷九,明《寶顏堂秘笈》本。
⑤ (清)朱亦棟:《群書札記》卷一三,清光緒四年武林竹簡齋刻本。
⑥ (清)孫志祖:《讀書脞錄》卷七,清嘉慶刻本。

又，虞世南《北堂書鈔》卷第七十七稱"黃彊貧無奴僕"①（香字文彊），似可爲一旁證。

案：其一，《初學記》《古文苑》所載《責髯奴辭》一篇，爲譏世之文，與券無涉，故《文心雕龍》所稱"券之楷"者，蓋《僮約》也。其二，《文選》李善注、《初學記》，受《文心雕龍》所導，誤將"黃香"作"王褒"，不無可能。《文選》李善注有"袁宏《夜酣賦》"，《初學記》作"袁安《夜酣賦》"；夏侯湛《芙蓉賦》，《初學記》作"張奐《芙蓉賦》"；又如前引張衡《羽獵賦》，李善注作"王符《羽獵賦》"，皆二書誤標作者之例。其三，《北堂書鈔》稱"黃彊貧無奴僕"，注曰："《東觀》：黃香字文彊，爲五官掾，貧無奴僕，躬勤勞苦。"此實誤讀《東觀漢記》所致。《漢記》卷一九載"黃香字文彊，江夏安陸人也。父況舉孝廉，爲郡五官掾，貧無奴僕。香躬執勤苦，盡心供養。"②"貧無奴僕"乃叙其父爲郡吏時之境況。其後，香"弱冠特蒙徵用，連階累任，遂極台閣"，"遂管樞機，甚見親重"③，豈有貧而無僕之理？其四，《責髯奴辭》一文，前半譏世，後半自嘲。其譏諷世人"搖鬢奮髭，則論説虞唐；鼓譽動鬣，則研核否臧"，則其己身必敏於行而訥於言。《後漢書·文苑傳》載黃香爲尚書郎，"常獨止宿臺上，晝夜不離省闥"，"祗勤物務，憂公如家"④。《東觀漢記》卷十九載："香勤力憂公，畏慎周密，每用奏議所建畫，未嘗流布。"⑤因其勤勉謹慎，故寵遇甚盛，而橫遭非議。是故黃香譏世間搖脣鼓舌者，一則性情使然，二則遭遇使然。《責髯奴辭》中又有自嘲自況之辭："子髯既亂且赭，枯槁禿瘁，劬勞辛苦，汗垢流離，污穢泥土，傖囁穰擩，與塵爲侶。無素顔可依，無豐頤可枯。……獺須瘦面，常如死灰，曾不如犬羊之毛尾，狐狸之毫釐，爲子須者，不亦難哉！"黃香少時家貧，躬執勤苦，供養其父，"冬無被袴，而親極滋味，暑即扇床，枕寒即以身温席。年九歲失母，慕思憔悴，殆不免喪"⑥。其《讓東郡太守疏》曰："臣江淮孤賤，愚蒙小生。經學行能，無可算録。……臣香小丑，少爲諸生。典郡從政，固非所堪。誠恐蒙頓，孤忝聖恩。"⑦是知《責髯奴辭》一文之立意與黃香的禀性、經歷相合，與王褒則不能匹配。綜此四點，《責髯奴辭》蓋黃香所作也。

3. 張衡《叙行賦》

清陳廷敬《御選唐詩》卷二十七引張衡賦曰："山崝嶸以嶮狹，仰青天其如帶。"⑧張英《淵鑒類函》卷一亦載"張衡《叙行賦》曰：山崝嶸以嶮狹，仰青天其如帶。"⑨清顧懷三《補後漢書藝文志》考稱張衡有《叙行賦》。

案：此晉張載《叙行賦》，二書誤引。張載《叙行賦》曰："山崝嶸以峻狹，仰青天其如帶。"

---

① （唐）虞世南：《北堂書鈔》卷七七設官部二十九，清光緒十四年萬卷堂刻本。
② （漢）劉珍：《東觀漢記》卷一九列傳十四，清武英殿《聚珍版叢書》本。
③④ 《後漢書》，第2614頁。
⑤⑥ 《東觀漢記》卷一九列傳十四。
⑦ 《後漢書》，第2614頁。
⑧ （清）陳廷敬：《御選唐詩》卷二七言律，清文淵閣《四庫全書》本。
⑨ （清）張英：《淵鑒類函》卷一天部一，清文淵閣《四庫全書》本。

4. 王符《羽獵賦》

《文選》李善注引王符《羽獵賦》曰："天子乘碧瑤之雕軫,建曜天之華旗。"①王應麟《玉海》卷第七十九、卷第一百四十四兩引此句。顧懷三《補後漢書藝文志》亦稱王符有《羽獵賦》。

案:該賦疑非王符所作。王氏素不喜賦,曾誚賦頌之徒"苟爲饒辯屈蹇之辭,競陳諠罔無然之事,以索見怪於世,愚夫戇士從而奇之,此悖孩童之思,而長不誠之言者也"②;且史書、書目皆未言及其有賦作。又,《太平御覽》載張衡《羽獵賦》:"乘瑤碧之雕軒,建輝天之華旗。"③李善蓋誤以張衡賦作王符賦。

5. 蔡邕《終南山賦》

曾樸《補後漢書藝文志並考》考蔡邕有《終南山賦》,萬光治《漢賦存目補遺與辨證》亦以爲有此賦。其引宋王楙《野客叢書》卷一云:"《遁齋閑覽》云:'季父虛中謂王右軍《蘭亭序》以天朗氣清自是秋景,以此不入選。余亦謂絲竹管弦亦重複。'僕謂不然。'絲竹管弦'本出前漢《張禹傳》;而'三春之季,天氣肅清',見蔡邕《終南山賦》。"④又,《説略》卷十四亦引。

案:蔡邕此賦,宋以前未有載録,宋以後載録皆從王氏《野客叢書》來。《野客叢書》乃王氏"間以管見,隨意而書""稽考不無疏鹵,議論不無狂僭"⑤,所引多有誤訛。"三春之季,天氣肅清",本自班固《終南山賦》,其原文作"三春之季,孟夏之初,天氣肅清",蓋人、句皆有誤差。

三、存目補遺

存目補遺之標準:一,嚴可均、馬積高、費振剛諸書及萬光治、程章燦、蹤凡諸文皆未録。二,以賦爲題者,包含七體、連珠。三,對問體、頌體之賦,須作説明。

1. 梁竦《七序》

東晉袁宏《後漢紀》稱梁竦"閉門不出,作經書數篇,名曰《七序》"⑥;宋代王應麟《玉海》藝文志將其放入"序贊"類。後清平步青《霞外攟屑》引錢大昕補《藝文志》稱:"梁竦有《七序》,入子部。"⑦范曄《後漢書》:"顯宗後詔聽還本郡。竦閉門自養,以經籍爲娛,著書數篇,名曰《七序》。班固見而稱曰:'孔子著春秋而亂臣賊子懼,梁竦作《七序》而竊位素餐者慚。'"⑧

案:范曄稱梁竦"以經籍爲娛,著書數篇",未詳何體。而袁宏《後漢紀》則直言"作經書數篇,名曰《七序》"。據此,則《七序》爲説經之文耶?筆者以爲非也。

---

① 《文選》卷二二,第318頁。
② (漢)王符著、汪繼培箋、彭鐸校正:《潛夫論箋校正》,北京:中華書局,1985年,第19頁。
③ (宋)李昉:《太平御覽》卷八九〇珍寶部八,《四部叢刊》三編景宋本。
④ 《野客叢書》卷一,明刻本。
⑤ 《野客叢書》小序,明刻本。
⑥ (晉)袁宏《後漢紀·後漢孝和皇帝紀下》卷一四,《四部叢刊》景明嘉靖刻本。
⑦ (清)平步青《霞外攟屑》卷七上縹錦廛文築上,1917年刻《香雪崦叢書》本。
⑧ 《後漢書》,第1171頁。

其一，古以"七"名篇者，皆七體，惟"七序"特異，不合於常例。

其二，若依王應麟《玉海》，歸其入"序贊"類，然而梁竦"闔門不出"，爲誰作序？

其三，袁、范距漢年代甚遠，中間又兵災頻仍，書籍損毀嚴重，故而其編著史書，所據之文獻較爲有限。《後漢紀序》稱"其所掇會《漢記》《謝承書》《司馬彪書》《華嶠書》《謝沉書》《漢山陽公記》《漢靈獻起居注》《漢名臣奏》，旁及諸君耆舊先賢傳凡數百卷"①，多紀王侯將相事。梁竦一生鬱不得志，故而袁氏可征之文獻則必較粗略。現存《漢記》一字未及梁竦，可爲佐證。是以《後漢紀》所載"闔門不出，作經書數篇"，《後漢書》"閉門自養，以經籍爲娛"之語不足採信。門內之事，何以知之？

其四，《太平御覽》載西晉傅玄作《七謨序》，歷數漢魏人所作七體，無"七序"之名。劉勰《文心雕龍》論七體，隻字未及此篇。是知《七序》於晉時已軼。袁宏、范曄皆未見其文，所謂"經書數篇"是據載記而推測之言。後王應麟、錢大昕更是據袁、范之言而推斷，不足爲據。

其五，班固曰："孔子著《春秋》而亂臣賊子懼，梁竦作《七序》而竊位素餐者慚。"②其言可信。袁宏、范曄蓋據此言推測《七序》爲說經之文。然則班固此言不足以證明《七序》爲說經之文，反而可證明《七序》爲七體之賦。一，《七序》之作，使"竊位素餐者慚"，與辭賦諷喻之功能相合。枚乘《七發》、東方朔《七諫》何嘗不能使在位者慚？姚振宗《後漢藝文志》云："觀夫班氏之稱述，則有似乎諷諭在位者。今姑從楚辭、東方朔《七諫》之例，列之於此。"③二，班固爲賦家，其《兩都賦序》稱"賦者古詩之流也"，則何必說經之文方能與經並稱？三，將《春秋》與辭賦並說，前有先例。《史記·司馬相如列傳》："太史公曰：春秋推見至隱，易本隱之以顯，大雅言王公大人而德逮黎庶，小雅譏小己之得失，其流及上。所以言雖外殊，其合德一也。相如雖多虛辭濫說，然其要歸引之節儉，此與詩之風諫何異。"④

其六，漢賦用經衆多，《七發》之"要言妙道"，《七諫》之"聖而慈仁"，《七激》之"含咏聖術"，無非經義而已。袁棟《書隱叢說》卷十一云："詩賦等文事略仿《六經》。"⑤簡宗梧考："儒家泰半兼賦家，而賦家兼爲諸子十家者，幾乎全是儒家。"⑥則辭賦未嘗不可視爲說經之文。

據此數條，《七序》當是尋常之七體，惟多引故典，頗似類書而已。

2. 傅毅《郊祀賦》

唐顏師古《匡謬正俗》引傅毅《郊祀頌》云："飛紫煙以奕奕，紛扶搖乎太清。既歆祀而欣德，降靈福之穰穰。"⑦觀其句，似賦而非頌。又，"郊祀頌"，宋陳振孫《直齋書錄解題》作"郊祀賦"："顏氏《糾謬正俗》以傅毅《郊祀賦》'穰'作而成切。"⑧元馬端臨

---

① （晉）袁宏《後漢紀》自序，《四部叢刊》景明嘉靖刻本。
② 《後漢書》，第1171頁。
③ （清）姚振宗：《後漢藝文志》卷四，《適園叢書》本。
④ （漢）司馬遷：《史記》，北京：中華書局，1963年，第3073頁。
⑤ （清）袁棟：《書隱叢說》卷一一，清乾隆刻本。
⑥ 簡宗梧：《漢賦源流與價值之商榷》，臺北：文史哲出版社，1980年，第118、119頁。
⑦ （唐）顏師古：《匡謬正俗》卷七，清同治《小學彙函》本。
⑧ （宋）陳振孫：《直齋書錄解題》，上海：上海古籍出版社，1987年，第38頁。

《文獻通考》卷一百七十九、清朱彝尊《經義考》卷一百五皆引作"郊祀賦"。

3. 李尤《七命》

任昉《述異記》載:"漢元和元年,大雨,有一青龍墮於宫中。帝命烹之,賜群臣龍羹各一杯。故李尤《七命》曰:'味兼龍羹。''七命'即文章名也。"①其後,《太平御覽》《事類賦》《天中記》《廣博物志》諸書皆轉述此事。據此,則李尤又有《七命》。

4. 劉珍《連珠》

《後漢書·文苑傳》載其:"著誄、頌、連珠凡七篇,又撰《釋名》三十篇,以辯萬物之稱號云。"②王應麟《玉海》藝文篇有"漢連珠"之叙録,載此篇目。至清人詩文評,亦多有叙及,族繁不載。

5. 韓説《連珠》

《後漢書·方術傳》:"韓説,字叔儒,會稽山陰人也。……及奏賦、頌、連珠。"③王應麟《玉海》載"韓説奏連珠"④。清方以智《通雅》卷三、汪師韓《文選理學權輿》卷七亦言及此篇。

---

① (南朝宋)任昉:《述異記》卷上,明《漢魏叢書》本。
② 《後漢書》,第 2617 頁。
③ 《後漢書》,第 2733 頁。
④ (宋)王應麟:《玉海》卷五四藝文,清文淵閣《四庫全書》本。

杜詩歧解辨證二則

陳道貴

摘　要：杜甫詩歌注解歧異現象頗多。《病後過王倚飲贈歌》之"土酥"有乳酥與植物二説。當以乳酥説爲是。《宿花石戍》之"藤輪"主要有五説：一、藤蔓形如車輪；二、舟纜盤結於岸狀；三、農具；四、繫舟之具；五、爲船上用物的蒲團。此五説當以藤蔓形如車輪説爲是。

關鍵字：杜詩歧解辨証

一、《病後過王倚飲贈歌》之"金城"與"土酥"

麟角鳳觜世莫辨，煎膠續弦奇自見。尚看王生抱此懷，在於甫也何由羨。且過王生慰疇昔，素知賤子甘貧賤。酷見凍餒不足恥，多病沉年苦無健。王生怪我顔色惡，答云伏枕艱難遍。瘧癘三秋孰可忍，寒熱百日相交戰。頭白眼暗坐有胝，肉黄皮皺命如綫。惟生哀我未平復，爲我力致美肴膳。遣人向市賒香粳，喚婦出房親自饌。長安冬菹酸且綠，金城土酥淨如練。兼求畜豪且割鮮，密沽門酒諧終宴。故人情義晚誰似，令我手脚輕欲旋。老馬爲駒信不虛，當時得意況深眷。但使殘年飽吃飯，只願無事長相見。

此詩有"長安冬菹酸且綠，金城土酥凈如練"句，其中"金城土酥"何指存有歧見。《杜工部草堂詩箋》卷十六謂："酥音蘇，羊乳所爲也，色白如練。"《錢注杜詩》謂："西河故事。祁連山，在張掖酒泉二郡之上，牛羊充肥，乳酪釀好，夏瀉酪，不用器物，刈草著其上，不解散，作酥特好。一斛酪得酥斗餘。金城塞在酒泉，故曰金城土酥。"可見錢氏亦持乳酥説，並將"金城"解爲邊地之金城塞。仇兆鰲《杜詩詳注》贊同乳酥説，而解"金城"爲京兆府之金城。今人李祥林據王禎《農書》、清人《本草綱目别名錄》、《古今圖書集成·食貨典》所載宋人陳達叟《蔬食譜》，提出新解，謂"土酥者，蘿葡也"[①]（以植物解此詩之"土酥"始自宋人，詳見下文）。蕭滌非主編《杜甫全集校注》録蔡夢弼等所持之乳酥與王禎《農書》所持之蘿葡二説，以爲"當以後説爲是"。謝思煒《杜甫集校注》録《錢注杜詩》和《杜詩詳注》之説，未采王禎、李祥林説。宇文所安取乳酪説，將

---

* 作者簡介：陳道貴，男，安徽大學文學院（安徽合肥，230039），教授，文學博士，主要從事六朝唐代文學研究。

本文是安徽省社科項目"杜甫詩歌歧解研究中期"成果。

① 李祥林：《杜詩小札二則》，《杜甫研究學刊》1989年第3期。

"金城土酥净如練"譯作 the local yogurt of Jincheng is as pure as white silk。①

　　由上所述,可見"金城土酥净如練"之"金城"與"土酥"何指存在歧見。"金城"有張掖酒泉之地與京兆之地二説。"土酥"則有乳酥與植物二説。先看"金城"。《錢注杜詩》所謂"金城塞",爲漢時金城郡之地。《元和郡縣圖志》卷三九隴右道所屬之"蘭州(金城)"條載:"《禹貢》雍州之域。古西羌地也。秦並天下,是爲隴西郡。漢武帝降匈奴,以其地置武威、酒泉、張掖、敦煌四郡,又分隴西置天水郡。昭帝六年,分隴西、張掖以爲金城郡,今州即金城郡之舊地也。……後漢建武十三年,省金城入隴西郡,明帝永平元年復立。……隋開皇元年立爲蘭州,置總管府,取皋蘭山以爲名。大業三年罷州,爲金城郡。武德二年討平薛舉,復置蘭州,八年置都督府,顯慶元年罷,復爲州。"蘭州境內有"金城關,在州城西"。由此可知,漢時金城郡,至唐代已名蘭州。錢注取此"金城"爲注,殆受所謂"西河故事"影響而及。此"西河故事",據謝思煒《杜甫集校注》,係出《太平御覽》卷五〇所引《涼州記》。《涼州記》載處張掖、酒泉之地的祁連山出優質酪、酥;而漢時又有以"隴西、張掖以爲金城郡"之故事。錢氏將此二事並觀,以注杜詩"金城土酥"。仇注視"金城土酥"之"金城"爲京兆府之地。《元和郡縣圖志》卷二京兆下載:"興平縣,本漢平陵縣,屬右扶風。魏文帝改爲始平……景龍二年,金城公主出降吐蕃,中宗送至此縣,改始平縣爲金城縣。至德二年改名興平。《長安志》卷一載京兆府"歲貢興平酥咸陽梨",可見金城酥爲當地特産。相較而言,仇注當勝於錢注。且"土酥"與"冬菹"對言,含有當地之酥意,因而以京兆地名爲釋,更爲貼切。

　　再看"土酥"。《杜工部草堂詩箋》《杜詩詳注》等以乳酥解"土酥",既有地方特産之文獻依據,又符合"净如練"之物態特徵,本無可疑。但宋時有人立新解,以蘆菔注"土酥"。《賓退錄》卷六謂"有俗子假東坡之名注杜詩,云'金城土酥净如練'爲蘆菔根者"。《錦繡萬花谷》卷三十六"蔬菜"載:"土酥如練。杜詩云'長安土酥净如練',土酥即今之蘆菔也。魏夫人帖云'膾土酥如練'。"注此說出自《老杜詩注》。此所謂《老杜詩注》,或即《賓退錄》所言之俗子假蘇軾名之注,屬於僞蘇注。今人李祥林之説,亦屬於僞蘇注一系。如從宋人咏及"土酥"實物之作品分析,可證杜詩之"金城土酥"當爲乳酥而非植物類之蘆菔。蘇軾《泗州除夜雪中黄師是送酥酒》二首之二有云"關右土酥黄似酒,揚州雲液卻如酥"。梅堯臣《宛陵集》卷五十《江鄰幾學士寄酥梨》"興平烹瓊乳,咸陽摘冰枝"。蘇軾詩中謂土酥似酒,自然不會是蘆菔這樣的植物(此亦可證《老杜詩注》之僞)。而這其色似酒之土酥,來自"關右"。古人常以關右指稱關中之地。《隋書》卷四七載:"韋世康,京兆杜陵人也,世爲關右著姓。"唐人李益《送諸暨王主簿之任》:"別愁已萬緒,離曲方三奏。遠宦一辭鄉,南天異風候。秦城歲芳老,越國春山秀。落日望寒濤,公門閉清晝。何用慰相思,裁書寄關右。"此所謂關右,指的就是秦地。可見蘇軾詩中"關右土酥"應該就是指興平之名産土酥。梅堯臣詩中謂酥是興平産,且"瓊乳"形容之,更明確這興平酥是乳酥。由此可見,杜甫此詩"土酥"之歧解,當以乳酥説爲是。

---

① *The Poetry of Du Fu*, V.1, P.149, 2016 Walter de Gruyter Inc., Boston/Berlin.

二、《宿花石戍》之"藤輪"

午辭空靈岑,夕得花石戍。岸疏開辟水,木雜今古樹。地蒸南風盛,春熱西日暮。四序本平分,氣候何回互。茫茫天造間,理亂豈恒數。系舟盤藤輪,策杖古樵路。罷人不在村,野圃泉自注。柴扉雖蕪没,農器尚牢固。山東殘逆氣,吴楚守王度。誰能扣君門,下令減征賦。

此詩"繫舟盤藤輪"之"盤藤輪"何指,歷來歧解紛紜,莫衷一是。一、藤蔓形如車輪説。如蔡夢弼《杜工部草堂詩箋》卷三十七謂"藤蔓盤結如車輪也"。二、舟纜盤結於岸狀。如仇兆鼇《杜詩詳注》謂"舟纜盤岸,圓若藤輪也"。三、農具説。如浦起龍謂"輪,疑即轉水之具,即下所言'農器'也。"四、繫舟之具説。如王嗣奭謂"盤藤輪,謂盤藤作輪以繫舟"。

近現代學者論及於此,亦各有所承而意見不一。樊維綱贊成浦起龍"農具説"①。李壽松似承《九家集注杜詩》所引師説,謂"'繫舟'一句,説的是繫舟於盤曲的藤枝。"②謝思煒《杜甫詩集校注》亦謂此詩之藤輪"蓋指藤盤繞如輪"。宇文所安則將"繫舟盤藤輪"譯作"We tied the boat to a wreath of coiling wisteria."③鄧紹基認爲此處"藤輪"可能是"指作爲船上用物的蒲團"④。

以上諸説,筆者以爲蔡夢弼《杜工部草堂詩箋》、謝思煒等所持"藤蔓盤結如輪"説比較可信。但此説係出於直覺而未作具體考論,故難以説服持異議者。蕭滌非主編《杜甫全集校注》注《宿花石戍》"藤輪",逕録《分門集注》之師曰"盤藤輪,言藤蔓盤結如車輪"、王嗣奭"盤藤作輪以繫舟"、仇注"舟纜盤岸,圓若藤輪也"及浦起龍"農器"説,而未加作取捨判斷。由此可見,"藤輪"何指仍是一個有待釐清的問題。筆者以爲,"繫舟盤藤輪"之"盤藤輪"解爲繫舟於盤曲如輪之藤幹是較爲可信之説。而其他幾種觀點,既難疏通詩意,又乏相關文獻依據。如"農具"説乃聯繫下文之"農器尚牢固"所作的主觀猜度,難以信從。"舟纜盤岸之狀"説,謂其繫岸之舟纜"圓若藤輪",似屬想當然。繫於岸上以穩定舟船的纜繩怎麽會圓若藤輪呢?"蒲團"説則與詩境不協。繫舟於蒲團,豈非超出常理之生硬之説?"蒲團"説之起因,蓋源於杜甫《贈王二十四侍禦契四十韻》詩之"小睡憑藤輪"句。"小睡憑藤輪",可理解爲倚靠藤輪而小睡。歷來解説此句之"藤輪"爲何物者,多視其爲以藤製成的可供倚靠的室内生活用具(另有車輪説等),如王洙以爲此詩之藤輪爲"蒲團也,以藤爲之"(《杜詩補注》卷二十五引王説)。施鴻保《讀杜詩説》卷十三謂"疑即藤枕,今猶有之,以其體長而圓故稱爲輪。"其説與王洙"蒲團説"近似。其實,如統觀全詩,不難看出"小睡憑藤輪"並非在室内。其詩描寫"長歌""小睡"之場景:"置酒高林下,觀棋積水濱。區區甘累趼,稍稍

---

① 樊維綱:《杜甫湖南紀行詩編次詮釋》,《文學遺産》1982年第3期。
② 李壽松:《略論杜少陵集詳注中的幾個問題》,文載《文學遺産增刊十六集》。
③ *The Poetry of Du Fu*, V.6, P.69, 2016 Walter de Gruyter Inc., Boston/Berlin.
④ 鄧紹基:《杜詩别解(二則)》,《學林漫録》七集,中華書局1983年3月。

息勞筋。網聚粘圓鯽，絲繁煮細蓴。長歌敲柳瘦，小睡憑藤輪。"其境既是"林下"，則"藤輪"未必是室内用具。如解爲盤曲如輪之藤幹，則與上下詩句所述之場景相契。"置酒林下"而"稍息勞筋"，"長歌敲柳瘦"與"小睡憑藤輪"之酒後舉動，當發生於"林下"，而"柳瘦""藤輪"可解爲林中自然之物。其中"憑藤輪"，即倚靠藤幹小睡則十分自然。如此詩之"藤輪"難以確定爲憑具，以此而解《宿花石戍》之"藤輪"便無依據。

　　將"繫舟盤藤輪"解爲繫舟於盤曲如輪之藤幹，其合理之處有二：一、符合繫舟登岸之詩境。詩云"繫舟盤藤輪，策杖古樵路"，可徑解爲：舟行至岸，繫於岸邊之盤曲如輪之藤；登岸步行，杖策於樵路。無須橫生枝蔓，做屈曲之解。二、以"輪"狀藤，尚有他證。如宋之問《發端州初入西江》詩有句云"樹影捎雲密，藤輪覆水低。潮回出浦駛，洲轉望鄉迷"①。此繫述其舟行所見之景。"樹影""藤輪"對舉，可見"藤輪"爲自然之物。再如李德裕《早春至言禪公法堂憶平泉別業》詩云："昔我伊原上，孤遊竹林間。人依紅桂靜，鳥傍碧潭閑。松蓋低春雪，藤輪倚暮山。永懷桑梓邑，衰老若爲還。"②"松蓋低春雪，藤輪倚暮山"爲寫景之句，"松蓋""藤輪"意爲如蓋之松與如輪之藤。合觀杜甫《贈王二十四侍御契四十韻》《宿花石戍》、宋之問《發端州初入江西》、李德裕《早春至言禪公法堂憶平泉別業》四詩之"藤輪"，可證杜甫《宿花石戍》之"繫舟盤藤輪"之"藤輪"當解爲藤幹盤曲如輪。

---

① 《文苑英華》卷二九〇。"藤輪覆水低"《全唐詩》本作"藤陰覆水低"。
② 《全唐詩》上海古籍出版社影印本，第 1205 頁。

郭翼《雪履齋筆記》辨僞

王 媛

摘 要：明代陳弘緒《寒夜録》足本凡287則，《學海類編》本刪存145則。舊題元郭翼撰《雪履齋筆記》元明時未見載録或引用，首次出現於《學海類編》中，全書内容48則，前47則與《寒夜録》刪掉條目全同，末則雜鈔自它書。經過對比分析，可以推斷《雪履齋筆記》乃以《寒夜録》爲基礎僞編而成，造僞者可能是《學海類編》的編者。

關鍵詞：《寒夜録》；《雪履齋筆記》；辨僞

舊題"元郭翼編"的《雪履齋筆記》，由於在經史考辨方面頗有可觀，學者對其評價較高。《四庫總目》卷一二二《雪履齋筆記提要》載："是編乃江行舟中所紀，隨手雜録，漫無詮次，然議論多有可採。如解《商書》'兼弱攻昧'二句，取張九成説。解《論語》'犬馬有養'，取何晏《集解》説。駁張九齡《金鑒録》之僞，辨蔡氏三仁之論，皆爲有見。其論謝師直語一條、論詩一條，亦具有義理。惟解《論語》'怪力亂神'一條、'爲力不同科'一條，過信古注，未免好奇耳。"姚瑩《康輶紀行》卷十三亦云："元人郭翼，字羲中，著《雪履齋筆記》。偶論經義注疏，説有勝集注者。折衷取之，辭氣粹然，非如文士浮誇自矜習氣也。"推重之意，見於言中。

《雪履齋筆記》的文本存在問題，《四庫總目》中已經指出："其書久無刊本，曹溶嘗收入《學海類編》。然中有近時袁了凡之語，袁黄萬曆時人，翼在元末，何由得見？殆明人有所竄亂，非其舊本矣。"對於《雪履齋筆記》中出現晚明士人語録的情況，四庫館臣簡單地解釋爲明人竄亂，周中孚《鄭堂讀書記》卷五七"《雪履齋筆記》一卷"條亦沿此説。今人對《雪履齋筆記》也不疑有他，多所徵引。但實際上，此書内容幾乎全部出自晚明陳弘緒《寒夜録》，其文獻性質和文獻價值有必要重新定位。

《雪履齋筆記》曾入編於《學海類編》之中。今傳道光十一年木活字刊本《學海類編》中未録此書，國家圖書館藏翁方綱手書《學海類編目録》（索書號17187，著録翁方綱在四庫館所見兩種《學海類編》的細目）所載"程本"細目中就有此書。而據《四庫總目》卷一二二所載，《四庫》本《雪履齋筆記》的底本爲"編修程晉芳家藏本"，當即《學海類編》的零册。嘉慶十四年（1809）李調元編刊《函海》叢書、道光十三年（1833）邵廷烈編刊《夔東雜著》，皆收入《雪履齋筆記》。周中孚《鄭堂讀書記》卷五七云："其書世無傳本，惟載曹氏《學海類編》。……李雨村即以曹氏本付梓而爲之序，其序皆提要所有之文云。"其實《函海》本不大可能直接以《學海類編》本爲底本，因爲包含《雪履齋筆

---

*　作者簡介：王媛，女，北京師範大學文學院（北京100875），副教授，文學博士，主要從事文學文獻研究。

記》的《學海類編》流傳極少,且李調元《雪履齋筆記跋》的内容與《四庫提要》基本相同,所以《函海》本出自《四庫》本的可能性更大。《學海類編》本《雪履齋筆記》早已佚失,今傳僅《四庫》本、《函海》本、《婁東雜著》(《棣香齋叢書》)本等版本。各版本内容一致,均爲48條。其中末條"又云取蝙蝠倒挂"内容喜誕獵奇,與前面47條偏重詩論和經史考辨的特徵並不符合,其鈔寫情況如周中孚《鄭堂讀書記》云,"末一條前闕五行,又有《禮儀志》一行,其文未了,亦疑有闕義",不能與全書形成有機整體。

陳弘緒《寒夜錄》也有多種版本。北京大學圖書館藏清鈔本、民國胡氏刊《豫章叢書》本均分爲上下二卷,收錄内容287條,爲足本。又有《學海類編》本,分爲上中下三卷,總計刪去142條,僅存145條。《學海類編》本中刪去的條目在原本中次序爲:13、14、15、16、18、19、21、22、24、25、26、27、29、30、32、34、35、36、40、42、44、47、53、54、56、57、60、62、64、66、67、68、69、71、72、73、74、75、77、78、79、80、81、82、83、84、86、87、88、89、90、91、93、94、95、100、102、109、110、112、116、121、122、124、125、128、132、133、137、138、141、142、143、144、145、146、149、150、151、152、154、155、156、157、159、161、164、165、166、167、172、174、176、178、180、181、182、184、185、186、192、194、195、196、198、202、203、209、211、214、216、224、225、229、230、246、248、249、252、254、255、256、259、260、261、262、263、264、267、268、271、272、273、274、275、277、278、279、280、281、282、283、284、287。經對比,《雪履齋筆記》前47條内容正好是删掉部分的第109條到第196條。

兩種文本中存在大量重合,可能是使用了同源文獻,也可能是互相沿用。考慮到《寒夜錄》和《雪履齋筆記》都不是雜鈔性質的筆記,幾乎不存在同時從别處鈔入大量條目的情況,因此只有一種可能:兩書之間應該存在互相沿用的關係。問題在於,到底是《寒夜錄》抄襲《雪履齋筆記》,還是《雪履齋筆記》乃鈔撮《寒夜錄》而成呢?

筆者認爲,《寒夜錄》全部襲用《雪履齋筆記》的可能性很小。《寒夜錄》作者陳弘緒(1597—1665),字士業,號石莊,新建人。明末任直隸晉州知州,入清不仕。清初學者施閏章《故徵君晉州知州陳公墓誌銘》載:"君性疾惡,議論侃侃,及發諸文詞,罕所刺譏。服官清慎,俸入輒購書累車,舁還,家人發之,咸相視歡笑。家居食貧,客至未嘗不留。當事有造廬者,指陳古今利病,以經術自任,語終日不及私,有得輒記,謂之《病榻剩語》。最後喀血將歿前數日,猶爲王祠部士禎作詩序,蓋絶筆云。"康熙年間裘君弘《西江詩話》卷九中載有陳弘緒小傳,云:"崇禎末,辟刺晉州,以抗直罷歸。少好學,有聲場屋,四方名流皆下之。家故富書,日夕披覽,見聞益博,爲古文師廬陵、南豐,詩類昌黎。甲申後,屏居江上,輯《宋遺民録》,賦《江城懷古》諸什,南州言者舊者首推焉。著有《石莊集》《恒山存稿》《寒崖集》《鴻桷編》《啎齋詩》《荷鋤雜誌》《寒夜錄》《讀書跋》數十種。"這樣一位態度嚴肅的遺民作家,很難想象會竊取前人著述以爲己有。

那麼,有没有可能《學海類編》本《寒夜錄》爲陳弘緒原著,而今傳清鈔本(具體鈔寫時代不明,可能鈔成於《學海類編》之後)及民國胡氏刻本《寒夜錄》多出的142條乃後人誤入呢? 答案是否定的。王士禎《香祖筆記》卷五載:"陳士業《寒夜錄》乃載其和張文潛《捂溪碑》歌詩二篇,未言出於何書云云。"這裏所引《寒夜錄》出自足本第229條,雖然《學海類編》本中已删去,但這些内容確爲原本所有。

《雪履齋筆記》所題作者郭翼,字羲仲,浙江昆山人,乃元末江南地區詩壇主力之一,曾與楊維楨、李孝光、顧瑛等人交遊唱和,有詩歌保存在《玉山名勝集》、《草堂雅集》、《大雅集》等總集中。郭翼齋號雪履,楊維楨曾爲其作《雪履操》(見誦芬室影明初刊本《鐵崖先生詩集·辛集》)。盧熊《元故遷善先生郭君墓誌銘》(朱珪《名迹錄》卷四)述其生平甚詳,稱其"爲文詞必追古作者,諷誦思繹,雖一字不苟省","嘗自號東郭生,又自稱曰野翁,所著文集曰《林外野言》,凡若干卷",但未載《雪履齋筆記》一書。元代顧瑛《草堂雅集》卷九、明代張昶《吳中人物志》卷九、方鵬《昆山人物志》卷三、《(正德)姑蘇志》卷五四皆載其傳記,均未言及《雪履齋筆記》。不僅墓誌和傳記中無載,元明時期也並沒有看到著錄或引用《雪履齋筆記》的文獻。

《雪履齋筆記》中前 47 條全見於《寒夜錄》刪去條目,而且在刪去條目中的序次具有連續性,説明它正是取自《寒夜錄》而托名於郭翼的僞書。而與前面内容特徵、鈔寫風格均不相符的最後一條,則可能是從他書隨意鈔入。《雪履齋筆記》中夾雜"袁了凡之語"的條目,並非明人竄亂,而是此書晚出的證據。此條全文如下:

> 至於犬馬皆能有養。漢疏云:犬司夜,馬服勞,皆能養人而不能起敬。人子不敬,則何以别於犬馬?近代袁□□(《函海》本闕"了凡"二字)云:古者養親有六珍之禮,下三珍犬豕雞,以犬爲重;上三珍馬牛羊,以馬爲重,犬馬皆所以養親也。二説俱較《集注》爲優,而漢疏於語氣尤愜。

這則内容在足本《寒夜錄》中屬第 151 條。其中稱"近代袁了凡云古者養親有六珍之禮",出自袁了凡《遊藝書塾續文規》卷三《了凡袁先生論文》。袁了凡(1533—1606)是明末學者、思想家,年代距陳弘緒不遠,故稱爲"近代"並無不妥,但元人郭翼則不可能引述其語。

《雪履齋筆記》在何焯《南宋雜事詩》、(雍正)《浙江通志》卷二七九《雜記》中已有引用,説明此書至遲在雍正時期已經出現。此書最初見於《學海類編》中,《寒夜錄》刪節本也最早見於《學海類編》中,筆者懷疑其造僞者就是《學海類編》的編纂者,而托名郭翼是否别有深意,則不得其詳。

《雪履齋筆記》從出現以來廣爲流傳,不僅載錄於各種書目文獻,也被學者用於研究之中。如清人劉寶楠曾引《雪履齋筆記》"曾子三省"條以釋"曾子曰吾日三省吾身"[1],丁丙《善本書室藏書志》卷三四曾引"孔子論中庸之聖"條以窺郭翼之易學造詣;今人孔凡禮錄其中"古來繪風手"條以論陸遊[2];牛貴琥亦引其中"作詩如作字"條以證元代詩書合一的風氣[3]。今辨明此書之僞,希望以後能避免類似的失誤。

---

[1] 劉寶楠:《論語正義》(高流水點校),北京:中華書局,1990 年,第 11 頁。
[2] 孔凡禮:《陸遊資料彙編》,北京:中華書局,1962 年,第 110 頁。
[3] 牛貴琥:《玉山雅集與文士獨立品格之形成:金元文士雅集的典型解析》,北京:人民出版社,2014 年,第 183 頁。

"治小學不摭商周彝器"辯
——論俞樾函札中所見的金石文字觀

王 博

摘 要：俞樾是晚清樸學大師，一生著述豐厚。同時晚清至民國時期，出土文獻的大量出現催生了甲骨金石之學的復興，學者莫不加以徵引考證，古文字日趨顯學。而俞氏對待金石文字的態度，歷來曖昧不清，衆學者對此莫衷一是。章太炎更是直稱其"治小學不摭商周彝器，謂多後世詐托爲之"。研究者當從俞氏著録著眼，結合俞氏函札等書信材料，對其文字觀作以疏証。

關鍵詞：俞樾；金石文字；經學史；書札

引 言

　　章太炎在《俞先生傳》中説："（俞樾）治小學不摭商周彝器，謂多後世詐托爲之。可以辨形體，識通假，當止於秦漢碑銘。其審諦又如此。"章太炎先生此論開啓了俞氏治學不取金石文字之説的先河，自章先生之後，後人往往據此批評俞樾思想保守，如李建國評價其"治小學不摭商周彝器之文，認爲不可憑信，這是學術思想保守的表現①"。此説顯然是由章太炎之説推衍而來，但其結論卻與章氏相左。章太炎先生以俞氏"不摭商周彝器"之行爲治學審諦；而李建國卻強調俞樾認爲金石文字"多後世詐托爲之"，轉而得出俞氏治學保守的結論。兩説雖只有一詞之差，其評價之褒貶卻相去甚遠。俞氏對金石文字之審諦與保守之辯，孕育而出。

　　俞樾一生篤於經學，其治文字之學與諸子之學，其實都是爲了"貫通經學大義"②，是服務於經學的。故俞樾對於《説文》推崇備至，其早年著作中凡遇文字形體之分析處皆依《説文》，偶爾參以《玉篇》等其他字書。直至其稍晚的著作《經課續編》，根據王欣在其碩論中的統計，俞樾參考《説文》考求字形、字義亦多達 36 處，參考《玉篇》僅 4 處，參考《廣韻》僅 8 處。《説文》佔有絕對優勢。在其治學過程中對於青銅器銘文的參考更是少之又少。

　　晚清時期，有關青銅器文字的重要著作逐漸顯露，而俞樾在同時代學者之中，似

---

* 作者簡介：王博，男，復旦大學（上海市楊浦區 200433），漢語言文字學博士生在讀，主要從事清代訓詁學及漢語史研究。

① 李建國：《漢語訓詁學史》，安徽教育出版社，1986 年，第 189 頁。
② 《重刻小學考序》，《春在堂雜文四編》卷七。俞樾：《春在堂全書》，鳳凰出版社，2010 年。

乎對青銅器銘文的態度是較爲保守的。甚至比俞樾時代較早的王筠"《釋例》常援據金文以解文字之構形及其意義,所引用之金文數以百計"①。而俞氏在治學之中對青銅器銘文常常採取的規避態度,也極深地影響了其弟子章太炎,章氏也對甲骨文、金文採取閉塞的態度,常常抨擊甲金文不可靠。其早年在《國故論衡》中就明確表示甲骨文不可信:"近有掊得甲骨者,文如鳥蟲,又與彝器小異。其人蓋欺世豫賈之徒,國土可鬻,何有文字,而一二賢儒,信以爲實,斯亦通人之蔽"。章太炎先生的這種態度雖遭到傅斯年等人的強烈反對(《歷史語言研究所工作之旨趣》),但直至章氏晚年,對甲骨文仍抱以懷疑的態度。②

由此看來,章太炎對俞樾的評價有其歷史依據,而後之學者的批判似乎也不無道理。但是通觀俞氏生平之學術觀念,不難發現他的學術態度較爲包容,在經學上兼取漢宋,對於文字之學俞氏即便推崇《說文》,但也並不唯《說文》是依。其早年便作《兒笘錄》以考訂《說文》中未安之處八十條,並在《錄要》中說③:

> 古聖人創造文字之精意,其存什一於千百者實賴許氏《說文解字》一書,然許君生東漢時,去聖久遠,於文字之本義未必悉得,而傳寫至今,錯亂遺奪又豈少哉。余信好之餘,妄有理董,亦不自知其是否也。

俞樾本曾作《考定文字議》一篇,提出正字義、字體應當依從《說文》。但旋即作了自我更正,認爲"文字不必盡依《說文》"④。由此觀之,俞氏的學術觀念是相對開放的,其著作中隨著研究之深入而產生的自我更正之說隨處可見。這樣的治學方法亦延及於他對待金石銘文的態度之上。俞氏嘗謂自己"於金石考訂,最爲疏漏"⑤,他早期的學術著作中確實少見彝器銘文的身影,但隨著年歲漸長,俞樾也慢慢接納了彝器銘文的內容以佐證自己的經學研究,而並非後世學者所謂在治學時完全"不摭商周彝器"之文,更從未認定彝器銘文是不可憑信的。事實上,俞氏的文字之學雖以《說文》爲中心,但並不是對於《說文》的墨守。他對《說文》以外的材料,經小心求證後亦加以使用。俞氏治經學博採衆長,辨明俞氏對於金石文字的態度,對明確俞氏一生的經學研究,也是有一定裨益的。

一

俞樾雖自言不擅長金石考訂,然而由於其生平涉獵甚廣,學術觀念又較爲寬容,對於金石文字仍是抱以包容接納的態度。其生平與衆多金石收藏家頗有交流,這更是爲其提供了飽覽彝器銘文的便利。

同治七年(1868)俞樾辭紫陽而就杭州詁經精舍講席,其間多與金石家吳雲交遊。

---

① 趙誠:《晚清的金文研究》,《古漢語研究》,2002年第1期。
② 周文玖、李玉莉:《章太炎的甲骨文態度及其學術史意蘊》,《史學史研究》,2012年第3期。
③ 《春在堂全書錄要》,俞樾:《春在堂全書》,鳳凰出版社,2010年。
④ 俞樾:《九九消夏錄》,北京:中華書局,1995年,第246頁。
⑤ 俞樾:《俞樾函札輯證》,鳳凰出版社,2014年,第57頁。

《春在堂隨筆》卷一載①:"同治八年夏四月,范湖居士周閑,退樓主人吳雲重刻板橋潤例於滬上。此後范湖、退樓書畫潤筆,皆准板橋所定,即以此貼仿單,不復增減。"是俞樾初至杭州詁經精舍,即與吳雲有所往來。吳雲不但長於書法、繪畫,亦性喜金石、漢印。俞樾主講詁經精舍期間,吳雲凡著有著錄,皆寄與俞樾觀看。《春在堂尺牘》卷三載俞氏②:

  承示《古私印人名》一冊,幾及二百人,謹錄副本,置案頭,以待采獲。

吳雲著有《兩罍軒印考漫存》九卷,存私印三卷計六十四枚,其自序云:"己巳年取所著《古官私印考》十二卷,迨知三年之久始刻成,官私各印二百紐中尚有未竣工者。"③按吳氏自序中所言,俞樾於同治八年前後所得之印譜當爲吳氏之稿本,對於此問題《俞樾函札輯證》中已有詳考。俞樾在杭州期間,吳雲每每向其提供稿本。如偶有遇疑難處,亦在寄送稿本之際請教俞樾的意見。《春在堂尺牘》卷四④載:

  承示古器蓋銘,第一字❐不可識,《說文》希篆下有籀文❐,豈即此字乎?"日工"二字,亦未知何義。《堯典》"允釐百工",《史記·五帝紀》作"信飭百官",是"官"與"工"義同。《左傳》稱天子有日官,此日工或即日官也。末一字❐,更不可識,橫看則成囧字,頗與四相似。

俞氏此札所謂"古器蓋",當爲吳雲《兩罍軒彝器圖釋》卷七所載之"周愛壺"。可見刊印之時,吳氏定此字爲愛字,銘文釋作"愛作兄日工寶尊彝□"。故俞樾"承示"一事所見當爲稿本,《圖釋》一書之書名及序亦由俞樾撰寫。

按:俞樾所見之銘即何壺銘文,該壺系鷹首提梁壺,自吳雲《兩罍軒彝器圖釋》刊載以來,屢見著錄⑤。但畢經緯先生在《考古與文物》2015年第3期發表《傳世有銘銅器辨偽一則》一文,從形制和銘文字形及辭例多方面入手將此器定爲偽器,其説應爲定論。該壺銘文或仿自同名之卣及同名之尊,由於摹寫失真,"筆劃毛糙,模糊不清,與卣銘判然有別"⑥,以致俞樾誤將❐釋爲希(吳雲釋爲愛),壬釋爲工。原銘文當爲"何作兄日壬寶尊彝,❐"(銘文見附錄)。

俞氏在主講詁經精舍時期雖長時間處於杭州,然而偶有出行時,亦得見當地的金石收藏家。同治九年(1870)俞樾至福建省親,得見福建鹽運使魏錫曾,俞樾當時寫與魏氏的函札載⑦:

  閩中小住,得接清談,兼讀《非見齋金石文字》,考訂之勤,蒐羅之富,一時無兩矣。

---

① 俞樾:《春在堂隨筆》,江蘇古籍出版社,2000年,第7頁。
② 俞樾:《俞樾函札輯證》,第462頁。
③ 轉引自《俞樾函札輯證》"致吳雲書札一通",第463頁。
④ 同上,第465頁。
⑤ 《捃古》(2.1.38.1—2)、《意齋》(13.14)、《綴遺》(18.7)、《敬吾》(73.7—8)、《周金》(5.54)、《群華》(庚中3)、《續殷》(上65.2)、《小校》(4.77.3)、《三代》(12.10.1)、《通考》(436:10,圖713)、《通論》(54:5,圖171)、《商周》(6349)、《總集》(5708)、《集成》(05339)等,詳參《考古與文物》2015年第3期《傳世有銘銅器辨偽一則》一文。
⑥ 畢經緯:《傳世有銘銅器辨偽一則》,《考古與文物》,2015年第3期。
⑦ "致魏錫曾"函札,俞樾:《俞樾函札輯證》,第401頁。

俞樾在寫給魏氏的信中稱其所著之書"一時無兩",自有誇張和恭維的成分,但是也從一個側面反映出俞氏對於時人的金石著作是相當瞭解的。

由於學術地位德高望重,時人有獲得青銅器銘文拓本往往會呈送俞樾,有時甚至有剛剛出土的彝器,俞樾也能在第一時間看到銘文拓本。

《春在堂隨筆》卷五載①:

> 朱定甫司馬示余古鐘拓本,其文屈曲不可識。余以意度之,曰古雷字也。《説文》:"䨻,古文作䨻。"其中兩回象回轉之形。今此鐘文,左半作䨻,右半作䨻,各從四回。所謂古籀文,多繁重也。

又,清光緒中期,陝西扶風任村出土克鼎,孫詒讓、王國維先生均作釋文加以考證,被後之學者奉爲圭臬。然而在潘祖蔭甫得克鼎之時,即嘗錄拓本以示俞樾,俞氏得以成爲最早看到克鼎拓本的學者之一。爲此俞樾專門致函潘祖蔭,在函札中略論了其對於克鼎的看法②:

> 承示克鼎拓文,誠吉金中一巨觀也。弟於金石考訂,最爲疏漏,既未聞高明所論定,竟無從贊一詞。但不知諸家以爲克爲何人。《博古圖錄》、《鐘鼎款識》並載有"克尊",因文有高克二字,遂定爲鄭文公時之高克。按,《詩序》云:"高克好利,而不顧其君。"若此鼎亦出此人,則不光矣。竊謂古人名克者甚多,周有王子克,楚有鬥克。鼎文既無高字,不必亦以爲鄭之高克也。

大克鼎幾經學者考訂,大多數學者認爲它爲西周厲王或宣王時器時銅器。而依此札的記錄,在克鼎剛出土之際,學者往往將其與克尊相校,將"克"定爲鄭文公時之高克。俞氏在此函札中,否定了這一結論,其判斷無疑是正確的。

按:學術界早期認定大克鼎出土時間是光緒十六年(1890),其説殆始於羅振玉《貞松堂集古遺文》"潘文勤公親至任村購諸器,言當時出土凡百二十餘器,克鐘、克鼎及中義父鼎均出於一窖中,於時則光緒十六年也。"③而姜鳴、周亞先生曾根據《潘文勤公年譜》光緒十五年下有"是年得善夫克鼎"的記錄,以及 2002 年上海崇源拍賣的克鼎拓片存有"己丑所拓"(己丑即光緒十五年 1889)和李文田光緒十五年跋等證據,推測大克鼎實際出土時間或爲 1889 年或更早④。而俞氏此札中明確記載所見克鼎拓本時"爲天子親裁大政之年,公以朝廷重臣而得此鼎,殆非偶然,其爲大瑞矣"。光緒帝親政時唯光緒十五年(1889),俞氏此札又是克鼎出土於光緒十五年之佐證。是時潘氏剛得到克鼎,便將拓文送至俞樾了。

此外,俞氏對時人的金石著作亦非常關心,僅爲了《金石萃編》一書及其相關補正之著作的刊刻之事俞樾便曾多次致信友人,密切關注其出版情況。

同治九年(1870)俞樾至福建省親時期致魏錫曾函札載⑤:"《金石萃編補正》寫成

---

① 俞樾:《春在堂隨筆》,第 70 頁。
② "致潘祖蔭"函札,俞樾:《俞樾函札輯證》,第 224 頁。
③ 羅振玉:《貞松堂集古遺文》,崇基書店,1968 年。
④ 周亞:《再讀大克鼎》,上海文博論叢,2004(1)。
⑤ "致魏錫曾"函札,俞樾:《俞樾函札輯證》,第 441 頁。

幾卷？書名及體例，想已有定見矣。王氏原版見在滬上，僕言之吳中當事，擬補刻完全，移置書局。"又，同治十一年（1872）致丁日昌函札①："病中偶思得一事，輒以聞諸左右。王蘭泉先生《金石萃編》版見在上海道署，去年杜小舫觀察曾印一部見贈，止缺一百七十八葉耳。此書雖不免有錯誤處，要是國朝言金石者一大宗，若不及今收拾，必至零落無存。"光緒四年（1878）俞樾致馮崧生函札②："《金石萃編》版在青浦，請於家奏中爲我代求一部，惡於自言也。"

《金石萃編》雖以著録歷代碑刻爲主，然亦載數則銅器銘文。而其所載之散氏盤、高克尊等彝器於俞氏著作之中數被提及。俞氏對此類金石著作的關心，不但説明他認爲彝器不僞，而且還具有很高的學術價值。

俞樾亦嘗爲時人金石作品作序，在序中表達鐘鼎彝器之學的重要性。俞氏不但爲吳雲《兩罍軒彝器圖釋》作序並題簽，亦爲時人其他金石著作作序。俞樾在爲朱爲弼《鐘鼎遺稿》所作之跋中，詳細討論了朱書與阮元《積古齋鐘鼎彝器款識》撰述之中既有"（阮）文達改定，亦有文達草稿附入先生之書者"③：

> 周伯據敦有文達手書謂非據字，當作木旁虎。梳下虖字乃櫨之省，梳櫨爲作器者名字。及觀《積古款識》則仍作據字而以虖爲祖之假字……此書不特可見文達之精意，並可《積古》之缺遺。後世講求吉金文字者讀積古齋書，尤不可不觀先生此書也。

俞樾雖未從事過嚴格意義上的金石文字考訂工作，但對於金石之學卻從未採取排斥的態度。相反，俞氏認爲金石文字是極其寶貴的，在治經之時常常引爲借鑒。這一點在俞氏一生治學之中隨處可見，故録以上數事以管窺一二。

二

以上諸事，足以論證俞樾認爲彝器銘文不僞，且是值得學者關注及用力之事。且俞樾至遲在同治年間，便已經對銅器銘文產生了關注，而章太炎先生於光緒十六年入詁經精舍，俞氏當時自不太會對銅器銘文作出"後世詐托爲之"的評論。然而在實際治學當中俞樾本人對於彝器銘文著力甚淺，這不但是由於俞氏自知其疏於金石考訂，不敢勉強爲之，亦與其一生謹嚴的治學思想有關。

俞樾考訂金石文字往往以推測作爲最終結論，於自己的論斷下每每加以"皆臆説，聊以質高明"、"未知然否"之語。而著書之事，是成一家之言，俞氏對於此類尚未明確的金石銘文考訂自認爲是不足征之材料，一概不予採用：

俞樾嘗於同治八年前後觀吳雲《古私印人名》稿本一事，前文已載。俞氏特指出"徐䫏"一印，以爲後字當是"䫏"字之省。䫏與傲同，見《説文》頁部："䫏，嫚也。從頁，從夰，夰亦聲。《虞書》曰：'若丹朱䫏。'"今《虞書》作傲。《釋文》曰："字又作䫏。"是

---

① "致丁日昌"函札，俞樾：《俞樾函札輯證》，第32頁。
② "致馮崧生"函札，俞樾：《俞樾函札輯證》，第78頁。
③ 《雜文三編》卷三，俞樾：《春在堂全書》。

槀,傲同字。是時正值俞樾撰寫《古書疑義舉例》之際,俞氏在《舉例》中舉"槀,讀若傲。《書》'無若丹朱傲',不必改爲槀也"一例,但並未援引同一時期所見印璽文字。這是由於書證明確,無須複用不確定的金石文字來說明問題。

而對於明確可靠的金石考訂之説,俞氏並非在治學中視若不見,而是及時加以參考。《古書疑義舉例》卷五"二字誤爲一字例"載①:

> 古鐘鼎文往往有兩字合書者,如石鼓文'小魚'作'鯊',散氏銅盤銘'小子'作'孚'是也。古人作字,但取疏密相間,經典傳寫則遂並爲一字矣。

俞樾曾謂自己治小學之三大著力之處在"正句讀,審字義,通古文假借……三者之中通假借尤爲重要"②。彝器銘文之中常常涉及俞氏治學中最關注的假借問題,故俞氏在治小學時,亦以較爲確定的金石文字假借現象佐證其觀點。俞樾在《春在堂隨筆》卷一中説③:

> 余著《群經平議》,解《尚書》"巽朕位",巽是篹之假字。及讀薛尚功《鐘鼎款識》有宰辟夫敦三。其文並云"用饌乃祖考事",蓋假饌爲篹也,可證成余説。又著《諸子平議》,解《晏子春秋》"賴君之賜,得以壽三族",壽是保之假字。而薛書載叔液鼎、魯正叔盤,並云"永壽用之",即永保用之也,亦可證成余説。古彝器銘辭之可寶貴如此。

俞氏雖然得以多見金石銘文,但對於治小學之事,仍採取者博觀約取的審慎態度。於金石銘文甚至印璽文字,如非有可《説文》或經注内容之處,殆不選取。這也是後世對於俞氏有"治小學不撫商周彝器"評價的原因。

俞樾的文字學觀點雖然相對於同時期的學者較爲保守,並不像同期甚至前期學者一樣屢屢援引金石文字,但也並非固步自封。俞氏學術根基是樸學,雖主於《説文》,但不囿於《説文》。早年便作《兒笘錄》校定《説文》之失,於諸家學説之外亦有所得。但對於青銅器銘文,俞樾仍是以其學術根基《説文》爲基礎,在考訂之時每每先進行文字形體的比對,如遇不合再對其形體加以分析。上文所舉何壺之"何"、"四"字便是這種分析方法。而實際上,文字形體演變通常很複雜,單純將金文與形態相近的小篆加以對比,往往會出現訛誤。俞樾有著良好的小學基礎,在分析字形之時往往能避免一些臆斷之訛誤:

吳雲《兩罍軒彝器圖釋》載周旅簠蓋一器,銘文作"▢叔作旅簠子子孫孫永寶用",首字吳雲最初以爲是"員"字,以此請示俞樾。俞樾認爲"員下從貝",故回復其"非見也,宜更思之"④。吳書在定稿時此字闕疑,下注或以爲則字,一定程度上是受到了俞樾的影響。

俞氏自言不擅於文字考訂之事,其將金文與小篆形體強行對照的方法,對於青銅

---

① 俞樾:《古书疑义举例》,中华书局,1954年,第103頁。
② 《群經平議·序》,俞樾:《春在堂全書》。
③ 俞樾:《春在堂隨筆》,第14頁。
④ 俞樾:《俞樾函札輯證》,第465頁。此札輯自《上海圖書館藏名人手札選刊·俞曲園手札》,第11頁。

器銘文的釋讀難免有不利之處。這也成爲了制約俞氏一生之中金石文字考訂的一大掣肘。但涉及其對於古文字的態度，俞氏嘗自謂："古彝器銘辭之可寶貴如此！"後世論述其"謂多後世詐托爲之"之事實無從考證，以曲解章太炎先生之評語來證明俞氏治學態度保守，或確有失偏頗。

附録：何壺銘文

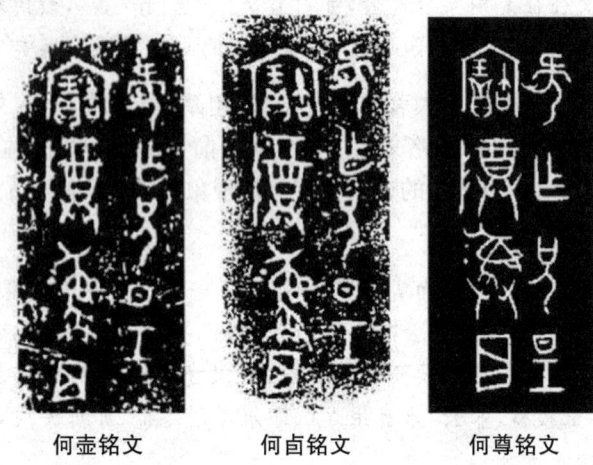

何壺銘文　　何卣銘文　　何尊銘文

■文獻學評論

一部展現桐城地方特色的詩歌總集[*]
——《桐舊集》編後瑣談

姜 萍 姜趙治

摘 要:《桐舊集》分姓列卷,收録桐城鄉邑八十五姓詩人一千二百餘人、七千餘首詩作,是今存最全的一部桐城詩歌總集。全文從編輯特色、作品内容以及價值和意義等方面對《桐舊集》作了詳細闡述。《桐舊集》的點校、出版,不僅使大量的桐城地方文獻得以保存,具有文獻保存的價值;而且可補史志之闕,訂史志之訛,具有較高的史料價值;點校者還從語法學、修辭學、文字學、民俗學等角度對訛混差異等現象進行全方位的研究、考辨甚至勘誤,具有重要的校勘價值。

關鍵字:《桐舊集》;編纂特色;編纂内容;出版價值和意義

楊懷志、江小角、吴曉國三位老師校點的《桐舊集》問世了。《桐舊集》是繼《龍眠風雅》之後又一部大型桐城鄉邑詩歌總集,也是今存最全的一部桐城詩歌總集。詩集由徐璈輯録,經長時間整理編纂,至道光二十一年(1841)春徐璈去世,僅刊刻三分之一,後經衆人的努力,於咸豐元年(1851)秋將全帙四十二卷刊刻完畢。這部詩歌總集時間跨度大、收録内容多,具有重要的歷史文獻與文學史料價值。但是因其刻完後僅兩年即遭遇兵禍,板片、書籍大多散佚,並未得到廣泛的流傳,所以長期以來,學界對這一詩集的關注甚微。

一、徐璈和《桐舊集》的編纂

徐璈(1779—1841),字六驤,號樗亭,安徽桐城人。清代名士、學者。徐璈自幼勤奮好學,通曉經史,尤重經世致用之學。師事姚鼐,受古文法。歷主亳州、徽州書院,自少至老,纂述不輟。著有《詩經廣詁》三十卷、《牖景録》六卷、《河防類要》六卷、《黄山紀勝》四卷、《樗亭文集》四卷。又選鄉先輩詩爲《桐舊集》四十二卷,皆刊行。

其生平事迹,載方東樹《儀衛軒文集》卷十一、《考槃集文録》卷十、馬其昶《桐城耆舊傳》、劉聲木《桐城文學淵源考》,以及《桐城縣志》《續碑傳集》《皇朝經世文續編》等。

---

[*] 作者簡介:姜萍,女,安徽大學出版社有限責任公司編輯(安徽合肥 230039),副編審,研究方向:近現代中外關係史。
姜趙治,男,重慶大學城市科技學院(重慶 402167),學生,研究方向:建築學。

兹舉《桐城耆舊傳·徐陽城傳》所載如次:"徐公諱璈,字六襄。其先元至正中由婺源遷桐城。十四世祖諱良佐,當元季,以進士至陝西左布政使。父諱之柱,少孤貧,育於外家。既長,辛勤治生,孝友剛介。……嘉慶十九年(甲戌)進士,授主事。以母老,改外補浙江壽昌縣,開種山地,興書院。調山西陽城,蝗大起,民畏蝗以爲神,因取食蝗,示無畏,民乃敢捕蝗,撲滅。修葺文廟,依古制籩豆、琴瑟之屬,以樂章協宮商歌焉。居陽城六年,引疾歸,民立祠祀之。……歷主亳州、徽州書院,自少至老,纂述不輟,人服其精博。"①

《桐舊集》全編四十二卷,前四十卷以邑中姓氏分卷,後兩卷分錄"列女"與"方外"(含"羽士"與"衲子")。選錄始自明初,迄清道光庚子,共四百七十餘年。詩集卷帙盈尺,凡四十二卷,桐城籍作者一千二百餘人,詩七千七百餘首。

徐璈寫道:"惟洎有明以後,……五六百年内名臣碩儒、文人畸士亦相繼林出,其往行故迹,流風餘韻,傳於文字,見於篇什,較之宋元以前,近而可徵,廣而能備矣。國初以來,……若錢田間、姚羹湖、潘蜀藻、王悔生諸先生《詩傳》《詩選》《龍眠詩》《樅陽詩》之類,皆爲總集佳本。第其書或未經鋟梓,或已鏤板而漸就毁蝕,其諸家專業亦大半湮落,無可收拾。且自康熙迄今又百餘年,名輩益衆。余不敏,浮沉簿冗,無所酬能於世,而言念曩者,俯慨方來,竊欲效施、阮諸公輯《宛雅》、廣陵詩事之意,虞續錢、王諸先生之緒,採萃鄉邑先輩詩章、並言行之表見於他書者,寸累尺積,匯爲若干卷,顔曰《桐舊集》,以蘄流示來兹,永言無斁焉。"②

因此,徐璈在公務之餘暇,致力於典籍搜求,廣搜博采康熙以後之詩人,更參之以《龍眠風雅》等書,重加增損,以期"庶幾盛有可傳,善有同歸"③。積數十寒暑,輯爲《桐舊集》。道光二十一年(1841)春,徐璈離任回桐城,居家七十日就病逝了。《桐舊集》初次付梓十幾卷,用錢六十萬,可惜只刊刻了三分之一。

徐璈在擔任陽城令期間,曾寄書給同鄉馬樹華,請求一同輯錄。馬氏認爲自己忙於他編,且精神漸衰,無力參與,便將自己以往所藏數十家詩作悉數寄給了徐璈,後又將其所獲隨時寄與。徐璈又自陽城寄書至臺灣,向同學姚瑩訴述刊刻經費艱難的苦衷。徐璈病逝後,因"家計艱窘,未能續刊,淹滯已及十載"④。道光二十九年(1849),徐璈的姪子徐裕與兄徐寅商議續刊,並"相與諮請方植之、馬元伯、光律原、姚石甫、馬公實諸丈爲之籌畫,蒙慨然伙助,遂續剞劂"⑤。後來馬樹華接替了徐璈未竟之事業,徐璈的外甥蘇惇元重新校勘,徐璈的詩也被附刊入集。經年,詩集由馬樹華、蘇惇元續成,刊刻於咸豐元年(1851)。咸豐三年(1853)"癸丑"之亂,是書散佚,直到1927年,始由鄉後學光雲錦以方守敦藏原刻本爲底本,參校影印,刊行於世。

---

① (清)馬其昶著,彭君華校點:《桐城耆舊傳》,合肥:黃山書社,2007年,第332—333頁。
② (清)徐璈輯錄,楊懷志、江小角、吴曉國校點:《桐舊集》(第1册),合肥:安徽大學出版社,2016年,第9—10頁。
③ 《桐舊集》(第1册),第10頁。
④ 《桐舊集》(第1册),第5頁。
⑤ 《桐舊集》(第1册),第7頁。

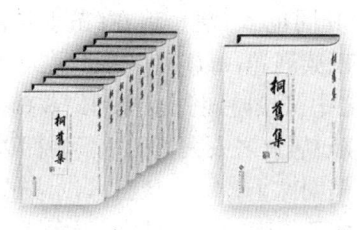

二、《桐舊集》的編纂特色

1. 分姓列卷

《桐舊集例言》云："分姓列卷,其間略以時代之先後爲序,至族望之同異、輩行之尊卑、年齡之長幼,不能盡詳者,則有各姓之譜牒在。"① 即《桐舊集》編纂的基本體例,是以姓氏分卷。這也是《桐舊集》和《龍眠風雅》兩部桐城鄉邑詩歌總集的主要區別之一。

《桐舊集》全編前四十卷廣採邑中八十五姓詩人一千二百餘人,詩作七千餘首。其八十五姓順序爲:方(四卷,134人,1046首)、姚(三卷,99人,703首)、陳(24人,109首)、謝(17人,66首)、章(8人,10首)、邱(2人,3首)、盛(9人,20首)、袁(2人,2首)、余(2人,7首)、錢(24人,165首)、齊(26人,140首)、吳(三卷,110人,708首)、江(15人,60首)、汪(23人,106首)、阮(5人,42首)、秦(2人,19首)、林(4人,17首)、蕭(1人,1首)、何(28人,136首)、趙(8人,82首)、丁(10人,48首)、戴(23人,99首)、胡(23人,133首)、張(三卷,101人,701首)、馬(二卷,70人,647首)、劉(24人,255首)、左(53人,220首)、葉(12人,31首)、倪(12人,87首)、周(29人,125首)、李(14人,50首)、侯(1人,1首)、童(11人,39首)、范(4人,7首)、鄧(15人,76首)、高(5人,8首)、殷(9人,15首)、王(38人,155首)、程(3人,72首)、朱(6人,103首)、楊(16人,64首)、光(8人,51首)、夏(3人,21首)、唐(1人,3首)、潘(11人,60首)、石(4人,29首)、曹(8人,13首)、孫(26人,305首)、徐(16人,115首)、彭(2人,7首)、白(3人,5首)、都(1人,2首)、蔣(3人,11首)、陶(4人,15首)、蘇(12人,31首)、鮑(4人,10首)、鄭(2人,3首)、祝(1人,50首)、曾(2人,27首)、嚴(3人,34首)、董(3人,18首)、臧(1人,1首)、厲(2人,2首)、項(3人,3首)、柏(1人,1首)、杜(1人,1首)、許(13人,59首)、金(5人,7首)、疏(2人,34首)、施(1人,2首)、魏(1人,1首)、陸(1人,2首)、談(1人,3首)、鍾(1人,3首)、顧(1人,5首)、鄒(1人,5首)、梁(1人,4首)、史(2人,8首)、任(1人,2首)、崔(1人,12首)、喬(1人,4首)、雷(1人,1首)、儲(1人,2首)、龍(2人,25首)、文(1人,2首)。

關於各姓之間、一姓之中,又按何排列,《桐舊集例言》明確指出:"每姓以最前之一人爲次第。如甲家之卷前一人係洪武朝人,乙家之卷前一人爲永樂朝人,則以洪武

---

① 《桐舊集》(第1冊),第1頁。

朝人居前,永樂朝人居次,非有所軒輊於其間也。"①清蕭穆在《敬孚類稿·書桐舊集後》中也指出:"輯爲《桐舊集》,……各分氏族列卷,每族以最前之一人爲冠,中間略以時代之先後爲序。"②即各家族間和每姓之中又按時間先後排列。茲摘録八十五姓中前十家(方、姚、陳、謝、章、邱、盛、袁、余、錢)居首之人大概的生活時間以説明:

方法,洪武己卯舉人。　　姚顯,永樂間處士。　　陳務本,永樂間歲貢士。
謝佑,正統丙辰進士。　　章綸,正統乙丑進士。　　邱寧,天順間貢生。
盛德,弘治甲子舉人。　　袁宏,成化乙未進士。　　余珊,正德戊辰進士。
錢如京,弘治壬戌進士。

許結先生在《〈桐舊集〉與桐城詩學》一文中指出:"考察集中八十五姓,方氏爲桐邑第一大姓,故選者冠之於首。"③而結合《例言》所言,以及前十家起首一人的中舉時間不難發現,排序首列方氏,實因方氏第一人方法所處時代最早,並非如許結先生所言,乃因"方氏爲桐邑第一大姓"。

2. 以詩存人

清朝的錢泳、阮元,以及近代袁嘉穀等在其著作中都指出"以詩存人"和"以人存詩"之不同。錢泳在《履園叢話·談詩》中闡明:"古人之詩,有一首而傳,有一句而傳,毋論其人之死生,惟取其可傳者而選之可也,不可以修史之例而律之也。然而亦有以人存詩、以詩存人者。以詩存人,此選詩也;以人存詩,非選詩也。"④阮元在《兩浙輶軒録·凡例》中也提出:"因詩存人,則詩在所詳;因人存詩,則詩在所略。"⑤近代袁嘉穀在《卧雪詩話》中明確説:"歸愚《別裁》,以詩存人,不以人存詩,重詩也。"⑥由此可知,"以詩存人"更强調選詩的重要。也正因如此,纔出現了清沈德潛在《清詩別裁集》中所云:"以詩存人,不以人存詩,故有建豎功業、講明理學而詩不存者。"⑦

《桐舊集》在選詩時借鑒了錢謙益《列朝詩集》"借詩以存其人"的做法。爲了囊括桐城鄉賢"凡千二百餘家",徐璈不得不"約之又約",减少所録每位詩人的詩作數量。詩集既收録了方、姚、吳、張、馬五家桐邑大姓,對於一些中、小姓,也或數姓一卷,或一姓一人一詩(如臧、柏、杜、雷四姓)。此外,還辟"列女"一卷,收名媛四十二人、詩作二百零四首。詩集共收録一千二百多首詩作,其中録詩僅一首者達到四百人。《桐舊集》輯録詩人廣泛,比桐城鄉邑另一部詩歌總集《龍眠風雅》收録詩人多一倍,但所選詩作卻是《龍眠風雅》的一半左右。這樣"以詩存人"、廣泛録賢,正是爲了彌補"至鄉里不能舉其姓字,子孫不能詳其緒言矣。又新城王文簡公云'余邑先輩文獻無征'"的

---

① 《桐舊集》(第1册),第11頁。
② (清)蕭穆撰,項純文校點:《敬孚類稿》,合肥:黄山書社,1992年,第78頁。
③ 許結:《〈桐舊集〉與桐城詩學》,《中國古代文學文獻學國際學術研討會論文集》,南京:江蘇古籍出版社,2006年,第536頁。
④ (清)錢泳撰,孟裴校點:《履園叢話》,上海:上海古籍出版社,2012年,第138頁。
⑤ (清)阮元撰:《兩浙輶軒録》,清嘉慶刻本。
⑥ 袁嘉穀撰:《卧雪詩話》卷六,崇文印書館石印本,1924年。
⑦ (清)沈德潛撰:《清詩別裁集》,長沙:岳麓書社,1998年,第77頁。

遺恨①。這種"以詩存人"的選詩方法,恰好保存了一些流傳不廣的稀見作品和一些不知名詩人的資料。

3. 翔實的小傳和評點

《桐舊集引》云:"宣城施愚山先生有言,……至鄉里不能舉其姓字,子孫不能詳其緒言矣。又新城王文簡公云'余邑先輩文獻無徵,每以爲恨',故於群書中,遇有邑人舊事輒掌錄之。"②故詩集在著者名下、詩歌之前皆撰有詳略不等的"著者小傳",字數多則千餘,如張英、劉大櫆、左光鬥等的小傳;少則寥寥數十字,如:"劉夔,字君聽,處士。"③"程凰,字周岐,休寧人,寄居於桐。"④

傳記大體包含所收錄著者的姓氏、年代、官職以及著述等,簡明扼要地勾勒出著者生平、事迹等。如卷一"方學漸",小傳云:"字達卿,號本庵,萬曆間歲貢生,有《連理堂集》。"⑤卷二十四"馬樸臣",小傳曰:"字春遲,號相如,雍正壬子舉人,官中書舍人,有《相如詩鈔》。"⑥詩集中一千多位詩人小傳合而觀之,可謂"桐城詩人合傳"。

傳記後,多附以作者生平的其他記載、詩歌創作本事和相關評價。如卷二十五"劉大櫆",小傳記云:"劉大櫆,字才甫,號海峰,雍正己酉、壬子副貢生,官黟縣教諭,有《海峰詩集》。"⑦小傳後即附輯李富孫《鶴征錄》、姚鼐《姚惜抱集》、吳荊山《序海峰集》、杭世駿《詞科掌錄》、《吳盡溪集》、張維屏《聽松居詩話》、袁枚《隨園詩話》,以及徐崑山、周白民等有關劉大櫆學術與詩歌成就的評語。

又如卷二十六"左光鬥",小傳曰:"左光鬥,字共之,號倉嶼,萬曆丁未進士,官左僉都御史,贈右副都御史,再贈太子少保,謚忠毅,有集。"⑧傳後附《明詩綜·系傳》、《明史·本傳》、《通鑒輯覽》、王士禛《居易錄》、《方望溪集·紀忠毅公逸事》、《史忠正集·祭左忠毅公文》、《明史·藝文志》、朱彝尊《静志居詩話》、宋俊《柳亭詩話》等關於左光鬥的個人事迹記載和詩作成就的評語。

所選詩作,凡見存較著名的通行詩選如《明詩綜選》《明詩別裁》《列朝詩集》《別裁集選》《御選明詩錄》,或見載一些詩話著作如袁枚《隨園詩話》、朱彝尊《静志居詩話》、李調元《雨村詩話》者,皆於題下或詩後注明。

徐璈學問淵懿,於《桐舊集》入選詩作中,間或加上評注。初略統計,《桐舊集》所選詩篇後有評點的將近一千首。評點分爲兩種,一是引錄前人評點,如馬樸臣的《楓橋夜泊》,詩後附"毛西河評:'當與張繼並傳。'"⑨劉大櫆的《題壁》後附"迮畊石評:'海峰不予欺也。'"⑩一是選者自評,如周岐之《吊故相國史道鄰先生》,徐璈在詩後

---

① ② 《桐舊集》(第1册),第9頁。
③ 《桐舊集》(第6册),第16頁。
④ 《桐舊集》(第7册),第94頁。
⑤ 《桐舊集》(第1册),第24頁。
⑥ 《桐舊集》(第5册),第469頁。
⑦ 《桐舊集》(第6册),第32頁。
⑧ 《桐舊集》(第6册),第117頁。
⑨ 《桐舊集》(第5册),第469頁。
⑩ 《桐舊集》(第6册),第32頁。

注:"三四以南霽雲、岳忠武比況,五六則傷其盡忠竭力,而無救於危亡也。"①李在公之《鼉嶺山居》詩後徐氏自注:"天趣自適,有《擊壤集》之遺風。"

《桐舊集》不僅總結囊括了桐城"詩道大昌"的詩壇盛貌,而且其中所涉及的人物傳記、詩歌評點以及歷史事件都具有很高的價值。

三、《桐舊集》的編纂内容

1. 桐城人與當時詩壇碩彦的交往

文人交遊,自古常見。他們往往因共同的政治目標、相似的人生經歷,或孜孜不倦的文學追求集聚在一起。這種交遊在桐城文士中也得到較好的展現。廣泛的交遊,既拓展了詩者自己的學術思想,又加速了桐城派古文的傳播,拓展了桐城派的影響範圍。

如方苞一生,與多個文人集群有來往。通過與劉輝祖、劉捷、張自超、朱書、劉齊、徐念祖等人的交往,他得到了術業相近、志趣相投的知己好友;通過與戴名世的交往,方苞的古文創作水準有了極大提高;通過與王源、李塨的交往,思想得以交融與發展。方苞、戴名世和劉齊三人志趣相投,常以文會友。康熙三十三年(1694),方苞離開金陵北上,四月中旬至京師,往時好友都已離去,回想起過去二三好友相聚的時光,不免感慨思念,於是寫了《與劉言潔書》。

又如劉大櫆,他一生數次在京城停留,參加科考。在京城時,與名士程晉芳、沈廷芳、杭世駿、鮑皋、郭煌等人交遊,時常聚會,詩文唱和。雍正七年(1729),一日,沈廷芳收到家書,急於歸家。劉大櫆得知,遂作《送沈茶園序》。乾隆二十年(1755),郭焌卒。劉大櫆作《哭郭昆甫二首》以紀念好友,情真意切,甚是感人。

此外,姚範交遊也十分廣闊,他與沈廷芳、齊召南、杭世駿、胡天游、邵齊燾、邵齊熊、方世舉、馬蘇臣、盧見曾爲友,常相切磋,詩文往來。姚範的交遊詩功力深厚,很有特色。如《送周旭之還蘇州》《送吳青然歸全椒》《送杭世駿南歸二首》等,都是語真意切、深情滿溢的作品。

再如左國棟,他和諸多著名遺民都有往來。《贈孫豹人》是追憶孫枝蔚之作,《酬杜于皇》是酬答杜濬之作,《贈紀伯紫》是贈予紀映鍾之作,《蕭尺木招飲觀畫賦贈》是答謝蕭雲從之作。

這類詩作不僅展示了桐城詩人的交遊史實,而且具有研究明清詩歌史的史料價值。

2. 展示桐邑山川與人文景觀

《全桐紀略》稱:"桐城縣基,以其二水三峰,環繞拱峙,永爲善地。"桐城古城,坐北面南,背依玉屏、投子、龍眠三山,旁挾龍眠、石河二水,城處明山麗水之中,擁有山光水色之景,鍾靈毓秀,人才薈萃。名山峻嶽,佳地勝境,蔚爲文化淵藪。桐城詩人筆下

---

① 《桐舊集》(第6册),第277頁。

有許多描寫故鄉山水的詩歌，抒發他們對故鄉的熱愛和眷戀。

如姚範的山水詩多爲描寫故鄉山水之作。《登投子山》，全詩寫清晨登遊投子山的景色，"巨石""古樹""長江""城郭""香林""古刹"，寫景細膩傳神。《附家信後憶故山》，也是此類作品。

張英喜歡遊山玩水，每到一處，都遊覽當地的名勝古迹，留下很多模山范水之作。而這些寫山水的詩篇中，張英於家鄉風景情有獨鍾。如《越巢》，是張英賦景組詩《東西龍眠二十咏》之一。又如《初卜居龍眠山莊》，應作於康熙四十年（1701）張英致仕歸里，隱居龍眠山，居住於龍眠山莊之時。

在劉大櫆衆多描寫山水風景的詩篇中，不乏對故鄉山水風貌的描繪，如《游龍眠山》《過望溪先生龍潭別墅》等。劉大櫆描寫龍眠山，清新明秀，別開生面，自成一境。

左光鬥非常珍愛家鄉的山水風物，有許多吟咏的詩篇。他思念故鄉的山水，曾作《憶龍眠山居》；經過浮山，他不忍離去，又有《過浮山》之作。

在馬宗璉所留存詩歌中，模山範水之作所占比重最大，如《與左良宇叔固方展卿登宋家嶺暢覽龍眠山色》。詩歌移步換景，突出龍眠山景色的變化和特點，景致刻畫入微，情寓景中。

此外，方學漸的《再遊浮山》《龍眠精舍》、馬春田的《偕姚惜抱登大觀亭》《九月二十二日遊雙溪次惜抱韻》、馬鼎梅的《龍眠冶春詞》、劉鴻儀的《潘木厓河墅》、左國林的《吊龍眠》、方大瑋的《春日偕友人入龍眠》、方于宣的《九日遊龍眠》，等等，都是描寫桐邑山川人文景觀的精品佳作。

在詩人的筆下，桐城的山水風光就是美麗的畫、優美的詩。

3. 體現當時重要的歷史事件

中國傳統士人自幼受儒家文化的熏陶，大都富有匡世濟民之志。強烈的憂患意識和"好談天下事"的性格，使得桐城派詩人不局限於山水、酬贈，亦涉及社會時事，創作出一批傷時感事之作。

如方以智一生顛沛流離，生活年代由明入清，而其詩歌作品正是這段生活的真實反映。方以智的詩歌有杜甫詩歌"詩史"的特點，當時許多歷史事件在方以智的詩歌中都有所體現。明末甲申兵變，方以智作《哀哉行·甲申四月二十三日濟下作》："吁嗟乎！先皇帝，烈丈夫，萬歲山前從者無，神靈九廟長悲呼。"[1]表達了自己的嫉惡、悲憤之情。徐璈評曰："辭述甲申敗亡時事，有史家不盡載者，杜陵詩史，此種足以當之。"[2]《監軍苦》記述了崇禎八年（1635），史可法鎮守池州、太平兩地時，鎮壓民變之事。書中按語："史忠正行軍，夜不解甲，終宵危坐，篇中所咏皆記當日實事也。"[3]

方文一生，正當明朝滅亡、清朝初定之時，他親身經歷了這一大動亂、大變革的時代，其不少詩歌抒發了作者對時事的憂慮，以及鼎革後的亡國之痛。明王朝在農民起義浪潮的激蕩下搖搖欲墜，其詩作對此多有反映。如《書事》中表達了對"都師楊嗣昌

---

[1] 《桐舊集》（第1冊），第148頁。
[2] 《桐舊集》（第1冊），第148頁。
[3] 《桐舊集》（第1冊），第144頁。

也,敗壞已甚,恤緯之情,長歌當哭"①的感懷。《喜張材官襲賊山中》"月下驚鳥棲不定,山中妖火路全迷。怪君昨夜龍眠出,寶劍紅猩戰馬嘶"②句,描繪了史可法部將張韜在桐城期間"崇禎丁丑……身任殺賊"之事件。後人對於桐城兵變大多不知具體細節,而在閱讀方文詩歌後,便可對當時民變情況有更加清晰的認識。

馬之瑛身處明清易代之際,目睹朝政黑暗,戰亂頻仍,生靈塗炭,都發之於詩。其詩歌值得關注的是許多關切現實的作品,如《記聞十六首》描寫的就是南明時事,馬士英、阮大鋮乘亂竊取國柄,致使朝政混亂。《漫興》詩中"雙閭獨沾遺老淚"與"千官分侍貴人車"亦形成鮮明的對比,這邊是國難未已,那邊卻是歌舞昇平,詩人認爲"党禍"是造成這種狀況的主要原因。面對舊朝的淪亡,詩人內心極爲痛苦,如《金陵懷古》詩中,詩人借古傷今,表達了對國破家亡的無限悵惘。

左光先生活於由明入清時期,其詩作一个重要内容就是大膽將時事攝入筆端。如《祁世培具揭爲余白冤書此志感》,揭露了明朝末年東林黨爭之狀況。《南疆逸史》評論曰:"次語道盡宋、明末造弊政。"③

詩人們用自己的筆觸,記錄了時代的重要事件,無疑有着較高的史料價值。

四、新版《桐舊集》的價值和意義

1. 文獻整理及資料保存方面的價值

徐璈在編纂《桐舊集》時,最大限度地收集詩人和他們的作品,保存了許多難得的詩作,其收錄桐城籍作者一千二百餘人,詩七千七百餘首。此外,《桐舊集》編成於桐城鄉邑諸詩集湮没之後,爲了避免"先輩文獻無徵"情況的發生,徐璈"遇有邑人舊事,輒掌錄之"④,《桐舊集》全編詩人小傳後附以諸家傳記或者評價的人數相當可觀,旁徵博引、明源考證。可以説,《桐舊集》的撰成,彌補了桐城鄉梓文獻散佚的"遺恨"。姚瑩《桐舊集序》亦曰:"原叢書觀之,可徵吾桐之文獻矣。"⑤由此可知,《桐舊集》的編纂和出版具有很高的文獻價值。

《桐舊集》中的詩家小傳,主要包含傳主的生平事迹、傳主的詩文集目録、其他著作目録、詩歌評論,並對相關材料的某些錯誤進行了考辨與訂正。其中涉及的詩家著述情況,特別是詩文別集,對保存地方文獻書目無疑起到重要作用。有些詩人的別集早已亡佚,往往賴此保存書名,此書成爲後世修纂詩人資料的文獻來源。

《桐舊集》卷四十一還收録了四十二位桐城"閨秀詩人"的二百四十首詩作,一定程度上反映了桐城女性詩歌創作的成就。此外,"詩家小傳"保存了這些閨秀詩人的生平資料。如方維則小傳云:"户部主事大鉉女,諸生吳紹忠室,守節,有《茂松閣集》。

---

① 《桐舊集》(第1冊),第88頁。
② 《桐舊集》(第1冊),第86頁。
③ (清)温睿臨撰:《南疆逸史》卷八,傅氏長恩閣鈔本。
④ 《桐舊集》(第1冊),第9頁。
⑤ 《桐舊集》(第1冊),第2頁。

《静志居詩話》:方氏三節,一爲孟氏,同夫殉國;一爲維儀,年十七而寡,守節,壽八十有四;一爲維則,年十六而寡,守節,壽八十有四。白圭無玷,若節可貞,是以昭諸彤管矣。"①

新版《桐舊集》的出版,不僅使諸多桐城籍詩人爲人所知,還使大量的桐城地方文獻得以保存,爲我們重新構築桐城地方文獻體系帶來了巨大的便利。

從保存文獻的角度來説,因"《桐舊集》在刊刻完畢後並没有再版,甚至至今還未出版"②,年代久遠,異文迭出,難免會使其失真,影響其文獻價值。新版《桐舊集》對"異文"的校勘,也極大地增强了文獻的真實性和適用性。

2. 史料方面的價值

《桐舊集》收録的詩歌及其小傳、按語、評語記載了許多歷史人物事迹和區域文化狀況,可補史志之闕,訂史志之訛。有的詩歌反映了當時的社會狀況,有文獻價值;有的通過詩歌記述重大歷史事件,有較高的史料價值。

詩集在時間上貫穿了明清兩個朝代,距離近五百年,所録詩人附以小傳,記録、羅列了詩人的生平事迹,具有補益史册的作用。其輯録的衆詩家本事資料,既强化了詩集的詩史性質,也爲桐城鄉邑保存或匯集了不少史料文獻。如,卷二十五劉大櫆小傳附姚鼐所撰《劉海峰傳》,劉大櫆與詩之本事,了然可覩。《劉海峰傳》:"先生入京師,方侍郎苞見其文,大奇之,語人曰:'今世韓歐才也。'其爲詩文能包括古人之異體,鎔以成其體,雄豪奧秘,揮斥出之,其才有獨異者。應順天試,嘗兩登副榜。乾隆間舉鴻博,又舉經學,皆未録用,卒年八十三。"③

有的小傳本事有補益史册的作用,如《桐舊集》卷五姚文燮小傳在援引《錢田間集》等作品後,徐璈有按語云:"先生所輯《龍眠詩傳》,雖未付梓,要其搜討之功,爲後來所借手者大矣。又如《通雅》《古事比》諸書,亦皆先生捐貲鋟木,至今流布海内,稱道弗衰。噫!當今世安得表彰舊迹、推挹同輩如先生者,雖爲執鞭,所忻慕焉。"④而將其一千多位詩人小傳合觀,可以説是一部"桐城詩人合傳"。全編所選七千餘首詩,展示的就是一部形象生動的桐城詩歌創作史。

3. 校勘方面的價值

因聲音相同或相近、字形相近等多種原因,古籍在傳抄、刊刻的過程中出現訛混差異、文字歧義等現象在所難免,而《桐舊集》由於所録人數甚多,多數原集都"遍訪無從得觀",編者無法一一校對。正如徐璈在《例言》中所云:"兹集計千有餘家,所見原集不過三四百家。就各選本、鈔本録出者居其大半。年來雖延友遍歷城鄉採輯,而挂漏尚不能無。"⑤新版《桐舊集》儘可能搜集更多版本,從語法學、修辭學、文字學、民俗

---

① 《桐舊集》(第 8 册),第 294 頁。
② 康閣:《徐璈〈桐舊集〉研究》,安徽師範大學 2016 年碩士學位論文。
③ 《桐舊集》(第 6 册),第 33 頁。
④ 《桐舊集》(第 2 册),第 67 頁。
⑤ 《桐舊集》(第 1 册),第 11—12 頁。

學等角度對訛混差異、文字歧義的現象進行全方位的研究、考辨甚至勘誤，努力呈現詩稿的原貌。

此次整理校點的《桐舊集》，以1927年刊本做底本，參校道光庚子本；同時還參校方文、姚文然、張英、張廷玉、姚範、劉大櫆、姚鼐、劉開等人詩集和已出版的《龍眠風雅》，並出校記。對於人名、字形大小與他書有異者，一般不作校改。底本空白或塗黑處，參校他書補正，並出校説明。對異體、古體、生僻字，一般改爲常用字，不出校記。對避諱字如"元""玄"等徑改；對"己""已"混用的，也徑改，不出校記。由於《桐舊集》收録的詩歌作者人多面廣，時間跨度大，不同時期、不同作家的刻本也不相同，在整理過程中，遵守古籍整理的基本要求和原則，在不影響閲讀的前提下，努力保存原貌，體現刻本的時代特點。

新版《桐舊集》對訛混差異、文字歧義等"異文"的整理、校勘，不僅能爲閲讀掃除障礙，而且有利於文獻原貌的呈現與傳承，提高整理本的品質。由此可見，該書的出版具有重要的版本學、校勘學價值。

富有創新精神的《六書音均表》書譜[*]
——魯國堯先生《新知:語言學思想家段玉裁及〈六書音均表〉書譜》讀後

李 斐

摘 要: 魯國堯先生《新知:語言學思想家段玉裁及〈六書音均表〉書譜》首創"書譜"形式,詳細描述重要典籍撰作的歷時過程,突顯了《六書音均表》在中國語言學思想史上的重要地位,該文還給中國語言學界傳遞新知識和新觀念:中國學人,要以"不崇洋、不排外"爲宗旨,使中國語言學走上自主創新之路。

關鍵字: 書譜;段玉裁;《六書音均表》;魯國堯

文明傳承,有賴典籍。中國乃文明古國,歷史文化源遠流長,古籍特多,古人常有"汗牛充棟"之嘆。中國人以家庭爲重,注重家族人倫的傳承,所以記錄家族發展繁衍的"家譜",以及爲賢達名流作傳的"年譜"尤爲盛行。

所謂家譜,就是用譜表的形式,記錄家族世系繁衍及其重要人物事迹的圖書。而年譜則是依照年月更迭順序,記錄譜主一生事迹的傳記圖書。中國的家譜與年譜都有悠久的歷史。據學者研究,中國的家譜產生於上古時期,完善於封建時代;現存最早的年譜則始於宋代,距今也有一千年了。

家譜與年譜是中華文明傳承的重要文獻。就年譜而言,有一種專門記錄譜主某一方面的事業成就如仕宦或著述的,是爲"專譜"。這種專譜對研究個人的生活和文化成就歷程大有裨益。人,可以有年譜,按照時間的順序叙編人之年記人之事。同理,人所撰作的精神成品如書亦應有醞釀、起草、撰作、潤飾、刻印(今謂之出版)、傳播的歷時過程,與人的生老病死相當。年譜,現在中國人的年譜上萬,但書的年譜從未見過。古往今來成千上萬的典籍名著,惜無人從成書歷程的角度探討其形成、接受與流播的歷史,可謂憾甚。近日拜讀魯國堯先生的新作《新知:語言學思想家段玉裁及〈六書音均表〉書譜》[①],讀罷弗忍釋卷,思之受益良多。該文無論在内容上、形式上還是思想上,都給人全新的啓發,故而不揣譾陋撰文述録、發表鄙人的學習心得,以期更多讀者獲益。

評介這篇近兩萬字長文的前一部分《〈六書音均表〉書譜》,此文首創"書譜"形式,

---

* **作者簡介:** 李斐,男,香港嶺南大學中國語文教學與測試中心(香港屯門),高級講師,文學博士,主要從事音韻學和詩律學研究。

① 魯國堯:《新知:語言學思想家段玉裁及〈六書音均表〉書譜》,《漢語學報》,2015年第4期,第2—15頁。

詳細評述爲當代語言學大師王力先生讚譽爲清代古音學"登峰造極"之作的段玉裁的《六書音均表》撰作之歷時過程。

《〈六書音均表〉書譜》依仿通常的年譜體例,先列出時間及著者年齡,接著述寫歷時事件,括號内爲立論依據(即通常所謂"書證"),最後乃是簡注或魯氏自己的考證與評論。該文將《六書音均表》的撰寫過程分爲三個階段。乾隆三十二年丁亥(1767)至乾隆三十三年戊子(1768)爲第一階段,其時段玉裁撰寫《詩經韻譜》與《群經韻譜》,此二譜皆爲簡略本。第二階段是乾隆三十四年己丑(1769)冬至乾隆三十五年庚寅(1770)二月,完成《詩經韻譜》與《群經韻譜》。乾隆三十五年庚寅(1770)八月後至乾隆四十年乙未(1775)九月爲第三階段,此時書成,定名爲《六書音均表》。魯國堯先生的《六書音均表書譜》共七千餘字,從段玉裁未冠之年愛好音韻文字之學開始,至段氏就其"古韻十七部"之説求正於恩師戴震而未獲認可,繼而《詩經韻譜》與《群經韻譜》二書獲錢大昕高度評價並爲之作序,再至戴震終認可段玉裁支脂之三分之説,《六書音均表》定名、刊刻,一直至該書於 2002 年由上海古籍出版社收入《續修四庫全書》,可謂脉絡分明且鉅細靡遺。

魯國堯先生在編製段玉裁《六書音均表》書譜時,遵循時間順序,不僅對《六書音均表》的成書過程一一記述,而且還在叙述中特別指出,該書求正於戴震、錢大昕等人的過程(這也是該書的"接受史"過程)。並且還爲讀者列舉了目前所能見到的多種版本,例如阮元編刻的《皇清經解》收録本,渭南嚴氏本,1983 年中華書局影印乾隆四十一年丙申(1776)富順官廨單行本,2002 年上海古籍《續修四庫全書》本等,可謂嘉惠讀者,便利學人。

魯國堯先生爲乾嘉大師的名著所作的書譜文突顯了《六書音均表》在中國語言學思想史上的重要地位。

文章起筆時即談到"清學"乃中國傳統學術的巔峰,而段玉裁所著的《六書音均表》不僅在音韻學史上佔有重要的地位,而且在語言學思想史上具有重大的價值,可謂"中國語言學思想史上的傑作"。

魯國堯先生自 2005 年即提倡要研究中國語言學思想史,而一部語言學思想史,不可能没有語言學思想家。《〈六書音均表〉書譜》一文特別肯定了"段玉裁就是中國史上的語言學思想家"!其理由充分,兹簡介如下,以期讓更多讀者關注:

1.《六書音均表》藴含了正確的語言演變觀,並在此基礎上首次提出漢語語音史分期説;

2. 段玉裁的"過斂過侈音變説"應該刳發並彰顯;

3. 段玉裁提出了上古音構擬學説;

4. 段玉裁提出"古音韻至諧説";

5. 段玉裁的語音系統觀值得肯定;

6. 段玉裁古音學説的辯證觀更令後人嘆服;

7. 段玉裁提出的"古諧聲説"是刳發漢語言與漢文字深層有機聯繫的學説,惟漢語與漢字有此特色。

魯國堯先生大文點睛,《六書音均表》是"中國語言學思想史上前無古人、後乏來者的大制作"。

《新知:語言學思想家段玉裁及〈六書音均表〉書譜》給中國語言學界傳遞新的知識和思想觀念。

近百年來,中國語言學界流行用西洋理論解釋中國語言事實,無論從思想理念上,還是在外在形式上,莫不如是,並捧爲"前沿"。然而《〈六書音均表〉書譜》一文卻爲我們指出"其實……中國語言學家提出的理論,凡具有普適性的,亦可用來解釋西洋語言的歷史或現狀"。該文還指出:"中國音韻學界流行這種觀點:中國古代學者的音韻研究只能給出音類,而不會搞構擬,這是過於崇拜西洋比較語言學的古音構擬學説而忽視中國音韻學家的自創思想所致。"這些精彩的警句振聾發聵,中國的語言學人,不必盲從西方語言學的方法,不必亦步亦趨地跟風,要有自信,要有我們自己的主張,要走自己的路。

如何能得出自己的結論,産生自己的主張,走自己的路呢?《〈六書音均表〉書譜》也給出了極好的建議。"與時俱進,處當今21世紀,我建議將'全球史觀'引入中國語言學,我提倡以'全球史觀'關照、評騭中國語言學"。這一建議非常關鍵,我們中國學人,若能擺脱歐洲中心主義,站在中國語言學自身的立場上研究中國的語言材料與事實,必然會得出更加符合實際的結果、取得更加光輝的成就。例如魯國堯先生在考察了《六書音均表》與西方學者J.G.赫爾德曾榮獲普魯士皇家科學院徵文獎的作品《論語言的起源》兩本書後,在《〈六書音均表〉書譜》文末指出"用全球史觀考察《六書音均表》與《論語言的起源》兩部名著誕生的十八世紀,中國語言學在理論思維、思想建設、形成體系等方面處於世界前列。"這個結論不卑不亢、有理有據。

魯國堯先生治音韻學、方言學多年,成就卓著,其近十年來的論著對語言學研究從思想上和形式上都力圖不斷創新。

在思想上,以全球史觀的視角,站在中國文化本身的立場上,結合西方語言學理論,關照、研究漢語。例如從語言學的角度回應現代人的起源"出自非洲説"[1];立足中國自己的美學資源,結合語言學和美學,解讀中國古典文獻[2];呼籲不忘民族本位,同時吸收輸入外來學説,建立、發展中國語言學的"接受學"[3];從中國英語言文學著名專家王佐良對美國詩人勃萊(Robert Bly)的兩篇談論詩歌的記述文章中,得出"崇强者弱,自立者强","只有根植於中國土壤,才能做出真正的中國學問,才能做出垂之長久的學問,才能爲中華民族偉大復興事業做出重大的貢獻"等重要結論[4]。

在形式上,魯國堯先生倡導"新札記體"。所謂"新札記體"是在保留傳統的中華學術文體之一的"札記體"的形式上,進一步注重文采,且加以揮灑,於叙述的同時又有所議論的一種文體形式,大致特點可以總結爲:形式靈動、言文並行、讀之有物、味

---

[1] 魯國堯:《一個語言學人的"觀戰"與"臆説"——關於中國古人類學家對基於分子生物學的"出自非洲説"的詰難》,《古漢語研究》,2012年第4期,第2—10頁。

[2] 魯國堯:《語言學與美學的會通:讀木華〈海賦〉》,《古漢語研究》,2012年第3期,第2—14頁。

[3] 魯國堯:《語言學與接受學》,《漢語學報》,2011年第4期,第2—10頁。

[4] 魯國堯:《根植於自己國家的土壤才會長命——讀王佐良論美國詩人勃萊(Robert Bly)》,《溫州大學學報》(社會科學版),2018年第3期,第1—8頁。

之雋永。魯先生亦身體力行寫出多篇札記體文章。例如《學思札記九則》《文學、文字學、哲學札記各一則》《語言研究"問思"錄》《錢江學思錄——爲慶賀祝鴻熹學長八秩壽辰而作》《愚魯廬學思脞錄：讀錢鍾書文、諧趣文字一束——爲祝賀柯蔚南教授七秩壽辰而作》[①]等。這些新札記體文章，或開門見山、直抒胸臆，或文采鋪排、以言喻志；或夾叙夾議、啓發深遠；或信手拈來，舉重若輕。將這些新札記體文章仔細玩味，發現著者魯國堯先生閱讀量驚人，無論是古典典籍，還是每日發行的報紙，都是文章的書證來源。同時，魯先生的博聞強識也讓人印象深刻，先生在回憶數十年前從周祖謨、王力、吕叔湘等先生學習的場景，令人無限神往的同時，也佩服魯國堯先生的記憶力了得。從這些新札記體文章的内容來看，魯國堯先生關注學術界的發展，無論是語言文學界的重大議題，如蘇軾《水調歌頭》的接受史，還是語言生活中很細微的問題，如書名號的使用等，都能準確、客觀地指出問題所在。雖然新札記體文章内容、形式不一，但其對學界的發展，尤其是對社會的關懷，都體現出了一位中國知識分子的良心。這些文章讀起來没有學術論文那麼枯燥無味，也不像小説、報告文學那樣枝蔓無邊，它們形式靈活不拘，内容多種多樣，觀之耳目一新，讀之領悟頗深。

　　魯國堯先生近年的多篇論文及新札記體文章，無論在内容思想上還是形式方法上，都給中國的語言學人傳遞了新的資訊：要具有"不崇洋、不排外"的學術思想和學術品格，同時要兼顧文章"義理、考據、辭章"的相互結合，使文章兼具學術性和可讀性，達到"堅實、會通、創新"（以上引號内皆爲魯國堯先生語）的學術境界。

　　《新知：語言學思想家段玉裁及〈六書音均表〉書譜》不僅首次彰顯了作爲語言學思想家段玉裁及其所著《六書音均表》的重要學術、思想地位；更爲語言學界傳遞了新的信念：中國學人，要以"不崇洋、不排外"爲宗旨，使中國語言學走上自主創新之路！

　　總體而言，這篇文章，不僅能别開生面，爲語言研究開闢新的發展道路，將語言和典籍研究推至更高的境界，還能爲後學指出不同的研究方法和思路，可謂啓發未來、惠人良多！

[①] 魯國堯：《學思札記九則》，《山西大學學報》（哲學社會科學版），2012年，第3期，第174—177頁；《文學、文字學、哲學札記各一則》，《浙江大學學報》（人文社會科學版），2015年，第2期，第192—199頁；《語言研究"問思"錄》，《漢藏語學報》第6期，北京：商務印書館，2012年，第15—26頁；《錢江學思錄——爲慶賀祝鴻熹學長八秩壽辰而作》，《漢語史學報》第12輯，上海：上海教育出版社，2012年，第132—141頁；《愚魯廬學思脞錄：讀錢鍾書文、諧趣文字一束——爲祝賀柯蔚南教授七秩壽辰而作》，《魯國堯語言學文集——衰年變法叢稿》，上海：上海古籍出版社，2013年，第331—342頁。

周勛初先生研治"龍學"的方法論啟示
——《文心雕龍解析》閱讀感言

魏伯河

摘　要：周勛初先生的《文心雕龍解析》一書，是近年來《文心雕龍》研究的重要收穫之一。該書不僅爲學界和讀者提供了一個高品質的閱讀文本，而且昭示了文史之學最基本的治學方法，可謂"既授之以魚又授之以漁"的典範之作。其學術特點，是視野的宏觀性和論題的針對性；而其治學方法，則體現爲寬厚的基礎、辯證的思維、綜合的研究和重點的深入。認真閱讀體會此書，既可對《文心雕龍》其書有更深入、準確的瞭解，又可獲得重要的方法論啟示。

關鍵字：周勛初；文心雕龍；學術特點；治學方法

2015年底，鳳凰出版社推出了周勛初先生令人久已期待的《文心雕龍解析》一書。此書的面世，是近年《文心雕龍》研究的重要收穫之一，因而出版後廣受好評，並於2017年初獲得"第六屆中華優秀出版物提名獎"。

"看似尋常最奇崛　成如容易卻艱辛"①。周先生這部專著的成書過程，也正是如此。此書匯集了他五十多年間的研究成果，傾注了他的大量心血。上世紀六十年代前期，他第一次在南京大學執教《文心雕龍》課程時編寫的《文心雕龍》13篇的講義，是本書最初的雛形。上世紀八十年代初再次開設《文心雕龍》選修課時，他曾將這一講義修訂爲《〈文心雕龍〉解析十三篇》，作爲教學用書內部印行。2000年出版《周勛初文集》時，已將該文稿收入。這次編定全書，在原來13篇的基礎上，周先生又完成了《詮賦》《麗辭》兩篇，其餘35篇及《梁書·劉勰傳》則由周先生和其他9位中青年學者（均爲其高足）共同完成：各篇"解題"部分統一由周先生執筆，"注釋"與"分析"則由其他學者分頭撰寫（詳見本書《後記》）。由於參與其事的中青年學者也都是這方面有成就的專家，所執筆部分又都經過周先生精心審閱，所以全書的體例保持了統一，本書的品質也達到了上乘水準。而周先生多年來發表的龍學研究論文，也都作爲附錄收入本書。由此可見，此書匯集了他幾乎全部有關《文心雕龍》的研究成果。通讀全書，可以對周先生的龍學研究有一個比較全面的瞭解。

近十年來，筆者多次拜讀過周勛初先生的龍學研究論文及介紹治學經驗的系列

---

* 作者簡介：魏伯河，男，山東外事職業大學（山東威海264504），教授、國學研究所所長，中國文心雕龍學會會員，中國古代文學理論學會會員。研究方向爲中國傳統文化及當代傳承。

① （宋）王安石：《臨川先生文集》，上海：中華書局上海編輯所，1959年，第341頁。

文章,深受教益;本書出版後,筆者又懷著如饑似渴的心情反復閱讀。從中學到的,不僅是關於《文心雕龍》的具體知識和見解,更有讀書治學的寶貴方法。蓋因先生著書,不唯對讀者"授之以魚",亦同時在"授之以漁"也。

一、著述體例的創新

據筆者有限的閱覽,這些年來的《文心雕龍》研究著作,可大體分爲三種類型。第一種,是對原書的整理、校釋,即對文字的校正和注釋,一字一句,力求精確,至少也要持之有故、言之成理、可備一説。這類研究,屬於文獻整理性的。第二種,是對原文的翻譯與解説,注釋之外輔以現代語譯文或闡釋,力求通俗易懂、淺顯明白。這種研究,屬於推廣普及性的。第三種,是對理論的闡發和重構,或探幽抉微,或賦予新義,力求別開生面。這種研究,屬於拓展創新性的。第三種研究的成果又主要包括兩種表現形式,或爲有關論文的結集,或爲自成體系的專著。這當然是概略的區别,如果細分還可以有更多類型。不過本文意不在此,兹不深論。有的資深學者三種類型均有撰著,多數則側重於其中一種類型或一個方面。就以上三種基本的類型而言,當然各有其存在價值,也都各有一些精品或名著;而且彼此之間,往往也互有交叉,並非涇渭分明,難以截然劃分,故對其學術價值,不必强爲軒輊。作爲讀者,自可從其所好,取其所需。但毋庸諱言,三種類型也各有其短,概略言之,一些文獻整理類著作,繁徵博引,失於多端寡要,讀者閱讀起來勞心費力而所得有限;一些推廣普及類著作,限於隨文釋義,很難揭示出其深層藴含,且不乏由於先入爲主造成的誤讀、誤解之處;而部分拓展創新類著作,儘管看上去體系嚴密,卷帙浩繁,又往往只是用某種現代的、西方的理論體系往《文心雕龍》上面硬套,把《文心雕龍》當成了國外某種理論體系的注脚。職是之故,儘管多年來各種論著層見疊出,但真正受讀者喜聞樂見的作品卻爲數不多。筆者翻閱某些近年出版的大部頭著作,有時不由想起俄國思想家赫爾岑(Alexander Herzen,1812—1870)評論十九世紀前期德國行會學者時所説的話:"學者們花費驚人的勞動去著述,只有一種勞動較之更繁重,那就是閱讀他們的著述。"①至於其學術價值,至多不過是增添了一種備查的文本而已。

周先生此書,在體例上與上述幾種類型均不盡相同,既有所繼承,又有所拓展,事實上是開創了一種新的學術範式。

我們知道,周先生本身爲文獻學的大家,有著版本目錄學、文獻學、古籍整理、工具書編撰等多方面的雄厚基礎,已著有《韓非子札記》《九歌新考》《文史探微》《唐語林校證》等學術名著。他自陳:"在整理這本《文心雕龍解析》的正文時,以王利器的《〈文心雕龍〉校證》爲底本,涉及唐寫本時,則用潘重規的《重寫〈文心雕龍〉殘本合校》重勘一過,以期避免不必要的錯誤,力求完善。"②經過這樣的認真校證,自然能後出轉精,使本書的《文心雕龍》原文成爲目前最爲完善可取的文本之一。

---

① [俄]赫爾岑:《科學中華而不實的作風》,李原譯,北京:商務印書館,1962年,第59頁。
② 周勛初:《文心雕龍解析·前言》,南京:鳳凰出版社,2015年,第32頁。

本書每一篇的"解析",均按解題、正文分段注釋然後加以分析的形式展開,這樣的安排,符合讀者的思維規律,極便於閱讀。本書本來就是教學與研究緊密結合的產物,最初的十三篇就是印發給學生的講義,所以充分考慮到了如何讓最初的讀者——學生們易於閱讀、接受這一要素。周先生説:"先是'解題',因爲劉勰取篇名時都很有講究,往往與他觀察問題的角度有關,反映出他不偏於一端的辨證觀點。中間爲對正文的'分析',按其自然段落進行講解,這裏就得注意所講内容的學術淵源,論點展開時的内在邏輯程式,還得注意劉勰使用駢文而形成的特殊論證方式。末尾作一'小結',發表我個人的閱讀心得。"①這樣的體例在教學中已經被證明是行之有效的,現在拿來作爲最後成書的基本格局,也將極大地方便讀者。尤其"注意劉勰使用駢文而形成的特殊論證方式",是許多論著所没有涉及的,經其點撥,極有助於讀者釋疑解惑。

再者,本書以附録的方式,將周先生多年來發表的有關《文心雕龍》研究的論文,編存於相應的篇目之後,供讀者與《解析》互相參閲。不是具體對應某一篇的,則集中附於書後。這些論文,每一篇都是周先生心血的結晶,發表後即因其觀點之新穎、立論之堅實,受到學界的普遍關注,但因發表時間跨度較大、發表媒介各不相同,一般讀者搜集閱讀起來未必方便。今收入本書,匯爲一册,使讀者一卷在手,即可比照閱讀,藉以瞭解周先生對相關問題的系統思考和研究過程,自然是相得益彰並深受歡迎的。

據此可知,周先生的這部《文心雕龍解析》是一部以文獻整理爲基礎,以研究與教學、提高與普及相結合爲特色,以附録論文爲必要補充的集成之作。它在吸取前此各種體例優長而規避其所短的基礎上,已然實現了著述體例的創新。當然,這種創新並非刻意爲之,而是從實際需要出發,順其自然地形成的。這對後來學者無疑是有啓發作用的。

二、學術研究的特點

上個世紀以來,《文心雕龍》研究逐步升温,成爲學術界炙手可熱的"龍學",發表的論文和出版的專著數以千百計,可謂空前的繁榮。但在表面的繁榮之下,也存在著潛在的危機。大量的陳陳相因之外,各執一偏的學術論爭也讓人無所適從。其根本原因,是現代教育制度分科過細導致的當代學者學術視野大多狹窄,而以此來面對古代文史不分時期的學術元典,便不可避免地會出現瞎子摸象、以偏概全的錯誤。此外,表面的繁榮還導致了一種誤解,似乎"《文心雕龍》這塊陣地已經開發殆盡,後人再難措手"②了。

周先生本有研究《文心雕龍》的扎實基礎,但在其學術生涯中,因其他大量繁重的學術任務佔用了他的主要時間和精力,導致對《文心雕龍》的研究曾幾度中輟。進入21世紀後,承擔和主持的多項大型文獻整理工作——如《唐語林校證》《唐詩大辭典》

---

① 徐雁平:《在研究中國傳統學術的新途徑上摸索前進——周勛初教授訪談録》,《文藝研究》2011年第6期,第74—84頁。
② 周勛初:《尋根究柢,務實求真——〈文心雕龍〉研究感言》,《古典文學知識》2012年第6期,第3—12頁。

《唐人軼事匯編》《宋人軼事匯編》《唐鈔文選集注匯存》《册府元龜(校訂本)》《全唐五代詩》等先後告竣,或已作出妥善安排,才又有暇重新涉足《文心雕龍》研究,先後發表了10餘篇很有影響的學術論文,直至推出這部集成之作《文心雕龍解析》。他是怎樣在這塊别人已無數次耕耘過的土地上取得新的成就的呢? 筆者閱讀之後,以爲與以下兩點密切有關。而這兩點,也正是周先生鮮明的學術特色。

(一) 論題的針對性

在2016年出版的《鍾山愚公拾金行蹤》一書的《前言》裏,周先生談到他的《文心雕龍》研究時說:"我對這一領域的現狀作了審視,發現其間存在很多問題,有待提高,有待糾正,因而尚有空間可以開拓。思路逐漸明晰,形勢看得更清楚,於是决心發揮自己的長處,把《文心雕龍》此書放在學術史的長河中加以考察,這樣既顯示出了自己的研究心得,又可克服目下普遍存在的流弊,努力使學術界走上一條更康莊的治學大道。"① 這樣的表述,既說明他的研究是有感而發、有的放矢的,也表現出一位優秀學者的道義自覺和責任擔當。

翻檢周先生近10餘年來的論文,不難發現,每一篇都是有爲而發的。例如,針對《文心雕龍》書名的争議,他寫出了《〈文心雕龍〉書名辨》,根據駢體語言的特點,指出"文心"與"雕龍"之間是"對舉成文",並非主從關係;二者之間也不是内容與形式之間的關係,而是"分從構思和美文兩方面著眼而進行探討的。"② 又如,針對學界不少人把劉勰"擘肌分理唯務折衷"的研究方法歸因於佛家中道觀的趨向,他在原來寫過《劉勰的主要研究方法——"折衷"說述評》的基礎上,又專門寫了《"折衷"=儒家譜系≠大乘空宗中道觀》一文,以更爲充分的證據論證劉勰的"折衷"說屬於儒家譜系,指出"'折衷'說與'中道'觀均重辨析,然而二者的論證方式和追求的結果完全不同,前者用以解決具體的問題,後者破而不立,一切歸於空無。"③ 再如,針對《辨騷》篇歸屬問題的争議,他寫出了《〈文心雕龍·辨騷〉篇屬性之再檢討》,指出劉勰是按照漢魏六朝的傳統,把"詩騷"並舉,將其"作爲文學的一種源頭來看待,而不將它局限在一種文體的小範圍内進行考察"④;"劉勰信從劉向關於學術分類的理念,不把屈宋及其追隨者的作品視作一種文體"⑤;而且"劉勰將一些屈宋名篇散入其他文體篇章中討論,可證《辨騷》不是文體論的專篇"⑥,明確否定了將《辨騷》視爲文體論或認爲其兼具文體論性質的觀點。不贊同《辨騷》爲文體論者本有不少,但像周先生這樣角度獨特、論據堅實者卻實不多見。再如,針對范文瀾(1893—1969)以來認爲"劉勰撰《文心雕龍》,立論完全站在儒學古文學派的立場上"⑦的流行觀點(龍學大家楊明照、王元化等亦贊

---

① 周勛初:《我與傳統的文史之學——自選集序言》,《鍾山愚公拾金行蹤》,上海:復旦大學出版社,2016年,第5頁。
② 周勛初:《文心雕龍解析》,南京:鳳凰出版社,2015年,第825頁。
③ 周勛初:《文心雕龍解析》,第896—897頁。
④ 周勛初:《文心雕龍解析》,第96頁。
⑤ 周勛初:《文心雕龍解析》,第98頁。
⑥ 周勛初:《文心雕龍解析》,第95頁。
⑦ 范文瀾:《中國通史簡編》(修訂本,第二册),北京:人民出版社,1964年,第418頁。

同其説),寫出了《劉勰是站在漢代經學"古文學派"立場上的信徒麽?》一文,通過學術史的考察和豐富的内證,指出"劉勰兼崇古文經學與今文經學,實屬當時知識界的常態,這裏没有什麽個人的特點。因爲魏晉南北朝時的經學界本已没有什麽嚴格的經學界限,經師亦多兼治古文經學與今文經學。劉勰既非經師,也不默守,因而不必也不會去拘守某一學派的立場。"[①]至於劉勰在《序志》中所説"馬鄭諸儒,弘之已精"云云,只不過是舉例性質;不應因馬融(79—166)、鄭玄(127—200)屬於古文經學派就判定劉勰是拘守古文經學立場。何况馬融本來就自稱"學無常師"、鄭玄遍注群經、兼采緯候,集漢代經學大成,並不專主古、今呢! 如此等等,使許多争議不决、治絲益棼的問題有了理據扎實的結論。這對正確理解《文心雕龍》乃至對龍學的健康發展,不啻有正本清源、撥亂反正之功。

周先生一再强調:"從事學術研究,應把'發人之所未發'作爲第一要義。"[②]他同時又强調:"研究《文心雕龍》得從文本本身出發,尊重劉勰本人的自白,分清主次,不能只是根據現代人的認識,爲它擬構一種新的體系。"[③]正是基於這樣的認識,周先生認定:"劉勰在《文心雕龍》中所體現的,正是一位中國文化本位的堅持者的形象。他開宗明義,宣示以儒家思想爲準則,書中從頭到尾,標舉的是儒家的義理。"[④]筆者認爲,這才是一種老實的、科學的治學態度。創新是學術的生命,但這種創新必須建立在實事求是的前提和基礎之上。現在不少看上去自成體系的煌煌巨著,之所以給人以一種游談無根之感,正是由於脱離了《文心雕龍》的文本實際、打破了原著自身的内在邏輯,其所建立的所謂"體系",與《文心雕龍》只不過僅有一些形式上、字面上的聯繫,血脈上並不貫通,而實質上則並非一物了。而周先生的論著,無論篇幅長短、卷帙厚薄,總讓人感覺言必有中,饒有新意,就是因爲他是立足於文本實際,並且有著鮮明的針對性的。

(二) 視野的宏觀性

論題的針對性必須以視野的宏觀性爲前提。只有居高臨下,以大觀小,並且不帶有色眼鏡,才能看得真切,選得準確。周先生强調:"研究劉勰的《文心雕龍》,要有一個總體的把握。歷史上出現的一個個偉大人物,猶如歷史長河中閃耀的一個個明星,我們就應爲他們正確定位,不能拿後人的信仰或基本價值觀粘附到他們身上。所謂内容决定形式,唯物主義優於唯心主義,寒族勝於士族等説,也是同樣的問題;這些理論先入爲主,再去觀察劉勰的學説,無意之間,也就導致以古爲今,把古人的理論現代化了。"[⑤]這樣的剴切之言,實在是擊中了多年以來學界的通病。儘管他指出的這些弊病,有的是受制於時代潮流或學術風氣,未必完全出於論者的本意,但更多的則是受學者個人學力和視野的制約,如周先生所説,"目前活躍於學壇的大都是一個個小

[①] 周勛初:《文心雕龍解析》,第 710 頁。
[②][③] 徐雁平:《在研究中國傳統學術的新途徑上摸索前進——周勛初教授訪談録》,《文藝研究》2011 年第 6 期,第 74—84 頁。
[④] 周勛初:《文心雕龍解析·前言》,第 23 頁。
[⑤] 周勛初:《尋根究柢,務實求真——〈文心雕龍〉研究感言》,《古典文學知識》2012 年第 6 期,第 3—12 頁。

專家,已經少見堂廡博大的學者"①,所以只能從事於此類淺薄的比附和方枘圓鑿的套用,而難以有所發明。

周先生在一次訪談中還說:"在社會科學領域内,經常發現這樣一種有趣的現象:有些文學問題,由歷史學家或哲學家來闡釋,常是更爲合適;有些歷史問題,由哲學家或文學家來闡釋,常是更爲合適;有些哲學問題,由文學家或歷史學家來闡釋,常是更爲合適。一個文人的思想和作爲,本來可以從文、史、哲等不同方面進行解剖,而作爲一個具體的人,他在各方面的表現,又是融爲一體而很難區分的。這就説明,研究一位偉大的作家,要有多方面的知識,只有進行綜合研究,才能取得深入而透徹的瞭解。"②筆者對此深有感觸。多年來,閱讀某些一生致力於《文心雕龍》研究的專家的著作,固然受益良多,但也常會發現其中有人囿於格局和視野,長期困在某個牛角尖裏走不出來;而閱讀那些並非專治龍學的文史大家們的有關論著,在某些問題上卻往往有豁然開朗之感;甚至他們某些並非直接談論龍學問題的文字,也可予人以重要的啓發。這種類似於"當局者迷旁觀者清"的現象,當然不會是歪打正著,而是事出必然。其根本原因,在於這些大家們不僅基礎寬厚,而且視野開闊,對文、史、哲各領域具有難能可貴的通識,他們對《文心雕龍》的研究,是居高臨下的,是綜合考察的,是以全域搏一隅的,亦即劉勰所説"閲喬嶽以形培塿,酌滄波以喻畎澮"(《知音》)的,所以才能獨抒新見而不煩辭費;自然也就與匍匐在《文心雕龍》山腳下面只能仰視者、與彳亍于《文心雕龍》堂奥之外只能窺伺者所見不同、所得迥異了。而這一點,在周勛初先生身上表現尤爲突出。

如前所説,周先生的《文心雕龍》研究在幾十年中是時斷時續的,而且在他的學術成就中似乎並不佔據主要地位;這部《文心雕龍解析》,也是在多位高足幫助下完成的。但這並没有影響此書所達到的學術高度。對這一現象該怎樣認識和評價呢?筆者以爲,或許可以用一個比喻來説明。《文心雕龍》研究,在周先生所涉足的整個學術海洋中,只是一個海灣;海灣相對於海洋,固然有其獨立性,但它又是與海洋密切相通的,是海洋的浩瀚無際保證了海灣的無限生機,而海灣的無限生機又增進和擴展了海洋的浩瀚無際。這不僅是一潭死水所難與比擬,也不是洞庭、鄱陽等較大的湖泊所能相提並論的。陸遊(1125—1210)詩云:"汝果欲學詩,功夫在詩外"③,看來要真正在研究《文心雕龍》上有所創獲,"龍學"之外的功夫是絶不可忽視的。

三、科學有效的方法

就筆者閱覽所知,周勛初先生從來没有用"科學性"來談論過自己的治學方法,但他的治學方法卻是真正具有科學性並富有實效的,不過他更習慣於用傳統學術的語言來談論而已。他説:"我在做研究時,也常是在探究研究中國學問的方式這個問題。

---

① 徐雁平:《在研究中國傳統學術的新途徑上摸索前進——周勛初教授訪談録》,《文藝研究》2011年第6期,第74—84頁。
② 徐雁平:《扎實空靈 博通專精——周勛初先生訪談録》,《中國文化研究》2009年冬之卷,第1—18頁。
③ 錢仲聯:《劍南詩稿校注》,上海:上海古籍出版社,1985年,第4263頁。

中國人研究'中國學問',不能完全套用西方的研究模式,也不能只是將'中國學問'作爲'西方式研究'的一種取證。……《文心雕龍》研究的西化痕迹也很重,這在詞語、範疇、結構等方面十分明顯,我並不排斥西方,我只是覺得中國問題有其特殊性。"①正是基於這樣的觀念,他的治學方法體現出鮮明的中國氣派。

(一) 關於治學的基礎

周先生倡言:"從事中國古代文學研究的人,最好接受一些清代樸學的訓練,一切從文獻出發,有一分材料説一分話,不要渲染,不能拔高。既是寫史,還要把史料串起來,勾勒出一條清晰的綫索,儘量講清前因後果,好讓讀者有所啓發。"②"中國是一個文明古國,各種學問都有悠久的傳統,因此我們要求新一代的古代文學研究者具有深厚的文獻學基礎。只有這樣,他們才能駕輕就熟地駕馭材料,懂得從什麽地方加以發掘,放在怎樣的時代背景與學術環境中加以考察,以及如何利用各種手段加以考核。具有深厚文獻學基礎的人就有可能掌握並使用最恰當、最可靠的材料進行研究,從而得出可信的結論。"③接受必要的清代樸學的訓練,具有深厚的文獻學基礎,是研治中國文史之學的成功起點。這種基礎的建立,當然不是一日之功,而是要經過嚴格的訓練和長期的積累,必須有實事求是之心,無嘩衆取寵之意,要坐得住冷板凳,經得住各種誘惑。這樣打基礎的功夫,看上去很慢,甚至在某些人看來似乎也很笨,但正如莊子(約前369—前286)所云:"水之積也不厚,則其負大舟也無力;……風之積也不厚,則其負大翼也無力。"④扎實深厚的基礎是取得較大學術建樹不可或缺的前提條件,因爲厚積才能薄發,本固才能枝榮。而没有這樣的基礎,僅憑著一知半解就急於提出新見著書立説,不免要故弄狡獪,必然是欲速不達,其提出的所謂"新見"也往往經不起推敲,很難説有什麽學術價值。

(二) 關於辯證的思維

周先生在論述《文心雕龍》中劉勰"唯務折衷"的方法時説道:"劉勰之所以取得巨大的成就,看來就與這種'折衷'方法有著很大的關係。'折衷'方法在劉勰那裏有三種運用方式,一是裁中,二是比較,三是兼及。在文學的横向研究中,劉勰能'剖情析采',而在縱向研究中,能'觀通變於當今'。劉勰能運用對立統一的觀點分析一切文學現象,將之區分爲若干對重要範疇,並用兩點論的眼光加以考察,這就掌握到了辯證法的要領。他的觀察能力堪稱敏鋭,他的分析能力可謂深入,這自然與他學識深邃有關,但主要的原因之一,怕是通過'折衷'法的運用而獲得了樸素辯證法的效益。"⑤

---

① 王華寶:《周勛初:樸學就要"求真求是求通"》,《光明日報》2017年4月1日第16版。
② 徐雁平:《扎實空靈 博通專精——周勛初先生訪談録》,《中國文化研究》2009年冬之卷,第1—18頁。
③ 徐雁平:《在研究中國傳統學術的新途徑上摸索前進——周勛初教授訪談録》,《文藝研究》2011年第6期,第74—84頁。
④ (清)郭慶藩:《莊子集釋》,北京:中華書局,1981年,第7頁。
⑤ 徐雁平:《在研究中國傳統學術的新途徑上摸索前進——周勛初教授訪談録》,《文藝研究》2011年第6期,第74—84頁。

這自然是很精闢的見解。事實上,周先生在包括《文心雕龍》在內的大量學術研究中,也都是深得辯證法精髓的。他儘管新見迭出,"絕少有與人雷同之處",但從來不固守一偏,任何一個新觀點的提出都具有充分的理據,而且考慮到事情的方方面面,給人以中正持平、十分通達的感受。例如,人們常引"登高能賦"之説來説明賦體的産生,周先生卻發覺裏面有個概念轉換的問題,因而寫作了《"登高能賦"説的演變和劉勰創作論的形成》一文,對後人以經説立論,吸收山水詩等創作經驗,用"登高必賦"説替代儒家詩論的過程進行了深入的考察。①

(三) 關於綜合的研究

周先生説:"在歷史上,無論是一種風尚、一個流派、一部著作的形成、發展和變化,都是紛糅交錯地呈現出來的,後人當然可以分别從文、史、哲等不同角度進行探討,但若能作綜合的研究,也就可以理解得更全面、更深入。"他認爲:"過分偏重專業的訓練,忽視與之相關的學術,而從觀察源流演變的角度看,對中國文化的傳統缺乏基本的瞭解,顯然也會産生不少局限。事實也已證明,過分強調專業,過分依賴科技,忽視思維的融會貫通,同樣無法取得滿意的成績。"②他還説過:"文章的深度與力量,不完全依靠窮盡所有的史料,有時是源自一種對時代氛圍、文學風氣、學術思潮的整體把握。"③正因爲《文心雕龍》熔鑄了前此的經史百家之學,所以單從文學的角度進行的研究往往不能窺其全豹,而只能是比較片面的結論。周先生的優勢是文獻學,恰恰是博通經史百家的,所以能對《文心雕龍》中許多疑難問題進行綜合的研究,在研究中既能追本溯源,又能結合當時的風習,彼此互參,得出可信的結論。例如,針對今人僅據《原道》中的個别詞句對所謂劉勰"哲學思想"所做的過度解讀,周先生明確指出:劉勰對《易》中的兩大流派(漢《易》與王弼《易》學)其實是相容並蓄的,儘管如此,"劉勰的《易》學,並没有什麽完整的理論體系。"但"劉勰藉《易》構成自己的(文學)理論體系","他在《原道》中掇拾《易》學十翼中的個别詞句,作爲自己的理論依據,目的只在用作論文之助,而不在闡述自己的宇宙觀。"④對其過度解讀,只能偏離正題,走向歧途。這是基於易學發展史和《文心雕龍》實際得出的結論,是綜合研究的成果,令人信服。

(四) 關於重點的深入

周先生説:"我做研究,往往從自己有心得的具體問題入手,寫成單篇論文,而不是先去構想一個體系。我的《文心雕龍》研究是如此,李白研究也是如此。做研究工作,實際上體現一個人的智力。我非常重視單篇論文,一個人真正的才力體現在這上

---

① 周勛初:《文心雕龍解析》,第 728—741 頁。
②③ 徐雁平:《在研究中國傳統學術的新途徑上摸索前進——周勛初教授訪談録》,《文藝研究》2011 年第 6 期,第 74—84 頁。
④ 周勛初:《文心雕龍解析》,第 847 頁。

面。"①毋庸諱言,與單篇論文相比,現在的多數學者更願意致力於成體系的專著,而且力求厚重,最好是多卷本,似乎不如此不足以稱得上重要的學術成果。大型專著當然是需要的,但如果没有重大的理論建樹,只去追求長度和卷帙,便不得不大量注水,成爲學術作品裏的"水貨"。讀者要從這樣的巨著中發現有用的東西,幾乎和從一大堆秕糠中尋找有限的米粒一樣困難。其價值其實遠不如幾篇扎實、中肯的論文。明乎此,中青年學者更應把時間精力集中於某些確有興趣、確有價值的點上,鍥而不捨,深入掘進,務求形成真知灼見,先寫成高品質的論文發表出來。在此基礎上持之以恒,逐步由點到綫、再進而到面,最後以論文集或專著形式集中推出,反而更有可能臻於上乘。本書收入的周先生多年撰寫的相關論文,無論篇幅長短,大都集中於某一個問題,"沿波討源",務求説清、説透,無疑爲我們做出了很好的示範。

四、結　語

多年前,一位學者評價周先生的學術,認爲他整個的學術研究是一個矛盾的統一體,既博通又專精,既傳統又創新,既扎實又空靈②。用這個評價來衡量這部《文心雕龍解析》,筆者感到也是很恰切的。周先生稱自己的治學之道是"順其自然地攀登"③,又把屈原《離騷》中的名句"路漫漫其修遠兮,吾將上下而求索"作爲座右銘,使道家的處世態度和儒家的進取精神有機地融爲一體,在做人、做學問兩方面都臻於佳境。拜讀其書而思慕其人,令人崇敬之情油然而生。

筆者雖與周先生緣慳一面,更常以不能親聆教誨爲憾,但通過閱讀其多種論著,已受益良多;在今後的治學道路上,願以周先生爲楷模,力求把學問做得扎實一點。

---

① 徐雁平:《在研究中國傳統學術的新途徑上摸索前進——周勛初教授訪談録》,《文藝研究》2011年第6期,第74—84頁。
② 徐雁平:《扎實空靈　博通專精——周勛初先生訪談録》,《中國文化研究》2009年冬之卷,第1—18頁。
③ 凌朝棟:《隨遇攀登,順緣結果——周勛初先生治學之道》,《古籍整理研究學刊》,2003年第3期,第94—97頁。

功不唐捐，九轉書成
——《〈説文解字六書疏證〉研究》讀後

林　嫣

摘　要：李春曉博士經多年潛心研究馬叙倫文字學研究思想以著成《〈説文解字六書疏證〉研究》一書。寫作手法方面，該書篇章安排環環相扣，以點面結合的方式詳述馬氏文字學思想，並采取共時描寫與歷時分析相參之法，通過大量文獻資料的比較對其進行補充或注解。就評價原則而言，李春曉博士在全面研究的基礎之上，以冷靜客觀的態度評價馬氏學術研究得失，不掩所長，不諱所短。此外，其對馬氏學思精彩之處多有發現並做進一步闡發，爲《説文》學史的發展貢獻一份力量。

關鍵詞：《〈説文解字六書疏證〉研究》；《説文解字六書疏證》；馬叙倫；六書思想

《〈説文解字六書疏證〉研究》（以下簡稱《〈疏證〉研究》）是李春曉博士經多年潛心關注馬叙倫文字學研究的思想後，在其博士後出站報告的基礎之上完成的佳作。全書以《説文解字六書疏證》（簡稱《疏證》，下同）爲核心，通過綜合分析馬氏文字觀，來實現"爲國學研究史、中國訓詁學史和文字學史提供一份翔實的資料"（頁28）的目標。全書突出特點表現在四個方面：

一、脉絡清晰，環環相扣

《〈疏證〉研究》的篇章安排上，正文主體包括六章，另有緒論和附録"馬叙倫學術年譜簡編"各一，每一部分前後聯繫密切，行文脉絡清晰，展現環環相扣的研究思路。

中西文化交流碰撞是20世紀上半葉國内學術發展的特點之一，而傳統文化在西學的激蕩下如何自處是當時學者所面臨的考驗。就傳統語言學而言，正逐步向現代語言學轉變，傳統文字學則受到西方語言學思想和古文字研究的雙重衝擊。在此環境之中，馬叙倫"根植於傳統國學，强調的是爲新學提供一份總結舊學的新材料，以便世人利用新理念新方法進一步發展舊學"（頁11）。

緒論部分對馬氏所處的學術時代背景加以介紹，突顯這樣的研究工作對於文字學發展史的特殊性與代表性：言及"特殊性"，因其獨具個性特徵；論其"代表性"，則在於他的學術思想反映一代學術風氣。

---

* 作者簡介：林嫣，福建師範大學文學院（福建福州 350007），研究生，主要從事文字學研究。

正文前四章分別從面到點著手，首先介紹《疏證》的基本風格，探討馬氏文字學研究的總體學術貢獻；其次重點分析馬氏文字學思想當中的獨到觀點："六書二系説"，並對這一思想在《疏證》中的運用展開剖析，論證其合理性。點面結合，方能較爲全面透徹地剖析研究對象。也只有在系統梳理之後，才可理據具備、不失偏頗地評價馬氏"六書説"之是與非。第六章"馬叙倫的治學精神"是結合學術貢獻一章所作的進一步歸納分析，與附録學術年譜簡編相互參看，討論馬氏術有專攻、學有所成的深層原因，發揚其學術品格。總體而言，全書採取循序漸進之法，條分縷析，層次分明，從學術界對馬叙倫思想與學説研究狀況，到評價《疏證》的得失，再到生平經歷，由事、物及人，該書提供了一次重新認識這位受冷落的文字學大家的機會。

邏輯嚴密有序不僅體現在整體章節設計的把握上，在具體論述過程中，也時刻謹守這一原則。"形音義三位一體"是馬叙倫六書思想恪守的要領，依其對每一書作具體界定，"六書二系説"更以其爲框架主軸。作者注意到該要領的重要性，將其作爲討論對象之一，詳加闡述。首先在第一章第三節"總體布局和基本凡例"總提馬氏"疏證工作所依據的原則乃是'綜形聲義而條貫之'"（頁 45）。進而於第三章第四節"'六書二系'之説，'形系'與'聲系'連貫而生"綜合概述馬氏如何從形音義著手，對"轉注與假借是否爲造字之本"這一歷來頗具爭議的問題提出個人新見解。有此理論前提，第四章對"六書二系説"具體運用的分析則可順勢而爲。此章作者通過形音義三者配合關係闡發馬氏研究之精髓，妙在以此成標題，直擊要點。現摘録該章部分標題以示一二："象形"一節含"象形'造字本於物形，不可虛構'""辨形所以正義"；"指事"作"曰'視而可識'，形自分明；曰'察而見意'，義須默會"；"會意"有"會意與象形、指事界限分明，亦可合併爲象形""以類相合，共同產生意義"；"假借"曰"'本無其字'説字形，'依聲托事'則談字音論字義"；"形聲"作"'以事爲名'説形道義，'取譬相成'則討論語原流演之聲"；"轉注"有"'建類一首'説形道音，'同意相授'則要求詞義不可遷就"。前三書屬形系之文，重點强調形義關聯，此處雖未直言字音作用，但在第五章評論馬氏學術貢獻時，則舉例説明音轉變化對於解析形系三書之重要性，從而不加遺漏地對"綜形聲義而條貫之"作全面分析。作者評價該要領有言："馬叙倫研究文字先從傳統的'六書'理論開始，而且他又時刻貫穿著形音義相結合的原則，應該説這樣的思路使他的'六書説'有了正確前提。馬叙倫'六書説'能有所建樹與他堅持的原則密切相關。"（頁 201）可以説，"形音義三位一體"之原則不僅貫穿馬氏六書思想，也是串聯《〈疏證〉研究》全書的一條主綫，有構建框架之用。

二、旁徵博引，内容詳實

李春曉博士雖以《〈説文解字六書疏證〉研究》爲名，但所涉對象不止馬氏《疏證》一書。闡述過程中，作者援引諸多資料，從共時與歷時的角度進行比較研究，以歷史的眼光看待馬氏學術思想。

學術思想的成熟必然經過長期實踐與驗證，才得以不斷補充跟進，日趨完善。最終呈現於讀者面前的"六書二系説"意藴豐富，包括六書、形聲二系、形音義三體、文字二類等多對關係，這些内容相互糅合，鑄就馬氏六書思想。《疏證》是這一理論的集中表現，但或有所不能及之處，作者通過徵引散見於馬氏其他著作之内容加以完善。如對"形系之文，聲系之字"當中的"文""字"作何解，作者先後列舉《六書解例》《讀金器刻詞》《馬叙倫學術論文集》等書相關部分，進而小結"文""字"如何觸及"六書"内在規律："與漢語對應的漢字下分'文'和'字'兩部分，'字'由'文'組成，'文'屬於形系，'字'則屬於聲系，'文'的表意性强，是構成漢字的基本成分，在'文'的基礎上按一定的規則組成的，從而成爲大量的'字'，'字'與'文'跟漢語之間關係極爲密切，它們貫穿著形音義相統一的原則。"（頁198）此外，《疏證》雖爲馬氏文字學思想的代表作，但其於書成之後也未停下過思考，在後期著作中多可見其學説精進之處，如成書晚於《疏證》的《石鼓文疏記》，其中有揭示轉注字產生原因和基本特徵者："轉注者，其義無殊而音轉變，乃一名而異字，由時或地之不同而隨順別造也。"也有闡明古音音理者："發音機關（相）同或相近及發音方法（相）同或部分（相）同均得相通。"（頁227）簡言之，作者在通讀馬氏文字學著作的基礎上，融會貫通，對"六書二系説"作系統闡述，深掘其中内涵，綜合探討其形成發展之流變。

　　作者關注對象除了馬氏相關著作外，還將目光投射到前彦時俊之學説，通過縱向比較，或旁證馬氏觀點之合理性，或從中窺探其説之先聲，或論其學説之得失，等等，從中可見作者學術視野之廣博。

　　文字學史上一些問題的爭議歷來是文字學家繞不開的，假借於六書中所處何種地位即是其中一例。在具體談論馬氏對於這一問題的看法之前，作者首先對古今其他學者的認識進行梳理。宋代鄭樵《六書略》提出"五不足而後假借生焉。"認爲假借是在象形、指事、會意、諧聲、轉注各法難以爲繼後出現的；清人孔廣居則言："轉注多以本義相生，或本義有所不足，則變通其義而假借焉，是假借亦寓乎四象之中者也。"而在馬氏看來，轉注與假借雖名在四類之外，實居四類之中。這一點孔、馬二人見解不謀而合。現代學者李孝定先生指出假借是從表形、表意文字過渡到表音文字階段中採取的變通辦法，形聲字則是受其啓發才得以發明，故假借必位於形聲之前；劉又辛先生認爲有些形聲字是從假借字變來，假借字應在形聲字以前；陳夢家先生提道："漢字從象形開始，在發展與應用過程中變作了聲符，是爲假借字；再往前發展而有象形與假借之增加形符與聲符的過程，是爲形聲字。"周祖謨先生言假借可濟造字之窮，使文字與語言更好地相適應，認爲假借字的產生要比形聲字早得多；党懷興先生强調，"在大量形聲字出現之前，曾有過一個文字假借的歷史階段。"經過一番整理後可以看到，現代學者多認爲假借於六書中的地位當在形聲之前，這與傳統以來把假借置於六書之末的次序有所不同。那麼，馬氏見解爲何？他將假借視爲"聲系之首列"，位於象形、指事、會意之後，形聲之前。馬氏與後來學者觀點具有相似性，可見其當時能提出此説實屬獨到。作者通過列舉諸家學者觀點，既辯證馬氏理論在學術發展史上的貢獻，也爲讀者瞭解某一問題的走向作綜合的脈絡梳理。美中不足的是，古代學者對假借地位的認識散見於書中各處，未能有集中整合；若能將這部分内容與"現代文字學關注假借在漢字發展中的地位"同樣處理爲小專題，或更有利於讀者掌握該問題的歷史發展。

全書長達五十五萬字,內容詳實豐富。但於繁複之下偶有疏忽,在所難免。現將書中所見的部分別字或不當之處稍加指出,以供作者日後修改參考。第 144 頁"下列出《說文》之外……""出"當爲"除"字之誤;第 153 頁"姉"字條引文前缺"倫按",小字按語"倫按"應爲"今按"之誤;第 162 頁"'六書'的思想雖已經滄桑,但仍有其不替代的價值。""不替代"脱"可"字,應爲"不可替代";第 206 頁"再附加上一相關的形符偏傍",按以今天用語習慣,用來指稱文字構件者,"偏旁"較"偏傍"爲佳;第 217 頁"故馬叙倫的'六系二系'説……""六系"之"系"爲"書"之誤;第 223 頁"這時一個相當重要的問題","是"誤作"時";第 282 頁依據《疏證》"六書表・假借"所列諸字中,"王(借爲'金玉'之'玉')"參下文,"王"爲"玉"之誤;第 344 頁與第 345 頁都論及戴震對"位同"與"同位"做出的定義,但兩處概念相反,按以戴震原意,當以第 345 頁"'同位',指聲母發音部位相同;'位同',指聲母發音方法相同"爲確;第 538 頁"恩恩師李玲璞……"衍一"恩"字。

三、客觀公正,是非嚴明

論他人成果之得失,要求持有不偏不倚、審慎謹嚴的公正態度,摒棄門户之見,站在與討論對象相平等的位置上加以考察。李春曉博士開篇便言應還馬氏"一個本來面目",這也是本書創作意圖之一。私以爲,作者很好地實現了這一目標,對馬氏學説之是非,不掩所長,不諱所短。

對於形系之文,馬氏常以圖畫推測今篆從何而變,其中有主觀臆斷者,也正因其主觀性,此法多遭詬病。但不能因此而全盤否定馬氏爲探索文字起源所作的努力。誠然,主觀臆測爲學術之大忌,但馬氏所畫初文之形並非完全憑空而造,他是通過對實物的觀察後才構擬字形,有所依據,當有可取處。需知象形的產生與社會生活有千絲萬縷的聯繫。作者注意到這一點,認爲其"所畫之初文未必條條都合乎客觀事實,但是他所畫的未必都不成立,而且他的這些材料也有助於比較文字學的進一步探討"(頁 400—401)。通過與屬圖畫象形文字的東巴文部分字例相對比,發現《疏證》描寫的初文不僅與納西文字有相似處,有些更是基本相同,而東巴文往往是依實物形狀所作。這爲解釋馬氏初文之合理性提供了強有力的證明。又有作者在研讀馬氏著作過程中留意到,其在考察轉注字之間的音轉關係時,曾提出"古代讀喻四歸於定紐"之主張,但這本應有重要價值的觀點卻長期被忽視,甚是遺憾。

馬氏固守傳統語言學陣地,目的在於保存優良傳統,因而他的學説不免有保守之處。作者指出,雖然馬氏受當時西方文化影響,能夠吸收一些新方法新材料研究"六書",也確實發展了許慎的文字學思想,但受傳統文字學思想束縛,其理論本身存在一定的不足,對於"六書"的界定和分析跳不出許慎設定的圈子。此外,即使馬氏構擬原始文字是以參照其他象形文字材料與考古實物爲基礎,但一旦超出適宜的尺度,則過於主觀武斷,反倒不利於文字研究,容易陷入唯心主義泥潭。就如其對"八""乍""飲""朿"等字的初文測擬就讓人難以信服。(此部分可參《〈疏證〉研究》第 406—408 頁)然作者提出這些"失"的目的不在於質疑馬氏學説,而是希望從此"失"與前"得"中獲得教訓與經驗，爲今人之學問研究提供啓示。

值得一提的是，作者不止步於評論馬氏學術貢獻和局限，而是進一步探析影響其學術發展的治學精神與治學方法，欲於浩瀚材料中窺其成長之足迹。"唯真理是求""不尚墨守""忠實研究"等精神作爲馬氏治學之道上恪守的信念，置於今日，仍是治學應有之態度。换言之，馬氏學術品格無論在當時，還是在新時代都值得發揚傳承。

李春曉博士理性客觀地從全方位對馬氏"六書"思想進行系統闡釋，於此過程中能够不囿成見，是其所是，非其所非，提出新見解新思考，此書誠可謂是讀懂馬氏及其學説的一部可貴之作！

四、發先人之聲，倡學術新思

李春曉博士在書中提及馬氏對所做的六書理論闡發工作有如此自評：

而於六書之義，亦未嘗苟立同異。遵許書《自叙》舊文，剖析疑難，正其封略，幾自形聲一類以外，五書皆立新詮，然不敢以主觀自誤，而取鹵莽蔑裂之報，故規矩能立，而文字之形義，塙然無所遁焉。（頁238）

馬氏在堅持"綜形聲義而條貫之"的原則之下，對傳統六書進行細緻分析，其中多有創建之處。作者在梳理其六書思想的過程中，能够洞悉馬氏精彩之言，發先人之聲，爲新時代下的學術發展提供新解。如李春曉博士注意到馬氏對轉注一書的闡釋與前人之説有所不同，其新在重視聲音於此造字法中產生的作用，而聲音部分往往是研究者遺漏的對象。作者明確馬氏解析轉注八字條例"建類一首，同意相授"需具備三要素："建類者，形之部分也。一首者，聲之部分也。同意者，義之部分。"（頁338）三者缺一不可。至於聲音部分該如何理解，李春曉博士有《馬叙倫音轉説之闡釋》一文進行詳細説明[①]，此不贅述。

裘錫圭先生曾總結前人對轉注的解釋有大致幾種類型：(1)以轉變字形方向的造字方法爲轉注；(2)以與形旁可以互訓的形聲字爲轉注字；(3)以部首與部中之字的關係爲轉注；(4)以在多義字上加注意符滋生出形聲結構的分化字爲轉注；(5)以在已有的文字上加注意符或音符造成繁體或分化字爲轉注；(6)以文字轉音表示他義爲轉注；(7)以字義引申爲轉注；(8)以訓詁爲轉注；(9)以反映語言孳乳的造字爲轉注。[②] 這些轉注論説大都試圖從文字形與義關係的角度釐清八字條例藴含的真諦。作爲歷史遺留問題，近人如章炳麟、黄侃、吕思勉、陸宗達、林尹、魯實先等學者對此展開過討論。孫雍長先生在《轉注論》一書中對諸先生觀點有所整理與評述，認爲章氏及其學説繼承人或信奉者作出的相關論述最終會不可避免向"四體二用"説回歸。[③] 而孫先生本人對這一問題給出的回答是："明確而簡單地説，'轉注'其實就是今天的文字學

---

① 李春曉：《馬叙倫音轉説之闡釋》，《中國文字研究》，鄭州：大象出版社，2009年第一輯（總第十二輯），第102—106頁。
② 裘錫圭：《文字學概要》（修訂本），北京：商務印書館，2013年，第105—106頁。
③ 孫雍長：《轉注論》（增補本），北京：語文出版社，2010年，第18—27頁。

家們所關注和常常提到的'加注意符'式的造字法。"①

何以言馬氏觀點"新"？馬氏對轉注產生原因的思考是在章太炎、劉師培等學者討論的基礎之上加以發展。章氏雖然提出"聲類""語基"新論，但他的側重點在於聲義關係，其轉注論指涉對象實爲同源字，對於文字學關注的形則無說明。這一點，不可不說是其理論缺憾。文字作爲記錄語言的符號，音與義都需依憑形這一外殼才能展現與傳達，後人研究古音古義也往往通過字形追源溯流。六書中，象形、指事、會意、形聲各造字法則均與字形有密切聯繫，不直接產生新字的假借也需要借助同音字之形寄寓音義，"使一個尚無文字表達的語詞終於固定性地取得了一個能代表它的書寫符號。"②字形於六書的重要性不言而喻。那麼同爲六書造字法則的轉注，其內核自然也與形有千絲萬縷的關係。簡單來說，馬氏的轉注論與章氏觀點相比，堅持了文字與字形密不可分的原則；與只討論形義關係的諸家相較，探索了語音在造字法中扮演的角色。然而馬氏的論見似乎未能激起學術界討論的水花，對於轉注的解釋仍以形、義爲主流。李春曉博士將馬氏這一能夠自圓其說的見解重新提出並有所闡發，是爲問題的進一步解決聊備一案。

當然，馬氏對於轉注的論述還存有瑕疵，如提出"然轉注字，則皆形聲也"。③ 即他認爲轉注字是一種特殊的形聲字。此說法難免令人生惑，借由裘錫圭先生的一句話對此發問："但是按照這種說法（指前文提及的'以與形旁可以互訓的形聲字爲轉注字'），轉注字只是比較特殊的一種形聲字，似乎沒有獨立爲一書的必要。"④按照馬氏觀點，轉注的結果是產生形聲字，那麼轉注與形聲之間是否存在界限？如果存在，該如何劃界？六書分立形聲與轉注，想必兩種造字法還是有本質上的區別才可二分。若馬說方向正確，這一命題亟需解決。

理愈辯愈明，學術的發展當是在百家爭鳴之中取得螺旋式的上升。雖然馬氏理論有所局限，但他提出的六書思想仍有光彩之處，得失與否，都是其爲文字學的發展做出的努力。李春曉博士用15年的時間深入研究，以客觀冷靜的態度詮釋馬氏的學術思想，亦是爲《說文》學史的發展貢獻一份力量。

---

① 《轉注論》（增補本），第1頁。
② 《轉注論》（增補本），第13頁。
③ 馬叙倫：《轉注新說》，《黎明之前》（安徽中央日報創刊二周年紀念刊），1945年，第124—126頁。
④ 《文字學概要》（修訂本），第107頁。

《古籍研究》徵稿啓事

一、《古籍研究》創刊於1986年,現已出版69卷。在學界同仁的大力支持下,已成爲古籍整理與研究領域有較大影響的學術陣地。本刊每年出版兩期,歡迎學界同仁惠賜稿件。

二、本刊主要刊發與古籍整理和研究相關的各種專門性論文。書評和研究綜述亦適量刊載。來稿内容必須原創,不存在版權問題。

三、本刊歡迎電子投稿,請將稿件word文檔投至本刊專用郵箱gujiyanjiu@aliyun.com。如稿件中造字、圖表等不能正常顯示,須同時投寄pdf檔或紙質稿。請勿一稿多投,勿寄個人。

四、來稿請遵從本刊格式規範,並請在文末注明作者姓名、單位名稱、職稱、詳細通訊位址、電子郵箱和電話,以便聯繫。

五、本刊稿件由相關領域專家匿名評審。稿件被採用者,將發給録用通知。如稿件寄達後六個月内未收到本刊採用通知,可自行處理。來稿一般不退。

六、本刊不向作者收取任何版面費、審稿費等費用。來稿刊出後,本刊即奉上薄酬,同時寄贈樣刊兩册。

七、本刊通訊地址:安徽省合肥市肥西路3號安徽大學文學院《古籍研究》編輯部。郵編:230039。

《古籍研究》編輯委員會
2019年5月

《古籍研究》稿件要求及格式規範

1. 來稿要求一般不少於 4000 字,題目不超過 20 個字,副標題不超過 18 個字。
2. 來稿文字須用繁體漢字,橫排,標點符號和計量單位須符合最新國家規範和標準。
3. 來稿請按如下順序排版:中文論文標題,英文論文標題,中文作者姓名,英文作者姓名,中文摘要,中文關鍵詞,正文,作者簡介,聯繫電話和電子郵箱。

作者簡介格式:姓名,性別,工作單位(所在地,郵編),職稱,學歷,研究方向。示例如下:

  陳＊＊,男,安徽大學文學院(安徽合肥 230039),教授,文學博士,主要從事唐宋文學研究。

4. 來稿若屬課題研究成果,請在首頁用腳註標明課題名稱和課題號。示例如下:

  國家社會科學基金重大項目:現存元人著作(漢文部分)總目提要(12&ZD157)

5. 本刊文後不列參考文獻,注釋一律採用腳註形式,以阿拉伯數字順序編碼,圈碼(①②……)標引。古代文獻的作者請在朝代外加圓括號。譯著須標明原著者國籍,並在國籍外加方括號。引文出處要求按順序依次準確標明:作者、書(篇)名、出版地或刊物名稱、時間及頁碼。示例如下:

著作:

 ① 錢鍾書:《管錐編(一)》,北京:三聯書店,2007 年,第 36 頁。
 ②(元)陶宗儀:《南村輟耕錄》,北京:中華書局,1959 年,第 181 頁。
 ③[古羅馬]瑪克斯·奧勒留:《沉思錄》,梁實秋譯,南京:譯林出版社,2012 年,第 10 頁。

論文:

 ④ 章培恒:《〈桃花扇〉與史實的巨大差別》,《復旦學報》(社科版),2010 年第 1 期,第 15 頁。
 ⑤ 任繼愈:《朱熹與宗教》,《皓首學術隨筆·任繼愈卷》,北京:中華書局,2006 年,第 26 頁。
 ⑥ 程毅中:《古籍數字化須以古籍整理爲基礎》,《光明日報》,2013 年 4 月 30 日,第 6 版。

文章多次引用同一論著,第一次出現時用上述格式標注,再次出現時只需標注書(篇)名和頁碼,示例如下:

⑦《管錐編(一)》,第 38 頁。

《古籍研究》編輯委員會
2019 年 5 月

CONTENTS

Xi Chao's *Feng Fa Yao* and Early Lay Buddhism ················ Xia Demei (1)

A Confucianism-Daoism Game Theory on Tao Yuanming's Being
　　Accepted in History ··· Liu Qiang (7)

Discussion on Circulation Problems of *Shan Zhong Zuo* Written by Gu Kuang
　　·· Li Xiaorong (20)

The Study of Single-plank Bridge Ci ································· Li Rui (27)

The Sence of Frendship in the Letters of the Song Dynasty ········ Fu Mei (39)

On the Changes of Ci Style in Southern Song Dynasty from Allusions ········
　　·· Chen Lili (49)

An Analysis of the Narrative Function of "Yili Garden" in *The Sing-song
　　Girls of Shanghai* ··· Wang Xiaojun (59)

The State and Spread of Wuchen's Phonetic Notations ········ Li Huabin (66)

A Textual Research on the Photocopying of the Printed version of *Hong
　　Jue Wai Dian Chao* by Bao Yong Ding Hai ································
　　·· Feng Lihua　Chen Chanjing (76)

Key Points of Valuable Books in Yeungnam University Library of Korea
　　——Taking East Asian Exchange Documents in Korean Age as an
　　Example ·· Yao Shicong (88)

Corrections on *Za Shi Class of Si Ku Quan Shu Zongmu* ······ Shi Pengfei (99)

Five Corrections of the Essay Collections in *Summaries of Sikuquanshu* ···
　　··· Yang Xinxun (104)

Research on the Editions of *the Self-Determined Chronicle of Upāsaka Chouyin*
　　··· Huang Lina (112)

Correction for Some Notes on *Wenxuan* of *Dunhuang* Version in Japanese Yongqing
　　Library ··· Cheng Yaheng (121)

The Correction of the Content and Notes of Poems Writed on the Overleaf of
　　Dunhuang Manuscripts *Zhang Huai Shen Monument* ········ Li Yingna (127)

The Literature Collation of DunHuang YuanWen ········ Wang Yanghe (133)

A Discussion of Emendations in the Punctuated and Collated Edition of
　　Tai Ping Huan Yu Ji by Zhonghua Book Company ··· Zheng Liyong (141)

The Study of Che Wangfu Collected opera literature words ···············
　　··· Gong Yuanhua (146)

A Collection of Lost Poems in Song Dynasty in *Fang Cheng Yi Xian* and *Peng
　　Mu Shi Sou* ·· Zhao Yu (150)

Compilation and Examination on Shen Deqian's Scattered Prefaces ··········
　　·· Lan Qing (161)

The Collection and Interpretation on Jiang Fan's Lost Article Named *the Narration and Generalization of Tan Jie-ping's Posthumous Works* ·················· Gao Mingfeng (166)

Textual Research on Two Textsuncollected in *Wangkaiyun's Anthology of Poems and Essays of Xiangqilou* ·········· Yan Jianhua　Huang Yuanfa (170)

An Interpretation about Ge Zhonggui's Inscription ················· Feng Cong (175)

Corrigendum on inscriptions on bronze in *Chun Qiu Zuo Zhuan Zhu* ·········· Liu Guang (178)

Three Selective Annotations on *Zhengwu Furen Gui Ruzi* in Tsinghua Bamboo Slips of Six ·············· Gao Pengfei (184)

An Inscription of one Personal Seal which comes from the Warrings States period ·············· Chen Jun'an (189)

A Chronology of the Early Qing Dynasty Poet Wang Shu ·········· WuYanan (193)

Zou Hanxun's Chronicle ···················· Zhang Xiuyu (212)

High Self—discipline and Leniency
　　——the Sidelights of Shi Yushan ··············· Peng Junhua (222)

Ten Abstracts of Fang Bao's Confucianism Classics ········ Fang Shengliang (231)

On Collection and Supplement of Liu Dakui's Lost Poems and Essays ·········· Wang Kongfeng (240)

A Study of Yao Nai's Handwriting Collection by Chen Yongguang ············ Lu Po (246)

Identification and Supplement of the Catalogue of Han Fu ······ Cheng Wei (266)

Notes on the Controversy over the Annotation of Du fu's Poems ············· Chen Daogui (275)

Discrimination of the False about *the Book of Xue Lv Zhai Bi Ji* ············ Wang Yuan (279)

The Analysis of the Idea "Yu Yue's philology study does not use the Bronze Inscriptions"
　　——From the Thouht of Epigraphy in Yu Yue's Letters ······ Wang Bo (282)

A Collection of Poems Showing the Local Characteristics of Tongcheng
　　——On the Compilation of *Tong Jiu Ji* ··· Jiang Ping　Jiang Zhaozhi (289)

Review on Academic Paper *Duan Yucai, a Thinker of Linguistics and His Writing of Liu Shu Yin Jun Biao* by Professor LU Guoyao ··· Li Fei (299)

Methodological Enlightenment of Mr. ZhouXunchu's Research on *Long Xue*
　　——Comments on Reading *Wen Xin Diao Long Jie Xi* ····· Wei Bohe (303)

Hard Work Will Pay Off and the Work Is Done.
　　——Thoughts After Reading *Study on Interpretation and Citation in the Six Rules of Character Formation of Shuo Wen Jie Zi* ·········· Lin Yan (312)